株主の利益に反する経営の
適法性と持続可能性

The Justifiability and Sustainability of the Corporate Management
Inconsistent with the Interests of the Shareholders

会社が築く豊かで住みよい社会

The Corporation as a Vehicle to Make an Affluent and Livable Society

草 野 耕 一
Koichi Kusano

有斐閣

はしがき

　本書は，私が会社法実務に携わるなかで積年抱いてきた疑問に関して私なりにたどり着いた結論を理論化し，それを1冊の本にまとめたものです。

　本書を執筆するにあたってはたくさんの方からご支援をいただきました。第1に，東京大学の田中亘教授には本書の原稿全文にお目通しいただき，数多の貴重なご助言を賜りました。第2に，須田伸一教授をはじめとする慶應義塾大学大学院経済学研究科の諸先生には2年間の長きにわたり同大学院における「ミクロ経済学上級」「数理経済学」等の講義を聴かせていただきました。第3に，慶應義塾大学博士（経済学）の細矢祐誉先生（関東学院大学准教授）には本書Ⅳ章を執筆するにあたり参考とした経済学の諸論文に関して懇切丁寧な解説をしていただきました。第4に，錦織康高・松尾拓也・浅岡義之・岩崎将基の4弁護士をはじめとする西村あさひ法律事務所の諸先生には各位のご専門分野における卓越した知見をご教示いただきました。第5に，前著『数理法務のすすめ』に引き続き本書の編集をご担当いただいた有斐閣の藤木雄・石山絵理の両氏には本書の構想段階から校正・出版にいたるあらゆる過程において的確なご助言とご協力を賜りました。最後に，本書執筆の全期間にわたって私の担当秘書をお務めいただいた西村あさひ法律事務所の太田帆南さんには，原稿のディクテーションから文献の検索・収集にいたるまでのおよそ秘書として行い得るすべての職務に関して献身的なご支援を賜りました。以上の方を含めまして本書の執筆にご協力いただきましたすべての皆様に心から感謝申しあげます。

　本書をお読みいただくにあたっては次の各点にご留意下さい。

(1)　本論に先立ち，これを要約した「要旨」を掲載いたしましたので，まずはこちらにお目通しいただき，それから本論をお読みいただければ幸いです。

(2)　本書独自の用語および本書において繰り返し用いている語句のうち重要と思えるものについては，定義を与えている箇所においてゴシック体を用いました。また，本書の中で用いる語句の理解に役立つと思える場合にのみ英語表記を付加しました。

(3)　本書には，「証明」「事例」「モデル」または「計算」と題するコラムが随所に登場します。これらのコラムは，やや複雑な証明，分析に用いる事例または

社会モデルあるいは細かい計算をまとめて記述するために設けたものであり，コラム以外の記述との間に質的な相違はありません。

(4)　参考文献は巻末に一覧表を付し，本文中で引用する際は巻末に記した略語を用いました。なお，会社法またはミクロ経済学の一般的知見を記した良書は多数存在しますが，紙幅の都合上，参考として引用する文献は（出版日の古い順に），前者については，田中（2016），落合（2016），神田（2017）または江頭（2017）のいずれかに，後者については，Mas-Colell-Whinston-Green（1995），奥野編（2008）または神取（2014）のいずれかに限らせていただきました。

(5)　法令上定義されている用語については定義の内容を改めて記載することはせず，必要であると思われる場合には法令の該当条文を付記しました。

(6)　わが国において公知であると思われる事実については，その存在を確認し得る資料の引用を省略している箇所が少なくありません。

わが国の社会がさらに豊かで住みよいものとなりますことに本書がいささかでも貢献することができれば，望外の幸せです。

2018 年 2 月

三鷹市井の頭の自宅書斎にて

草 野 耕 一

目　　次

要　旨

＊太字で示した語句は本論において定義したものである。

本書の主題

本書の主題は，会社の経営者が株主に分配する利益を最大化することと矛盾する施策（**非営利施策**）をとることが会社法上適法となる場合があるかという問題（**適法性問題**）と経営者が非営利施策を持続的に実施することを可能とする条件は何かという問題（**持続可能性問題**）を論ずることである。非営利施策を持続的に実施する業務執行のあり方を評して**非営利的経営**という。

株主利益最大化原則の正当性とその限界

適法性問題に対する一つの解は，「経営者は，株主に分配する利益の最大化のみを目指して行動すべきであり，非営利施策は一切行ってはならない」というものである（この行為規範を，以下，**株主利益最大化原則**という）。

株主利益最大化原則は，**残余権論**，**厚生経済学の基本定理**および**資産価格理論**という三つの理論によってその正当性を根拠付け得る。すなわち，第1に，残余権論によれば，株主の事実上の代理人である経営者と株主以外の者とが互いに利得の最大化を目指して交渉を行えば，株主と株主以外の者の双方にとって個人合理的でパレート効率的な帰結がもたらされる。第2に，残余権論の弱点（効用ではなく利得を当事者の目的と仮定していること，富の偏在の問題に対する解決策を提示し得ていないことなど）は，厚生経済学の基本定理を援用することによって解決できる。けだし，同定理によれば，会社が株主に分配する利益の最大化を目的として行動すれば，結果として，効用の最大化を目指すすべての社会の構成員に対して個人合理的でパレート効率的な帰結がもたらされ，しかも，富の偏在が生み出す問題は，株主利益最大化原則を修正しなくても，税制度と社会保障制度を通じて解決できるからである。第3に，時間や不確実性に関する株主間の選好の違いの問題は資産価格理論によって解決できる。けだし，この

理論によれば，経営者は株主価値を最大化の目的とすることによって，時間や不確実性に関して選好の異なるすべての株主の利益を最大化することができるからである。

　しかしながら，株主利益最大化原則は適法性問題に対する最善の解ではない。なぜならば，会社の経営者がこの原則を貫徹した場合には，外部性，独占，契約の不完備性，情報の非対称性などの不都合が発生するからである。経営者が法令を遵守すればこれらの問題の一部は解決されるが，解決されない問題も多く，さらに，経営者が，株主有限責任制度や会社所得税制度などの法令を遵守しつつ株主利益最大化原則を貫徹すれば，そのこと自体によって新たな問題が生み出される。

　上記の諸問題を解決するためには，株主利益最大化原則に一定の修正を加えた行為規範を経営者に課す必要がある。その行為規範とは，「社会の厚生を増加させるために必要な限度において非営利施策を実施すべし」というものであり，この行為規範を以下，厚生最大化原則とよぶ。なお，ここで厚生とは，消費者各自の効用関数が準線形であることを仮定したうえで各自の効用の変化を支払用意額を用いて評価した概念である。

適法性問題の各論的分析

　現行の株主有限責任制度の下で経営者が株主利益最大化原則を貫徹すると株主価値の増加を上回る債権者価値の減少が生じてしまう。経営者が厚生最大化原則に則って行動すればこの事態を回避できるが，その際，経営者は，営業・投資キャッシュ・フローの割引現在価値の最大化という指標を用いることによって厚生最大化原則に適う行動を判別できる。

　現行の会社所得税制度の下で経営者が株主利益最大化原則を貫徹すると株主価値の増加を上回る税収価値の減少が生じてしまう。経営者が厚生最大化原則に則って行動すればこの事態を回避できるが，その際，経営者は，税引前キャッシュ・フローの割引現在価値の最大化という指標を用いることによって厚生最大化原則に適う行動を判別できる。

　現行の損害賠償制度の下で経営者が株主利益最大化原則を貫徹すると負の外部性が発生する。主たる原因は以下のとおりであるが，いずれの場合も，経営

者が厚生最大化原則に則って行動すれば，負の外部性を回避または減少させ得る。

① 加害者と被害者との間に市場取引が介在している場合には被害額の全部または一部が賠償の対象となり得ない。
② 過失責任原則の下では負の外部性を生み出す行為が過剰となる。
③ 精神的損害に対して認定される賠償額が著しく低い。
④ 侵害される利益が保護法益とは認められない場合がある。
⑤ 保護法益の侵害と因果関係がある行為であっても違法とはされない場合がある。

現行法には，正の外部性を生み出す施策を促進するための諸制度が存在するが（著作権制度，補助金制度など），これらの制度の下で生み出される正の外部性には限界があり，これを増加させるためには経営者が厚生最大化原則に従って行動する必要がある。

独占禁止法は，他社を支配または排除するなどの手段を用いない限り会社が独占利益を享受することを禁止していない。厚生最大化原則は，独占利益を放棄して厚生損失を減少させる施策を是認するものであるが，①独占利益を維持しないと損益が黒字とならない場合，および②独占利益を放棄することが投資家の行動に悪影響を及ぼす場合には独占利益を放棄すべきではなく，また，③一定の条件の下においては，独占利益を保持したうえで価格差別を実施することが次善または最善の施策となる。

非金銭債務に関する契約が不完備である場合には問題の解決を当事者の再交渉に委ねても厚生の最大化の妨げとならない場合が多いが，金銭債務に関する契約が不完備である場合には当事者の再交渉によって厚生の最大化を図ることは困難である。この場合には，一方当事者が「契約締結時において十分な交渉がなされていれば合意されていたであろう契約条項」を想定し，それに従って行動することが厚生最大化原則に適っている。

契約の非対称性に関して厚生最大化原則が果たせる役割は小さい。売買契約

に関していえば，厚生最大化原則を認めることによって行動を修正すべきものは，原則として，社会的に価値のある情報を有している売り主だけであり，その余の状況に関しては法令を整備することによって問題の解決を図るほかはない。

　寄付が生み出すものは原則として社会の構成員間における厚生の移転だけであるから，会社は寄付の実施を株主に委ねるべきであり，会社自らが寄付を行うことは厚生最大化原則に適っていない。ただし，わが国では会社が寄付を行うことが判例法上認められており，社会全体の寄付額に占める会社の寄付の割合も大きいことから，現行法の解釈としては，会社が行う寄付を一概に不適法ということはできない。

持続可能性問題の経済学的分析

　非営利的経営が株価に与える影響を考えるにあたっては，非営利的経営を公共財の生産とみることが有用である。そこで，社会の構成員各自が保有している財の一部を公共財の生産にあてるモデルを使って分析を行う。この場合，構成員各自は，すべての公共財を，誰が生産したかにかかわらず消費できるのであるから，他の構成員の公共財生産量を予測しつつ自らの生産量を決定するというゲーム的状況におかれる。このゲームには，ナッシュ均衡点が，必ず，しかも，1つだけ，存在する。そして，構成員の数を増やせば，このナッシュ均衡点は社会の最富裕層の者しか公共財を生産しない状況をもたらす。

　上記の分析によれば，非営利的経営を行う会社の株式に経済的リターン以外の価値を見いだす者は社会の最富裕層の者だけであり，したがって，彼らが株式の市場取引に関与しない限り，非営利的経営を行う会社の株価はそうでない会社の株価に比べて低くならざるを得ない。しかしながら，上記の分析は，低・中所得者の多くも寄付を行っているという現実と矛盾しており，そのこと自体が，社会の構成員の多くは公共財を（「消費する」ではなく）「生産する」ことに効用を見い出すという仮定を社会モデルに組み入れることを正当化する。そこで，利益の一部を公共財の生産にあてる会社と，この会社の株式を購入するか，あるいは，自分自身で公共財を生産するかを選択し得る多数の消費者からなる社会モデルを考える。このモデルを用いると，公共財を生産する会社の株式の市場均衡価格（以下，均衡株価という）が利益をすべて株主に分配する場

合の株価（以下，潜在的株価という）を下回らない事態が十分に現実的な条件の下で成立することを示し得る。

非営利的経営の成立条件

非営利的経営を可能とするためには次の三つの条件のいずれかが満たされなくてはならない。

条件Ⅰ　対象会社に支配株主がおらず，かつ，敵対的買収が実行困難であること。
条件Ⅱ　非営利的経営を容認する支配株主がいること。
条件Ⅲ　非営利的経営を評価する株主が多数存在し，その結果として，均衡株価が潜在的株価を下回っていないこと。

条件Ⅰが満たされるのは次のいずれかの場合である。

① 対象会社が安定株主工作に成功している会社であるか，または，放送持株会社である場合
② 均衡株価を潜在的株価に引き上げることによって買収者が得る利益が買収が生み出す経営者喪失コストと社会的制裁コストと狭義の取引コストの総和を下回る場合

上記のうち①の会社は規律効果の喪失という代償を支払っており，②の会社が行い得る非営利施策の総量には限界がある。

条件Ⅱが満たされるのは，現実的には，会社の創業者が支配株主である場合だけである。しかしながら，会社の成長を犠牲にすることなく条件Ⅱを維持することは難しい。一つの解決案は複数議決権株式の利用であるが，これは経営の効率性を悪化させる危険を孕んでいる。

条件Ⅲは持続可能性問題に対する最善の解決策を示すものであり，これからの会社経営者はこの条件の成立を目指して尽力すべきである。

I 本書の主題とこれを論じることの意義

1 本書の主題

　株式会社（以下，単に会社という）は経済活動によって得た利益を株主に分配することを目的とする法人（以下，営利目的法人という）である[1]。にもかかわらず，①会社の経営者（すぐ後で定義する）が株主に分配する利益を最大化することと矛盾する施策（以下このような施策を非営利施策という）をとることが会社法上適法となる場合があるのかという問題（以下，適法性問題という）と，②現行の会社制度のもとで会社の経営者が非営利施策を持続的に実施することを可能とする条件は何かという問題（以下，持続可能性問題という）を考えることが本書の主題である。なお，非営利施策という概念は株主に分配する利益を最大化する施策を「あえてとらない」という不作為を含むものであり，文脈上必要であればこれを消極的非営利施策とよび，これと対比する意味で，その余の非営利施策を積極的非営利施策とよぶ。さらに，非営利施策を持続的に実施する業務執行のあり方を評して非営利的経営，あるいは，株主の利益に反する経営とよぶことにする。

　本書において適法性問題の考察の対象とする会社は会社法上の「公開会社」（会社法2条5号），すなわち，発行する株式の全部または一部を自由に譲渡で

1）　2005（平成17）年改正前の商法52条は会社が営利目的法人であることを明示していた。しかし，同条が削除された現在においても会社が営利目的法人であることにかわりはないと理解されており，その条文上の根拠としては，会社法105条2項が「剰余金の配当を受ける権利」と「残余財産の分配を受ける権利」のうちの少なくとも一つを株主に与えなければならないと規定している点があげられることが多い。田中（2016）36頁，落合（2016）27頁，神田（2017）6頁，江頭（2017）22頁各参照。

きる会社とし（したがって，当然に取締役会設置会社である²⁾），持続可能性問題の考察の対象とする会社は発行する株式が金融商品取引所（金融商品取引法2条16項）の開設する市場で取引されている会社（以下，上場会社という）とする。適法性問題の対象を公開会社全般としたのは，公開会社である限り非営利施策の採否に関する経営者の判断に同意しない株主が現れる可能性がつねに存在するからであり，持続可能性問題の対象を上場会社に絞ったのは対象会社の株式に現実の市場価格が存在することを前提として記述を進めるためである。

　本書において経営者とは，業務執行取締役（指名委員会等設置会社でない会社の場合）または執行役（指名委員会等設置会社の場合）のことである。実際の会社には複数の経営者がいる場合が多いが，議論を簡潔なものとするために，対象会社にはあたかも1名の経営者しかいないかのように記述を進める場合が多い。さらに，非営利施策の実施は会社法上の用語を用いれば「業務の執行」にあたるところ，その業務執行が取締役会の下した「業務執行の決定」に従ったものである場合にはそのことを理由として経営者の行為は適法となる余地があり，同時に，業務執行の内容が取締役会の下した決定に違背し，あるいは，取締役会の決定が必要であるにもかかわらずそれが存在しない場合には，そのことを理由として経営者の行為は不適法となり得る。しかしながら，本書において考察の対象とする経営者の行為の評価は，取締役会の決定の存否またはその内容によって影響を受けることはないものとする。

2　適法性問題を論じることの意義

　適法性問題を論じることの意義はどこにあるのか。ここでは，「適法性問題を論じる意味はない」（あるいは，「意味があるとしてもそれは小さい」）と指摘され得る理由を列挙し，その一つ一つに答えることをもって，この問いに対する回答としたい。

（1）　第1の疑念
　　　——適法性問題は定款の自治に委ねれば済む問題ではないのか

　適法性問題を論じることの意義に対して抱き得る疑念の一つは次のものであ

---

　2)　公開会社は取締役会を設置することを義務づけられている（会社法327条1項）。

ろう（以下，これを「第1の疑念」という）。

① 会社は定款所定の目的の範囲内においてのみ活動し得るものであり（民法34条[3]），経営者はこの定款の規定を遵守する義務を負っている（会社法355条）。

② 定款の内容は株主総会の特別決議によって随時これを変更し得る（会社法466条，309条2項11号）。したがって，多数の株主が非営利施策を許容するのであれば，許容される非営利施策の内容を定款上に特定すればよいし[4]，これを許容しないのであれば，その旨を定款上に明記すればよい。

③ 要するに，適法性問題は定款の自治に委ねれば済む問題であり，ことさらに，これを論じる実益は見いだしがたい。

この疑念に対しては2通りの答え方がある。

一つの答えは，「いかなる限度において定款の自治が認められるべきかということ自体が議論の対象となるべき問題であり，この原則を無条件に受け入れなければならない理由はない」というものである。そもそも，適法性問題を論じることの背景には，経営者の行為規範を定立するにあたっては株主の利益に優先すべき価値があるのではないかという問題意識が存在している。そうであ

---

[3] 民法34条の解釈に関しては，取引の安全の確保という観点から「定款の目的の範囲内の行為」をできるだけ広くとらえようとする判例法が存在するが（最判昭和27年2月15日民集6巻2号77頁・最大判昭和45年6月24日民集24巻6号625頁等），経営者の定款遵守義務違反の有無という会社の内部問題を考える場合には定款の目的条項を無理に拡張解釈する必要はない（江頭（2017）33頁，弥永（2015）207頁，北沢（2001）27頁）。したがって，許容される非営利施策の範囲が（あるいは，そもそも非営利施策は一切許容されないことが）定款の目的条項に明記されている限り，そして，そのような定款の規定が会社法上有効であると解される限り，それに従わない経営者の行為は会社に対する任務違背となるであろう。

[4] 定款の目的条項に非営利施策をどこまで自由に記載することが許されるかについては議論が分かれている。たとえば，営利性の要素が他の定款の目的条項に含まれている場合には，営利性が認められない事業目的が目的条項の一部に含まれていても目的の記載として適格を有すると解する余地があるとする見解がある一方で（神作（2005a）141頁），登記実務においては，伝統的に，営利性のないことが一見明瞭である事業は会社の目的とすることはできないとされてきた（コンメンタール1（2008）282以下）。しかしながら，「社会的存在としての会社に期待される寄付金あるいは政治献金をなすこと」すらも定款所定の目的の範囲内の行為であるとする判例（最大判昭和45年6月24日民集24巻6号625頁。なお，この判決はⅢ.6.(2)で言及する判決と同じである）の立場を踏まえるならば，仮に，定款の目的条項には原則として営利目的事業しか記載できないと解する立場をとったとしても，そのような事業の一環として行われる非営利施策を目的条項に記載することは妨げられないであろう。

る以上，適法性問題の解決を株主の自治に委ねるという原則に一定の制約を加
えることが検討の俎上に載るのは当然であり，この意味において，適法性問題
と定款自治原則の限界という問題は表裏の関係にある。そして，本書は，結論
において，経営者が一定の非営利施策を実施することが容認されるべきである
と主張するものであり，同時に，そのような非営利施策の実施可能性を奪う定
款規定を無効とする——つまり，その限度において定款自治の自由を否定する
——ことを主張するものである。

　しかしながら，本書の結論の妥当性を論証し得ていない現時点においては，
上記をもって第1の疑念に対する答えとすることには首肯し得ない読者もいら
っしゃるかもしれない。そこで，第1の疑念に対するもう一つの答えとして，
「大多数の会社の定款は非営利施策を行うことの可否に言及していない」とい
う社会的事実を指摘したい。[5]　すなわち，大多数の会社の定款は，会社が行う事
業内容を列挙したうえで，これらの事業とそれらに「付帯関連する事業」を営
むことをもって会社の目的と規定している。[6]　そして，定款の規定がこのような
ものである以上，「定款所定の事業に付帯・関連する範囲内において非営利施
策を実施することは経営者の定款遵守義務に抵触しない」と解釈することも可
能であろうし，反対に，「定款に明示的な許容規定がない以上，非営利施策を
実施することはつねに定款違反となる」と解釈することも不可能ではない。要
するに，非営利施策を行うことの可否を定款の文言から導き出すことは大多数
の会社において不可能であり，そうである以上，適法性問題を論じることは，
本書の結論を支持するか否かにかかわらず，定款目的条項のディフォルト・ル
ール（補充規定）を確立するために不可欠な営みである。

---

5)　本文では，「大多数の会社」という表現を用いたが，これまでに本書筆者が見たわ
　　が国の会社のいかなる定款にも非営利施策を行うことの可否について正面から言及し
　　ているものはなかった。この点からいえば，本文記載の主張は，原則としてすべての
　　会社にあてはまるのではないであろうか。
6)　たとえば，わが国を代表する製造会社の一つであるトヨタ自動車株式会社の定款の
　　目的条項は下記のとおりである（同社定款2条）。
　　　第2条　当会社は，次の事業を営むことを目的とする。
　　　　(1)　自動車，産業車両，船舶，航空機，その他の輸送用機器および宇宙機器なら
　　　　　びにその部分品の製造・販売・賃貸・修理
　　　　(2)　産業機械器具その他の一般機械器具およびその部分品の製造・販売・賃貸・
　　　　　修理（中略）
　　　　(19)　前各号に付帯関連するいっさいの業務

(2)　第2の疑念
──株主の利益に反する経営を行っても裁判上責任を問われないとすれば
適法性問題を論じても意味がないのではないか

適法性問題を論じることに対して抱き得る二つ目の疑念は次のものであろう
（以下，これを「第2の疑念」という）。

① 　会社法が経営者に命じる行為規範が経営者の現実の行動に影響を与えるのは，
その規範に違反した経営者に対して裁判上の制裁を科し得る場合だけである
（以下，この考え方を規範制裁不可分論とよぶことにする[7]）。

② 　会社法上，たしかに経営者は任務懈怠によって会社に与えた損害を賠償する
責任を負っているが（会社法 423 条 1 項），経営者が下した判断の過程や内容に
著しく不合理な点がない限り経営者は法的責任を問われないとする判例法がほ
ぼ確立している（以下，この法理を経営判断原則という[8]）。

③ 　しかるに，大多数の非営利施策には株主の利益に資する面があり，したがっ
て，実際には株主に対して利益を上回る不利益を与えていても（そうでなけれ
ばその行為は定義上非営利施策にはあたらない），経営者が，「総合的に考えて株主
の利益を増大させる結果となると考えた」と主張する限り，経営者の法的責任
が問われる可能性は小さい。

④ 　そうである以上，経営者がとり得る非営利施策の限界についてどんなに緻密
な法理を作り上げたとしても，それが現実社会における会社の活動に及ぼす影
響は僅少であり，それを論じることの実益は小さい。

---

7)　たとえば，故竹内昭夫博士は，会社の社会的責任に関する一般規定を会社法に挿入
しても実効性がないという主張の根拠として，「裁判所に行って物を言わせることは
できないのですから，法律といってよいかどうかさえ問題だろうと思うのです。もと
もと裁判所に行って物を言わせることができるものが法律であって，演説会でぶち上
げるためのスローガンなら別に法律に書くまでもない」（北沢ほか（1975）19 頁），
あるいは，「強制力のない規定は法文の形をとっていても法律の名に値しないし法律
の中に書き加える意味はない」（竹内（1984）120 頁）と述べておられるが，これは
典型的な規範制裁不可分論であろう。

8)　最判平成 22 年 7 月 15 日判例時報 2091 号 90 頁参照。ちなみに，近年までは，経営
判断の判断過程と判断内容を区別し，前者については「合理的」か否かを審査し，後
者については「著しく不合理」か否かを審査すべきであるという見解が有力であった
が，この最高裁判決はそのような区別を設けてはいない。この点につき，田中
（2016）260 頁など参照。また，経営者と会社の間に利害対立がある場合においては
経営判断原則そのものが適用されないという考え方が一般的である。この点につき，
田中（2016）261 頁，落合（2016）106 頁等参照。

　最初に，規範制裁不可分論は正しいと仮定して考えてみよう。この場合，第2の疑念は少なからぬ説得力を有しているといえるかもしれない。

　まず，大多数の非営利施策は株主の利益に資する面を持っていることは事実である[9]。たとえば，自動車製造会社（以下，「J社」とよぶ）が1億円の資金を慈善団体に寄付してこれを公表すれば（本I章においてのみ，これを「本件寄付」という），J社の企業イメージは向上し，その結果，同社の売り上げは多少なりとも増加するかもしれない。しかしながら，本件寄付が株主に分配する利益の最大化に適うといえるためには，本件寄付の結果としてJ社の収益の現在価値（その正確な意味についてはⅡ.3.(3)で述べる）の増加が本件寄付の支出額である1億円を上回ることが必要であり（ここでは，税効果を捨象して議論を進めている[10]），そうでない限り本件寄付は非営利施策である。

　しからば，非営利施策は一切許容されないという行為規範が確立していることを前提とした場合において，J社の株主が本件寄付を行ったことを理由として同社の経営者に対して損害賠償の支払を求める代表訴訟を提起すれば同社の経営者は賠償を命じられることになるであろうか。具体的状況次第ではあるが[11]，一般論としていえば，J社の経営者が敗訴する可能性は限りなく小さいであろう。けだし，本件寄付によってJ社の収益の現在価値がどれだけ増加するかを見極めることは高度な経営判断を必要とする問題であり，経営者が「1億円を上回っている」と主張する限り，裁判所としては経営判断原則に則って経営者の責任を否定する判断を下さざるを得ないと思えるからである[12]。

　しかしながら，上記の結論をもって，「経営判断原則が適用される限り，いかに精緻な行為規範を経営者に課しても意味がない」と結論づけることはいささか早計であろう。なぜならば，経営者が経営判断原則を援用して責任を免れるためには，少なくとも自己の下した判断の内容が「著しく不合理なものでは

---

9)　この点に関しては，後掲注31）で述べる Strategic CSR に関する記述も参照されたい。

10)　現行法上，寄付の一部は会社所得税法（Ⅲ.2で定義する）の計算上損金として扱われる。Ⅲ.6.(2) 参照。

11)　たとえば，寄付の受益者である団体の理事が当該経営者自身かその親族である場合には，そもそも経営判断原則が適用されない可能性が高い。前掲注8）参照。

12)　ここでは，非営利施策は一切許されないという行為規範を前提として議論を進めていることに留意されたい。現実には，前掲注4）記載の最高裁判決もあることから，「社会的存在としての会社に期待される程度の寄付金である」と主張すれば，J社の経営者が任務懈怠責任を問われる可能性はそもそも小さいであろう。

ない」と主張しなければならず，そうである以上，（非営利施策はすべて不適法であるという法理が確立していることを前提とする限り）自己の実施した施策は非営利施策であったと認めるわけにはいかないからである。したがって，たとえば，J社の経営者が本件寄付を行った真の目的が株主に分配する利益の最大化以外の何か（たとえば，「社会的弱者の保護」）[13]であったにもかかわらず任務懈怠責任を免れるためには，法廷において証拠として引用される可能性のあるあらゆる機会の発言において，本件寄付はひとえに株主に分配する利益の最大化を図って行ったものであるという立場と矛盾する言説を述べないように不断の注意を払わなければならない。[14]これは，経営者にとって少なからぬ精神的負担となるであろう。したがって，規範制裁不可分論が正しいと仮定したとしても，非営利施策の限界を定めた行為規範は経営者の行動に少なからぬ影響を与える。ただし，その影響は経営者の心理を媒介とした間接的なものであるがゆえに，非営利施策の可否についてあまり精緻な議論をしても実りが少ないことは否めない。

　以上は規範制裁不可分論が正しいと仮定した場合の分析である。しかしながら，第2の疑念の最大の問題は規則制裁不可分論そのものの中に見いだされる。以下これを明らかにする。

　規範制裁不可分論が看過しているもの，それは行為規範（standards of conduct）と評価規範（standards of review）の違いに対する認識である。行為規範という言葉はこれまで別段の定義なしに用いてきたが，あえてこれを定義すれば，「ある者が一定の行為をとるにあたり遵守することが法律上要求されている規範命題」のことである。これに対して評価規範とは，「ある者が一定の行為をとったことに対して制裁を科すかどうかを裁判所が決定する際に用いる規範命題」のことである。[15]行為規範と評価規範とは同じであることが理想であるが，

---

13) ただし，「社会的弱者の保護」を経営の目的とすることには少なからぬ問題がある。Ⅲ.6.(1)参照。

14) もっとも，公の席上での発言に関しては，「株主に分配する利益の最大化が目的ではないと『装う』ことが何よりも株主の利益につながる」と弁解することも可能であるかもしれない。

15) 会社法の分野においてこの二つの規範が乖離することの必然性を説いた論文としては Eisenberg（1993）が著名であり，本書もこの論文に負うところが大きい。なお，この論文を解説した文献として三浦（1997）がある。また，民事訴訟における行為規範と評価規範の分離について述べた文献として，新堂（2011）59頁および内田（1988）3頁以下がある。

両者が一致するとは限らない。なぜならば，行為規範を遵守したか否かについて裁判所が事実誤認を犯す可能性がある限り，行為者はあらかじめその可能性を斟酌した行動をとるものであり，それが行為の帰結に悪影響を与える場合には，より単純な（したがって，事実誤認を犯す可能性がより小さい）規範を評価規範とすることによってその悪影響を回避する方が社会にとって望ましい場合があるからである。会社法が経営者に課している行為規範を念頭においてもう少し具体的に考えてみよう。

　会社は多くの利害関係人がかかわる組織であり，そうである以上その中枢にいる経営者がとるべき行為規範を精緻に特定しようとすれば，それは複雑ないしは曖昧な要件からなる規範命題とならざるを得ない。しかしながら，行為規範が複雑ないしは曖昧な要件に依拠したものであればあるほど裁判所が社会にとって好ましくない判断を下す可能性が高まる。そして，経営者がその可能性を斟酌して自らの行動を調整するようになれば，本来の行為規範が目指していた理念の達成が阻害される。経営判断原則はそのような事態を回避するために生み出された評価規範である。すなわち，「経営の専門家でない裁判所が経営判断の合理性を審査することは困難であり，裁判所があえてそのような審査を行えば経営者は過剰に保守的な経営をする危険があり，その結果は高いリターンを求めて会社に投資する株主の経済的利益に適わない」[16]ことを斟酌して作り出された評価規範，それが経営判断原則なのである。

　行為規範と評価規範が乖離した場合，行為者に制裁が科されるのはたしかに評価規範に違反した場合だけである。しかしながら，法の理念を実現するためには本来の行為規範が可及的に実現されることが望ましい。したがって，裁判上の制裁を伴わない行為規範についても，どうしたら規範の名宛人をしてそれを遵守せしめることができるのかを法律の研究者および実務家（以下，あわせて法律家という）は真摯に考究するべきであり，「制裁がない規範を課しても意味がない」と述べて事足れりとする規範制裁不可分論者の言説は法律ないし法律学が果たし得る役割を不必要に小さなものにしているのではあるまいか。

　しからば，経営者をして裁判上の制裁を伴わない行為規範に従わしめる契機をどこに求めるかであるが，最大の契機は経営者の遵法精神にあるのではない

　16）　田中（2016）260頁からの引用（ただし，表現を一部改めさせていただいた）。落合（2016）104頁～105頁も同旨。

であろうか[17]。いささかナイーブな見解に聞こえるかもしれないが，大多数の経営者は会社法を遵守しようという意欲を抱いている。そう考え得る理由を以下箇条書きに記す[18]。

① 経営者は会社がとる施策の利益帰属主体ではないにもかかわらず，会社のとるべき施策の決定に関して大きな裁量権を有している[19]。

② したがって，株主総会によって更迭されるおそれがない限り（この点は持続可能性問題としてすぐ後で取り上げる），経営者は，株主を含む会社の利害関係者のいずれの利益にもコミットすることなく与えられた裁量権を行使する自由を有している[20]。

③ しかしながら，自由に行動できるということは，「気まぐれに」あるいは「無秩序に」行動することを意味するものではない。なぜならば，人は自由に

---

17) 「遵法精神」以外の契機としては，①危険を回避しようとする心理と，②社会的非難の二つが考えられる。なお，①の心理とは，裁判上の制裁が科される可能性が極めて小さい場合であっても，「万が一にでも制約を課されてはたまらない」と考えて行動する経営者の心理のことであるが，これは，経営者が（後に定義する）株主利益最大化原則に拘泥し，（後に定義する）厚生最大化原則の採用を躊躇させる傾向を生み出すものである。

18) ちなみに，裁判上の制裁を伴わない法令であっても，その法令の名宛人が自主的に従うことを前提として制定され，かつ，現実に機能している法令は多数存在する。たとえば，行政官を名宛人とした各種の行政法規や裁判官を名宛人とした訴訟法の諸規定がそうであり，これらの法令をその名宛人が自主的に遵守すると期待できる理由は，（株主総会による更迭を，行政官については「議会または世論による弾劾ないしは行政訴訟における敗訴」，裁判官については「上級審によってなされる原裁判の否定ないしは社会的批判」にそれぞれ読み替えれば）本文の①ないし⑤記載の理由によってよく説明できるのではないであろうか。

19) 重要な業務執行の決定を行うためには取締役会の承認を得なければならないが（会社法 362 条 4 項），業務執行取締役が過半数を占める会社の場合はもちろんのこと，そうでない場合であっても，経営者の提案を取締役会が拒否する事態は稀有であろう。なお，取締役会における経営者に対する監督が十分に機能していないという評価が現在でも一般的であることを指摘する文献として，コンメンタール 8 (2009) 212 頁がある。

20) 株主総会は取締役の選任権（会社法 329 条 1 項）および解任権（同法 339 条 1 項）を有している。執行役の選任権および解任権を有するのは取締役会であるが（会社法 402 条 2 項，403 条 1 項），株主総会はいつでも取締役を解任できるので，執行役の選任権・解任権も事実上有しているといってよいであろう。

21) この状況が現出することは，「エージェンシー問題（agency problem）」という名のもとに克服すべき会社制度上の問題として取りあげられることが多い（田中 (2016) 17 頁以下，落合 (2016) 21 頁，江頭 (2017) 49 頁以下各参照）。しかしながら，かかる状況は，制裁を伴わない行為規範の遵守という目的を実現するうえにおいては好ましい環境であるといえるのではあるまいか。

行動し得る場合においても行動に「一貫性」を求めるものであり，その欲求は，自らの職務に誇りを抱く経営者においてはなおさら切実であるに違いない。[22]

④　経営者が自らの行動に一貫性を持たせるためには何らかの行為規範を定立し，それに従って行動することが必要である。しかるに，正統性や周到性という点において会社法上の行為規範よりも卓越している（と経営者本人が信じ得る）行為規範を持ち合わせている経営者は現代社会においては稀有であろう。

⑤　したがって，大多数の経営者は，会社法が求める行為規範に（たとえそれが裁判上の制裁を伴わないものであっても）自発的に従おうとする意欲を抱いている。

　経営者が裁判上の制裁を伴わない行為規範に従う可能性は現代企業社会に定着しつつある次の二つの慣行によって一層大きなものとなっている。

　その第1は，経営者が施策を決定するにあたり直接または間接に会社の法律顧問の助言を聴取するという慣行である。このような慣行は米国においては以前から存在していたが，近年においてはわが国においても定着しつつある。[23]会社の法律顧問の多くは会社法を専門とする法律家であり，したがって，彼らが述べる意見の多くは会社法上の行為規範に依拠したものである。そこで，彼らの助言を通じて経営者が会社法の行為規範を遵守することが一層強く期待できる。

　その第2は，経営者の行動を規律する規範を会社が自律的に作成する慣行である（以下，このような規範を自律的規範とよぶ）。そもそも，大会社（会社法2条6号），監査等委員会設置会社（会社法2条11号の2）および指名委員会等設置会社（会社法2条12号）にあたる会社は，経営者の職務の執行が法令に適合することを確保するための体制を確立することを義務づけられている（会社法362条4項6号・5項，399条の13第1項1号ハ，416条1項1号ホ）。そこで，これらの

---

22)　この点は証明不要な真理ではないかと思うが，心理学の認知的不協和論は人間の社会的行動が一貫性を求める傾向にあることを説明するうえで有用であろう。認知的不協和論に関しては，たとえば，鹿取ほか編（2015）276頁以下参照。

23)　経営法友会が同会会員会社および証券取引所上場会社等を対象に5年ごとに行っている「法務部門実態調査」によれば，「日本の社外弁護士（法律事務所）の利用機会は5年前に比べて変化していますか」との問いに対して，58.3%（2000年），68.4%（2005年），58.6%（2010年）および56.5%（2015年）の回答企業が「増加している」と答えており，社内弁護士の数も，39名（2000年），68名（2005年），182名（2010年）および642名（2015年）と急増している。さらに，法務部門が「経営陣から意見を求められる頻度の増減」に関する調査に関しては，74%（2005年），69%（2010年）および55.6%（2015年）の回答企業が「増加している」と回答している。別冊NBL113号，135号，160号各参照。

要件を満たす会社はいずれもこのような体制を確立するための自律的規範を作り上げており，これらの自律的規範の履行を通じて経営者が会社法上の行為規範を遵守することが一層強く期待できる。さらに，2015 年 6 月 1 日以降，上場会社は，上場先の金融商品取引所の策定したコーポレートガバナンス・コードの適用を受け，同コードに対応すべく各社にて自律的規範を作成・発表してきているが，この自律的規範もまた経営者が会社法の行為規範を遵守することをより確実にすることを目指したものである。[24]

以上を要するに，裁判上の制裁を伴わない会社法上の行為規範であっても，経営者にはこれを遵守しようとする意欲があり，この意欲は法律顧問の助言と自律的規範の作成という慣行の定着によってより強いものとなりつつある。したがって，非営利施策の限界を画することは，たとえそれが経営者に裁判上の制裁が科されるか否かの分水嶺を定めるものではないとしても，現実社会における経営者の行動に影響を与えるものであり，ここに適法性問題を論じることの意義が認められる。

(3) 第 3 の疑念
──適法性問題に対して客観的な答えを導き出すことは
原理上不可能ではないのか

適法性問題を論じることの意義に対して抱き得る三つ目の疑念は次のものであろう（以下，これを「第 3 の疑念」という）。

① 適法性問題に対する答えを導き出すためには何らかの価値判断を下さなければならない。
② しかるに，価値判断を記述的な (descriptive) 命題のみから導き出すことはできず，最終的には判断者の世界観や企業観に依拠した規範的な (prescriptive) 命題を論理の前提に組み入れなければならない。
③ そうである以上，適法性問題に対する答えの当否を客観的に論じることは原理上不可能ではないのか。

---

24) コーポレートガバナンス・コードについて，詳しくは，東京証券取引所の「コーポレートガバナンス・コード」および関連資料 (http://www.jpx.co.jp/equities/listing/cg/tvdivq0000008jdy-att/code.pdf)，油布ほか (2015) およびジュリスト 1484 号 (2015) 所収の各論文等を参照。

　第3の疑念に対する本書筆者の見解は以下のとおりである。

　たしかに，条文の文理解釈やこれに匹敵する客観的な解釈技術を用いて適法性問題を論じることはできない。しかしながら，それにもかかわらず，できる限り規範的な命題を排除して——すなわち，できる限り記述的な命題のみを用いて——適法性問題を論じることは可能である。なぜならば，ある法が存在する社会と存在しない社会とでは人々の行動が変わり，結果として社会のあり様も変わるからである。したがって，適法性問題に関しても，異なる見解のいずれを採用するかによって社会は異なる様相を呈するはずであり，その様相を比較することによって見解の優劣を論じることにすれば，かなりの程度において客観的な議論が可能となる。この考え方は，法の価値をその法が社会にもたらす帰結に求めるものであるから，一般に，**帰結主義**（consequentialism）とよばれている。[25] 本書は，帰結主義に則って適法性問題を論じるものである。

　帰結主義に則って適法性問題を論じる場合，次に問題となるのは，「社会のあり様のどの点に着目して社会の優劣を論じるのか」である。しかしながら，個人の尊重と国民の幸福追求権を謳う憲法13条の規定を踏まえるならば，評価の指標に用い得るものは社会の構成員各自の厚生以外にはないのではあるまいか。ここで，**厚生**（welfare）とは，社会の構成員各自が自らの選好基準に基づいて望ましいと思うことが実現された状態を意味する言葉であり，社会の構成員各自の厚生の大きさを何らかの方法によって認識し，それを集計したものの大きさによって社会を評価する考え方は一般に**厚生主義**（welfarism）とよばれている。本書は，厚生主義に則って適法性問題を論じるものである（なお，厚生という言葉の代わりに「福利」〔well-being〕という用語が使われることもあるが，両者の実質的意味は同じであるので，本書では「厚生」という言葉のみを用いることにする）。

　残された問題は，構成員各自が自らの選考基準に基づいて判定した厚生の大きさをどのような方法によって認識し，かつ，認識された結果をどのように集計して社会全体の厚生の大きさととらえるかである。この問題は，Ⅱ章の中心的論点の一つとして検討する所存である。[26]

---

25)　帰結主義および（すぐ後で述べる）厚生主義については法哲学の各種文献が詳しく論じているが，それぞれの意義と問題点を簡潔にまとめた文献としては，瀧川ほか（2014）の5頁以下を参照されたい。
26)　この点に関する検討結果はⅡ章の注112）にまとめてある。

　なお，憲法29条の規定に鑑みれば，社会の構成員各自が保有する財産権が本人の意思によることなく侵害されないことが制度的に保障されていることも重要であろう（以下，この理念を財産権の保障とよぶ）。よって，本書においては，厚生主義に加えて，財産権の保障がどれだけ充足されているかということも社会の評価の指標としたうえで適法性問題を論じることとする。[27]

3　持続可能性問題を論じることの意義

　会社法上適法と解すべき非営利施策があるとしても，経営者がそれを持続的に行い得るとは限らない。けだし，株主の支持が得られない経営者は最終的には更迭のリスクに晒されざるを得ないからである。したがって，会社に支配株主[28]がいる場合には，その支配株主の同意を得ることが非営利的経営を行うための必要条件となる。しかしながら，上場会社に関しては支配株主がいない場合が多いので，[29]そのような場合も含めて一般に，いかなる条件が満たされれば非営利施策を持続的に実施することができるのかという問題——すなわち，持続可能性問題——を論じることに意義が認められる。持続可能性問題に対する解が見つからない限り，いくら適法性問題を精緻に論じても，その成果を現実のものとすることは困難であろう。

　最後に，本書では「企業の社会的責任」（corporate social responsibility）という用語を用いないことにつきあらかじめお断りをしておきたい。その理由は以下

---

27)　ただし，本書筆者は，財産権の保障がつねに厚生主義の実現に優越すると解する必要はないと考えるものである。この考え方は，憲法29条2項の趣旨と整合的といえるのではあるまいか。この点については，Ⅱ章の注115)も参照されたい。

28)　本書において，支配株主とは「会社の経営を事実上支配している者」のことである。支配株主は講学上の概念であり，会社法上定義されている言葉ではない（会社法が定義している類似概念は「親会社」〔会社法2条4号，会社法施行規則3条2項・3項〕および「親会社等」〔会社法2条4号の2，会社法施行規則3条の2第2項・3項〕である）。

29)　東京証券取引所が，2016年7月14日現在において同取引所に上場している会社を対象に行った調査によれば，調査時において支配株主のいない会社は調査対象会社全体の82.1％であった（ガバナンス白書（2017）8頁参照）。なお，この調査においては，支配株主を「①親会社，または，②近親者や自己が議決権の過半数を所有する会社などとあわせて上場会社の議決権の過半数を占めている株主」としていることから，親会社が存在する会社は，たとえ，親会社自体には支配株主が存在しない場合であってもすべて「支配株主のいる会社」として扱われている。

のとおりである。

① 「企業の社会的責任」（あるいは，その英語の頭文字をとって「CSR」）という用語は企業の非営利的活動を論じる際に広く使われている言葉であり，これを主題とする優れた文献も少なくない。[30]

② 「企業の社会的責任」を論じた言説は，会社が現に行っている非営利的活動の「実態」を記述的に論じているもの（以下，「CSR 実態論」という）と，会社がそのような活動を行うことの社会道徳上の「義務」を記述的または規範的に論じているもの（以下，「CSR 義務論」という）の二つに大別できる。このうちの CSR 実態論には興味深いものが多いが，本書の主題との関係は希薄である。[31] これに対して，CSR 義務論が適法性問題と関連性を有していることは疑いない。

③ しかしながら，CSR 義務論を適法性問題を論じるうえで意味のあるものとするためには，第1に，いかなる方法論を用いれば社会道徳上の義務を認識（記述的言説の場合）ないしは特定（規範的言説の場合）できるのかを明らかにし，第2に，そのようにして認識または特定された社会道徳上の義務と会社法上の経営者の行為規範との間にいかなる論理的関係が成立し得るのかを論証しなければならない。しかしながら，この二つの問題に関して納得のいく解答を本書筆者は持ち合わせていない。

④ そうである以上，本書において「企業の社会的責任」という用語を用いることは実益に乏しく，場合によっては無用の誤解を招く危険すら内包しているように思われる。

　以上の理由により，本書では「社会的責任」という用語は，（引用する文献中の言葉として用いる場合を除いては）使わないこととした次第である。ご理解を賜りたい。

---

30)　わが国における代表的な文献としては，「米国における企業の社会的責任論の展開」をはじめとする著者の論文集である森田（1978），「企業の社会的責任」の意義や「企業の社会的責任論」の背景を論じた論文である神作（2005b），CSR と会社法との関係について考察した論文である野田（2013），CSR と企業業績の相関関係に関する分析をまとめた資料である久保＝内ヶ崎（2017）などがある。

31)　とくに，米国における CSR 実態論の多くは，（後に定義する）株主利益最大化原則に適った CSR（それは「Strategic CSR」とよばれている）に関してのものであるが，本書の語法によれば，そのような活動は，定義により，「非営利施策」にはあたらない。なお，Kitzmueller-Shimshack（2012）62 頁以下は，Strategic CSR を体系的に分類・解説したうえで各分野における代表的論文を紹介している。

II　株主利益最大化原則の正当性とその限界

は じ め に

適法性問題に対する一つの考え方は，経営者に対して次の行為規範を課すことをもってその解とするものである。

> 経営者は株主に分配する利益の最大化のみを目指して行動すべきであり，非営利施策は一切行ってはならない

この行為規範ないしはこれを経営者に課すことをもって適法性問題の解とする見解を，以下，株主利益最大化原則とよぶことにする。

株主利益最大化原則を唱えた者として歴史上最も有名な人物は，おそらくのところ，1976 年にノーベル経済学賞を受賞した米国の経済学者 Milton Friedman であろう。Friedman は次のように述べている[1]。

「企業経営の使命は株主利益の最大化であり，それ以外の社会的責任を引き受ける傾向が強まることほど，自由社会にとって危険なことはない。これは，自由社会の土台を根底から揺るがす現象であり，社会的責任は自由を破壊するものである。」

「企業は株主の道具であり，企業の最終所有者は株主である。もしも企業が何か寄付をしたなら，その行為は，株主が自分の資金の使いみちを決める自由を奪うことになる。（中略）これは自由社会の本質を脅かす第一歩であり，個人の自

---

1)　Friedman（1962）133 頁以下参照。訳文は，すべて，フリードマン（2008）からの引用である。

由が奪われ全体主義へと向かう第一歩と言わねばならない。」

　Friedman ほど極端ではないまでも，株主利益最大化原則は米国の会社法学者の多くが唱えてきたものであり[2]，わが国の会社法学界においても少なからぬ支持を得ている[3]。

　株主利益最大化原則は，わが国の会社法実務にも大きな影響を与えてきた。思うに，この点を雄弁に物語っているのは 2005（平成 17）年に発生したニッポン放送事件の顛末ではあるまいか。
　この事件においては，敵対的買収を仕掛けられた会社が買収防衛策を実施す[4]ることの可否が争われた。ただし，事実上の買収対象会社がテレビ放送会社で[5]あったがゆえに通常の敵対的買収案件にはない争点が潜在していた。けだし，そこには下記①〜③の事情が存在していたからである。

　①　地上波のテレビ放送事業はビジネスモデル上の理由から巨大な正の外部性を[6]
　　　生み出している（この点については Ⅲ. 3. (5) で説明するが，ひとことだけいってお
　　　くと，テレビ放送事業の「消費者」は番組のスポンサーであり，視聴者は対価を支払う
　　　ことなくテレビ番組が提供する便益を享受している）。

　2）　株主利益最大化原則を唱えた米国会社法学者の文献は数多いが，主張の大胆さという点において最も著名な論文は，おそらくのところ，Hansmann-Kraakman（2001）であろう。この論文は，世界の先進諸国においては，会社制度や企業文化の相違があるにもかかわらず，会社法の基本原理が実質的に同一のものとなりつつあると主張し，その主たる原因は，経営者は株主の経済的利益の最大化のみを目指して行動すべきであるという行為規範——すなわち，本書においていうところの株主利益最大化原則——が広く受け入れられるにいたったことであると結論づけている（ちなみに，この論文の題名である「The End of History for Corporate Law」とは，株主利益最大化原則という行為規範と対立し得る理念がもはやなくなってしまった——その意味において，会社法の発展の歴史が終わってしまった——ことを意味するものである）。
　3）　たとえば，落合（2016）49 頁以下に示されている見解は，（若干の限定が付されてはいるものの）株主利益最大化原則の強力な擁護論といえるのではないであろうか。そのほか，株主利益最大化原則については，田中（2016）255 頁以下，江頭（2017）22 頁以下，落合（1998）等も参照されたい。
　4）　敵対的買収の意味については V. はじめに参照。
　5）　この事件で買収の対象となった会社は主たる事業としてラジオ放送事業を営む株式会社ニッポン放送であったが，同社は，2005（平成 17）年 1 月時点で株式会社フジテレビの発行済株式総数の 22.5％ を保有していた。
　6）　「正の外部性」の意味については Ⅲ. 3 参照。

② したがって，株主の利益に反する経営をどこまで容認するかによって——逆のいい方をすれば，株主利益最大化原則をどこまで貫徹するかによって——社会の厚生に対するテレビ放送会社のかかわり方は変容せざるを得ない。

③ そうである以上，株主利益最大化原則の徹底を標榜する敵対的買収者が出現した場合には，その買収が株主の利益に反するからではなく，買収を容認するとテレビ放送会社が社会の厚生のために果たしている役割が損なわれることを理由として，テレビ放送会社の経営者がこれを阻止することの可否が——最終的にそれが認められるべきであるか否かは別として——真摯に争われてもおかしくはなかった。

ところが，この事件に関する東京地裁および東京高裁の決定は，いずれも，買収防衛策発動の可否をもっぱら「株主全体の利益」の確保という観点から論じており，[7]この点においては，これらの決定が下された直後に経済産業省と法務省が共同で発表した「企業価値・株主共同の利益の確保又は向上のための買収防衛策に関する指針」（以下「買収防衛指針」という）も概ね同様であった。[8]このことは，ニッポン放送事件に関与した法律家（ニッポン放送の代理人を含む）と買収防衛指針の作成に携わった法律家の大半が，上記に述べた本事件の潜在的争点は論じる価値がないと考えていた——別のいい方をすれば，株主利益最大化原則こそが（多少の修正・限定は加えるにせよ，基本的には）適法性問題に対する最善の見解であることを暗黙のうちに認めていた——ことを示唆しているのではないであろうか。[9]

---

7) 東京地決平成 17 年 3 月 16 日判例タイムズ 1173 号 140 頁および東京高決平成 17 年 3 月 23 日判例時報 1899 号 56 頁参照。なお，ニッポン放送事件については，東京高裁の決定が下されたのちに当事者間で和解が成立したため最高裁の判断は示されていない。

8) 買収防衛指針が発表されたのはニッポン放送事件の東京高裁の決定日から約 2 ヶ月後の 2005（平成 17）年 5 月 27 日である。なお，買収防衛指針の内容については商事法務 1733 号 26 頁以下を，また，これを解説した文献としては，日下部（2005）等を参照されたい。

9) さらにいえば，このときに取り上げられなかった本文記載の潜在的争点の重大性を認識し，これを法の改正というドラスティックな手段によって「解決」したのが 2007（平成 19）年に公布された放送法の改正である（この改正によって，放送持株会社の傘下に入ったテレビ放送会社を買収することは事実上不可能となった。なお，当該改正の概要については，総務省情報通信政策局放送政策課ほか「放送法等の一部を改正する法律について」ジュリスト 1353 号〔2008〕58 頁参照）。この放送法改正については，V.1 において改めて論じる。

　株主利益最大化原則はなぜかくも強い支持を得るに至ったのか。株主利益最大化原則に問題はないのか。問題があるとすれば，これに代替し得る経営者の行為規範としてはいかなるものが考えられるのか。これらの問いに答えるべく，本章では，Ⅱ.1からⅡ.3の三つの項で株主利益最大化原則を支える諸理論を検討し，Ⅱ.4で株主利益最大化原則の問題点を指摘したうえで，いかなる行為規範をもってこれに代替させ得るのかを論じる。

　なお，本章においては経済学上の知見がしばしば引用される。これらの知見は，いずれも経済学の教科書で説明されていることであるから，本書においてそれをことごとしく解説することは無用であるとも考えたが，熟慮の結果，あえてそれを行うことにした。それは，①これらの知見は経済学者にとっては共有知であるかもしれないが，本書をお読みくださる方の大半はおそらくのところ法律家ないしは企業実務家であり，法律家や企業実務家にとってこれらの知見は必ずしも共有知であるとはいえず，しかも，②これらの知見は次章以下においても繰り返し引用されるものであり，この点において，これらの知見は本書の骨格を構成しており，そうである以上，これらの知見に関して本書は自己完結的であるべきだ，と考えたからである。できるだけ簡潔かつ明瞭に解説する所存であるが，経済学に詳しい読者にはいささか冗長な感を与えるかもしれない。ご海容を乞う次第である。

1　株主利益最大化原則を支える理論その(1)
──残余権論

(1)　残余権論者の主張

　株主利益最大化原則を正当化し得る理由はどこにあるのか。[10]　この問いに対して，わが国の会社法学界においては，正当化の根拠を株主が残余権者（residual

---

　　10)　ちなみに，「会社は営利目的法人であるから」「株主は会社の所有者だから」あるいは「経営者を選ぶのは株主だから」という理由で株主利益最大化原則を正当化することはできない。なぜならば，本書においては，①現行法は会社を営利目的法人と定めていること（Ⅰ.1参照），②（後に定義する）残余権をもって経済的な意味での所有権ととらえるならば株主はまさしく会社の所有者であること，ならびに，③現行法上経営者を選任するのは株主であること（Ⅰ章の注20）参照）をすべて認めたうえで，にもかかわらず一定の場合には経営者が非営利施策をとることを容認した方が社会にとって望ましい結果となる場合があるのではないかという問題を帰結主義と厚生主義の立場から考えようとするものだからである。

claimant）であることに求める見解が有力である[11]（この見解を残余権論，残余権論を唱える者を残余権論者とよぶことにする）。ここで，「残余権者」とは，分配の対象となる利益の源泉が存在する場合において，その源泉から支払われる金額が一定の人（またはグループ）を除いては定まっており，それらの金額が支払われた後になお残額がある場合に限って，その残額が最初に除かれた人（またはグループ）に支払われる場合におけるその人自身（またはそのグループ自体）を指して用いられる言葉である。株主は会社が債権者に対する債務を完済してもなお剰余金が残る場合に限ってその剰余金を受け取り得るものであるから[12]，たしかに会社の残余権者である。

　残余権論者が最初に主張するのは次の点である[13]。

　　主張Ⅰ　株主以外の者が会社から受け取る金額は契約その他によりあらかじめ決
　　　まっている。したがって，経営者が株主に分配する利益を最大化するように行
　　　動すれば，結果として会社が生み出す富の総量は最大化される[14]。

　主張Ⅰは，経営者が株主以外の者が会社から受け取る利得の決定に関与せず，あたかも株主の財産管理人のごとく行動する限りにおいてはたしかにそのとおりであろう。しかしながら，実際の経営者は，銀行，従業員，取引先など株主以外の者が受け取る利得の決定に深く関与することが常態であり，その過程において経営者が株主利益の最大化を追求することは，多くの場合株主以外の者の利益の最小化を追求することを意味している。してみれば，経営者が株主利益の最大化を目的とすることが会社の生み出す富の総量を最大化する保証はどこにも存在しておらず，主張Ⅰだけで残余権論を正当化することは難しい。

---

　11)　田中（2016）74頁，落合（2016）52頁以下および江頭（2017）24頁以下各参照
　　　（ただし，江頭（2017）は株主利益最大化原則に対して懐疑的な立場から残余権論の
　　　妥当性についても批判的な意見を述べている）。なお，残余権者のことを落合（2016）
　　　は「剰余権者」，江頭（2015）は「残余請求権者」とよんでいる。
　12)　株主に対する剰余金の分配規制についてはⅢ.1.(1)の解説を参照されたい。
　13)　Ⅱ.1.(1)において展開されている主張は残余権論者の見解を総合的に考慮した
　　　うえで本書筆者がまとめた残余権論の「典型的見解」であり，特定の論者がこのよう
　　　な主張をしているという趣旨のものではない。
　14)　ここでは，「富」という言葉を漠然とした意味で使っている。「富」を厳密に定義
　　　された言葉として用いる語法については，Ⅱ.4.(3)における「厚生」の定義と後掲
　　　注111)を参照されたい。

そこで，主張Ⅰを補強するものとして次の主張について考えてみよう。

主張Ⅱ　株主が残余権者であるということは，会社の財産価値の変動がそのまま
　　　株主の財産価値の変動をもたらすことを意味している[15]。したがって，会社の代
　　　表者である経営者は，経済的にいえば，株主の代理人にほかならない。

　主張Ⅱ自体に異論を唱える者はいないであろう。しかしながら，そこからい
かなる有意義な結論を導き出せるのであろうか。「株主の代理人である以上株
主の利益のためのみに行動するべきである」という論理は，伝統的な法解釈学
の言説としてであればともかく，帰結主義と厚生主義に立脚してあるべき法の
姿を考えようとする本書において用い得るものではない。けだし，「事実上の
代理人は本人のためのみに行動すべきである」という命題は，（法令上の拘束力
を有しない規範的命題であるという意味において）一つのドグマにすぎず，そうで
ある以上，そのドグマが社会的に望ましい結果をもたらすものであることが検
証されない限り，そのドグマを根拠として適法性問題を論じることはできない
からである[16]。
　思うに，主張Ⅱから導き出し得る有力な主張は次のものではないであろうか。

主張Ⅲ　一般に，当事者が自己の利益の最大化を目指して真摯に交渉を行えば，
　　　両当事者のいずれにとっても好ましい結果がもたらされる。したがって，株主
　　　の事実上の代理人である経営者が，会社と株主以外の者との間の交渉を株主の
　　　立場にたって真摯に行えば，株主と株主以外の者のいずれにとっても好ましい
　　　結果がもたらされる。

　主張Ⅲに関しては，直感的に正しいと感じる方も多いことであろう。しかし

---

15)　得津（2013）は残余権の持つこの機能を「残余権の動的モデル」として論じてい
　　る。
16)　ただし，このことは，法解釈の技術としてドグマが果たしてきた歴史的役割を否
　　定するものではない。けだし，法の経済分析に代表されるような帰結主義的解釈論が
　　台頭してきたのは比較的最近のことであり，そのような方法論を持たない社会におい
　　ては，一般的な規範命題（それはしばしば「法諺」という概念によっていい表されて
　　きた）に依拠した演繹的論理や法的拘束力が認められている他の規範命題の類推適用
　　という手法を用いて法のあるべき姿を考えることは優れて合理的な思考方法であると
　　考えられるからである。

ながら，その内容は本当に正しいのであろうか。また，そこでいうところの
「いずれにとっても好ましい結果」とは具体的にいかなることを意味している
のであろうか。そこで，これらの問いに答えるべく主張Ⅲの当否を分析的に検
討しようと思うのであるが，実のところ，この問題を論じるだけであれば，比
較的単純な社会モデルを使ってこれを行うことができる（Ⅱ.1.(4) で用いるモ
デルがそれである）。しかしながら，そのあと議論が発展し，「厚生経済学の基
本定理」というより大きなテーマについて論じることを考えると，最初に，よ
り一般的なフレームワークを設定し，しかる後に，主張Ⅲの当否を論じるため
の社会モデルを導入する方が議論を進めやすい。そこで，以下，この順序で論
述を続けることにする。

(2)　用語の解説

最初に，今後の議論で用いる経済学用語を解説しておく。

株主を含め社会の構成員はすべて消費者，すなわち，各種の財（役務を含む。
以下，同じ）を消費する自然人である。[17] そこで，ℓ 種類の財と m 人の消費者か
らなる社会モデルをもとにして各種の用語を定義する。

① 消費者各自が，ある時点において保有している財の数量を初期保有量 (initial
endowment) とよび，各財の初期保有量の組み合わせを初期保有ベクトルとよぶ。
i 番目の消費者（以下，「消費者 i」という）が保有している h 番目の財（以下，
「財 h」という）の初期保有量を e_i^h と表すことにすれば，消費者 i の初期保有ベ
クトルは，

$$e_i = \begin{pmatrix} e_i^1 \\ \vdots \\ e_i^\ell \end{pmatrix}$$

という列ベクトルによって表すことができる。
② 消費者各自は，他の消費者と財を交換しあうことによって初期保有ベクトル
とは異なる財の組み合わせを作り出すことを構想し得る。そして，構想し得る
任意の財の組み合わせを消費計画とよび，初期保有ベクトルと同様に列ベクト
ルでこれを表す。すなわち，消費者 i の任意の消費計画は，

---

17)　会社とかかわる行為主体は法律的には法人である場合が多い。しかしながら，そ
のような場合においても最終的な利益帰属主体はすべて自然人である。

$$x_i = \begin{pmatrix} x_i^1 \\ \vdots \\ x_i^\ell \end{pmatrix}$$

である。

③　消費者 i が，二つの消費計画 x_i と y_i について，y_i の方が x_i よりも好ましいかあるいは両者は同等に好ましいと判断するとき，これを，

$$y_i \succsim x_i$$

と記し，消費者 i は x_i よりも y_i の方を弱い意味で好むといい表す。

$y_i \succsim x_i$，かつ，$x_i \succsim y_i$ であるときには，

$$x_i \sim y_i$$

と記し，消費者 i にとって x_i と y_i は無差別（indifferent）であるといい表す。

他方，$y_i \succsim x_i$ であっても $x_i \succsim y_i$ でないときには，

$$y_i > x_i$$

と記し，消費者 i は x_i よりも y_i の方を強い意味で好むといい表す。

　　以上に示した記号によって表される消費計画の好ましさの序列を選好関係（preference relation）とよぶ。

④　分析を進めるために，次の二つの仮定を設ける。これらの仮定を設けたとしても，分析の結果が現実社会の実相と大きく乖離することはないであろう。

（a）　任意の消費者 i は，二つの消費計画に関する選好関係をつねに一義的に判定し得る（すなわち，$y_i \succsim x_i$ か $x_i \succsim y_i$ かのいずれかまたは双方であると判定し得る。この仮定を完備性の仮定という）。

（b）　任意の消費者 i が三つの消費計画 x_i，y_i および z_i に関して，$y_i \succsim x_i$ かつ $z_i \succsim y_i$ であれば，必ず $z_i \succsim x_i$ である（この仮定を推移性の仮定という）。

⑤　完備性と推移性を仮定したことにより，任意の消費者 i の消費計画に対する選好関係を各消費計画に割り当てた実数の大小関係によって表現することができる。[18] たとえば，四つの消費計画 x_i，y_i，z_i および w_i の間に $w_i \succsim z_i \succsim y_i \succsim x_i$

---

18)　ただし，消費計画の数が非加算無限個あると考えるとすれば，効用関数が必ず存在するといえるためには，選好関係が完備性の仮定と推移性の仮定を満たすことに加えて，後掲注 21）に記す連続性の仮定も充足することが必要となる。逆に，選好関係がこの三つの仮定を充足する場合には選好関係を表す連続な効用関数がつねに存在することが知られている。Mas-Colell-Whinston-Green（1995）47 頁参照。

という選好関係が存在する場合には，x_i, y_i, z_i および w_i に対して，それぞれ 1，2，3，4 という数値（あるいは，2，4，8，16 という数値であっても構わない）を割り当てることにより，これら四つの消費計画の選好関係を上記に示した数値の大小関係によって表現できる。

　上記のようにして割り当てられた数値をそれに対応する消費計画の効用（utility）とよび，消費計画を独立変数，効用を従属変数とする関数を効用関数（utility function）とよぶ。すなわち，消費者 i の効用関数を u_i で表せば，任意の二つの消費計画 x_i と y_i に関して，

$$x_i \succsim y_i \Leftrightarrow u_i(x_i) \geq u_i(y_i)$$
$$x_i \succ y_i \Leftrightarrow u_i(x_i) > u_i(y_i)$$
$$x_i \sim y_i \Leftrightarrow u_i(x_i) = u_i(y_i)$$

という関係が成立する（同値記号である「$\Leftrightarrow$」の右側の式は実数値同士の大小関係を表す不等式（または等式）であることに留意されたい）[19]。

⑥　各消費者の消費計画の組み合わせを資源配分（allocation）という。資源配分は，それを構成する m 個の列ベクトル $x_1, ..., x_m$ を横に並べることにより ℓ 行 m 列の行列 X として表すことができる。すなわち，

$$X = (x_1, \cdots, x_m) = \begin{pmatrix} x_1^1, & \cdots, & x_m^1 \\ \vdots & \ddots & \vdots \\ x_1^\ell, & \cdots, & x_m^\ell \end{pmatrix}$$

である。

⑦　さらに，資源配分 X を構成する任意の財 h について次の等式が成立する場合には，各消費者の初期保有ベクトルの制約のもとにおいて当該資源配分を実現することがつねに可能であることから，その資源配分を実現可能な資源配分（feasible allocation）とよぶ（文脈上明らかである場合は，単に，資源配分という）。

$$\sum_{i=1}^{m} x_i^h = \sum_{i=1}^{m} e_i^h$$

⑧　実現可能な資源配分 $X = (x_1, ..., x_m)$ に関して，他のいかなる実現可能な資

---

19)　効用関数によって表し得るものは選好関係，すなわち，消費計画の望ましさの序列だけであり，効用の値自体に固有の意味があるわけではない点に留意されたい。これをより一般的にいうと，効用関数に正の単調変換を施しても効用関数の同一性は失われない（このことを，本書では，「効用関数の序数性」とよぶことにする）。この点につき，詳しくは，Mas-Colell-Whinston-Green（1995）9 頁参照。

源配分 $Y = (\boldsymbol{y}_1, ..., \boldsymbol{y}_m)$ も次の二つの条件を同時に満たすことがない場合，資源配分 X はパレート効率的（pareto efficient）であるという。

(a)　任意の消費者 i について，$u_i(\boldsymbol{y}_i) \geq u_i(\boldsymbol{x}_i)$ であること。
(b)　特定の消費者 j について，$u_j(\boldsymbol{y}_j) > u_j(\boldsymbol{x}_j)$ であること。

　　ある資源配分がパレート効率的であることを日常用語を用いていえば，「誰かの状態を悪化させない限り何人の状態も改善できない状態」のことである。

(3)　交渉の帰結その(1)──一般的な状況

　議論を続けるために必要な経済学用語が出そろった。そこで，本論に戻り，経営者が株主の代理人として株主以外の者と真摯に交渉すれば，いかなる帰結がもたらされるのかについて考える。

　最初に，2 人の交渉当事者（A と B）と二つの財（財 1 と財 2）からなる社会モデルを使って交渉の一般原理を説明する。各当事者の初期保有ベクトルを $^t(e_A^1, e_A^2)$ および $^t(e_B^1, e_B^2)$ とし，[20] $e_A^1 + e_B^1 = e^1$，$e_A^2 + e_B^2 = e^2$ とする。【図 2-1-1】をご覧願いたい。

　【図 2-1-1】には，左下隅が原点 $(0, 0)$，右下隅が $(e^1, 0)$，左上隅が $(0, e^2)$，右上隅が (e^1, e^2) にある四辺形が示されている。この四辺形は一般に「エッジワース・ボックス（Edgeworth box）」とよばれており，本書ではこれを E ボックスとよぶことにする。E ボックスの左下隅を点 O_A，右上隅を点 O_B とし，当事者 A にとっての点 O_A および当事者 B にとっての点 O_B をそれぞれ当事者の原点とよぶことにする。

　E ボックスの内側（辺を含む。以下，同じ。辺上の点を含まない場合には「内点」という言葉を用いる）の任意の点 P は，下記①および②の理由によりこの社会モデルにおける実現可能な資源配分と 1 対 1 の対応関係にある。なお，点 P_0 は各当事者の初期保有ベクトルの組み合わせからなる資源配分──これを，以下，初期配分という──を表した点である。

①　点 P の座標を (α, β) とした場合，同点は，当事者 A の消費計画 (α, β)

---

20)　添字の t は，ベクトルが列ベクトルであることを示している。

【図2-1-1】

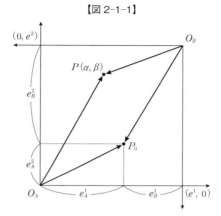

と当事者Bの消費計画 $(e^1-\alpha,\ e^2-\beta)$ の組み合わせからなる資源配分を表していると考え得るところ，

$$\alpha + (e^1 - \alpha) = e^1 = e_A^1 + e_B^1$$
$$\beta + (e^2 - \beta) = e^2 = e_A^2 + e_B^2$$

であるから，点Pが表している資源配分はつねに実現可能な資源配分であり，
② α は0以上 e^1 以下の任意の値を，β は0以上 e^2 以下の任意の値を，それぞれ互いに自由に取り得る以上，実現可能な資源配分はつねに点Pによって表し得る。

Eボックス内の各点のうちパレート効率的な資源配分を表している点はどれか。この問いに対する答えを示すために，無差別曲線（indifference curve）という概念を定義する。無差別曲線とは，ある者の消費計画を平面上（または立体上）の点で表した場合において，効用が等しい（すなわち，無差別である）消費計画を表す点をすべて結んだ曲線のことである[21]。

【図2-1-2】には【図2-1-1】と同じEボックスが描かれているが，そこに記した下に凸な四つの破線はいずれも当事者Aの無差別曲線であり，同図上

---

21)　無差別曲線の存在は，当事者の選好関係が「連続性」という要件を充足しているという仮定に依拠している。ここで，「連続性」とは，任意の消費計画 x に関して，$U(x)$ を $y \gtrsim x$ となる消費計画 y の集合，$L(x)$ を $x \gtrsim z$ となる消費計画 z の集合とした場合において，$U(x)$ と $L(x)$ がいずれも閉集合であることを意味する概念である（閉集合の意味については後掲注42）参照）。

【図2-1-2】

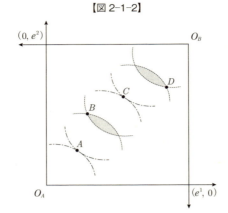

に記した上に凸な四つの破線はいずれも当事者Bの無差別曲線である。

　【図2-1-2】にはあわせて8本の無差別曲線しか描かれていないが，Eボックス内にはあらゆるところに同じ当事者の無差別曲線が存在する[22)]。そして，それらの無差別曲線はいずれも交わらず，当事者の原点から遠いところにある無差別曲線ほど当該当事者にとって大きな効用を表す無差別曲線である[23)]。

　無差別曲線が凸状の形をとるのは，消費計画を構成する一つの財の数量を減少させた場合，それによって生じる新しい消費計画がもとの消費計画と無差別であるためには消費計画を構成するもう一つの財の数量が増加し，しかも，その増加率が最初の財の減少率よりも絶対値において大きくなければならないと考え得るからである[24)]。

　以上の結果，Eボックス内のすべての点について，その点を通る当事者Aの無差別曲線と当事者Bの無差別曲線が，必ず，しかも1本ずつだけ，存在

---

22)　この命題は，消費計画の対象となるすべての財は任意に分割して消費することが可能であるという仮定に依拠している。

23)　この命題は，選好関係が「強い単調性」という要件を充足しているという仮定に依拠している。ここで，「強い単調性」とは任意の二つの消費計画 $\boldsymbol{x}={}^t(x_1, x_2)$ と $\boldsymbol{y}={}^t(y_1, y_2)$ に関して，$x_1>y_1$ かつ $x_2\geqq y_2$（または，$x_2>y_2$ かつ $x_1\geqq y_1$）であればつねに $\boldsymbol{x}>\boldsymbol{y}$ であることを意味する概念である。

24)　この考えを「限界代替率逓減の法則」といい，消費計画の無差別曲線が凸状となるという仮定を「強い凸性」の仮定という。限界代替率逓減の法則と強い凸性の仮定は実質的に等しい命題である。なお，上記においていうところの「強い凸性」とは，同一の無差別曲線上にある任意の三つの異なる消費計画 $\boldsymbol{x}, \boldsymbol{y}, \boldsymbol{z}$ に関してつねに，$\lambda\boldsymbol{y}+(1-\lambda)\boldsymbol{z}>\boldsymbol{x}$ という関係が成立することを意味する概念である（ただし，λ は，$0<\lambda<1$ を満たす任意の実数である）。

する。そして，その二つの無差別曲線は互いに交わっているか（【図2-1-2】の点Bと点Dがその場合の交点にあたる），互いに接しているか（【図2-1-2】の点Aと点Cがその場合の接点にあたる）のいずれかである。そして，二つの無差別曲線が交わっている内点は，いずれもパレート効率的な資源配分を表す点ではない[25]。けだし，その点を通る二つの無差別曲線で囲まれたレンズ状の区域（【図2-1-2】において網掛けを施した区域がこれにあたる。以下，「レンズ区域」とよぶ）の内点は，すべて，いずれの当事者にとっても当該当事者の原点からより遠い無差別曲線上にあり，そうである以上，それはいずれの当事者にとっても強い意味で好ましい消費計画からなる消費配分を表しているからである。他方，二つの無差別曲線が接している点はすべてパレート効率的な資源配分を表す点である。けだし，その点を離れれば，いずれかまたは双方の当事者にとってその当時者の原点からより近い（すなわち，効用がより小さい）無差別曲線上の点に移動せざるを得ないからである。

　したがって，両当事者の無差別曲線が接する点の集合はパレート効率的な資源配分を表す点の集合を意味しており，以下，これをパレート集合とよぶことにする[26]。

　以上の点を踏まえて，当事者が真摯に行動した結果成立する合意はいかなるものとなるかを分析してみよう。【図2-1-3】をご覧願いたい。

　まず，同図上の点P_0を通る二つの無差別曲線で囲われたレンズ区域（網掛けを施した部分）の内点はいずれも両当事者の効用が現状よりも増加する資源配分を表しており，資源配分がこのような性質を有する場合，その資源配分のことを個人合理的（individually rational）という（この点を踏まえ，【図2-1-3】の網掛けを施したレンズ区域内のことを，以下，個人合理的区域とよぶことにする）。交渉当事者間で成立する合意によってもたらされる資源配分は，つねに，個人合理的区域内のものである。なぜならば，そうでない限り，いずれかまたは双方の当事者にとってその合意は無用なものとなるからである。なお，「個人合理的」という言葉は各当事者の効用が現状と同じである場合も含めた意味で用いる方

---

25)　これに対して，端点，すなわち，Eボックスの辺上の点の場合は，無差別曲線が交わっている点であってもパレート効率的な資源配分を表す点となり得る。けだし，端点の場合には，その点を通る無差別曲線によって形成されるレンズ区域がEボックスの外側に位置することがあり得るからである。

26)　前掲注25）記載の理由により端点は無差別曲線が交わっている場合であってもパレート集合の一部となることがある。

が便利な場合が多いので，以下では，この広義の意味で個人合理的という言葉
を使うことにする。[27]

【図2-1-3】

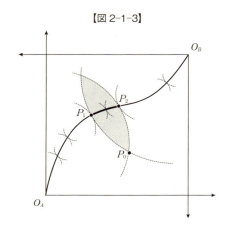

　次に，同図上の O_A，P_1，P_2，O_B の各点を通る実線は各当事者の無差別曲線
の接する点を結んだものであるからパレート集合である。[28]そして，パレート集
合の一部は必ず個人合理的区域内に存在する。なぜならば，個人合理的区域内
を通る一方当事者の無差別曲線が相手方当時者の無差別曲線と接する点は，必
ず個人合理的区域内でなければならないからである（作図して確認してみれば明
らかなとおり，仮にそうでないとすれば，同じ当事者の無差別曲線が交わるという背理
が発生してしまう）。【図2-1-3】においては，P_1 から P_2 に至る線分が個人合理
的区域内におけるパレート集合を示しており，この部分を，以下，契約曲線と
よぶ。[29]

　当事者が真摯に行動する限り，当事者の合意は，必然的に契約曲線上の1点
において表される資源配分，すなわち，個人合理的，かつ，パレート効率的な
資源配分をもたらす。[30]けだし，パレート効率的でない資源配分に関しては，一

---

27)　この点については，後掲注36）を参照されたい。

28)　パレート効率性の定義により点 O_A と点 O_B がパレート集合に含まれることは明ら
　　かであろう。また，消費計画に関して連続性と強い単調性の仮定をおいたことの必然
　　的結果としてパレート集合は連続した曲線となる。ただし，前掲注25）記載の理由
　　により，パレート集合は【図2-1-3】に記したように（点 O_A と点 O_B を除き）内点
　　のみからなるとは限らず，状況によっては，端点を含む場合がある。

29)　契約曲線によって表される消費配分の集合は2人の当事者からなる交渉問題にお
　　ける「コア」と一致する。コアの一般的定義については Mas-Colell-Whinston-Green
　　（1995）676頁以下を参照されたい。

方当事者の効用を減らすことなく他方当事者の効用だけを高めることが可能であるから，両当事者が交渉を友好的で効率的なものにしようとする意欲を抱いている限り（「真摯な」交渉当事者は必ずやそのような意欲を抱いているであろう），パレート効率的でない資源配分をパレート効率的な資源配分に改めることは両当事者にとって望ましいことだからである。

（4）　交渉の帰結その(2)──利得の最大化を目的とする交渉

次に，交渉の一方当事者が会社の場合について考える。この場合，経営者が，株主に分配する利益──経済学の用語でいえば，利潤──の最大化を目的として行動する以上，これまでのように消費計画の序列，すなわち効用の最大化を目的とする社会モデルをそのまま使うわけにはいかない。そこで，ここでは，相手方当事者も会社であるか，あるいは，取引によって得られる利益の金銭的価値を最大化することを目的とする個人であると考えることとし[31]，そのような金銭的価値（会社の場合における利潤を含む）を利得とよぶ[32]。この結果，個人合理性とパレート効率性に関しても，本Ⅱ.1.(4)においては「効用」ではなく「利得」を指標としてその成否を判定する。

30）　ただし，初期配分自体がパレート効率的である場合，すなわち【図2-1-3】の点P_0自体が両当事者の無差別曲線が接する点である場合には合意そのものが成立しないことに留意されたい。

31）　個人の行動の目的を利得の最大化ととらえることが正当化できるのは，その個人の効用関数に関してⅡ.4.(3)で述べる準線形性を仮定し得る場合であり，計算の対象となる利得の値は，交渉の対象となっている財の市場価格ではなく，その財が当事者にもたらす効用の金銭価値（のちに「支払用意額」という概念を使って厳密に定義する）から取引の対価として支払われる金額を控除した値のことである。

32）　利潤の最大化を目的とする会社を一方当事者とし，（効用関数が準線形であるという仮定を設けることなく）効用の最大化を目的とする個人を他方当事者とするモデル（本注においてのみ，以下，「複雑モデル」とよぶ）を使って交渉問題を論じることも不可能ではない。Ⅱ.1.(4)において複雑モデルを用いない理由は以下のとおりである。

①　複雑モデルを使った場合には個人の効用関数のあり方いかんによって実現可能集合が様々な形状をとることとなるため分析が複雑となる。

②　そのような複雑さを甘受して複雑モデルを使ったとしても，もう一方の当事者が利潤の最大化を目的とする会社である限りⅡ.2.(1)の①記載の問題を払拭できない。

③　Ⅱ.4.(3)で説明するように，効用関数に関して準線形性の仮定をおき得る個人であれば，行動の目的を利得の最大化ととらえることが可能である。したがって，本文に記載したモデルは広い範囲において妥当性を有している。

【図2-1-4】

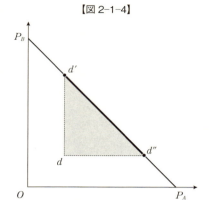

　実現可能な各当事者の利得の組み合わせを**実現可能な利得配分**（文脈上明らか
である場合には，単に利得配分）とよび，実現可能な利得配分の集合を**実現可能集
合**とよぶことにする。【図2-1-4】をご覧願いたい。

　同図の O，P_A，P_B の3点で結ばれた区域は当事者Aと当事者Bの交渉に関
する実現可能集合を表している。ここで，実現可能集合上の任意の点を P と
した場合，一方当事者から他方当事者に利得を移せば，点 P を通る傾き -1 の直
線上の任意の点によって表される利得配分を実現することができる。したがっ
て，実現可能集合は，【図2-1-4】に示すとおり，45度の傾きをもった直角二
等辺三角形の形状となる。[33]

　【図2-1-4】の点 d は，交渉が決裂した場合における各当事者の利得配分を
表した点であり，この点，または，この点を構成する各当事者の利得の値を交
渉の**不一致点**（disagreement point）または**留保点**（reservation point）という。[34]

　図から明らかなとおり，個人合理的な利得配分を表す点の集合は【図2-1-

---

[33]　これは各当事者が目的とする最大化の対象を「利得」としたことの結果であり，
「効用」を最大化の目的とする一般的な社会モデルのもとにおける実現可能集合の特
徴ではない。一般的な社会モデルのもとにおける実現可能集合の特徴については，岡
田（2011）288頁以下を参照されたい。

[34]　各当事者の目的を利得の最大化とする社会モデルは，交渉当事者は社会全体の一
部分であることを前提とするものである。したがって，交渉が決裂した場合において，
各当事者は社会の他の構成員との間において利得の最大化を目指す交渉が可能であり，
この点を考えると，不一致点とは，「交渉が決裂した場合において各当事者が取り得
る最善の行動」（これを，Best Alternative to Negotiated Agreement の頭文字をとっ
て BATNA とよぶ）がもたらす利得の組み合わせを表していると解釈することができ
る。なお，不一致点ないし留保点は，**威嚇点**（threatening point）とよばれることも
ある。

4】の網掛けを施した部分であり，パレート集合は同図の線分 P_A-P_B である。したがって，契約曲線，すなわち，個人合理的であって，かつ，パレート効率的な利得配分を表す点の集合は，同図の線分 d'-d''（同図上の太い実線部分）である。Ⅱ. 1. (3) で述べた理由により，真摯になされる交渉の結果成立する合意がもたらす利得配分は，必ずやこの契約曲線上の点によって表されるものとなる。[35]

(5)　結　　論

以上の分析によれば，Ⅱ. 1. (1) に記した主張Ⅲは，これを次の主張に書き改めることができる。

> 主張Ⅳ　一般に，各当事者が自己の効用の最大化を目指して真摯に交渉を行えば，個人合理的でパレート効率的な結果がもたらされる。[36] この点は，株主の事実上の代理人である経営者が株主以外の者との間において互いに利得の最大化を目指して交渉を行う場合にもあてはまる。したがって，株主利益最大化原則は，株主と株主以外の者の双方に対して個人合理的な帰結を生み出すという点において財産権の保障という理念に適った行為規範であり，同時に，株主と株主以外の者の双方に対してパレート効率的な帰結を生み出すという点において厚生主義の理念に適った行為規範である。

主張Ⅳは，残余権論が株主利益最大化原則を支える有力な理論であることを示し得ているのではないであろうか。

---

35)　ただし，交渉の不一致点自体がパレート効率的な利得配分である場合には合意自体が成立しないことに留意されたい。

36)　ただし，前掲注 30) および 35) に記したとおり，初期配分ないしは交渉の不一致点が表す利得配分そのものがパレート効率的なものである場合には合意そのものが成立しない。しかしながら，「個人合理的」の定義に「当事者各自が享受する効用ないしは利得が現状と同等であること」を含める限り，この帰結もまた「個人合理的であり，かつ，パレート効率的である」といえる。

2   株主利益最大化原則を支える理論その(2)
──厚生経済学の基本定理

(1)   残余権論の問題点

　しかしながら，残余権論だけでは株主利益最大化原則を正当化する根拠とし
て不十分であることもまた事実である。疑問点を書き出してみよう（問題はも
う少しあるが，それについては，Ⅱ.4において摘示する）。

①　Ⅱ.1の結論は，社会の構成員＝消費者がいずれも利得の最大化を目的とし
　　て行動する社会モデルを前提としている。しかしながら，消費者の行動の最終
　　目的は効用の最大化（＝消費計画の最適化）であるから，このモデルだけを用い
　　て結論を導き出すのは不適切ではないか。
②　Ⅱ.1の結論が依拠する社会モデルにおけるパレート効率性は交渉当事者間
　　においてのみ成立するものである。しかしながら，社会には交渉当事者ではな
　　い者も多数存在するのであるから，交渉当事者間において成立するパレート効
　　率性は，社会のすべての構成員を考慮した場合におけるパレート効率性と一致
　　するとは限らないのではないか。[37]
③　たしかに，パレート効率的な資源配分はパレート効率的でない資源配分より
　　も望ましいということは一般論としてはいえるであろう。しかしながら，社会
　　における初期配分が少数の富裕者に偏在している場合，[38]そこから生み出される
　　パレート効率的な資源配分は社会の不平等を改善するものとはなり得ない。こ

---

　37)　前掲注34）に記したとおり，各当事者の利得の最大化を目的とする社会モデルに
　　　おける交渉の不一致点は第三者との間の交渉を通じて実現し得る利得を反映している。
　　　しかしながら，当事者が交渉し得る第三者の範囲にはおのずから限界があるはずであ
　　　るから，そこで達成されるパレート効率性を社会のすべての構成員を考慮した場合に
　　　おけるパレート効率性と同視することはできない。
　38)　この点については，たとえば，【図2-1-3】における P_0 が O_A に近接している状
　　　況を考えれば明らかであろう。この場合，個人合理的区域もまた O_A に近接したもの
　　　となるので，契約曲線上のいずれにおいて合意が成立しようとも，当事者Aに与え
　　　られる資源配分は当事者Bに与えられる資源配分に比べて著しく僅少なものとなら
　　　ざるを得ない。
　39)　この問題に対する解は，社会の構成員各自の厚生をどのような方法で集計して社
　　　会全体の厚生の大きさととらえるかによって異なったものとなるであろう。そして，
　　　厚生経済学の第2基本定理から導き出し得る結論を先取りしていえば，その方法をい
　　　かなるものとするかにかかわらず株主利益最大化原則は厚生主義の理念に適った経営
　　　者の行為規範である（Ⅱ.2.(5)の議論参照）。

れは厚生主義の理念に適った帰結といえるであろうか。[39]

　しかしながら，上記の三つの問題は，いずれも**厚生経済学の基本定理**を援用することによって解消できる。ここで，厚生経済学の基本定理とは，**厚生経済学の第1基本定理**と**厚生経済学の第2基本定理**という二つの命題からなる定理のことであるが，これと密接に関連する命題としてワルラス均衡の存在定理も重要である。そこで，以下，ワルラス均衡の存在定理，厚生経済学の第1基本定理，厚生経済学の第2基本定理の順序で，各定理の意味を明らかにする。

(2)　ワルラス均衡の存在定理

　ℓ 個の財と m 人の消費者と n 個の企業（＝財を生産する行為主体。なお，企業はすべて会社であるものとし，この点は本章のみならず今後の各章においても同様とする）からなる社会モデルを使って考える。すべての財について完全な競争市場が存在するものとし，財 h の市場価格を p^h，各財の市場価格の組み合わせを ℓ 次元の列ベクトル $\boldsymbol{p}$ で表す（このベクトルを価格ベクトルとよぶ）。すなわち，

$$\boldsymbol{p} = \begin{pmatrix} p^1 \\ \vdots \\ p^\ell \end{pmatrix}$$

である。なお，各消費者が自己のために使うことのできる時間は，その消費者の初期保有ベクトルに含まれる財であると考えることとし，これを余暇（leisure）とよぶ。この結果，消費者が企業に対して労働を提供する行為は，余暇という財を消費者が企業に提供する行為であると考えることができる。

　各企業は現状においてはいかなる財も所有していない。しかしながら，各企業は保有している技術の制約のもとで，様々な財を投入し様々な財を生産し得るものであり，そのようにして投入・生産し得る任意の財の組み合わせを**生産計画**とよび，消費者における消費計画と同様に列ベクトルで表す。すなわち，j 番目の企業（以下，「企業 j」という）の任意の生産計画は，

$$\boldsymbol{y}_j = \begin{pmatrix} y_j^1 \\ \vdots \\ y_j^\ell \end{pmatrix}$$

と表し得る。たとえば，労働（＝マイナスの余暇）L を 10 単位と原材料 A を 5
単位投入して商品 B を 3 単位生産する生産計画は，

$$\begin{pmatrix} L \\ A \\ B \end{pmatrix} = \begin{pmatrix} -10 \\ -5 \\ 3 \end{pmatrix}$$

と表される。

　各消費者の消費計画を表す m 個の列ベクトルと各企業の生産計画を表す n
個の列ベクトルを横に並べることにより，社会全体の資源配分を，ℓ 行，
$(m+n)$ 列の行列 W として表すことができる。すなわち，

$$W = \begin{pmatrix} x_1^1, & \cdots, & x_m^1, & y_1^1, & \cdots, & y_n^1 \\ \vdots & \ddots & \vdots & \vdots & \ddots & \vdots \\ x_1^\ell, & \cdots, & x_m^\ell, & y_1^\ell, & \cdots, & y_n^\ell \end{pmatrix}$$

である。さらに，資源配分 W を構成する任意の財 h について次の等式が成立
する場合には，各消費者の初期ベクトルの制約のもとにおいて当該資源配分を
実現することがつねに可能であることから，その資源配分 W を実現可能な資
源配分（feasible allocation）とよぶ（文脈上明らかである場合は，単に，資源配分とい
う）。

$$\sum_{i=1}^{m} x_i^h = \sum_{i=1}^{m} e_i^h + \sum_{j=1}^{n} y_j^h$$

　ここで，各消費者に関して，その消費者の初期保有ベクトルとその消費者の
各企業に対する持株比率によって定まる制約条件（これを予算制約条件という）
のもとでその消費者の効用が最大となる消費計画（以下，これを最適消費計画とい
う）における各財の消費量を，その消費者のその財に関する需要とよび，各企
業に関して，その企業に固有の技術によって定まる制約条件（これを技術制約条
件という）のもとでその企業の利潤が最大となる生産計画（以下，これを最適生産
計画という）における各財の生産量を，その企業のその財に関する供給とよぶ。
そして，すべての財に関して各消費者の需要の合計と各企業の供給の合計が一
致する実現可能な資源配分を作り出す価格ベクトルがつねに存在するというの
がワルラス均衡の存在定理であり，そのような資源配分が達成されている状態

をワルラス均衡（Walrasian equilibrium）とよぶ。ワルラス均衡の存在定理の証明については【証明2-2-1】を参照されたい。[40]

【証明2-2-1】

ℓ 個の財と m 人の消費者と n 個の企業からなる社会を考える。消費者 i の初期保有ベクトルを $\boldsymbol{e}_i$ とし，任意の価格ベクトル $\boldsymbol{p}$ のもとにおける消費者 i の最適消費計画を $\boldsymbol{x}_i^*(\boldsymbol{p})$，企業 j の最適生産計画を $\boldsymbol{y}_j^*(\boldsymbol{p})$ で表す。以上に定義した三つのベクトルをその成分を含めて表示すれば以下のとおりとなる。

$$\boldsymbol{e}_i = \begin{pmatrix} e_i^1 \\ \vdots \\ e_i^\ell \end{pmatrix} \quad \boldsymbol{x}_i^*(\boldsymbol{p}) = \begin{pmatrix} x_i^{1*}(\boldsymbol{p}) \\ \vdots \\ x_i^{\ell*}(\boldsymbol{p}) \end{pmatrix} \quad \boldsymbol{y}_j^*(\boldsymbol{p}) = \begin{pmatrix} y_j^{1*}(\boldsymbol{p}) \\ \vdots \\ y_j^{\ell*}(\boldsymbol{p}) \end{pmatrix}$$

そこで，h 財の市場全体における需要総量と供給総量をそれぞれ $X^h(\boldsymbol{p})$，$Y^h(\boldsymbol{p})$ で表せば，

$$X^h(\boldsymbol{p}) = \sum_{i=1}^m x_i^{h*}(\boldsymbol{p}) \tag{1}$$

$$Y^h(\boldsymbol{p}) = \sum_{j=1}^n y_j^{h*}(\boldsymbol{p}) + \sum_{i=1}^m e_i^h \tag{2}$$

となる。$X^h(\boldsymbol{p})$ と $Y^h(\boldsymbol{p})$ はいずれも任意の価格ベクトル $\boldsymbol{p}$ に対して定義し得る関数であり，かつ，価格ベクトル $\boldsymbol{p}$ の任意の変化に対して連続的であると仮定しても現実社会を分析する道具としての妥当性は失われないであろう。

そこで，価格ベクトル $\boldsymbol{p}$ を独立変数とする関数 $Z^h(\boldsymbol{p})$ を，

$$Z^h(\boldsymbol{p}) = X^h(\boldsymbol{p}) - Y^h(\boldsymbol{p}) \tag{3}$$

と定義し，この関数を（価格ベクトル $\boldsymbol{p}$ のもとにおける h 財の）**超過需要関数**とよぶ。超過需要関数 $Z^h(\boldsymbol{p})$ は価格ベクトル $\boldsymbol{p}$ のもとでの h 財の市場全体における需給状況を表しており，$Z^h(\boldsymbol{p}) > 0$ であれば需要が供給を上回っており，$Z^h(\boldsymbol{p}) < 0$ であれば供給が需要を上回っており，$Z^h(\boldsymbol{p}) = 0$ であれば市場は均衡している。したがって，ある価格ベクトルのもとですべての財の超過需要関数の値が0となることが証明できれば，それをもってワルラス均衡の存在が証明されたことになる。

---

40) 【証明2-2-1】と【証明2-2-2】は，いずれも神取（2014）を典拠としている。なお，ワルラス均衡の存在定理のより一般的な証明については，Mas-Colell-Whinston-Green（1995）の17章（とくに，その Appendix B）を参照されたい。

この証明を行うための準備として，最初に「ワルラス法則」とよばれる定理を導入する。予算制約条件を考慮すると，$x_i^*(p)$ は次の等式を満たしていなければならない。ただし，次の式における θ_{ij} は消費者 i の企業 j に対する持株比率を表しており，各企業は利潤を全額株主に分配することを前提とする。

$$px_i^*(p) = pe_i + \sum_{j=1}^{n} \theta_{ij} p y_j^*(p) \tag{4}$$

すべての消費者について（4）式を足しあわせると次の式が成立する。

$$p\sum_{i=1}^{m} x_i^*(p) = p\sum_{i=1}^{m} e_i + p\sum_{i=1}^{m}\sum_{j=1}^{n} \theta_{ij} y_j^*(p) \tag{5}$$

（5）式の右辺の最終項は次のように変形できる。[41]

$$p\sum_{i=1}^{m}\sum_{j=1}^{n} \theta_{ij} y_j^*(p) = p\sum_{j=1}^{n}\left[\sum_{i=1}^{m} \theta_{ij} y_j^*(p)\right] = p\sum_{j=1}^{n} y_j^*(p) \tag{6}$$

そこで，（6）式を（5）式に代入すると，

$$p\sum_{i=1}^{m} x_i^*(p) = p\sum_{i=1}^{m} e_i(p) + p\sum_{j=1}^{n} y_j^*(p) \tag{7}$$

となる。

ここで，（1）式で定義した $X^h(p)$ を用いると，

$$（7）式の左辺 = p\sum_{h=1}^{\ell} X^h(p)$$

となり，（2）式で定義した $Y^h(p)$ を用いると，

$$（7）式の右辺 = p\sum_{h=1}^{\ell} Y^h(p)$$

であるから，（3）式を踏まえると結局のところ（7）式は，下記の式と同値となる。

$$p_1 Z^1(h) + \cdots + p_\ell Z^\ell(p) = 0 \tag{8}$$

この式が成立することをワルラス法則といい，その意味するところを言葉でいえば，「各財の超過需要にその財の価格を乗じた値をすべて足しあわせると

---

[41]　最後の変形箇所は各企業は利潤の全額を株主に分配するという前提から導き出されるものである。すなわち，$\theta_{ij} y_j^*(p)$ をすべての消費者に関して足しあわせたものは $y_j^*(p)$ にほかならない。

つねに 0 になる」ということである。

　　ここで価格ベクトルが取り得る値について若干の考察を行っておきたい。ま
ず，すべての価格は非負であると仮定しても現実世界の分析を行ううえにおい
て支障はないであろう。すなわち，

$$p_h \geqq 0 \text{ for } h = 1, ..., \ell \tag{9}$$

である。

　　次に，すべての財の価格を同じ比率をもって増加または減少させても各消費
者の最適消費計画や各企業の最適生産計画は変化しないことは明らかであろう
(この特質を価格ベクトルの「0 次同時性」という)。つまり，価格ベクトルにおいて
重要なのは各財の価格の相対的関係だけということであるから，各財の価格の
間に次の式が成立することを仮定しても一般性は失われない。

$$p_1 + \cdots + p_\ell = 1 \tag{10}$$

　　以上により，価格ベクトルは，ℓ 次元のユークリッド空間上において (9)
式と (10) 式を同時に満たす任意の ℓ 個の実数値を成分とするベクトルからな
る集合であると仮定しても現実世界を分析するうえにおいて差し支えのないこ
とが明らかとなった。この集合は，明らかに，非空でコンパクトな凸集合である。[42]

　　次に，任意の価格ベクトル p を他の価格ベクトル p' に変換するための関数
$G(p)$ を以下のとおり 3 段階の手順を踏んで定義する。

(i)　価格ベクトル p によって定まる財 h の超過需要関数 $Z^h(p)$ を用いて，p
の h 番目の成分である p_h に対して次の関数 $f_h(p_h)$ を定義する。[43]

$$f_h(p_h) = p_h + \max \{Z^h(p), 0\} \tag{11}$$

(ii)　$f_1(p_1), ..., f_\ell(p_\ell)$ という ℓ 個の値を足しあわせた値を $s(p)$ としたうえで，
p_h に対して次の関数 $g_h(p_h)$ を定義する。[44]

---

42)　集合が「非空」とは空集合でないことを意味し，「コンパクト集合」とは，集合が
　　有界（すべての成分について上限と下限があること）かつ閉集合（集合内に存在する
　　任意の点列が収束するものであるとき，その収束値も必ず集合内にあること）である
　　ことを意味し，「凸集合」とは集合内の任意の 2 点の線分上の点もつねに集合内にあ
　　ることを意味している。

43)　(11) 式は，財 h の価格を超過需要の大きさに応じて調整することを示唆したも
　　のである（価格 p_h に財の数量 $Z^h(p)$ を加えるという営みはやや不自然であるが，この
　　不自然さは次の (12) 式によって調整されている）。なお，超過需要がマイナスの
　　場合（すなわち，超過供給となっている場合）の調整額を 0 としているのは，変換後
　　の価格ベクトルが (9) 式（＝価額はすべて非負の値となること）を満たすことを担
　　保するためである。

$$g_h(p_h) = \frac{f_h(p_h)}{s(\boldsymbol{p})} = \frac{f_h(p_h)}{f_1(p_1) + \cdots + f_\ell(p_\ell)} \qquad (12)$$

(ⅲ)　価格ベクトル $\boldsymbol{p}$ の任意の成分 p_h に対して $g_h(p_h)$ を対応させることをもって価格ベクトル $\boldsymbol{p}$ を変換するための関数 $G(\boldsymbol{p})$ とする。

　なお，(11) 式の存在により，任意の財 h に対応する $f_h(p_h)$ の値は（したがって，$g_h(p_h)$ の値も）つねに非負であり，(12) 式により，$g_1(p_1)$ から $g_\ell(p_\ell)$ までの ℓ 個の値を足しあわせればつねに 1 となる。したがって，関数 $G(\boldsymbol{p})$ の像はつねに価格ベクトルの定義域に含まれている。また，関数 $G(\boldsymbol{p})$ は $X^h(\boldsymbol{p})$ と $Y^h(\boldsymbol{p})$ に関する前述の仮定により連続な関数である。

　一般に非空・コンパクト・凸な集合を定義域とする変数に対して，像が定義域に含まれる連続な関数によって変換を行った場合には，変換しても同一性を保持する点（これを「不動点」という）が存在することが知られており，この法則をブラウワーの不動点定理という。[45]

　上記のとおり，価格ベクトルを関数 $G(\boldsymbol{p})$ によって変換することはブラウワーの不動点定理が成立することの要件を満たしている。したがって，同定理により，

　　　　$\boldsymbol{p}' = G(\boldsymbol{p})$ であって，かつ，$\boldsymbol{p} = \boldsymbol{p}'$

となる価格ベクトル $\boldsymbol{p}$ が必ず存在している。以下，この価格ベクトルを $\boldsymbol{p}^*$ で表し，その成分を以下のように表示する。

$$\boldsymbol{p}^* = \begin{pmatrix} p_1^* \\ \vdots \\ p_\ell^* \end{pmatrix}$$

　$\boldsymbol{p}^*$ の h 番目の成分を (11) 式と (12) 式に順次代入すると，任意の財 h の価格 p_h^* について，次の式が成立する。

$$p_h^* = \frac{1}{s(\boldsymbol{p}^*)} [p_h^* + \max\{Z^h(\boldsymbol{p}^*), 0\}] \qquad (13)$$

　(13) 式の両辺に，$s(\boldsymbol{p}^*) Z^h(\boldsymbol{p}^*)$ を乗じたうえで，その値を財 1 から財 ℓ まで足しあわせ，それに (8) 式（ワルラス法則）を適用すると次の式となる。

---

44)　(12) 式は，変換後の価格ベクトルが (10) 式（＝各財の価額の総和は 1 であること）を満たすことを担保するための式である。

45)　ブラウワーの不動点定理の証明については，たとえば，丸山 (2002) 188 頁以下を参照されたい。

$$0 = \sum_{h=1}^{\ell} Z^h(\boldsymbol{p}^*) \max\{Z^h(\boldsymbol{p}^*), 0\} \tag{14}$$

（14）式の右辺は ℓ 個の項から成り立っているが，そのうちの任意の項（これを k 番目の項として表す）の値は $Z^k(\boldsymbol{p}^*) \leq 0$ ならば 0 であり，$Z^k(\boldsymbol{p}^*) > 0$ ならばプラスである。しかしながら，すべてを足しあわせれば 0 となる以上，

$$Z^k(\boldsymbol{p}^*) \leq 0 \text{ for } k = 1, ..., \ell \tag{15}$$

でなければならない。

ここで，ワルラス法則を $\boldsymbol{p}^*$ に関して表すと，

$$p_1 Z^1(\boldsymbol{p}^*) + \cdots + p_\ell Z^\ell(\boldsymbol{p}^*) = 0 \tag{16}$$

となるので，（15）式と（16）式を両立させるためには，

$$p_k^* Z^k(\boldsymbol{p}^*) \leq 0 \text{ for } k = 1, ..., \ell$$

でなければならないので，結局のところ，

$$\left.\begin{array}{l} Z^h(\boldsymbol{p}^*) = 0 \\ \qquad \text{or} \\ Z^k(\boldsymbol{p}^*) < 0 \text{ and } p_k^* = 0 \end{array}\right\} \text{for } k = 1, ..., \ell \tag{17}$$

となる。（17）式の下式が意味するものは，財の供給が過剰であって市場価格が 0 であるという状況であり，そのような財（これを「自由財」という）が現実世界の市場で売り買いされることはないであろう（たとえば，「空気」は，特殊な状況を除いては自由財であるから現実の市場で売り買いされることはない）。したがって，市場で取引されるすべての財に関して（17）式の上式が成立し，これを言葉でいい表せば，価格ベクトル $\boldsymbol{p}^*$ は，市場で取引されるすべての財に関して需給の均衡をもたらすことが示されたので，これによりワルラス均衡の存在が証明できた。

（3）　厚生経済学の基本定理

上記によって存在することが証明されたワルラス均衡は，すべての消費者にとって個人合理的でパレート効率的な資源配分をもたらす。[46] これが厚生経済学

46）　厚生経済学の第 1 基本定理をパレート効率性のみに関する主張とし，個人合理性に関する主張を別の定理として扱っている文献も多いが（たとえば，奥野編（2008）166 頁参照），本書では，両者に関する主張をあわせて厚生経済学の第 1 基本定理と

の第1基本定理であり、その証明は【証明2-2-2】に記すとおりである。

 一方、**一括型の税**（＝納税額が納税者の経済行動に依存せずに定まる税）と**一括型の補助金**（＝受給額が受給者の経済活動に依存せずに定まる補助金）を使って初期配分（各消費者の各企業に対する持株比率を含む）に変更を加えれば（このようにしてなされる初期配分の変更を、以下、**所得再配分**とよぶ）、個人合理的でパレート効率的ないかなる資源配分もワルラス均衡として実現可能であり、この命題を厚生経済学の第2基本定理という。厚生経済学の第2基本定理は、今後の議論との関係においては重要性が低いので証明は割愛するが[47]、その意味するところは、Ⅱ.2.(4) をお読みいただければ看取し得るであろう。

【証明2-2-2】

（パレート効率性について）
 背理法によって証明する。
 ワルラス均衡をもたらす価格ベクトルを p とし、これによって実現される資源配分 W を以下のように表す。

$$W = \begin{pmatrix} x_1^1, \cdots, x_m^1, y_1^1, \cdots, y_n^1 \\ \vdots \ \ddots \ \vdots \ \vdots \ \ddots \ \vdots \\ x_1^\ell, \cdots, x_m^\ell, y_1^\ell, \cdots, y_n^\ell \end{pmatrix}$$

 この資源配分がパレート効率的でないとすれば、以下の二つの条件を同時に満たす資源配分 $\overline{W}$ が実現可能でなければならない（$\overline{W}$ の各成分は、対応する W の成分の冠にバー（ ‾ ）を記した記号によって表すことにする）。
(ⅰ) 任意の消費者 i について、$u_i(\overline{x}_i) \geq u_i(x_i)$ であること。
(ⅱ) 特定の消費者 j について、$u_j(\overline{x}_j) > u_j(x_j)$ であること。
 上記のことから次の二つの命題が導き出される。
 第1に、特定の消費者 j にとっては、つねに、

$$p\overline{x}_j > px_j \tag{1}$$

でなければならない。けだし、そうでなければ、消費者 j は価格ベクトル p のもとでも消費計画 $\overline{x}_j$ を実施できたことになるが、これは、x_j が価格ベクトル p のもとにおける消費者 j の最適消費計画であることと矛盾するからである。
 第2に、任意の消費者 i にとっては、つねに、

よぶことにした。
47) 厚生経済学の第2基本定理の証明については、たとえば、神取（2014）502頁以下を参照されたい。

$$p\bar{x}_i \geq px_i \tag{2}$$

でなければならない。けだし，$p\bar{x}_i < px_i$ であれば，価格ベクトル p のもとで消費者 i は $\bar{x}_i$ に含まれる各財をすべて消費したうえで残りの予算を追加の財の消費にあてることによってより多くの効用を得ることができることになるが[48]，これは，x_i が価格ベクトル p のもとにおける消費者 i の最適消費計画であることと矛盾するからである。

さらに，任意の企業 k にとっては，つねに，

$$p\bar{y}_k \leq py_k \tag{3}$$

でなければならない。けだし，py_k は価格ベクトル p のもとにおいて生産計画 y_k を行った場合における企業 k の利潤を表しているのであるから，(3) 式が成立しなければ，y_k が価格ベクトル p のもとにおける企業 k の最適生産計画であることと矛盾するからである。

以上により，証明の準備が整った。まず，(1) 式と (2) 式より，

$$p\sum_{i=1}^{m}\bar{x}_i > p\sum_{i=1}^{m}x_i \tag{4}$$

となるが，他方，価格ベクトル p のもとにおいて W はワルラス均衡をもたらしているのであるから，

$$p\sum_{i=1}^{m}x_i = p\left(\sum_{i=1}^{m}e_i + \sum_{k=1}^{n}y_k\right) \tag{5}$$

であり，一方，(3) 式により，

$$p\left(\sum_{i=1}^{m}e_i + \sum_{k=1}^{n}y_k\right) \geq p\left(\sum_{i=1}^{m}e_i + \sum_{k=1}^{n}\bar{y}_k\right) \tag{6}$$

である。

そこで，(4)，(5)，(6) の各式を結びつけると，

$$p\sum_{i=1}^{m}\bar{x}_i > p\sum_{i=1}^{m}e_i + p\sum_{k=1}^{n}\bar{y}_k$$

となるが，この式は $\overline{W}$ が実現可能な資源配分であるという前提と矛盾している。よって，W はパレート効率的であることが証明された。

---

48) この立論の前提として，各消費者の効用関数はいずれも連続的であることを仮定している。この点につき，前掲注 18) 参照。

（個人合理性について）

　ワルラス均衡によって，各消費者は最適消費計画を達成できるのであるから，各消費者が享受する効用が初期保有ベクトルのもたらす効用を下回ることはない。よって，ワルラス均衡がもたらす資源配分はすべての消費者にとって個人合理的である。

（4）　図形を用いた定理の説明

　前2項において紹介した三つの定理が意味することをより明確に理解するためには図形を用いての説明が有用である。以下これを行う。

交換経済モデル

　最初に，生産活動を行わない取引社会のモデル（これを「交換経済モデル」という）を使って説明する。

　社会は2人の当事者（AとB）と二つの財（財1と財2）から成り立っており，各当事者の初期保有ベクトルを $^t(e_A^1, e_A^2)$ および $^t(e_B^1, e_B^2)$ とし，$e_A^1 + e_B^1 = e^1$，$e_A^2 + e_B^2 = e^2$ とする。この点までは，Ⅱ.1.（3）と同じであるが，ここでは価格ベクトル $\boldsymbol{p} = {}^t(p_1, p_2)$ が定まっており，各当事者は取引の対象とする各財の市場価格の合計額が一致する限度においてのみ取引を実行できる。【図2-2-1】をご覧願いたい。

　【図2-2-1】は，【図2-1-3】に記したものと同じEボックスであり，用いられている記号の意味もすべて同じである。ただし，【図2-1-3】の場合には当事者間の自由な交渉によって取引内容が定まり，最終的には，個人合理的でパレート効率的な資産配分が実現するという結論に至ったわけであるが，ここでは，上記の理由により価格ベクトルに従った取引しか成立しない。そこで，傾きが $-\dfrac{p_1}{p_2}$ である直線を価格直線とよぶことにすれば，実現し得る資産配分は，点 P_0 を通る価格直線上の点によって表される資源配分だけとなる（【図2-2-1】[49]の点 A と点 B を結んだ直線は点 P_0 を通る価格直線の一例を示したものである[50]）。

---

49)　初期配分を表す点である P_0 を通る価格直線は，経済学の用語としては，「予算制約線」とよばれることが多い。

50)　たとえば，当事者Aが財1，当事者Bが財2を，相互に交換し合うとすれば，財1の数量 Δx^1（財1を手放す当事者Aの立場に立って Δx^1 はマイナスの値とする）と財2の数量 Δx^2 と価格ベクトルの成分である p^1 と p^2 の間には，$(p^1 \times \Delta x^1) + (p^2 \times \Delta x^2) = 0$ という関係が成立しなければならない。この式を変形すると以下のものとな

【図2-2-1】

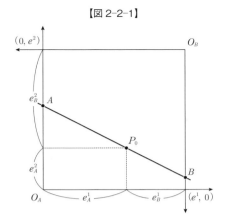

　しかしながら，価格直線上の点のうちで各当事者が実施したいと考える資源
配分を表す点が一致するとは限らない。けだし，効用の最大化を目的として行
動する当事者にとっては自らの無差別曲線が価格直線と接する点（以下，この
点を効用最大化点とよぶ）で表される資源配分が最も好ましいものであるが，各
当事者の効用最大化点が一致するとは限らないからである。この点を示したも
のが【図2-2-2】であり（価格直線は【図2-2-1】に記したものと同じである），当
事者Aの効用最大化点である点 Q_A と当事者Bの効用最大化点である点 Q_B は
乖離している。

　しかしながら，【図2-2-2】に示した状況の場合，資源配分を点 P_0 で表され
たものから点 Q_A で表されたものに移すことについては両当事者とも異存はな
いであろう。くわえて，当事者Bはさらに多くの財2を手放すことによりさ
らに多くの財1を取得することを望んでいるのであるから，これを実現するた
めに市場価格の比率 $\frac{p_1}{p_2}$ の絶対値を高めることにやぶさかではないはずであ
り，そうなれば，当事者Aももっと多くの財1を手放すはずである。この結
果，価格直線はより傾斜が急なものとなり，最終的には両当事者の効用最大化
点が一致する価格直線が成立して当事者間の需給は均衡する。これが，ワルラ
ス均衡の存在定理が主張することである（両当事者の効用最大化点が一致する点を，

り，このことは，成立し得る合意を表すEボックス上の点はすべて点 P_0 を通る価格
直線上のものとなることを意味している。

$$\Delta x^2 = -\frac{p^1}{p^2} \times \Delta x^1$$

【図2-2-2】

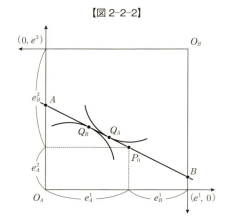

以下，ワルラス均衡点とよぶ）。そして，ワルラス均衡点が表す資源配分は個人合理的かつパレート効率的であるというのが厚生経済学の第1基本定理の主張することである。

　以上の結果を表したものが【図2-2-3】である。

　【図2-2-3】は，【図2-1-3】と【図2-2-2】の必要部分を重ね合わせたものである。価格直線は，点Cと点Dを結ぶ直線に変わっており，この価格直線上において，両当事者の効用最大化点は点Q_*において一致している。すなわち，点Q_*はワルラス均衡点であり，同点は契約曲線上にある。けだし，契約曲線こそが，個人合理的でパレート効率的な資源配分を表す点の集合だからである。

　次に，この社会モデルに「為政者」を登場させる。そして，この為政者は，【図2-2-3】の点Q_*が表す資源配分は適正なものではなく，パレート集合の中においては，点R_*が表す資源配分こそが最も適正であると考えているとしよう。この場合，為政者は所得再配分を実施することにより，市場メカニズムを維持したままで点R_*が表す資源配分を実現することができる。これが，厚生経済学の第2基本定理が主張することであり，【図2-2-4】はこの結果が達成される過程を示している。

　すなわち，為政者は，必要な情報を収集することによって，点R_*の資源配分を実現させるためには，初期配分を表す点を点P_0から点P_*に移せばよいと判断する（この判断の中には，初期配分をP_*にすれば価格直線は点Eと点Fを結ぶ直線となるという判断も含まれている）。そこで，為政者は，当事者Bに一括税を課

【図2-2-3】

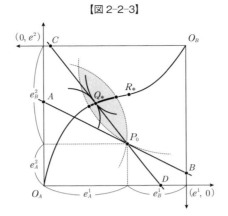

【図2-2-4】

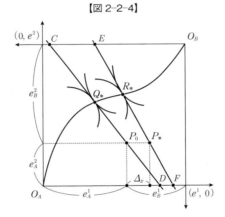

して財1を$\varDelta_x$だけ拠出させ、これをそのまま一括補助金として当事者Aに交
付するという所得再配分を実施する。この結果、初期配分を表す点はP_0から
P_*に移転し、ワルラス均衡点は為政者がパレート集合の中で最も適正である
と考える点R_*となる。

生産経済モデル

　次に、生産活動を含む取引社会のモデル（これを「生産経済モデル」という）
を使った説明を行う。

　社会は、1人の消費者と一つの企業と二つの財（財1と財2）から成り立って
おり、消費者の初期保有ベクトルを${}^t(e^1, e^2)$、財の価格ベクトルを${}^t(p^1, p^2)$と

する。1人の消費者と一つの企業だけからなる社会というのはいささか非現実
的であるが，その背後には，初期保有ベクトルと効用関数を等しくする多数の
消費者と保有技術を等しくする多数の企業が存在するとお考え願いたい。

　企業は現状においてはいかなる財も所有していないが，財1を用いて財2を
生産することができる（財1を余剰＝労働と考え，財2を汎用性の高い消費財と考え
てもよい）。企業が用いる財1の数量を y^1（ただし，財1は生産のために費消される
財であるから y^1 は負の値である），企業が生産する財2の数量を y^2 とする。この
結果，企業の利潤 π は，

$$\pi = p^1 y^1 + p^2 y^2$$

となり（y^1 は負の値であることに留意されたい），全額が企業の所有者である消費
者のものとなる（ただし，ここで論じている社会モデルは決済手段としての貨幣の存
在を考慮しないものであるから，利潤の分配も生産された財，すなわち財2によってな
される）。

　以上の点を踏まえて，【図2-2-5】をご覧願いたい。

【図2-2-5】

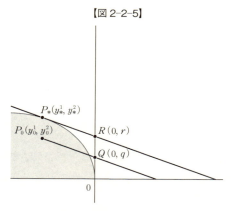

　【図2-2-5】は，財1の数量を横軸に，財2の数量を縦軸に，それぞれ表し
た平面であり，網掛けを施した部分は所与の技術制約条件のもとにおける生産
計画 $^f(y^1, y^2)$ の集合を表している（この集合を，以下，生産可能集合とよぶ）。y^1 は
マイナスの値であるから，生産可能集合は必然的に第2象限に現れる。生産可
能集合が上に凸な形状をなしているのは，投入される財（本件の場合は財1）の
投入量を増加することによって追加的に得られる生産量は逓減していくという
経験則を反映してのものである。[51]

生産可能集合内の任意の点 $P_0(y_0^1, y_0^2)$ を通る価格直線の方程式は,

$$y^2 = -\frac{p^1}{p^2}(y^1 - y_0^1) + y_0^2$$

であるから, この価格直線が縦軸と交わる点 $Q(0, q)$ の q は,

$$q = -\frac{p^1}{p^2}(0 - y_0^1) + y_0^2 = \frac{1}{p^2}(p^1 y_0^1 + p^2 y_0^2)$$

である。しかるに, この場合における利潤 π は,

$$\pi = p^1 y_0^1 + p^2 y_0^2$$

であるから, 上記の式は,

$$q = \frac{1}{p^2}\pi$$

となり, 点 Q の縦軸の値 q は利潤 π と正比例している。したがって, 価格ベクトルを所与のものとして考える限り, 企業が利潤の最大化を実現できるのは, 価格直線が生産可能集合と接する点によって表される生産計画が実行される場合である (この接点を, 以下, 利潤最大化点とよぶ)。【図2-2-5】における利潤最大化点は点 P_* であり, この点によって表される生産計画を $'(y_*^1, y_*^2)$, この生産計画によって達成される利潤を π_* で表すことにする。すなわち,

$$\pi_* = p^1 y_*^1 + p^2 y_*^2$$

であり, 点 P_* を通る価格直線が縦軸と交わる点 $R(0, r)$ の r は,

$$r = \frac{1}{p^2}\pi_*$$

である。したがって, r は最大化された利潤を企業が財2を用いて支払う場合における財2の数量を表している。

しかしながら, 企業が π_* の利潤をあげるためにはそれを達成するために必

---

51) この経験則を「限界生産物逓減の法則」という。

要なだけの財1を消費者から調達しなければならない。果たして，それは可能
であろうか。この点を考えるために【図2-2-6】をご覧願いたい。

【図2-2-6】

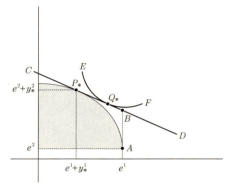

　【図2-2-6】は，消費者の任意の消費計画 $^t(x^1, x^2)$ を平面上の点として表す
ための座標軸である。消費者の初期保有ベクトルは $^t(e^1, e^2)$ であるから，企業
が一切生産活動を行わないとした場合に実現される消費計画は【図2-2-6】上
の点 A によって表される。

　これに対して，企業が生産活動を実行し，生産計画 $^t(y^1, y^2)$ を実現できたと
した場合においては，

① 　企業が生産のために用いる財1は，すべて消費者から調達され，かつ，
② 　企業が生産した財2は，（利潤として支払われる分も含めて）すべて消費者に渡
　　されるのであるから，

これによって実現される消費計画は，$^t(e^1+y^1, e^2+y^2)$ である。したがって，
企業が【図2-2-5】の利潤最大化点 P_* によって表される生産計画 $^t(y^1_*, y^2_*)$ を
実施した場合にもたらされる消費計画は $^t(e^1+y^1_*, e^2+y^2_*)$ であり，この消費計
画を表したものが【図2-2-6】の点 P_* である（【図2-2-6】の網掛けを施した区域
は【図2-2-5】の生産可能集合に対応する消費計画の集合を表しており，文脈上誤解が
ないと思われる場合においては，【図2-2-6】においても「生産可能集合」とよぶことに
する）。

　しかるに，企業がこの生産計画を実施しようとしていることを知った消費者
は，これによって得られる利潤を計算にいれて消費計画を構想するであろう。

利潤は，前述のとおり財2を用いて支払われるものであり，利潤がπ_*となる場合に支払われる財2の数量は【図2-2-5】上のrであった。したがって，利潤π_*を受け取ることを計算にいれた消費者は，初期保有ベクトルを$^t(e^1, e^2 + r)$であると考えて効用の最大化を図ることになるであろう。そこで，【図2-2-5】の点P_*と点Rを結ぶ直線に対応する【図2-2-6】上の直線を直線C-Dとし，点Aを通る垂直線と直線C-Dの交点を点Bとすれば，点Bは【図2-2-5】の点Rに対応する点となるので【図2-2-6】における線分ABの長さはrに等しい。したがって，消費者の行動の基準となる初期保有ベクトルを表す点は点Bであり，この結果，直線C-Dは，企業が利潤最大化点を定めるための価格直線であると同時に，消費者が効用最大化点を定めるための価格直線としての役割も果たすこととなる。そこで，価格直線C-Dに接する消費者無差別曲線が【図2-2-6】の曲線E-Fであるとした場合，効用最大化点は同図における点Q_*となる。ところが，Q_*はP_*よりも右下にあって両者は一致していない。したがって，価格直線C-Dで表されている価格ベクトルが変わらない限り，利潤の最大化を達成するために企業が必要とするだけの財1を消費者は売ろうとはしない。そこで，企業は財1の価格p_1を引き上げることによって[52]より多くの数量の財1を調達しようとするであろう。その結果，価格直線の傾斜はより急なものとなり，同時に，同直線上における利潤最大化点と効用最大化点は近づいていく。そして，最終的にはこの二つの点が一致する（この一致点もワルラス均衡点とよぶことにする）ような価格ベクトルが存在するというのが，この経済モデルに関してワルラス均衡の存在定理が主張することである。

　【図2-2-7】は，ワルラス均衡が成立した状態を示したものである。

　【図2-2-7】において注目すべきことは，ワルラス均衡点R_*において企業の生産可能集合と消費者の無差別曲線とは互いに接しているということである。このことが意味することは重要である。すなわち，それは，企業は与えられた技術制約条件のもとで利潤の最大化を目的として行動しているにもかかわらず，それによって消費者の効用の最大化が達成されていることを意味しており，これが，この経済モデルに関する厚生経済学の第1基本定理の主張である（この

---

52)　厳密にいうと，財1の数量不足により企業は利潤の最大化が実現できないことを認識した消費者はこれによって生じる利潤の減少を計算にいれた初期保有ベクトルを構想し，それによって定まる効用の最大化点を考えて行動する。この結果，消費者が企業に売却しようとする財1の数量は【図2-2-6】に示したものよりも若干増加するが，これによって財1に対する企業の超過需要が解消されることはない。

【図 2-2-7】

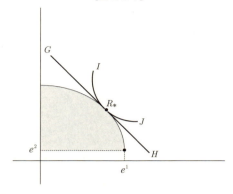

経済モデルには消費者が 1 人しか登場しないので厚生経済学の第 2 基本定理を論じる余地はない）。

（5）　結　　論

　厚生経済学の第 1 基本定理によれば，すべての会社が，利潤，すなわち株主に分配する利益の最大化を目的として行動することによって個人合理的でパレート効率的な資源配分が達成される。これによってⅡ.2.(1) に記した残余権論に対する疑問点の①と②が解消される。

　さらに，厚生経済学の第 2 基本定理に依拠することによって，Ⅱ.2.(1) に記した疑問点の③に対する解答も導き出すことができる。すなわち，初期配分の偏在が生み出す問題は，株主利益最大化原則に修正を加えなくても，税制度や社会保障制度を通じて解決できる。もちろん，現実社会においては，いかなる資源配分状況が適正なものであるかということについて社会の構成員間のコンセンサスを形成することは困難であり，仮にある程度のコンセンサスが得られたとしても，それを達成するために税制度と社会保障制度をどのように改めたらよいのかを見極めることも容易なことではない[53]。しかし，だからといって，市場原理の根幹を形成している株主利益最大化の原則に修正を加えることによってこの問題が解決できるわけではなく，それどころか，そのような修正を試み

---

53)　この点に関しては，【図 2-2-4】において，適正な資源配分を実現するためには，まず，点 E と点 F を結ぶ直線を価格直線とすることを見定めることが必要であり，それによってはじめて所得再配分の方法を確定することができたことを想起願いたい。現実社会において，これに相当する作業を行うことは容易ではない。

ることは個人合理的でパレート効率的な資源配分の達成を妨げるという無用の危険を生み出すものであり，そこにいかなる合理性も見いだしがたい。したがって，初期配分の偏在の是正という問題は，税制度と社会保障制度に委ねること⁵⁴⁾⁵⁵⁾が最善であり，会社法はひとえに個人合理的でパレート効率的な資源配分の達成を目的とすべきである。そして，株主利益最大化原則はこの目的に適合した経営者の行為規範である。⁵⁶⁾そう結論づけ得るのではないであろうか。

　以上のとおり，厚生経済学の基本定理は，株主利益最大化原則を正当化するために極めて有効な理論である。しかし，これによって残余権論が無用な言説となるわけではない。なぜならば，現実の社会において会社が行う取引の大半は，市場価格のみによってその詳細を確定し得るものではないからである。たしかに，市場価格だけで取引の内容が定まるのであれば厚生経済学の基本定理がすべてであろう。しかしながら，取引の詳細は，会社の代表者であり株主の事実上の代理人である経営者が株主以外の者と交渉を行うことによって定まるものであり，この過程において経営者が株主利益最大化原則を自らの行為規範とすることを正当づける根拠としては，やはり残余権論が必要である。残余権

---

54)　ただし，財産権の保障という観点から考えて，納税者に課し得る税に関しては一定の限界があると考えざるを得ない。

55)　なお，初期配分の偏在の是正を促進するための措置として税制度や社会保障制度と並んで重要なものに，社会の構成員間において実施される「寄付」がある。寄付については，Ⅲ.6で論じる。

56)　ここで述べていることは，会社法のみならず，民事法一般にいえることであるのかもしれない。この点に関し，Kaplow-Shavell（2002）33頁以下は次のように述べている（訳文は本書筆者によるものである）。
　「法律の規定が所得の分配にいかなる影響をもたらすかということは，その法律の当否を考えるうえにおいて考慮すべきことではない。けだし，所得の分配という問題は，所得税制度と社会保障制度を活用することによって直接，しかも最善のかたちで，解決できる問題だからである。所得の分配の問題にこの方法を用いることが望ましいと考え得る経済学上の理由は，この方法はすべての個人に対して適用可能なものであることと，そこにおいては所得そのものが判断基準とされていることに求められる。これに対して，所得の分配の問題を斟酌して特定の法律の内容を変えようとする試みは社会の構成員全体のうちの一部の者に対してしか有効でなく，そのうえ，それによって達成される所得の再配分は，制度としてのきめ細かさを欠いたものとなることが常態である。たとえば，不法行為制度を被害者に有利なものに改めようとする試みは，不法行為に巻き込まれた人々に対してしか効果を持ち得ず，しかも，不法行為事件において被害者と加害者のいずれが，どれだけ，富裕であるのかは事案ごとに大きく異なることに鑑みれば，そのような制度がもたらす所得の再配分機能は一貫性を欠いた場当たり的なものとならざるを得ない。」

論と厚生経済学の基本定理は，両者あいまって株主利益最大化原則を支える理
論を形成していると評すべきである。

3　株主利益最大化原則を支える理論その(3)
——資産価格理論

(1)　経営者が求める具体的行為規範

　株主利益最大化原則は一見簡明な行為規範である。しかしながら，この行為
規範を厳守することを心に決めた経営者といえども行動の選択を迷わざるを得
ない場合がある。

　一つの問題は，時間に関する投資家の選好の違いである。ひとくちに「株主
に分配する利益」といっても「いつ」利益を分配するかによって投資家の効用
は変化し，その変化のあり方は，近い将来において資金需要がある投資家と当
面資金需要を持たない投資家とでは異なるであろう。株主間におけるこのよう
な多様性を踏まえたうえで，経営者はいかなる具体的行為規範に則って時間に
関する選好の問題に対処すべきであろうか。

　もう一つの問題は，収益の不確実性に対する投資家の選好の違いである。株
主の中には投資の不確実性を強く嫌う者もいれば，多少の不確実性を甘受して
でも大きな利益を得る可能性を追求したいと考える者もいるであろう。株主間
におけるこのような多様性を踏まえたうえで，経営者はいかなる具体的行為規
範に則って不確実性に対する選好の問題に対処すべきであろうか。

　これらの問いに対して明確な答えを授けてくれるものが 20 世紀の後半に急
速な発展を遂げたファイナンス理論，なかんずく，その中核を占める資産価格
理論である。そこで，この II. 3 項では資産価格理論の概要を説明し，この理
論に依拠することによって株主利益最大化原則という抽象的な行為規範からい
かなる具体的行為規範を導き出し得るのかを明らかにする。[57]

(2)　諸概念の定義と二つの基本定理

　はじめに，諸概念の定義と二つの基本定理を説明する。

　まず，資産価格理論においていうところの資産とは，「将来金銭を受け取る

---

57)　II. 3. (2) から II. 3. (5) までは，草野（2016）の第 5 章 2 項から同章 5 項まで
　　の記述に加筆・修正を加えたものである。

（または支払う）地位」のことである。（毎年配当が支払われる）株式や（支払日に利息，満期日に元本が支払われる）貸付債権は典型的な資産であるが，オプション（その厳密な定義はⅢ.1.(4)において行う）に代表される金融派生商品も資産であり，第三者から資金を借入れた状態やオプションを第三者に与えた状態も「金銭を支払う地位」として資産の概念に含める。金銭の受取額のことを本書ではこれまで「利得」とよんできたが，ファイナンス理論においては収益とよぶことの方が多いので，今後は，扱っているテーマに応じて，利得と収益を同義語として用いることにする。また，「金銭を支払う」ことを「マイナスの金銭を受け取る」ことと考えることとし，その支払額もマイナスの収益とよぶことにする。なお，資産の中には複数回にわたって収益が発生する資産も多いが，議論を簡単にするために，各資産について収益が発生するのは将来の1時点だけとする。[58]

　二つの資産が同一であるための必要十分条件は起こり得るすべての事態において発生する収益額が等しいことである。[59]

　資産は，最終的には金銭に転化されるものである点において「現金等価物」といえる。しかしながら，だからといって，資産の価格をそれがもたらす収益の金額と同視するわけにはいかない。なぜならば，収益を受け取るのは将来の時点（以下，これを「時点1」という）である点において現時点（以下，場合により「時点0」ともいう）で利用可能な金銭とは異なり，しかも，収益がいくらとなるかは時点0では不確実な場合が多いからである。しかしながら，このことは，見方を変えていえば，①時点0と時点1の時間差が資産の価格に及ぼす影響（これを貨幣の時間的価値〔time value of money〕という）と，②収益の不確実性という二つの問題を数学的に処理する方法さえ見つければ資産の理論的市場価格を算出し得ることを意味している。[60] 資産価格理論は，このような問題意識のも

---

58)　複数回にわたって収益が発生する資産の評価方法については，草野（2016）の212頁以下を参照されたい。

59)　起こり得る事態を1からkまでのk個の事態とし，i番目の事態で発生する収益の額をx_iとすれば，各資産は${}^t(x_1, ..., x_k)$というk個の数からなるベクトルとして表せる。二つの資産は，このベクトルが等しいときに，かつ，そのときに限り，同一のものとなる。

60)　時点1が将来であるほど収益がいくらとなるかは不確実な場合が多いので，本文の①と②は渾然一体とした問題として受け取られがちであるが，両者は本来別の問題である。たとえば，10年後に満期となる国債の保有者が10年後に受け取る収益はほとんど完全に確定しているが，宝くじの保有者が受け取る収益は当選番号が発表される直前においてもまったく不確定である。

とで研究され，発展してきた理論である。なお，ファイナンス理論の世界では，資産の理論的市場価格のことを資産の「価値」と表現することが多く，本書でもこの伝統に従った言葉を用いるが（後に定義する「現在価値」や「株主価値」などという用語はその典型である），ここでいう価値，すなわち理論的市場価格は，資産がその保有者にもたらす効用の大きさ，すなわち選好の序列関係と整合的であるとは限らないことに留意されたい（保有者の効用は時間や不確実性に対する選好によって異なり得る）。なお，株式市場において現実に認識することのできる株式の価格については，これを株価とよぶことによって理論的市場価格との間の概念の相違を明確化する。

　資産価格理論の内容は，市場のあり方をどれだけ理想的なものと仮定するかによって変わるが，本書では以下の仮定を置いて分析を進める。これらの仮定は現実世界にそのままあてはまるとはいえないが，そう仮定することによって市場価格の形成原理を明確にすることができる。

①　すべての資産は任意の量を自由に市場で取引できる。
②　市場のあらゆる取引は取引費用（transaction cost）をかけずに実行可能である。
③　いずれの市場参加者も債務不履行を起こす可能性を有していない。
④　市場参加者は市場に関するすべての情報を共有しており，不確実な事象に関してはそれが発生する確率[61]についても同様に考える[62]。

　①と②を仮定したことにより，あらゆる資産に関して対価なしで空売り（short selling）が可能となる[63]。ここで，空売りとは，「時点0においてある資産をその保有者から借りてきて市場で売却し，時点1の直前に同一の資産を市場[64]

---

61)　ここでいう「確率」とは当事者が抱く「信念の程度」（degree of belief）のことであり，一般に「主観確率」とよび慣わされている。主観確率の計算に関しても確率論の推論法則を用い得ることの論証については草野（2016）の9頁以下を参照されたい。

62)　④で仮定した市場は一般に「効率的市場」とよばれるものに近い。ただし，何をもって効率的市場とよぶかは論者によって必ずしも一致しておらず，仮にこれを「あらゆる情報が価格形成に反映されている市場」という意味の言葉として使うとすれば，それは主観確率の一致まで仮定しているとはいえない点において，④の仮定よりも弱い仮定である。

63)　取引費用が発生しなくても資産の貸主は貸借期間中資産売却の機会を失うことの対価を求めるように思えるかもしれないが，貸主自らもいつでも空売りを実施できる以上売却の機会は失われていない。

で買入れたうえで貸主に返還する取引」のことである。また，①と②と③を仮定したことにより，すべての市場参加者は債務不履行を起こす可能性のない債務者に対する貸付利率（以下，これを無リスク利子率，文脈上誤解がないようであれば，単に利子率という）で任意の金額を貸付けまたは借入れることができる。[65]

　次に，資産の価格形成原理の出発点となる定理について説明する。それは，「下記の取引（あわせて裁定取引〔arbitrage〕という）は，いずれも，需要と供給が一致している市場（以下，均衡市場という）においては行うことができない」という定理であり，これを裁定不能定理とよぶ。

①　時点 0 での収益はつねに 0 かプラスであり（つまり，「時点 0 での支出はなく」），時点 1 での収益はつねにプラスであるか，または，一定の事態においてプラスであってその他の事態においては 0 である取引。

②　時点 0 での収益はつねにプラスであり，時点 1 での収益はつねにプラスか 0 である（つまり，「時点 1 での支出はない」）取引。

裁定不能定理の論証は以下のとおりである。

①　裁定取引は誰もが無条件に行いたいと思う取引である。したがって，ある資産を購入すれば裁定取引が可能となるのであれば，誰もがその資産を購入しようとするので均衡市場は成立しない。

②　同様にして，ある資産を売却（空売りを含む）することで裁定取引が可能となるのであれば誰もがその資産を売却しようとするので均衡市場は成立しない。

③　したがって，均衡市場が成立するのは裁定取引を行うことがもはやできない場合においてのみである。

裁定不能定理から価格の線形性というもう一つの重要定理が導き出される。市場において A，B，C という三つの資産が取引されており，このうちの資

---

64)　この借入れは法的には「使用貸借」ではなく「消費貸借」である。したがって，借入れた資産を市場で売却しても時点 1 で同一の資産を貸主に返還する限り契約違反とはならない。

65)　現実世界では取引費用が発生するために（その最大のものは金融仲介機関に支払う手数料である），たとえ債務不履行リスクが 0 であると仮定しても貸付け利率と借入れ利率が一致することはない。両者が一致するのは，②を仮定しているからである。

産 C は m 個の資産 A と n 個の資産 B の組み合わせからなるものとする（このように，複数の資産の組み合わせからなる資産のことをポートフォリオという）。この場合，各資産の価格の間には次の式で表し得る関係が成立し，このことを「価格の線形性」という（次式における $P(\cdot)$ は対象となる市場価格を表している[66]）。

$$mP(A) + nP(B) = P(C) \tag{2.3.1}$$

価格の線形性の論証は以下のとおりである。

① 　仮に，(2.3.1) 式の左辺の値が右辺の値を上回っていれば，市場から $P(C)$ 相当の資金を借入れて資産 C を購入しこれを m 個の資産 A と n 個の資産 B に分けてただちに売却して借入資金を返済すれば裁定取引が成立する[67]。よって左辺の値は右辺の値を上回らない。

② 　仮に，(2.3.1) 式の左辺の値が右辺の値を下回っていれば，市場から $mP(A)$ $+nP(B)$ 相当の資金を借入れて m 個の資産 A と n 個の資産 B を購入し，これらを組み合わせ資産 C として売却して借入資金を返済すれば裁定取引が成立する[68]。よって，左辺の値は右辺の値を下回らない。

③ 　ゆえに，(2.3.1) 式が成立する。

---

66) 　前掲注 59) で用いた資産のベクトル表記を使えば，m 個の資産 $A ={}^t(a_1, ..., a_k)$ と n 個の資産 $B ={}^t(b_1, ..., b_k)$ の組み合わせが資産 $C ={}^t(c_1, ..., c_k)$ と等しいことは，次の式が成立することを意味している。

$$m \times \begin{pmatrix} a_1 \\ \vdots \\ a_k \end{pmatrix} + n \times \begin{pmatrix} b_1 \\ \vdots \\ b_k \end{pmatrix} = \begin{pmatrix} c_1 \\ \vdots \\ c_k \end{pmatrix}$$

　したがって，価格の線形性とは結局のところ「同一の資産の価格はつねに同一である」という命題（一般にこれを一物一価の法則という）と同値の関係に立つものである。裁定不能定理と価格の線形性と一物一価の法則の論理的関係について，詳しくは野口＝藤井（2005）63 頁以下参照。

67) 　この取引を裁定取引の定義に正確にあてはめるためには，時点 0（資金の借入時）と時点 1（資金の返済時）が同時に起こっていると考えればよい。その場合，時点 0 での収益は 0 で時点 1 の収益はプラスであるからこの取引は裁定取引にあたる。

68) 　前掲注 67) の場合と同様に時点 0 の収益は 0 であって，（同時に起こる）時点 1 の収益はプラスであるからこの取引は裁定取引にあたる。

(3) 安全資産と危険資産

いかなる事態においても収益が変わらない資産を**安全資産**（risk-free asset）といい，安全資産以外の資産を**危険資産**（risky asset）という。自国通貨建ての国債は安全資産（厳密にいえば，それに近い資産）である場合が多いが，一般企業[69]が発行する社債は倒産リスクがあるゆえに危険資産であり，収益の変動が不可避な株式は当然危険資産である。

安全資産の収益と市場価格の間には次の式が成立する（証明については，【証明2-3-1】を参照願いたい）。なお，次式において用いられている各記号はそれぞれ以下の意味を有する。P＝安全資産Xの市場価格，C＝安全資産の保有者が時点1において受け取る金額，r＝時点0における時点0から時点1までの期間に対する利子率。

$$P = \frac{C}{1+r} \tag{2.3.2}$$

【証明2-3-1】

> ①　(2.3.2) 式の右辺の値が左辺の値より大きいとすれば，時点0においてPの金額を市場から調達してXを購入すれば，時点1においてXから生まれる収益Cはつねに，要返済額＝$(1+r) \times P$を上回るので裁定取引が成立する。よって，(2.3.2) 式の右辺の値が左辺の値を上回ることはない。
> ②　(2.3.2) 式の左辺の値が右辺の値より大きいとすれば，時点0においてXを売却（空売りを含む）して現金Pを取得しこれを市場で貸付ければ，時点1において現金$(1+r) \times P$を得る。この金額は時点1の直前に市場からXを買入れて当初の借入れたXの返済を行うコストをつねに上回るので（時点1の直前におけるXの市場価格は当然Cである）裁定取引が成立する。よって，(2.3.2) 式の左辺の値が右辺の値を上回ることはない。
> ③　ゆえに (2.3.2) 式の左辺の値と右辺の値はつねに等しい。

一般に資産の収益（危険資産の場合にはその「期待値」。この点については後述す

---

69)　国家は自国の通貨を創出する自由を有しているので自国の通貨建ての国債だけを発行している国家（わが国がそうである）が国債の支払不能に陥ることは原則としてあり得ない（ただし，通貨供給量の急激な増加はインフレを招くことになるであろう）。これに対して，外貨建ての国債を発行している国家（ユーロ建ての国債を発行しているEU加盟国がこれにあたる）はその通貨を創出する自由を有していないので国債の債務不履行を起こすリスクに晒されている。

る）を一定の値で割ることによってその資産の時点 0 における市場価格（これ
を現在価値という）を求めることを「収益を割り引いてその現在価値を求める」
と表現し，その除数から 1 を引いた値（(2.3.2) 式における r）のことを割引率と
いう。

　次に，危険資産の市場価格の形成原理について考える。

　危険資産の収益は不確実である。したがって収益は**確率変数**（＝確率的に値が
定まる変数）としてとらえるほかはなく，その大きさは期待値によって表すの
が適切であろう。ここで，**期待値**とは，確率変数が取り得る具体的な値（これ
を実現値という）とその発生確率の積をすべて足しあわせた値のことであり，数
式を用いて表現すれば下記のとおりとなる。[70]

$$E(X) = \sum_{i=1}^{n} x_i p_i$$
$$= x_1 p_1 + x_2 p_2 + \cdots + x_n p_n$$

なお，X は資産の名称であると同時にその確率変数も表しており，n は確率
変数 X が取り得る実現値の数，$E(X)$ は確率変数 X の期待値，$x_1, ..., x_n$ は各
実現値，$p_1, ..., p_n$ は各実現値の発生確率，をそれぞれ表している。

　最初に，資産 X の市場価格 P が分かっている場合について考える。この場
合，次式の R によって表される確率変数を収益率とよぶ。

$$R = \frac{X}{P} - 1 \tag{2.3.3}$$

収益率 R は，資産 X を時点 0 で取得した場合の投下資金の収益率（「投下資
金 1 円あたりの収益」といってもよい）を確率変数として表した値であり，収益率
の期待値を**期待収益率**とよび，μ で表す。すなわち，

---

70)　本文に記した期待値の定義は確率変数の実現値が整数（または有理数）の値のみ
　　をとる場合のものである（このような確率変数を「離散的確率変数」という）。これ
　　に対して，確率変数の実現値が任意の実数である場合の（そのような確率変数を「連
　　続的確率変数」という）期待値の定義は下記の式によって表される（$f(x)$ は対象と
　　なる確率変数の確率密度関数を表している）。

$$E(x) = \int_{-\infty}^{\infty} x f(x) dx$$

$$\mu = E(R) = \frac{E(X)}{P} - 1 \tag{2.3.4}$$

である（安全資産の場合には利子率 r が期待収益率である）。資産の収益の期待値は資産の大きさによって異なる（1株の時価100万円の株式がもたらす収益の期待値は1株の時価50円の株式がもたらす収益の期待値をはるかに上回る）。そのため，複数の資産の収益性を比較する場合には，収益の期待値そのものよりも，投下資金1円あたりの収益の期待値である期待収益率を使って比較を行う方が合理的である。そこで，今後は，収益の主たる指標として期待収益率を用いることとし，同時に，収益性という言葉の同義語としてリターンという言葉を用いることとする。

（2.3.4）式を変形すると次の式を得る。

$$P = \frac{E(X)}{1+\mu} \tag{2.3.5}$$

（2.3.5）式の意味するところは，「期待値 $E(X)$ を期待収益率 μ で割引けば資産の現在価値が求まる」ということである。したがって，市場価格 P から μ を求める以外の方法で μ の値を推定する手段が見つかれば，危険資産の理論的市場価格を導きだすことができる。

最初に，市場の参加者全員が危険資産の効用をその期待値相当の収益をもたらす安全資産（この資産を X' と表す）の効用と同等に評価すると考えてみよう（このような評価態度をリスク中立的〔risk neutral〕という。また，今後は，リスクという言葉を「不確実性」の同義語として用いる）。市場参加者全員がそのような評価を下すのであるから，この場合における X の市場価格 P は X' の市場価格（これを P' とする）と同じになるはずである。すなわち，

$$P = P'$$

であり，一方，（2.3.2）式により，

$$P' = \frac{E(X)}{1+r}$$

であるから，上記の二つの式と（2.3.5）式から，$\mu = r$ という結論が導かれる。

　しかしながら，現実の資本市場に参加する者は，程度の差こそあれ，全員が危険資産の効用は安全資産 X' がもたらす効用を下回ると評価するであろう（このような評価態度をリスク回避的〔risk averse〕という）。そうである以上，そのような人々のみが参加する市場で成立する資産 X の市場価格 P は P' を下回り，期待収益率 μ は利子率 r を上回ると考えざるを得ない。しかしながら，ひとくちに「リスク回避的」といっても，リスクを嫌う程度は投資家によって千差万別である。そのうえ，市場参加者間における資産の初期配分も特定されていない以上，μ の値は求めようがないようにも思える。しかしながら，実際には対象資産と市場全体の特質について一定の情報が得られれば，市場参加者のリスクに対する態度や資産の初期配分が分からなくても資産の期待収益率を求めることができる。この発見はファイナンス理論が打ち立てた金字塔の一つであるが，その理由を明らかにするためには，その前提として市場における投資家の行動原理を説明しなければならない。そこで，II. 3. (4) においてこの行動原理を説明し，しかる後のII. 3. (5) において，期待収益率の求め方を改めて説明する。

(4)　分散投資理論

リスク・リターン図

　危険資産の代表は株式である。株式の収益率を1年未満の期間を対象に計測してみると，その確率分布は一般に正規分布に近似することが知られている。[71]そこで，以下では，すべての投資家は今後1年間の収益率を基準として投資行動を決定し，[72]かつ，危険資産の収益率はすべて正規分布に従うと仮定する。

　正規分布に従う確率変数は期待値と標準偏差のみによって特定できることが知られている。[73]ここで，**標準偏差**とは確率変数の実現値から期待値を差し引いた値（これを偏差という）の2乗の期待値（これを分散という）の平方根のことで

---

71)　Brealey-Myers-Allen（2014）191頁参照。ただし，この点が必ずしも成立しない可能性があることについては，後掲注100）を参照されたい。

72)　このことは投資家が2年目以降の収益を考慮しないということではない。2年目以降の収益はすべて1年後の対象資産の市場価格に反映されているからである。

73)　正規分布とは，下記の確率密度関数 $f(x)$ に従う確率分布のことである。確率変数が期待値 μ と標準偏差 σ のみによって特定されていることが看取できるであろう。

$$f(x) = \frac{1}{\sqrt{2\pi}\,\sigma} e^{-\frac{(x-\mu)^2}{2\sigma^2}}$$

【図2-3-1】

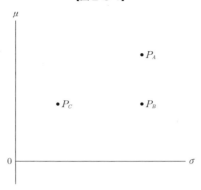

あり，数式を用いて表現すれば下記のとおりとなる（σは標準偏差，$V(X)$は分散，μは期待値を表している）。標準偏差ないし分散は，確率変数の不確実性，すなわちリスクを表した数値であると考えてよいであろう。

$$\sigma^2 = V(X) = E[(X-\mu)^2]$$

　収益率の期待値はすでに定義済みの期待収益率であり，収益率の標準偏差はボラティリティとよび慣わされている。そこで，期待収益率μを縦軸，ボラティリティσを横軸とする平面座標を作れば，すべての資産はこの平面上の1点として表すことができる[74]。期待収益率はリターンの指標であり，ボラティリティはリスクの指標であるから，この平面座標のことを，以下，リスク・リターン図とよぶ。【図2-3-1】はリスク・リターン図の実例である。

　【図2-3-1】にはA，B，Cという三つの資産の位置が点P_A，P_B，P_Cとして記されている。この場合，資産Aと資産Bのいずれかに対してのみ投資を行い得るとすれば，すべての投資家は資産Aを選択するであろう。なぜならば，点P_Aは点P_Bの真上の位置にあるので資産Aと資産Bのリスク（σ）は同じであるが，リターン（μ）は資産Aの方が資産Bよりも大きいからである。次に，資産Bと資産Cのいずれかに対してのみ投資を行い得るとすれば，すべての投資家は資産Cを選択するであろう。なぜならば，点P_Cは点P_Bの真左の位置にあるので資産Bと資産Cのリターンは同じであるが，リスクは資産Cの方が資産Bよりも小さいからである。これに対して，資産Aと資産C

---

74)　μが縦軸，σが横軸であって，逆でないのは慣習によるものである。

のいずれかに対してのみ投資を行い得るとした場合，いずれの資産が選択されるかは，投資家がどれだけリスク回避的であるかによって異なる。投資家が非常にリスク回避的であれば，資産 A に比べてリターンは小さいがその分リスクも小さい資産 C を選択するであろうし，一方，投資家がそれほどリスク回避的でなければ，「ハイリスク・ハイリターン」な資産 A が選択されるであろう。

機会曲線

　次に，二つ以上の危険資産に対して資金を分散して投資を行うことができるとした場合の投資家の行動について考える（そのような投資を以下，分散投資またはポートフォリオ投資とよぶ）。

　分散投資について考える場合には投資の対象となる資産間の相関関係および相関係数が重要となる。ここで，「相関関係」とは，二つの確率変数 X と Y の間に 1 次式 $Y=a+bX$（ただし，$b≠0$）が近似的に成立する関係のことであり，$b>0$ の場合を正の相関関係，$b<0$ の場合を負の相関関係という。「相関係数」とは，二つの確率変数 X と Y の偏差の積の期待値（これを共分散という）を X と Y それぞれの標準偏差の積で割った値のことであり，数式を用いて表現すれば下記のとおりとなる（ρ は相関係数，$Cov(X, Y)$ は共分散，μ_X は X の期待値，μ_Y は Y の期待値，σ_X は X の標準偏差，σ_Y は Y の標準偏差，をそれぞれ表している[75]）。

$$\rho = \frac{Cov(X, Y)}{\sigma_X \sigma_Y} = \frac{E[(X-\mu_X)(Y-\mu_Y)]}{\sigma_X \sigma_Y}$$

　共分散の絶対値は二つの確率変数の相関関係の強さを表した値であり，相関係数はこの値を -1 から 1 までの数値に標準化した値である（二つの確率変数の間に完全な正の相関関係が成立する場合に相関係数は 1 となり，二つの確率変数の間に完全な負の相関関係が成立する場合に相関係数は -1 となる[76]）。

　最初に，二つの資産に対する分散投資について考える。対象資産を X と Y，分散投資によって組成されるポートフォリオを W，X の収益率を R_X，Y の収

---

75)　この場合の期待値は，二つの確率変数の実現値の組み合わせにそれぞれの実現値が同時に発生する確率をかけた値の総和として定義されるものである。この点につき，詳しくは，草野（2016）の 83 頁以下参照。

76)　この点の証明については草野（2016）の 135 頁以下参照。

【図 2-3-2】

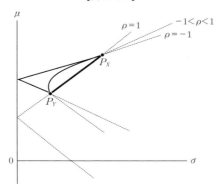

益率を R_Y, R_X と R_Y の相関係数を ρ, X に対する投資比率を α (したがって, Y への投資比率を $1-\alpha$) とする。

　結論からいうと, この場合, ポートフォリオの期待収益率は, 対象資産の期待収益率を資産の投資比率に応じて加重平均した値 (以下, この値を「比例配分値」という) となるが, ポートフォリオのボラティリティが対象資産のボラティリティの比例配分値となるのは R_X と R_Y の相関係数 ρ が 1 の場合 (すなわち R_X と R_Y が完全な正の相関関係にある場合) だけである。これ以外の場合, ポートフォリオのボラティリティはつねに対象資産のボラティリティの比例配分値を下回り, その傾向は ρ が小さくなるほど顕著になる[77]。【図 2-3-2】は, 投資比率 α の変化に応じてポートフォリオを表すリスク・リターン図上の点がいかなる軌跡 (この軌跡を機会曲線とよぶ) を描くかを示したものである。

---

77) X, Y および W の期待収益率およびボラティリティを, それぞれ, μ_X, μ_Y, μ_W, σ_X, σ_Y および σ_W とすれば, これらの値の間には次の 2 式が成立する (この点の証明については草野 (2016) の 137 頁および 182 頁以下各参照)。

$$\mu_W = \alpha\mu_X + (1-\alpha)\mu_Y \tag{a}$$

$$\sigma_W^2 = \alpha^2\sigma_X^2 + 2\alpha(1-\alpha)\rho\sigma_X\sigma_Y + (1-\alpha)^2\sigma_Y^2 \tag{b}$$

　上記の (b) 式は, 相関係数 $\rho = 1$ の場合に,

$$\sigma_W = |\alpha\sigma_X + (1-\alpha)\sigma_Y| \tag{c}$$

となるので, ①$\rho = 1$ の場合には, 期待収益率とボラティリティはいずれも対象資産の該当数値の比例配分値となるが, ②$\rho \neq 1$ の場合には, 期待収益率は比例配分値となるものの, ボラティリティは比例配分値を下回る。以上の点につき詳しくは草野 (2016) の 182 頁以下参照。

　【図2-3-2】の点 P_X と点 P_Y はそれぞれ X と Y を表した点であり，同図上に描かれている3本の線が X と Y に関する機会曲線である（実線部分は $0 \leq \alpha \leq 1$ の範囲で分散投資を行った場合，破線部分は $\alpha < 0$ または $\alpha > 1$ の範囲で分散投資を行った場合——すなわち X と Y のいずれかの資産の空売りをし，それで得た資金を追加して他の資産を取得した場合——の機会曲線である）。ご覧のとおり，$\rho = 1$ の場合の機会曲線は点 P_X と点 P_Y 間で直線となっているが，これは上記のとおりこの場合においてのみ X の期待収益率とボラティリティの双方が比例配分値となるからである。これに対して ρ が1を下回る場合の機会曲線は左に凸な双曲線となり，その頂点は ρ の値が低くなるほど μ 軸に近づき，$\rho = -1$ の場合（すなわち X と Y が完全な負の相関関係になる場合）の機会曲線は μ 軸に接する楔形となる。[78] ただし，$\rho = -1$ となる資産の組み合わせが現実世界にあるとは考えがたく，他方，$\rho = 1$ の機会曲線はしばしば存在するが，それはすぐ後で述べる安全資産と危険資産からなるポートフォリオの機会曲線と同じであるので，[79] 以下では機会曲線が双曲線となる場合だけについて検討を続ける。

最小分散フロンティア

　では，ポートフォリオの対象資産を三つ以上に増やしたならばどうなるか。
　結論からいうと，この場合のポートフォリオがリスク・リターン図上において取り得る点の集合は，ポートフォリオに含まれる各資産を表す点のうちの任意の二つに関して成立する双曲線をすべて包み込んだ曲線（このような曲線のことを包絡線という）によって囲まれた部分となる。そして，この包絡線は期待収益率 μ の各値についてポートフォリオのボラティリティが最小となる点の集合となっているので，これを最小分散フロンティアという。最小分散フロンティアはポートフォリオを組成する資産の数にかかわらずつねに σ 軸に水平な双曲線となる（【図2-3-3】参照）。[80]
　投資家は，資産に対する投資比率を変えることによって，最小分散フロンティアの内側（境界を含む）の任意の点の期待収益率とボラティリティからなるポートフォリオを作り出すことができる。[81] しかしながら，合理的な投資家は，【図

【図2-3-3】

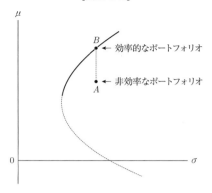

2-3-3】で実線で示した点の集合，すなわち最小分散フロンティアの上半分（これを効率的フロンティアという）に含まれるポートフォリオだけを選択するであろう。なぜならば，効率的フロンティアに含まれないポートフォリオ（たとえば，【図2-3-3】の点A）については，それと同じボラティリティでありながら，期待収益率がより高いポートフォリオが効率的フロンティア上につねに存在するからである（【図2-3-3】の点Aと点Bを比較参照）[82]。

ポートフォリオ分離定理

これまでは危険資産のみからなるポートフォリオを考えてきた。これに対して，危険資産Xと安全資産Fからなるポートフォリオのリスク・リターン図における機会曲線は，【図2-3-4】に示した楔形の直線となる[83]。ここで，Fに

---

[81] 資産の空売りができないとした場合には実現可能なポートフォリオの範囲はせばまるが，最小分散フロンティアが双曲線となる点は変わらない。

[82] 対象資産が三つ以上の場合のポートフォリオの分散σ_W^2は以下の式によって表せる（資産の数をn個とし，資産iの配分比率をa_iとする）。

$$\sigma_W^2 = \sum_{i=1}^{n} \sum_{j=1}^{n} a_i a_j \sigma_{ij}$$

上式において，iとjが異なる場合のσ_{ij}は資産iと資産jの収益率の共分散を表しており，iとjが等しい場合のσ_{ij}は資産iの分散を表している。すなわち，ポートフォリオの分散の構成式は全部でn^2個の変数から成り立っているが，そのうちの(n^2-n)個$=n(n-1)$個はポートフォリオを組成する資産間の共分散である。資産相互の共分散が小さければポートフォリオ全体のボラティリティが減少することはこの式からも看取できるのではないであろうか。

[83] 安全資産の偏差はつねに0であるから，安全資産の分散も0であり，同時に，安全資産と危険資産の相関係数もつねに0である。したがって，安全資産Fと危険資

【図2-3-4】

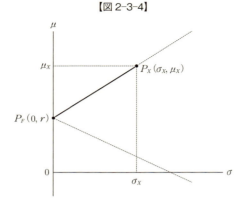

対する投資比率を α とすれば，$0 \leq \alpha \leq 1$ に対応する機会曲線は線分 P_F-P_X で
あり，右下がりの破線部分が $\alpha > 1$ の場合，右上がりの破線部分が $\alpha < 0$ の場
合の機会曲線を表している。

　【図2-3-4】の機会曲線のうち，右下がりの部分のポートフォリオは，右上
がりの部分のポートフォリオに比べて非効率的であるから，これが実施される
ことはない。これに対して，右上がりの部分の半直線上のポートフォリオにつ
いては，投資家がどれだけリスク回避的であるかによってどの点が選択されて
もおかしくない。とくに，安全資産の場合は，空売りという技術を用いなくて
も利子率 r で資金を借入れ，借入れた資金と手持ちの資金をあわせて危険資産
X を購入することができるので，点 P_X の右上の破線部分も含めてポートフォ
リオの組成は極めて容易である。

　以上の考察から，安全資産を含むポートフォリオについての重要な定理が導
き出される。【図2-3-5】をご覧願いたい。

　　産 X の配分比率を $\alpha : (1-\alpha)$ とするポートフォリオのボラティリティ σ_W は，前掲
　　注77）の（b）式により，

$$\sigma_W = |1-\alpha| \sigma_X$$

　　となり，他方，ポートフォリオの期待収益率 μ_W は前掲注77）の（a）式により，

$$\mu_W = \alpha r + (1-\alpha)\mu_X$$

　　である。したがって，$\alpha \leq 1$ の場合に関して，上の2式から α を消去すれば，

$$\mu_W = \frac{\sigma_W}{\sigma_X}(\mu_X - r) + r$$

　　という機会曲線の方程式が導き出される。

【図2-3-5】

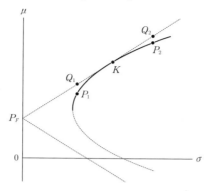

　【図2-3-5】の双曲線は危険資産のみからなるポートフォリオの最小分散フ
ロンティアであり，実線部分が効率的フロンティアを表している。効率的フロン
ティア上のポートフォリオのうちいずれが選択されるかは投資家がどれだけリ
スク回避的であるか次第であったが，ここに安全資産が加わると状況が違って
くる。【図2-3-5】の点Kに注目願いたい。この点は，効率的フロンティアに
対して安全資産を表す点P_Fから引いた接線の接点を表している。この場合，
すべての投資家は，各自がどれだけリスク回避的であるかにかかわらず，危険
資産に関しては点Kによって表されるポートフォリオを選択するはずである。
なぜならば，このポートフォリオと安全資産を組み合わせれば，半直線P_F–K
上の任意のポートフォリオを実現できるが，この半直線上には効率的フロンティ
ア上の他のいかなるポートフォリオよりも効率的なポートフォリオが必ず存在
するからである（【図2-3-5】におけるP_1とQ_1，P_2とQ_2の各点を比較参照）。

　以上を要するに，投資家が選択するポートフォリオは，投資家がどれだけリ
スク回避的であるかにかかわらず一つに絞られる。すなわち，すべての投資家
は，①【図2-3-5】の半直線P_F–Kの傾きを最大とする効率的フロンティアを
作り出すのに必要な資産の組み合わせを選択し，②つぎに，この資産の組み合
わせが効率的フロンティア上の点Kとなるように各資産の投資比率を決定し，
③最後に，各自がどれだけリスク回避的であるかに応じて，このポートフォリ
オと安全資産への分散投資を行うことにより，効用の最大化を図る。この原理
をポートフォリオ分離定理といい，これが分散投資理論の結論であり，同時に，
Ⅱ.3.(5) で述べる資本資産価格モデルの出発点となる。

(5) 資本資産価格モデル（CAPM）

II.3.(4) では，合理的な投資家がとるべき行動原理を説明した。では，す
べての投資家がこの行動原理に従って投資活動を行うとすれば，各資産の期待
収益率はいかなる値に収斂するであろうか。この問題を解くことによって作り
出された価格モデルが**資本資産価格モデル**（Capital Asset Pricing Model。一般に英
文表記の頭文字をとって CAPM と表し，「キャップ・エム」と読む）である。最初に
CAPM の考え方と結論を示し，しかるのちにその証明を行う。

CAPM の考え方と結論

ポートフォリオ分離定理によれば，すべての投資家は各自がどれだけリスク
回避的であるかにかかわらず，危険資産のポートフォリオの選択について判断
が一致する。そして，すべての投資家が同一のポートフォリオを選択すれば，
そのポートフォリオはすべての危険資産をそれぞれの市場時価総額に応じて組
み合わせたポートフォリオと一致するはずである（このポートフォリオのことを
市場ポートフォリオという[84]）。

【図2-3-6】をご覧願いたい。点 P_F は安全資産を表し，点 P_M は市場ポート

---

84) 均衡市場を前提として考える。この場合，投資家の数を n，市場に存在する資産
の数を m とし，i 番目の投資家の資産総額を I_i，この投資家の j 番目の資産に対する
投資比率を a_{ij} とすると，この投資家の投資比率のベクトル a_i は，

$$a_i = (a_{i1}, a_{i2}, ..., a_{im}) \qquad (a)$$

である。他方，資産 j の時価総額を X_j とすると，

$$X_j = \sum_{i=1}^{n} a_{ij} I_i \qquad (b)$$

である。ここで，j 番目の資産に関する各投資家の投資比率は仮定により共通なので，
これを α_j とする。しからば，(a) 式および (b) 式は，

$$a_i = (\alpha_1, \alpha_2, ..., \alpha_m) \qquad (c)$$

$$X_j = \alpha_j \sum_{i=1}^{n} I_i \qquad (d)$$

となる。ここで，各資産の時価総額の比率ベクトル X は，(d) 式により，

$$X = (\alpha_1, \alpha_2, ..., \alpha_m) \qquad (e)$$

となるので，ベクトル a_i とベクトル X は等しい。よって，均衡市場においては，各
投資家の投資比率と各資産の時価総額の比率は一致する。

【図2-3-6】

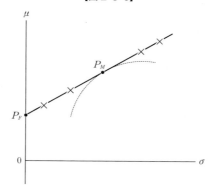

　フォリオを表し，点 P_M を含む破線は市場を構成するすべての危険資産からなるポートフォリオの効率的フロンティアを表している。

　すべての投資家は，危険資産に関しては市場ポートフォリオを選択し，各自がどれだけリスク回避的であるかに応じて市場ポートフォリオと安全資産への分散投資を行うことによって効用の最大化を図る。よって，各自が選択する最終的ポートフォリオは，【図2-3-6】に×印をもって示したごとく，P_F と P_M を結ぶ直線上につらなる。この直線を**資本市場線**（capital market line），略して CML という。

　以上の点を踏まえて，CAPM は，任意の資産 X_i の期待収益率 μ_i は下記 (2.3.6) 式によって導き出されると結論づける。この式の μ_M は市場ポートフォリオの期待収益率を表しており，β_i は，X_i の収益率 R_i と市場ポートフォリオの収益率 R_M の共分散 $Cov(R_i, R_M)$ を分子とし，市場ポートフォリオの収益率の分散 σ_M^2 を分母とする値（下記 (2.3.7) 式参照）である。

$$\mu_i = r + \beta_i(\mu_M - r) \tag{2.3.6}$$

$$\beta_i = \frac{Cov(R_i, R_M)}{\sigma_M^2} \tag{2.3.7}$$

CAPM の証明

　最初に，市場ポートフォリオの存在を所与としたうえで，市場ポートフォリオに含まれている任意の資産 X_i に対して α，市場ポートフォリオに対して

【図2-3-7】

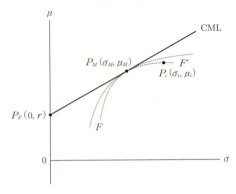

$1-\alpha$ の比率で投資を行う新たなポートフォリオ Z について考える。【図2-3-7】をご覧願いたい。

　【図2-3-7】は，【図2-3-6】にポートフォリオ Z の機会曲線 F–F' を付け加えたものである（F–F' は資産 X_i を表す点 $P_i(\sigma_i, \mu_i)$ と市場ポートフォリオを表す点 $P_M(\sigma_M, \mu_M)$ を通っていることに留意されたい）。ここにおいて，F–F' は点 P_M において CML と接していなければならない。なぜならば，F–F' は $\alpha=0$ において点 P_M を通ることは明らかであるから，もし CML が F–F' の接線でないとすれば，F–F' は CML と交わることになり，F–F' の一部は CML の上側を通ることになる。しかしながら，そうなれば CML より上側にある F–F' 上の任意の点と P_F を結ぶ直線上に CML 上の点よりも効率的なポートフォリオを作ることが可能となり，点 P_M が市場ポートフォリオを表す点であるという仮定と矛盾するからである。このことを数式を用いて表現してみよう。

　まず，CML の傾き（以下，これを S_1 で表す）は，【図2-3-7】から明らかなとおり，

$$S_1 = \frac{\mu_M - r}{\sigma_M}$$

である。他方，点 P_M における F–F' の接線の傾き（以下，これを S_2 で表す）は，

$$S_2 = \frac{(\mu_i - \mu_M)\sigma_M}{Cov(R_i, R_M) - \sigma_M^2}$$

となる（【証明2-3-2】参照）。そこで，上記のとおり $S_1 = S_2$ であるから，上記の

二つの式を等号で結んで整理すると，

$$\mu_i = r + \frac{Cov(R_i, R_M)}{\sigma_M^2}(\mu_M - r)$$

となり（2.3.6）式および（2.3.7）式が証明された。

【証明2-3-2】

> ポートフォリオ Z の機会曲線 F-F' 上の任意の点 Z の期待収益率を μ_Z，ボラティリティを σ_Z とする。
>
> この場合，点 Z における機会曲線 F-F' の接線の傾き $\frac{d\mu_z}{d\sigma_z}$ は，投資比率 α を媒介変数に用いれば，次のように表すことができる。
>
> $$\frac{d\mu_z}{d\sigma_z} = \frac{\frac{d\mu_z}{d\alpha}}{\frac{d\sigma_z}{d\alpha}} \tag{a}$$
>
> 一方，前掲注77）の（a）および（b）式により，
>
> $$\mu_z = \alpha\mu_i + (1-\alpha)\mu_M \tag{b}$$
>
> $$\sigma_z^2 = \alpha^2\sigma_i^2 + 2\alpha(1-\alpha)Cov(R_i, R_M) + (1-\alpha)^2\sigma_M^2 \tag{c}$$
>
> である。そこで，（b）式を用いて μ_z を α で微分すれば，
>
> $$\frac{d\mu_z}{d\alpha} = \mu_i - \mu_M \tag{d}$$
>
> である。つぎに，（c）式と合成関数の微分公式を用いて σ_z を α で微分すれば，
>
> $$\begin{aligned}\frac{d\sigma_z}{d\alpha} &= \frac{d(\sigma_z^2)^{\frac{1}{2}}}{d\alpha}\\ &= \frac{1}{2\sigma_z}[\{2\sigma_i^2 - 4Cov(R_i, R_M) + 2\sigma_M^2\}\alpha + \{2Cov(R_i, R_M) - 2\sigma_M^2\}]\\ &= \frac{1}{\sigma_Z}[\{\sigma_i^2 - 2Cov(R_i, R_M) + \sigma_M^2\}\alpha + \{Cov(R_i, R_M) - \sigma_M^2\}]\end{aligned}$$
>
> となる。この式は複雑であるが，機会曲線 F-F' の点 P_M における接線を求めるだけであれば，$\alpha = 0$ を代入して簡略化することができる。そこで，この場合 $\sigma_z = \sigma_M$ となることに注意して式を簡略化すると，

$$\left.\frac{d\sigma_2}{d\alpha}\right|_{a=0} = \frac{Cov(R_i, R_M) - \sigma_M^2}{\sigma_M} \tag{e}$$

となる。そこで，(d) 式と (e) 式を (a) 式に代入すれば，

$$\left.\frac{d\mu_Z}{d\sigma_Z}\right|_{a=0} = \frac{(\mu_i - \mu_M)\sigma_M}{Cov(R_i, R_M) - \sigma_M^2}$$

となる。これがポートフォリオ Z の機会曲線 $F\text{--}F'$ の点 P_M における接線の傾き，すなわち本文で定義したところの S_2 にほかならない。

CAPM の意義

　一般に，(2.3.7) 式の β_i を当該資産のベータとよび，「β」と表す。β の定義式である (2.3.7) 式は回帰分析に用いられる OLS 回帰直線の回帰係数（＝回帰直線の傾きの大きさを表した値）の構造式と同じであるが，これは偶然ではない[85]。実のところ，市場ポートフォリオの収益率と対象資産の収益率の間には，前者を説明変数，後者を目的変数とする母回帰直線の存在を仮定することが可能であり[86]，この直線の傾きが β なのである。したがって，対象資産の収益率の変化は，市場ポートフォリオの収益率 R_M の変化によって説明できる部分（＝ R_M と相関関係のある部分）と R_M の変化によっては説明できない部分（＝ R_M と相関関係のない部分）に分けて考えることが可能であり，前者が生み出すリスクを市場リスク，後者が生み出すリスクを固有リスクという。そして，危険資

---

85)　二つの確率変数の間に強い相関関係がある場合においては，一方の変数の実現値を求めることによって他方の変数の実現値を推定することが実務上有用な営みとなる場合が多い。この営みを回帰分析といい，推定に用いる変数を説明変数，推定の対象となる変数を目的変数という。回帰分析の手法は様々であるが，最も一般的に用いられる方法は最小二乗法という手法であり，この手法を用いて求めた説明変数と目的変数の関係を近似的に表す直線のことを OLS 回帰直線といい（OLS とは，最小二乗法の英語表記である「Ordinary Least Squares」の頭文字をあわせた言葉である），回帰直線の傾きの値を回帰係数という。そして，回帰係数は，説明変数の分散を分母とし，説明変数と目的変数の共分散を分子とする分数となることが知られている。以上の点につき詳しくは草野（2016）138 頁以下参照。

86)　母回帰直線とは回帰分析の対象となる二つの変数の母集団（＝変数がとり得るすべての実現値からなる集合）の間に存在すると仮定し得る回帰直線のことであり，目的変数の実際の実現値と回帰直線上の推定値との間の誤差と説明変数との間に相関関係がないことがこの直線の存在を仮定し得る条件となる。各危険資産の収益率と市場ポートフォリオの収益率の間に母回帰直線が存在すると仮定してよいことの証明については草野（2016）208 頁以下参照。

産の期待収益率を決定するものが β であるということは，危険資産の現在価値の決定に影響を与えるのは市場リスクだけであり固有リスクは現在価値の決定に影響を与えないことを意味している。そして，市場リスクの大きさが資産価格に及ぼす影響は上記に記した変数のみによって定まるものであり，個別の投資家の不確実性に対する選好に左右されない。[87] このことを明晰に示し得た点に CAPM の最大の意義があるといえるであろう。

　さらに，CAPM を使えば，下記の方法により，危険資産の現在価値を一義的に特定することができる。

①　対象資産がとり得る実現値とその発生確率をできるだけ正確に推定して期待値を特定する。

②　市場から得られる情報を用いて，(a) 対象資産の収益率と市場ポートフォリオの収益率の共分散（＝ (2.3.7) 式の $Cov(R_i, R_M)$）と (b) 市場ポートフォリオの収益率の分散（＝ (2.3.7) 式の σ_M^2）を推定し，これを使って対象資産の β を特定する（ただし，実際には，各種の調査機関が業種別の β を適宜発表しているので，これらのデータを使えばこの②の作業は省略できる）。

③　市場から得られる情報を用いて，利子率および市場ポートフォリオの期待収益率を特定する（ただし，実際には，各種の調査機関がこれらの値を発表しているので，これらのデータを使えばこの③の作業も省略できる）。

④　②で特定した β の値と③で特定した利子率および市場ポートフォリオの期待収益率を (2.3.6) 式にあてはめることによって対象資産の期待収益率を特定する。

⑤　①で特定した期待値を④で特定した期待収益率で割り引くことによって対象資産の現在価値を求める。

　もっとも，上記の作業の中で特定することを求められている数値，とくに市場ポートフォリオに関する数値の推定はある程度恣意的にならざるを得ない。そのために，上記の作業に基づいてなされる危険資産の定量的分析にどれだけの信頼をおき得るかは専門家の間でも意見の分かれるところである。[88] しかしながら，CAPM が資産価格の形成原理を定性的に明らかにしていることは疑い

---

87)　ただし，このことは，投資家の不確実性に対する選好は資産価格になんら影響を及ぼさないというわけではない。不確実性に対する投資家の選好は，市場ポートフォリオの期待収益率 μ_M と利子率 r の差（これを，「市場ポートフォリオのリスク・プレミアム」という）として集約的に表されているのである。

がない。そして，この価格形成原理を株主利益最大化原則という抽象的な行為
規範と結びつけることによって，経営者が遵守すべき様々な具体的行為規範を
導き出すことができる。この点につき，項を改めて説明する。

(6)　株主価値という概念を用いた株主利益最大化原則の再定義

会社が営む施策はいずれも資産の集合と考えることができる。たとえば，あ
る施策を実施することによって i 年目に生み出される収益（確率変数）を X_i で
表し，X_i の期待収益率を μ_i とすれば，価格の線形性により，この施策の現在
価値 PV は下記の値となる。

$$PV = \sum_{i=1}^{\infty} \frac{E(X_i)}{1+\mu_i} \tag{2.3.8}$$

なお，多くの施策は最初に確定金額の支出がなされることが多いので（すで
に行われている施策の場合には，その施策のために使われている諸資産の売却を見合わ
せることによって生じる機会費用が当初の支出と評価し得る），(2.3.8) 式を用いる
にあたっては，この支出額を独立の項目「$-C$」として表すことが多い。また，
(2.3.8) 式の右辺の分母に用いる割引率に関しては，n 年目の収益に対する期
待収益率である μ_n と 1 年目の収益に対する期待収益率である μ_1 との間に，

$$1+\mu_n = (1+\mu_1)^n$$

という関係が近似的に成立していると考えることに一応の合理性がある[89]。そこ
で，(2.3.8) 式はこれを下記の式に変形して用いることが一般的であり，この
式を使って求まる対象施策の現在価値のことを正味現在価値という（Net Pres-
ent Value の頭文字をあわせて NPV とよぶことも多い。なお，下記の式においては，μ_1
を単に「μ」と表現している）。

$$NPV = -C + \sum_{i=1}^{\infty} \frac{E(X_i)}{(1+\mu)^i} \tag{2.3.9}$$

そこで，会社が現に営んでいるすべての施策に関して (2.3.8) 式により算

---

88)　この点につき，詳しくは Brealey-Myers-Allen（2014）200 頁以下および草野
　（2016）202 頁以下各参照。
89)　この点につき詳しくは草野（2016）216 頁参照。

定された NPV を足しあわせれば，再び価格の線形性により，その合計値は，今後株主に分配される残余財産の現在価値の総和と一致するはずであり（負債はないものとする），この値のことを，以下，株主価値とよぶ。[90]

　株主価値は，現時点における株式の理論的市場価格を表している。したがって，これを最大化することは，時間や不確実性に関する投資家の選好の違いにかかわらず，すべての株主が望むはずのものである。けだし，会社が生み出す収益のタイミングや不確実性に不満のある株主は，最大化された現在価値において保有株式の全部または一部を売却し，その株主の選好に合致した他の資産を入手することによって自らの効用の最大化を図ることができるからである。

　したがって，経営者が，会社が営む（または，「営むことを検討している」）すべての施策に関して，その施策の NPV を考え，その値がプラスである場合にはその施策を継続し（検討中の施策の場合には「その施策に着手し」），その値がマイナスである場合にはその施策を中止する（検討中の施策の場合には「その施策を断念する」）という行為規範を遵守することはあらゆる株主の効用の最大化をもたらす。

　ここまでの議論をまとめると次のようになる。

① 　株主利益最大化原則という経営者の行為規範が求めるものは，「株主に分配する利益」の最大化を求めるものであった。
② 　しかしながら，会社が将来にわたって繰り返し利益の分配を行うことを考えると，どの時点において分配される利益を最大化するかということについて株主間に選好の相違が生じ，同時に，分配される利益の値が不確実である場合には，分配額の期待値を減少させてでも確実な分配を望むのか，あるいは，分配の不確実性を甘受してでも分配額の期待値を増加させることを望むのかについての株主間に選好の相違が生じる。
③ 　しかしながら，株主価値という概念を得たことにより，経営者はこれを最大化することを行動の目的とすることによって，選好の異なるあらゆる株主の効

---

90) 　会社の残余財産は最終的にはすべて株主に分配されるのであるから，株主に対する残余財産の分配を含めた会社のすべてのキャッシュ・フロー（Ⅲ. はじめにで定義する）の現在価値の総和は必ず 0 となる。したがって，負債や会社所得税（Ⅲ.2 で定義する）がないことを前提とすれば，すべての施策の NPV の総和は，株主に分配される残余財産の現在価値の総和と恒等的に一致する。この点については，Ⅲ.1.(3) においてより詳しく説明する。

用を最大化させることができる。[91]

④　そこで，株主利益最大化原則とは，（「株主に分配する利益」ではなく）「株主価値」を最大化することを目的とする行為規範であると再定義することとし，その点を強調したい場合には，株主利益最大化原則という言葉に代えて**株主価値最大化原則**という言葉を用いることにする。さらに，株主価値という概念を用いることによって一義的に把握することが可能となった株主利益最大化原則が達成しようとする目的ないし理念のことを，今後は，**株主利益の最大化**とよぶことにする。

さらに，株主価値最大化原則からは経営者が様々な施策に関してとるべき具体的な行為規範を演繹的に導き出すことができる。その例をいくつか書き出してみよう。

①　経営者はすべからく会社の上場を目指すべきであり，すでに上場を果たした会社の場合には，上場を維持することに励むべきである。けだし，株式は上場されることによってこれを分散投資の対象とすることが容易となり，同時に，株式を現在価値相当の現金に随時転換することが可能となるからである。[92]

②　施策の採否を決めるにあたっては，その施策のためにこれまでに支出され，または，支出されることがすでに確定している費用（これを埋没費用〔sunk cost〕という）の多寡を考慮してはならない。埋没費用の発生は施策を断念しても回避できないものである以上，その施策の NPV には影響を与えないからである。膨大な埋没費用が発生してしまっていることにこだわって施策を継続することは誤った経営判断であるが，同時に，膨大な埋没費用が発生していることを理由に施策の中止を決定することもまた誤った経営判断である。

③　施策の採否を決めるにあたっては，その施策がこれまでに生み出してきた収益の多寡を考慮してはならない。獲得済みの収益は施策の NPV には影響を与えないからである。これまでどんなに会社の繁栄に貢献してきた事業といえど

---

91)　ただし，この命題は株主各自が分散投資を行うことを前提としたものであり，特定の会社の株式を分散投資を行えないほど多く保有している当該会社の支配株主に関しては必ずしもあてはまるものではない。分散投資が行えないにもかかわらず支配株主が対象会社の株式を大量に保有し続ける理由に関してはⅤ章の注 61) 参照。

92)　ただし，株式の上場を達成・維持するには少なからぬ費用がかかる。したがって，上場がもたらす利益がこの費用を下回る場合には，上場の断念ないし非上場化という経営判断が正当化される場合もあり得る。

も，その将来の収益の NPV がマイナスであれば，閉鎖を免れない。

④　経営者は，新規の事業を開始するにあたりその事業がかかえる固有リスクの増大を慮る必要はない。固有リスクは事業の NPV に影響を与えないからである。[93]

⑤　企業買収は，買収当事会社の株主価値の合計額が買収によって増加する（そのような効果を一般にシナジー効果という）と考え得る場合でない限り，原則として行うべきではない。けだし，買収に要する費用は原則として買収対象会社の株主価値を上回るはずであり，そうである以上，シナジー効果のない買収の NPV はマイナスとならざるを得ないからである。[94]

⑥　上場されている他の会社（本⑥のみにおいて，以下，「他社」という）の株式の取得は，それによって当該他社の経営に影響力を及ぼし得る場合でない限り，原則としてこれを行うべきではない。けだし，他社の株価が当該他社の1株あたりの株主価値を下回っていると信じ得る事態は稀であり，くわえて，他社から支払われる受取配当や他社の株式を売却することによって得られる譲渡益に対しては，追加の会社所得税が課されることを考慮すると，他社株式を取得することの NPV は原則としてつねにマイナスとならざるを得ないからである。[95]

⑦　NPV がプラスとなる施策がある限り，これを断念してまで剰余金の支払いを行うべきではなく，他方，NPV がプラスとなる施策がない場合には，余剰資金を原則としてすべて株主に分配すべきである。[96] これを要するに，配当政策は株主価値最大化原則によって定まる投資政策によって他律的に決定されるべきものであり，これと矛盾する結果をもたらす配当政策を持つことは株主にとって有害無益である。[97]

⑧　業務の多角化は原則として行うべきではない。業務の多角化によってもたらされる収益の不確実性の軽減は株主自らが分散投資を行うことによって容易に実現できるものである以上，会社自らが追加的な取引費用を支出して事業の多角化を進めても株主価値は増大しないからである。[98]

---

93)　ただし，固有リスクが会社が債務超過となるリスクを顕在化させるレベルのものである場合には別途配慮が必要である。債務超過となるリスクが顕在化すれば，そのこと自体によって株主価値が低下する場合が多いからである。この点につき，Ⅲ.1.(4) 参照。

94)　前掲注34) で記した交渉理論によれば，企業買収交渉における買収対象会社株主には，「対象会社株式の継続保有」という BATNA がつねに存在する。したがって，彼らにとっての留保点が対象会社の現時点における株主価値を下回ることは原則としてあり得ない。

95)　会社所得税の意義および適用税率についてはⅢ.2.(1) を参照されたい。

96)　ただし，①緊急の資金需要に対応するための資金や，②倒産リスクを顕在化させないために必要な資金を留保しておくことは必要であるかもしれない。

　もちろん，上記の行為規範はいずれも一般的なものであり，現実の会社実務においてはこれらの行為規範の適用を排除すべき事情の存否を慎重に検討すべきである。しかしながら，株主利益最大化原則という抽象的な行為規範からここまで具体的な経営者の行為規範を導き出し得たこともまた資産価格理論の成果であり，これによって株主利益最大化原則を経営者の日常的な行動原理とすることが可能となった。[99]

　ちなみに，資産価格理論は，米国をはじめとする先進諸国のビジネススクール（経営管理大学院）の枢要科目として教えられてきた。そして，これを学んだビジネススクールの卒業生たちの多くは，経営者もしくは幹部社員，あるいは経営コンサルタントや投資アドバイザーとして世界各国の企業が株主利益最大化原則に則った活動を行うことの牽引役としての務めを果たしてきた。株主利益最大化原則が先進諸国における会社経営者の行為規範として普及・定着するに至った背景には，資産価格理論を習得し，これを実践してきたビジネススクール卒業生たちが果たした役割も少なくない。そういえるのではないであろうか。

---

97)　したがって，巷間喧伝されている配当政策はいずれも正当性に疑義があるといわざるを得ない。たとえば，わが国においては，「安定配当政策」なるものを標榜する経営者が多いようであるが，毎年支払う配当額の変動幅を抑えても，価格の線形性により配当金と配当金支払い後の株式の市場価格の総和は変わらない。したがって配当額を固定することによって株主価値が増大するとは考え難い（ただし，巨大企業の配当政策は社会の最小分散フロンティアに影響を与える可能性があり，そのような会社が「安定配当政策」をとることは当該会社の株主価値を増加させる場合があるかもしれない）。

98)　業務の多角化が例外的に株主価値を高める場合があることについては，草野(2016) の 302 頁以下参照。

99)　Graham-Harvey (2001) によれば，両名が米国のデューク大学および Financial Executive Institute（米国およびカナダに本拠を有する企業約 8000 社の最高財務責任者〔CFO〕らを会員とする団体）の協力のもとに，同団体の会員および 1998 年の「Fortune500」にリストアップされた企業の CFO らに対して行ったアンケート調査の結果によれば，この調査の回答に応じた企業のうちの 73% が，資本コストの計算に CAPM を用いていると回答している。

4　株主利益最大化原則の問題点とこれに代替し得る行為規範

（1）　株主利益最大化原則の内在的問題

これまでに紹介した諸理論に依拠する限り，株主利益最大化原則は適法性問題に対する唯一の正しい解であるように思えてくる。しかしながら，仔細に観察すれば，そこにはいくつかの難点があることを認めざるを得ない。

第1に，厚生経済学の基本定理はあらゆる財に関して完全な競争市場が存在することを前提とするものである。しかしながら，現実にはこの前提が満たされない状況が存在する。その典型は，外部性（その正確な定義はⅢ.3に記す）と独占（その正確な定義はⅢ.4に記す）であり，このような状況下において経営者が株主利益最大化原則を貫徹したならば個人合理的でパレート効率的な資源配分は達成しがたい（以上二つの問題についてはⅢ.3およびⅢ.4で詳しく説明する）。

第2に，残余権論が正当性を保持するためには，①交渉当事者である会社と第三者の間で重要な情報が共有されていることと，②当事者間の合意の内容が過不足なく契約に記されることが必要である。けだし，重要な情報を認識していない当事者は合理的な意思形成を行うことができず，同時に，合意の内容が契約として守られなければ個人合理的でパレート効率的な資源配分は達成しがたいからである。しかるに，現実世界においては，重要な情報が共有されないまま会社と第三者間の契約が締結されることも稀ではなく（これによって生じる問題を一般に情報の非対称性という），同時に，当事者間の合意内容を契約に過不足なく記すことは必ずしも容易なことではない（これによって生じる問題を一般に契約の不完備性という。以上二つの問題についてはⅢ.5でより詳しく解説する[100]）。

---

[100]　株主利益最大化原則を支えるもう一つの理論である資産価格理論にももちろん難点はある。最大の問題は，おそらくのところ，理論の前提とされている諸事実と現実が乖離している状況が少なくないことであろう。たとえば，CAPM は危険資産の確率分布が正規分布に従うことを前提としているが，現実の危険資産にはこれらの確率分布によっては説明しきれないダウンサイド・リスクが潜んでいることは多くの論者が指摘することであり，仮にこれが事実であるとすれば，CAPM は危険資産の市場価格を過大評価する傾向を免れない（この問題につき，たとえば Taleb（2010）参照）。しかしながら，これは，「株主利益最大化原則が実現されていない」という問題であって，「株主利益最大化原則を追求することが理想的な社会の達成の妨げとなる」という問題ではないのであるから本書の主題との関連性は希薄である。したがって，資産価格理論に内在する問題については，これ以上本書では論じない。

（2）　二　元　論

　Ⅱ.4.(1) で摘示した問題（以下，株主利益最大化原則の内在的問題とよぶ）に対
処するためには株主利益最大化原則にいかなる修正を加えるべきか。考え得る
一つの見解は次のものであり，この見解を，以下，二元論（dualism）とよぶこ
とにする。[101][102]

> 主張Ⅰ　株主利益最大化原則に依拠するだけでは個人合理的でパレート効率的な
> 　資源配分は達成できないという指摘はそのとおりであるかもしれない。
> 主張Ⅱ　しかしながら，この問題に対する解決策を立案・実践する作業は為政者
> 　に委ねることが適切である。なぜならば，このような作業を行うためには社会
> 　全体に関する情報を収集し，かつ，利害関係者の意見をあまねく聴取すること
> 　が必要であるところ，それを企業単位で行うことは現実的ではないからである。
> 主張Ⅲ　のみならず，経営者が上記の問題に対する解決策を実践するためには非
> 　営利施策を用いることが認められなければならないが，これは経営者に株主利
> 　益最大化原則を怠る「口実」を与える結果となり，これによって，株主が経営
> 　者を監視・評価することは困難とならざるを得ない。
> 主張Ⅳ　したがって，経営者は為政者の定める法令を遵守すべきではあるが，法
> 　令上許された行動の範囲内においては株主利益最大化原則を貫徹すべきである。

　以上のうち主張Ⅰは主張Ⅱ以下を述べるための「枕詞」にすぎないので，以
下ではその余の主張に関して，主張Ⅲ，主張Ⅱ，主張Ⅳの順序でその当否を論
じ，あわせて，二元論に代わる経営者の行為規範があるとすればそれはいかな
るものでなければならないのかについて考える。

---

　101)　本文に記した二元論の各主張は，二元論を唱える論者の見解を総合的に考慮した
　　うえで本書筆者がまとめた二元論の「典型的見解」であり，特定の論者がこのような
　　主張をしているという趣旨のものではない。

　102)　「二元論」（この用語を用いた文献の例としては Clark（1986）677頁以下参照）
　　は，（論者によって主張の濃淡に若干の差はあるものの）米国の会社法学者の多くが
　　唱える見解であり（二元論の考え方を簡潔に表している文献としては，Eisenberg
　　（1983）および Clark（1986）20頁以下など参照），わが国においても，株主利益最大
　　化原則を原則として支持する立場をとりながらも，取締役の法令遵守義務（会社法
　　355条）が会社・株主の利益に優先するという見解を支持する会社法学者は数多い
　　（落合（2016）57頁，田中（2016）256頁など参照）。

　まず，主張Ⅲ，すなわち，株主利益最大化原則を安易に修正すれば株主が経営者を監視・評価することが困難になるという主張には強い説得力があるのではないか。資産価格理論によって純化された株主利益最大化原則，すなわち株主価値最大化原則には，経営者がこれを遵守しているか否かを見極めることが比較的容易である――「経営者の監視コストが低い」といってもよい――という美質が備わっている。とくに，上場会社の場合には，1株あたりの株主価値を示す指標として株価がつねに存在するのであるから，株主利益最大化原則を厳守することをもって経営者の行為規範とすれば，経営者がこの行為規範を遵守しているか否かは，株価の変動という言い逃れのできない指標によってこれを評価することが可能である[103]。しかるに，株主利益最大化原則という行為規範を安易に修正すれば，経営者は修正された行為規範を盾にとって自己の経営能力の欠如や業務の怠慢を糊塗しようとするであろう[104]。ゆえに，二元論以外の方法によって株主利益最大化原則に修正を加えることを提唱する者は，その提唱にかかる行為規範が主張Ⅲの批判に耐え得るものであることを示さなければならない。

　次に，主張Ⅱの当否について考える。

　まず，主張Ⅱの前段部分である「この問題に対する解決策を立案・実践する作業は為政者に委ねることが適切である」という命題が説得力を持つためには，整備された法令が現に存在し，それによって内在的問題の相当部分が解決されていることが必要であろう。しかるに，内在的問題を解決することを図ったわが国の法令には，以下のようなものがある（下記の各法令についてはⅢ章の該当項においてより詳しい説明を行う）。

①　独占の問題に対処するための法律としては，「私的独占の禁止及び公正取引

---

103)　ただし，支配株主がいない上場会社の場合，経営者が株主利益最大化原則を怠っていると考える株主の大多数はこの点について問題提起をすることなく株式を市場で売却してしまうに違いない。しかしながら，株価が低迷すれば，敵対的買収者が出現して怠慢な経営者を更迭する事態が出現し得る。この可能性が留保されている限り，株主による経営者の監視機能は残されているといえるのではないであろうか。この点については，Ⅴ.1において改めて分析を加える。

104)　Clark（2006）16頁以下によれば，非営利団体の存在目的は会社のように単純化することができず，そのことが非営利団体の構成員が当該団体の執行者を監視・評価することを困難としている。これが一般的真理であるとすれば，主張Ⅲは一層の説得力を持つといえるであろう。

の確保に関する法律」（本書においては，これまでにおいても今後においても「独占
禁止法」とよんでいる）が存在している。

②　外部性の問題に対処するための法律としては，環境保護に関する諸立法が存
在し，さらに，一般的な規律法規として刑法および民法第 3 編第 5 章（不法行
為）が存在している。

③　情報の非対称性に対処するための法律としては，宅地建物取引業法，消費者
契約法，貸金業法，金融商品取引法などが存在している。

④　契約の不完備性に対処するための法律としては，民法および商法に盛り込ま
れている広範な任意規定（その定義については Ⅲ. 5. (1). (a) を参照）が存在して
いる。

　これらの諸法令は多くの内在的問題を解決する役割を果たしており，したがっ
て，わが国において主張Ⅱを唱えることには少なからぬ説得力が認められる。
しかしながら，これらの法令をもってしても解決し得ない内在的問題も少なく
ない。この点についてはⅢ章各項について詳細な分析を行う。

　主張Ⅱの後段部分，すなわち，「このような作業を……企業単位で行うこと
は現実的ではない」という主張はどうであろうか。

　思うに，ここでいうところの解決策が，「社会全体を視野に入れたうえで内
在的問題を抜本的に解決する施策」を意味するとすれば，そのような施策の立
案や実施が個々の企業の手に余るものであることは明白であろう。しかしなが
ら，施策の対象を個々の企業において認識し対処し得る事項に限定するならば，
企業はこれを立案するのに必要な情報を十分（少なくとも，為政者と同程度に）
持ち合わせており，しかも，為政者が行うよりもはるかに効率的かつ確実にこ
れを実践することが可能ではないであろうか。もっとも，各企業が無秩序にそ
のような施策の立案・実践を行ったならば，それによって個人合理的でパレー
ト効率的な資源配分が達成されるはずはない。したがって，そこで用いられる
べき施策は，社会全体における個人合理的かつパレート効率的な資産配分の達
成という目的に適合したものでなければならない。

　最後に，主張Ⅳについてであるが，ここで述べられている経営者の「法令遵
守義務」は，会社法 355 条に明示的に規定されており，この点において，わが
国の法制度は二元論と整合的である。[105]

　以上を要するに，二元論はわが国の法制度に適合した考え方ではある。しか

しながら，これをもって適法性問題に対する最善の解と考えることはできない。なぜならば，二元論を前提とした場合，経営者は法令違反とならない限り株主利益の最大化を図らなければならない――すなわち，法令違反を回避するために必要な場合以外にはいかなる非営利施策も取り得ない――ことになるが，そこには次のような問題があるからである。

　第1に，すでに述べたとおり現行の法令は株主利益最大化原則の内在的問題を解決し得ていない。現行法が解決し得ていない内在的問題を解決ないしは軽減させるためには二元論以外の行為規範を定立することが必要である。

――――――――――――――

105)　会社法355条所定の「法令」には，①取締役を名宛人とする法令はもちろんのこと会社を名宛人とする法令も含まれ，かつ，②会社ないしは株主の利益保護を目的とする法令（会社法の規定の多くがこれにあたる）はもちろんのこと公益の保護を目的とする法令（刑法・独占禁止法等）も含まれるという解釈がほぼ確立している（最判平成12年7月7日民集54巻6号1767頁，田中（2016）262頁，江頭（2017）470頁等参照。もっとも，この判例の調査官解説においては，「法令」について，取締役の地位ないし職務及び会社の活動に関して会社及び取締役を名宛人とする法令が含まれるが，法令の名宛人たる自然人として遵守が求められる規定〔取締役が会社所有の自動車で移動する際に遵守すべき道交法中の車両の交通方法に関する諸規定等〕であり，会社の機関たる取締役としての地位ないし活動との関係に着目した規定ではなく，取締役としての本来的な職務内容それ自体とは関わりがないものについては，当該法令に違反する行為がただちに会社に対する関係で受任者としての義務に違反することになるものではないとの見解が述べられている〔最高裁判所判例解説民事篇平成12年度（下）600頁〜602頁〔豊澤佳弘〕〕）。しかしながら，会社法355条は「株主利益最大化原則に適う施策であってもそれが法令違反を伴うものである場合にはこれを行ってはならない」という行為規範を経営者に課しているという主張（これを，本脚注においてのみ，「無条件法令遵守義務論」とよぶことにする）は自己論破的（self-refuting）ではなかろうか。この点は本書の主題とは直接関係のないことなので詳論することは控えるが，この問題に関する本書筆者の見解の要旨は以下のとおりである。

　①　法令違反となるか否かが不確実な状況においては，経営者が利害計算を行って――本書の用語を使っていえば，「株主価値の最大化を計算して」――意思決定を行う限り，結果的に法令違反ありとされた場合であっても責任を負うことはないとする点においては会社法学者の間でも概ねコンセンサスがとれているようである（ただし，その結論を導き出すための法律構成については諸説が存在している。田中（2006）262頁，大杉（2013）317頁等参照）。

　②　しかしながら，そうであるとすれば，法令違反となることが100%確実な場合であっても，法令違反の行為をしたことによってもたらされる様々な制裁の効果をすべて考慮してもなお株主価値が増大すると判断できる場合にはその行為は会社法上適法と評価されるべきであろう。ちなみに，上記に引用した最高裁判決が取り扱った事件はまさにそのようなものであった。けだし，そこにおいて問題とされた法令違反行為は「不当に競争者の顧客を自己と取引するように誘引」する行為として独占禁止法上の不公正な取引方法（独占禁止法2条9項6号ハ・19条参照）にあたるとされた行為であるが，この行為に対して国がとり得る制裁措置は「排除命令」の賦課だけであり，罰金も課徴金も課し得るものではなかった

　第 2 に，法令の中には経営者が株主利益最大化原則に則って行動することがパレート効率的な資産配分の達成を妨げることとなる原因を作り出しているものがある。その一つは会社法上の株主有限責任の原則であり，この原則に則って経営者が株主利益の最大化を追求すれば株主が得る利益を上回る損失を社会にもたらす事態が発生する（この問題はⅢ.1 において詳述する）。もう一つは会社所得税（その正確な意味はⅢ.2 で述べる）が生み出す問題である。会社所得税は一般論としていえば株主利益最大化原則と親和性の高い税制度であるが，現行法を所与として経営者が株主利益の最大化を追求すれば株主が得る利益を上回

からである。
③　無条件法令遵守義務論が自己論破性を有していることは，法令違反の施策をとった経営者が会社に対して支払うべき損害賠償債務額を算定する際にも明らかとなる。すなわち，法令違反を伴う施策をとったことによって会社が一定の損害を被りながらも，同時に，一定の利益を得ている場合において，経営者は損益相殺の抗弁を提出することによって賠償額の軽減を図ることはできないのであろうか。しかしながら，仮にそれが自由に認められるとすれば，無条件法令遵守義務論は（少なくとも評価規範としては）実効性を持たないものとなってしまうであろう。この点を踏まえてか，判例は，一般論としては損益相殺が認められることを肯定しながらも，現実には利益と損害との間の因果関係が立証できていないとの理由によって賠償額の軽減を否定する場合が多いようである（最判平成 5 年 9 月 9 日民集 47 巻 7 号 4814 頁，東京地判平成 6 年 12 月 22 日判例時報 1518 号 3 頁等参照。なお，江頭（2017）475 頁も，損益の間の因果関係を立証することは困難な場合が多いと述べている）。しかしながら，施策が生み出した利益の恩恵を受けている株主が，その利益だけは享受しておきながら，損害額については賠償を得られるという結論はどう考えても不合理ではあるまいか。
④　以上の点に鑑みれば，無条件法令遵守義務論は妥当でなく，会社法 355 条の定める法令遵守義務は，法令違反を犯してもなお株主価値が増加するような事態においては（そのような事態は極めて例外的な場合にしか起こり得ないであろうが），経営者がそれを実施することを禁止するものではないと解釈すべきであり，そのような事態においても経営者自身に制裁を科すことが必要であるならば，当該法令自体を変更し，そこに経営者に対する制裁規定を加えるべきである。
⑤　ただし，法令に違反する可能性がある施策をとる場合の利害計算の中に「法令違反に該当する事実が発覚しない可能性」を組み入れることは許されるべきではないであろう。けだし，そうでなければ，法令違反によって侵害される利益が守られる株主利益よりも大きい場合においても法令違反行為を実施することが正当化されてしまうからである。この点については，田中（2016）262 頁以下を（同所において引用している文献も含めて）参照されたい。
106）　法令に則って行動することがパレート効率的な資源配分の達成を妨げる場合があることは本文記載のとおりであるが，そのような行動が個人合理的な資源配分の達成も妨げる場合があるかといえば，「（憲法違反という問題を別とする限り）それはない」と考えるべきであろう。けだし，後に述べるとおり，何が初期配分であるかは法令によって定まるものであり，そうである以上，法令に則った行動を個人合理的でないととらえることは形容矛盾であるように思えるからである。

る損失を社会にもたらす事態が発生する（この問題はⅢ.2で詳述する）。以上の問題（それは株主利益最大化原則と法令のあり方が組み合わされることによって生じる問題である点において内在的問題とは異なるので，以下，株主利益最大化原則の外在的問題とよぶことにする）を解決する能力が二元論に備わっていないことは明白である。したがって，これらの問題を解決ないしは軽減させるためにも二元論以外の行為規範を定立しなければならない。

　第3に，二元論に則った行動を経営者に強制することは経営者の行動から一貫性を奪うことになる。この点については，【事例2-4-1】を使って説明したい。

【事例2-4-1】

> 　A社は東京都内においていくつかの高層ビルを所有・管理している不動産会社である。同社は近く港区の某所に新たな高層ビル（本事例に関してのみ，以下，「本件ビル」という）を建築する予定であり，同社の経営者であるｂ氏は，建築専門家の助言を仰ぎながら本件ビルの設計図を確定しようとしている。
> 　設計図の確定に関して現在焦眉の問題となっているのは本件ビルの周囲に設ける緑地帯の広さである。この緑地帯の広さをX平方メートルとすれば建築基準法をはじめとする諸法令の要求を満たすことは明らかであるが，ｂ氏はこの緑地帯の広さをX平方メートルの1.5倍にしたいと考えている。ただし，これを実行するためには本件ビルの中の賃貸に供し得る部分を若干削らなければならないため，結果として本件ビルから得られる収益の現在価値の総和が低下することは明らかである。にもかかわらず，ｂ氏が緑地帯を拡大したいと考えるのは，それによって本件ビルで働く人々や近隣の住民に対して本件ビルがもたらす環境が格段に快適なものとなると考えられるからである。ｂ氏がこの緑地帯拡大案を実行に移すことは適法性問題を惹起するであろうか。

　二元論による限り，ｂ氏は本件ビルの周囲に設ける緑地帯をX平方メートルに限定しなければならない。それによって法令遵守義務が果たされる以上，緑地帯をそれ以上拡大することによって株主価値を低下させることは許されないからである。この行動方針はｂ氏の行動に（法令を遵守しているか否かを行動の選択基準としているという点において）見かけ上の一貫性を与えてはいるが，ｂ氏本人が自分の行動に一貫性を感じることはないであろう。けだし，ｂ氏が本件ビルの周囲に緑地帯を設けたいと思うのは本件ビルを豊かで住みよい社会に資するものにしたいと願うからであり，それが法令上要求されていることであ

るか否かは同氏にとって副次的な問題にすぎないからである。もちろん，いくら緑地帯の設置が社会のためになるからといってこれをむやみに広げてはならないことはｂ氏もよく分かっているであろう。同氏が悩んでいるのは株主利益の最大化と本件ビルの利便性・安全性の確保という要請のバランスをいかに図るかであり，同様のことは本件ビルに関する緑地帯以外のあらゆる問題——たとえば，建物の空調，採光遮風，景観風致，耐震性，耐火性等——についてもいえることである。ｂ氏が求めているものは，このような問題に対して共通して用い得る行為規範であり，そのような行為規範に則って行動する場合にはじめて自らの行動に一貫性を感じ得るのではないであろうか。

　Ⅰ.2.(2)で述べたとおり，裁判上の制裁が科されないにもかかわらず経営者が会社法上の行為規範に従おうとする主たる理由は，経営者が自らの行動に一貫性を保持したいと願うからである。したがって，経営者に一貫性が充足されているという感覚を与えることのできない行為規範は，それが一見どんなに合理的に見えるものであっても規範としての実効性を欠いているといわざるを得ない。これが二元論が抱える第3の問題である。

(3)　株主利益の最大化から厚生の最大化へ

これまでに述べたことをまとめると以下のようにいえるであろう。

①二元論は，株主利益最大化原則の内在的問題を解決するには不十分であり，株主利益最大化原則の外在的問題を解決するには不適切であり，くわえて，経営者に一貫性に対する充足感を与えることが困難な行為規範である。
②　したがって，これに代わる経営者の行為規範を定立し，それをもって適法性問題に対する解とすることが望ましい。ただし，それは株主が経営者を監視・評価することの妨げとなるものであってはならず，しかも，個人合理的でパレート効率的な資源配分の達成という目的に適合したものでなければならない。

　上記②に記載したような厳しい要求を満たす行為規範を定立することは可能であろうか。それは可能である，というのが本書筆者の見解である。その行為

---

107)　経営者がとるべき行為規範を株主利益最大化原則や二元論に限定することに対する批判はこれまでにおいても多くの研究者や実務家が指摘してきたところである。たとえば，江頭（2017）23頁は，「『企業の社会的責任』（中略）『企業の社会貢献』へ

規範を特定するに先立ち，いくつかの新しい概念を導入し，その意味を説明する。

　まず，分析の対象とする財を含む消費計画の選好関係の序列をその財の数量 x と他の財またはこれに準ずるもの（以下，これをニュメレール財という）の数量 m の二つを変数とする効用関数 $v(x, m)$ によって表した場合において，この効用関数が x のみを変数とする関数 $u(x)$ と m の和として表し得る場合，効用関数はそのニュメレール財に関して準線形（quasilinear）であるという。すなわち，準線形な効用関数とは，

$$v(x, m) = u(x) + m \tag{2.4.1}$$

という恒等式が成立する効用関数 $v(x, m)$ のことである。しかるに，消費者

の要請は，近時ますます強まっており，この面に関する取締役・執行役の裁量の幅は大きい。たとえば，株式会社のなす寄附は，それが社会の期待・要請にこたえるものであり，かつ，会社の規模，経営実績，相手方等を考慮し応分の金額のものである限り，取締役・執行役に義務違反の責任が生じることはない。（中略）いいかえると，株主の利益に寄与しない寄附を取締役・執行役はなし得る。」と述べており，田中（2016）257 頁も，「慈善活動や CSR 経営は，（中略）社会全体の利益となるため，それを行うことは社会的に期待されているがゆえに，相当な範囲では，会社・株主の利益になるか否かを問わず行うことが許容されると解するほうが，現実の取締役の行動動機および社会一般の規範意識とも合致するように思われる。」と述べている（判例にも，会社が行う政治献金について同様の見解を述べたものがある。最大判昭和45年6月24日民集24巻6号625頁。なお，この判例はⅠ章の注4）およびⅢ.6.(2)で言及している判決と同じものである）。思うに，これらの見解は，株主利益最大化原則や二元論と日本の企業社会における経営者の規範意識との乖離を解消し，社会常識的に考えて穏当な結論を導き出している点において評価すべきものであるが，いかなる人々のいかなる思想ないし感情をもって「社会の期待」の有無を判定するのかが不明確である以上，（経営者の法的責任を軽減するための評価規範としてはともかく）経営者の日常の行動を規律するための行為規範としては機能し難いのではないであろうか。なお，株主利益最大化原則や二元論を唱える論者が多い米国においても，これを批判する異色の見解として Blair-Stout（1999）の唱える「Team Production Theory」が存在している。この理論は，企業が効率的な生産を果たすためには従業員や下請け企業を含む様々な会社関係者の緊密な協力関係の確立が不可欠であるところ，緊密な協力関係を築くために必要な関係者間の合意を契約書上に過不足なく記載することは不可能であるとの認識のもとに，そうである以上，会社の取締役会は必ずしも株主利益の最大化のみを考えて意思決定を行うべきではなく，むしろこれら様々な会社関係者の利害を調整するための受託者（trustee）としての役割を果たすべきであると説くものである。注目すべき見解ではあるが，株主利益最大化原則の内在的問題および外在的問題のうちの一つにすぎない「契約の不完備性」だけしか問題視していない点や経営者の日常行動を規律するための行為規範としては内容が抽象的すぎる点に鑑みれば，これをもって適法性問題の解とすることには異を唱えざるを得ない。

が分析の対象となる財の支出にあてる金額がその者の支出額全体に占める割合
が比較的小さい場合には，その財以外のすべての財の消費にあて得る貨幣量
（以下，単に**貨幣量**という）をもってニュメレール財とする準線形の効用関数によっ
て分析の対象となる財の消費量を変化させた場合におけるその消費者の効用の
変化を近似的に計り得ることが知られており[108]，以下，別段の記載をしない限り，
貨幣量をニュメレール財とする効用関数のみをもって「準線形な効用関数」と
よぶことにする。

　消費者の選好関係の序列が準線形な効用関数によって表し得ることを仮定す
ることによって様々な問題の分析が容易となる。以下，要点を箇条書きで記す。

①　準線形な効用関数においては，$u(x)$ と貨幣量 m を足しあわせた値が効用全
　体の大きさを表している。このことは，$u(x)$ そのものが貨幣単位によって表
　し得ることを意味するものである。これをいい換えれば，関係当事者の効用関
　数が準線形であることを仮定すれば，当事者間において取引される貨幣量を知
　り得る場合におけるパレート効率性の問題は，これを利得の最大化問題として
　論ずることが可能となる。

②　$u(x)$ を（したがって，$v(x, m)$ も）2 回以上微分可能な連続関数であると仮定
　しても社会の実態をとらえるうえでのリアリティーは失われないであろう。こ
　の場合，m で計った x の限界代替率は，$v(x, m)$ を m で偏微分した値を分母
　とし，$v(x, m)$ を x で偏微分した値を分子とする分数の値と等しいことが知ら
　れているので[109]，m で計った x の限界代替率（下記の式では，「R」で表している）
　は，次のように計算できる。

$$R = \frac{\dfrac{\partial\,[v(x, m)]}{\partial x}}{\dfrac{\partial\,[v(x, m)]}{\partial m}} = \frac{\dfrac{\partial\,[u(x) + m]}{\partial x}}{\dfrac{\partial\,[u(x) + m]}{\partial m}} = \frac{u'(x)}{1} = u'(x)$$

---

108)　効用の変化が準線形効用関数によって近似的に計り得るためにはいくつかの条件
　　が満たされていなければならないが，その中で最も重要なことは，所得効果，すなわ
　　ち，消費者の保有資産の現在価値総額の変動が消費者の行動に及ぼす効果が無視し得
　　る程度に小さいことである（奥野編（2008）136 頁以下，神取（2014）170 頁以下各
　　参照。なお，これ以外の条件については，Mas-Colell-Whinston-Green（1995）318
　　頁以下および 341 頁以下参照）。
109)　この点については，奥野編（2008）35 頁以下参照。なお，前掲注 19）で述べた
　　効用関数の序数性が限界代替率を一義的に特定することの妨げとならないことについ
　　ては，林（2013）62 頁以下参照。

　　上記の結果，m で計った x の限界代替率は，消費者が保有している貨幣量に依存しないことが明らかとなった。ちなみに，この限界代替率を日常用語で表現すれば，「分析の対象となる財を 1 単位追加で取得するために支払う用意のある（willing to pay）金額」といえるであろう。そこで，上記の限界代替率を，以下，**支払用意額**とよぶことにする。

③ 【図 2-4-1】は，ある消費者のある財の消費量の変化によって生じる支払用意額の変化を曲線 D–D' で表したものである。[110]

【図 2-4-1】

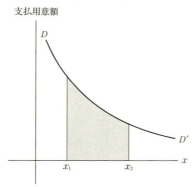

支払用意額

D

D'

x_1　　x_2　　x

　　【図 2-4-1】に網掛けで示した部分は，対象となる財の消費量を x_1 から x_2 に増加した場合における支払用意額の総和（より正確にいえば，「積分値」）を表しており，この値は消費量が増加したことによって消費者が享受する厚生（Ⅰ.2.(3) 参照）の大きさを表す指標として相応しいものである。そこで，以下では，**厚生**という言葉を上記の値，すなわち，支払用意額の積分値を表す概念として再定義する。[111]

④　③において再定義された厚生は貨幣単位によって表し得る概念であるから，異なる財の間においてはもとより，異なる人物の間においても足しあわせることが可能である。そこで，会社がある施策をとったことによって社会の構成員各自に生じる厚生の変動を足しあわせた値をもって当該施策が生み出す社会全体の厚生の変動値と考えることができる（施策がある者に対してマイナスの効用を生み出す場合にはその者について生じる厚生もまたマイナスの値となる）。

---

110)　曲線 D–D' が右下がりとなっているのは，Ⅱ.1.(3) で述べた限界代替率逓減の法則が成立することを前提としているからである。

111)　ここでいう厚生は，伝統的なミクロ経済学の用語である「余剰（surplus）」と実質的に同じ概念であり，法の経済分析の専門家の中にはこれを「富（wealth）」とよぶものもいる。

⑤ 厚生は貨幣単位によって表される概念であるから，①で論じた利得の最大化
も厚生の最大化と同義となる。さらに，x 円の現金が A 氏から B 氏に支払わ
れた場合，A 氏の厚生は x 円分減少し，B 氏の厚生は x 円分上昇するのであ
るから，社会全体の厚生は変化していないと考えることができる。

以上により，適法性問題に対する新たな解となるべき経営者の行為規範をい
い表す準備が整った。その行為規範とは，

> 経営者は，社会の厚生を増加させるために必要な場合には，その限度において
> 非営利施策を実施することができる。

というものである。この行為規範，ないしはこの行為規範をもって適法性問題
に対する解とする見解を，以下，**厚生最大化原則**とよび，この原則が達成しよ
うとしている目的ないし理念をもって**厚生の最大化**とよぶことにする。[112]

厚生最大化原則に関する留意点を，以下，箇条書きに記す。

① 再定義した厚生という概念は，会社と契約関係にあるものについてはもちろ
んのこと，税の再分配や外部性を通じて会社と利害関係を持つすべての者につ
いてとらえることのできるものである。そして，分析の対象とする社会をこれ

---

112) ここで I．2．(3) で留保した問題，すなわち，帰結主義と厚生主義の立場から社
会の優越を論じるにあたって，①いかにして構成員各自の厚生の大きさを測定し，②
測定された構成員各自の厚生の大きさをどのように集計することによって社会全体の
評価に結びつけるのかという問題に対して，株主利益最大化原則と厚生最大化原則と
いう本Ⅱ章で論じた適法性問題に対する二つの解は，どのような答えを提示している
のかを確認しておくことは，本書全体を貫く論理構造を理解していただくうえにおい
て有用であろう。まず，株主利益最大化原則のもとにおいては，経営者は，上の①と
②に記したいずれの作業も行う必要はない。けだし，会社が利潤の最大化を目的とし
て行動すれば，結果的に，パレート効率性を満たした資源配分が達成されるからであ
る。これに対して，厚生最大化原則は，株主利益最大化原則の論理を原則として受け
入れながらも，そこに内在または外在する問題があることを認めたうえで，その点を
修正してより望ましい帰結を社会にもたらすために，各会社の経営者に対して一定の
範囲において上記の①と②に記した作業を積極的に行うことを求めるものである。具
体的には，(効用関数の準線形性を仮定することによって定義し得る) 支払用意額と
いう概念を用いることによって，企業のとる行動が社会の構成員各自の厚生に与える
影響を認識し，そのようにして認識された各自の厚生の変化の値を単純合算すること
によって会社の行動が社会の厚生の総量に及ぼす影響を判定することを求めるもので
ある。なお，単純合算以外の方法を用いることの問題はⅢ．6．(1) で論じる。

らの者に限定して考える限り（かつ，これらの者の効用関数はいずれも準線形であると仮定する限り），ある資源配分がパレート効率性を満たしていることはその資源配分によって社会の厚生が最大化されることと同義である[113]。この点において，厚生最大化原則は，厚生主義の理念に適合した行為規範である（財産権の保障に関する問題については⑦で述べる）。

② 　もちろん，会社が認識できる厚生の範囲や認識の正確性には限界があり，くわえて，厚生最大化原則の理論的前提となっている準線形効用関数の仮定自体が妥当しない状況もあり得る。しかしながら，そのような問題の調整こそは，まさに，為政者が行うべきことであり，厚生最大化原則を適用することによってただちに理想社会を実現できないということはこの原則の有用性を否定する理由とはなり得ない。

③ 　厚生最大化原則の中核概念である「厚生」は部分均衡分析という経済学の一分野において精緻化されてきた概念である。したがって，厚生最大化原則を経営者の行為規範とすれば，経済学やファイナンス理論の世界において培われてきた知見や技法を用いて経営者がとるべき行動を論じることができる。してみれば，経営者のみならず，経営者の行動を監視・評価する立場にある人々がこれらの知見や技法を有効に活用すれば，厚生最大化原則のもとにおいても経営者を有効に監視・評価することができる。

④ 　厚生最大化原則は厚生主義の理念に適った行動原理である。したがって，厚生最大化原則に従って行動する経営者は自らの行動を有益な目的の実現を目指した一貫性のあるものとしてとらえることができる。

⑤ 　厚生最大化原則が主張することは，これに従ってなされる非営利的施策は適法であるということだけであって，そのような非営利的施策を必ず実行することを経営者に要求するものではない。けだし，経営者の選任・解任権を株主が専属的に有している現行の会社制度を所与とする限り，非営利施策をとることを経営者の「義務」とする法規範を会社法の中に取り込むことは制度としての合理性を欠いていると考えざるを得ないからである（ただし，この原則に対する例外として，会社法429条を適用するために必要な限度において厚生最大化原則に違反する行為を会社法上不適法と考えるべき場合があることについては，Ⅲ.1.(5)で述べる）。この結果，経営者が厚生最大化原則に適う非営利施策をとってもとらなくてもその行為は会社法上適法と評価される（ただし，後者を選択した場合にはその行為が株主利益最大化原則に適っていることが前提である）。しかしながら，厚生

113）　これは，Ⅱ.1.(2)に記したパレート効率性の定義そのものから導き出せる結論である。この点について，詳しくは，Mas-Colell-Whinston-Green（1995）328頁以下およびHayashi（2017）を参照。

最大化原則をもって行為規範とする以上，前者が後者よりも「適切」な行為であることは明らかである[114]。したがって，自らの行動に一貫性を求める経営者は，諸般の事情が許す限り，厚生最大化原則に適う非営利施策をとろうとするであろう（以上の点については，Ⅲ. はじめにで再度説明する）。

⑥　厚生最大化原則をより有効に機能させるためには，「効率性」という概念を「パレート効率性」よりもやや広い概念として再定義することが有用である。すなわち，パレート効率性は社会の構成員間において多数の取引が同時になされるという経済モデルを前提とした概念であるが，現実社会における取引は継時的に行われるものであり，その場合，取引が積み重ねられていくにつれて社会の厚生が増大していくような制度を作り出していくことが重要となるからである。たとえば，「漁業権」という制度がなければ乱獲が進んで水産資源が枯渇してしまうことは歴史上明らかであり，この意味において，漁業権制度は，継時的に厚生を増大させる制度であるが，経営者がとる施策の中にも継時的に厚生を増大させ得るものがあるかもしれない。そこで，今後は，「継時的に厚生の増大をもたらし得る性質」という意味も含めて効率性という言葉を（「パレート効率性」という言葉に代えて）使っていくこととする。

⑦　以上のとおり，厚生最大化原則は，株主利益最大化原則の内在的問題および外在的問題を克服して厚生主義の理念の実現を拡大するうえにおいて有効な行為規範である。しからば，適法性を論ずるにあたり追求すべきもう一つの理念である財産権の保障を促進するために株主利益最大化原則にさらなる修正を加える必要があるであろうか。この問いに対する本書筆者の見解は，「その必要はない」というものである。なぜならば，財産権の制度的保障の内容を特定するためには，何が「権利ないしは法令上保護されるべき利益」（以下，保護法益という）であるかという法律判断を先行的に下さなければならないからである（これまで用いてきた経済学の用語を使っていえば，「何が保護法益であるかを確定しなければ初期配分を特定できない」といってもよいであろう）。これはまさに法令（判例法を含む）によって解決されるべき問題であり，仮に法令に曖昧な点があるとすれば，経営者は会社の法律顧問の意見を徴して行動を決定すべきであり，そこに独自の判断を加える余地はないはずである。これを要するに，たしかに株主利益最大化原則を貫徹した経営者の行動は厚生主義の理念のみならず財産

---

114)　評価規範（Ⅰ. 2. (2) 参照）のもとにおいては，規範の名宛人の行動は「適法である（すなわち，責任がない）」か「不適法である（すなわち，責任がある）」のいずれかに峻別せざるを得ない。これに対して，評価規範ではない行為規範のもとにおいては，適法な行為に対して様々な「ランク付け」をすることが可能であろう。本文で述べたことは，そのような一般論を踏まえてのものである。

権の保障という理念にも抵触する場合があるが（Ⅲ.3で論じる負の外部性を満た
す会社の行動はその典型である），後者の問題については法令の整備によって対処
すべきであり，経営者が独自の判断を下してこれに対処することは適切でない
というのが本書筆者の見解である。この点についてはⅢ章において適法性問題[115]
の各論を論じる際に適宜言及し，上記の見解の妥当性を検証していくこととす
る。

　厚生最大化原則についての説明は以上のとおりである。しかしながら，この
原則は適法性問題の各論を解決するうえで本当に機能するものであろうか。ま
た，そもそもの問題として，そのような行為規範を導入しなくてはならないほ
ど株主利益最大化原則の内在的および外在的問題は現行法令上深刻なものなの
であろうか。これらの疑問に答えるためには，株主利益最大化原則が生み出す
問題の一つ一つについて，できるだけ具体的な事例を用いながら分析を行うこ
とが必要であろう。よって，章を改めて，これを行う。

---

115)　これを換言すれば，財産権の保障という理念に関する限り，二元論の見解が適切
　　であるということである。なお，本文に記したことは，財産権の保障という理念が経
　　営者の行為規範の修正原理として機能し得ないことを述べたものであって，この理念
　　が法制度の適否を論じるうえでの規範概念として重要であることを否定するものでは
　　ない。さらにいえば，財産権の保障という理念は絶対不可侵なものではないものの，
　　これに制約を加えることの合理性を著しく欠いた法制度は憲法 29 条違反と評価され
　　るべきである（共有林の分割請求権を否定した森林法の規定を違憲と評価した最高裁
　　判決〔最大判昭和 62 年 4 月 27 日民集 41 巻 3 号 408 頁〕はこの考え方を示している）。

III 適法性問題の各論的分析

は じ め に

　本章では，個別のテーマごとに，経営者の行為規範として株主利益最大化原則を用いた場合に発生する問題を論じ，厚生最大化原則をもって経営者の行為規範とすれば状況がどのように改善されるのかを明らかにする。

　まず，III.1とIII.2では，II.4において「株主利益最大化原則の外在的問題」と名付けた問題を取り上げる。具体的には，III.1で株主有限責任制度（厳密な定義はIII.1で行う）と株主利益最大化原則が結びつくことによって生じる問題を論じ，III.2では会社所得税制度（厳密な定義はIII.2で行う）と株主利益最大化原則が結びつくことによって生じる問題を論じる。これらの問題を論じるにあたっては，II.3.(2)で説明した「資産の理論的市場価格」の概念が役に立つであろう。

　つぎに，III.3とIII.4では，II.4において「株主利益最大化原則の内在的問題」と名付けた問題のうちで，経済学が「市場の失敗」[1]とよぶ状況を取り上げる。具体的には，III.3において外部性（厳密な定義はIII.3で行う）が生み出す問題を論じ，III.4において独占（厳密な定義はIII.4で行う）が生み出す問題を論じる。これらの問題を論じるにあたってはミクロ経済学の部分均衡分析の知見が役に立つであろう。

　つづいて，III.5では，株主利益最大化原則の内在的問題のうちの情報の非

---

1)　「市場の失敗」（market failure）とは，「厚生経済学の第1基本定理が前提とする市場の普遍性の仮定と完全競争の仮定のいずれかまたは双方が満たされない状況」を意味する概念である（奥野編（2008）175頁）。

対称性と契約の不完備性の問題を取り上げる。これらの問題を論じるにあたってはⅡ.1で取り上げた2当事者間の交渉モデルが役に立つであろう。

　最後に，Ⅲ.6では，会社が行う寄付が生み出す問題を論じ，しかる後にⅢ章全体に関する総括的見解を述べる。

　なお，会社が受領し，または，支払う金銭のことを，これまでは，「利得」ないしは「収益」とよんできたが，本章においては，会計上の収益概念との混同を防ぐために，会社に入る金銭の流れをキャッシュ・インフロー，会社から出る金銭の流れをキャッシュ・アウトフローとよび，両者をあわせて，キャッシュ・フローとよぶことにする。

　また，Ⅱ.4.(3) で述べたとおり，現行の会社制度を所与のものとする限り，株主利益最大化原則に則った経営者の行為を（少なくともそれが法令遵守義務に抵触するものでない限り）不適法と評価することはできないであろう。したがって，厚生最大化原則のもとにおける経営者の行為の評価は以下のようにこれを行うのが適当であり，本章においてもこのような評価方法を用いて経営者の行為を論じることにする。

① 　厚生最大化原則にも株主利益最大化原則にも適う行為→適法かつ適切
② 　厚生最大化原則には適うが株主利益最大化原則には適わない行為→適法かつ
　　適切
③ 　厚生最大化原則には適わないが株主利益最大化原則には適う行為→適法だが
　　不適切
④ 　厚生最大化原則にも株主利益最大化原則にも適わない行為→不適法

　これを要するに，株主利益最大化原則に代えて厚生最大化原則を経営者の行為規範とすることの意義は，第1に，株主利益最大化原則に適わない行為であってもそれが厚生最大化原則に適う限り会社法上適法であることを明確化し（上記②がこれにあたる），第2に，株主利益最大化原則には適うが厚生最大化原則には適わない行為を「不適切」と宣言することによって，経営者が，諸般の事情が許す限り，そのような行為を慎むことを推奨することにある（ただし，この原則に対する例外として，会社法429条を適用するために必要な限度において厚生最大化原則に違反する行為を会社法上不適法と考えるべき場合があることについては，Ⅲ.

1.（5）で述べる）。

1　株主有限責任制度

（1）　株主利益の追求と債権者利益の確保との相克

　会社が株主に対して利益を分配するためには剰余金の配当（会社法453条），自己の株式の有償取得（会社法155条）または残余財産の分配（会社法504条）を行わなければならない。しかるに，これらの行為のうちの前2者については債務の弁済のために必要な資金が留保されるように会社法は分配可能額に関して周到な制約を課しており（会社法461条1項各号。この規制を以下分配可能額規制という），[2] 残余財産の分配は会社の債務をすべて弁済した後でなければこれを行うことができず（会社法502条），規制に違反して利益の分配を行った経営者には民事上および刑事上の責任が課される[3]。したがって，会社が株主に対して利益を分配するためには債務を完済する能力を維持していることが必要であり，そうである以上，株主利益の最大化を追求することと債権者の利益を保護することの間に矛盾は生じない，一見そう思えるかもしれない。

　しかしながら，上記の立論は会社が行う経済的活動の結果があらかじめ判明していることを前提としたものであり，会社の活動が不確実性を伴う場合には，株主利益の追求と債権者の利益の保護の間に軋轢が生じる。どういうことであるのか，まずは，事例を使って説明したい。

【事例 3-1-1】

　　ここに1億円で売却可能な棚卸資産と8000万円の借入金のみを有する会社Aがある。A社が現時点で解散した場合，同社は8000万円の債務を全額弁済したうえで2000万円を財余財産として株主に分配することができる。ところが，A社には一つの施策が存在し，同社の経営者は解散を見合わせてこの施策

　2）　ただし，単元未満株式の買取請求権の行使（会社法155条7号）や反対株主の株式買取請求権の行使（会社法469条等）に応じて行われる株式取得のように不可避的な事態によって生じる自己の株式の有償取得については分配可能額規制は適用されない。
　3）　会社法462条1項，487条1項，963条5項1号2号および976条30号参照。さらに，分配をした日の属する事業年度にかかる計算書類の承認を受けた時点において分配可能額に欠損が生じた場合においても分配を行った経営者は当該欠損額を填補する責任を負う（会社法465条1項）。

（以下，これを「施策 a」とよぶ）を実施することを検討している。施策 a を実施するために必要な初期投資額は 1 億円であり，同施策は 50% の確率で「成功」し，50% の確率で「失敗」する。施策 a が成功した場合，A 社は 1 年後に 1 億 3000 万円の現金を取得し，施策 a が失敗した場合，A 社の手元に残る資産は現金 2000 万円だけとなる。A 社の経営者は施策 a を実施すべきであろうか。議論を簡潔なものとするために，①取引費用（公租公課を含む）は発生せず，②株主と債権者が交渉により互いの利益を調整する余地はなく，4)　③ A 社の株主と債権者は全員がリスク中立的であり，かつ，④利子率は無視しうるほどに小さく（したがって，0% と見なすことができる），この点は借入金の金利についても同様とする。

　　A 社の経営者が取り得る施策は「会社の解散」か「施策 a の実施」である。この場合，株主利益最大化原則を貫徹しようとすれば，それぞれの施策を実施した場合における A 社の株主価値を計算し，その値がより大きい施策を実施すべきであろう。そこでこの計算を行ってみると，解散を選択した場合の株主価値は 1 億円 − 8000 万円 = 2000 万円であるが，施策 a を実施した場合の株主価値は【計算 3-1-1】記載のとおり 2500 万円となる。

【計算 3-1-1】

①　施策 a が成功すれば A 社は 1 億 3000 万円の現金を手に入れるので 8000 万の借入金を全額弁済したうえで A 社の株主は 5000 万円の現金を入手できる。
②　施策 a が失敗すれば A 社は債務超過（厳密な定義はⅢ. 1.（5）で行う）となり，同社は特別清算または破産の手続きをとるしかない。この場合，債権者は 2000 万円の支払いを受けるだけで残りの債権は貸し倒れとなり，株主にはもちろん 1 円も分配されない。
③　以上により，施策 a を実施した場合の A 社の株主価値は，

$$5000 \text{ 万円} \times 50\% + 0 \text{ 円} \times 50\% = 2500 \text{ 万円}$$

である。5)

---

4)　この仮定がなければ，債権者が株主に代償を支払うことによって施策 a の実施を回避し得る。その場合には，株主有限責任制度のもとにおいても効率的な資源配分の達成が可能となる。
5)　株主はリスク中立的であると仮定しているのでリスクプレミアム分の減額を行う必

したがって，株主利益最大化原則を維持する限り，A社の経営者は施策aを実施すべきであるが，これによってもたらされる資源配分は効率的なものではない。けだし，施策aの実施に代えて，

① 会社Aはただちに解散し8000万円の債務を完済したうえで残余財産2000万円を株主に分配し，
② さらに，会社Aの経営者が衆人環視のもとでサイコロを振り，奇数の目が出たら（すなわち，50%の確率で）債権者が株主に3000万円を追加的に支払う。

という方策（本Ⅲ.1においてのみ，「本件代替案」とよぶ）を用いて資産配分を行えば，【計算3-1-2】に示すとおり，いずれの当事者も，つねに，施策aが実施された場合と比べて同等かまたはそれを上回る効用を得ることができるからである。

【計算3-1-2】

①施策aを実施した場合			②本件代替案を実施した場合		
当事者	確率	受取額	当事者	確率	受取額
株　主	50%	5000万円	株　主	50%	5000万円
	50%	0円		50%	2000万円
債権者	50%	8000万円	債権者	50%	8000万円
	50%	2000万円		50%	5000万円

上記の事態が生じる原因は，株主は会社の残余権者であるにもかかわらず，会社法上，会社が債務超過となった場合に残債務を支払う責任を免れているからである（同法104条参照。この制度を，以下，**株主有限責任制度**という[6]）。この点を確認するために，株主が会社の債務について無限責任を負うと仮定してみよう。この場合，施策aが失敗に終わればA社の株主は債権者に対して債権残額6000万円（＝8000万円−2000万円）を支払わなければならないので，施策aを

要はない。また，利子率を0と仮定しているので貨幣の時間的価値を考慮する必要もない。
6) 株主有限責任の原則の存在意義については藤田（2002）81頁以下，田中編（2013）40頁以下および田中（2016）72頁以下を参照されたい。

実施した場合の A 社の株主価値は，5000 万円×50％＋（－6000）万円×50％＝
－500 万円となる。この値は解散を選択した場合の株主価値である 2000 万円
を下回るので，株主が無限責任を負担する限り株主利益最大化原則を貫徹した
としても施策 a が実施されることはない。

　以上を要するに，株主有限責任制度という法制度のもとで株主利益最大化原
則を貫くと効率的な資源配分が妨げられる事態が発生する。

(2)　厚生最大化原則を適用した場合

　では，厚生最大化原則という行為規範を適用して各施策を評価すればどうな
るのか。Ⅱ.4.(3) で述べたとおり，厚生の最大化を考える際には関係当事者
のいずれもが利得の最大化を目指して行動すると考えてよい。そして，ここに
登場する当事者，すなわち株主と債権者に生ずる利得は，いずれも Ⅱ.3.(2)
において定義したところの「資産」から生じるものであるから，厚生の大きさ
は，これらの資産の現在価値の総和をもって測ることが適切であろう。そこで，
Ⅱ.3.(6) において株主価値という概念を定義したのと同様の手法により債権
者価値という概念を定義する。すなわち，**債権者価値**とは，会社から債権者に
対して今後支払われるキャッシュ・アウトフロー（その中心は元本と利息の支払
いである）の現在価値の総和のことであり，[7] 株主価値と債権者価値の和を企業
価値とよぶことにする。[8] 以上の用語の定義によれば，株主価値の変化を見るこ

---

7)　債権の種類は多種多様であり，その中には短期間のうちに消滅してしまうものも少
　なくない（売掛債権〔会社から見れば買掛債務〕や給料の支払請求権はその典型であ
　る）。そこで，債権者価値を定量的にとらえるためには考察の対象を一定の範囲の債
　権に限定することが必要となる。一般的には，短期または長期の借入金ならびに社債
　の現在価値の総和（あるいは，そこから現金・預金の価額を差し引いた値）をもって
　債権者価値と考えることが多く，本書で債権者価値を定量的に評価する場合において
　も基本的にはこの方針に拠っている。ただし，これはあくまでも計算のための便法で
　あって，この計算に含まれる債権と含まれない債権を債権者の利益の保護という観点
　から区別すべき理由はない。

8)　企業価値という用語は様々な意味に使われているので注意が必要である。たとえば，
　最決平成 19 年 8 月 7 日民集 61 巻 5 号 2215 頁（ブルドックソース事件最高裁決定）
　は，「企業価値」「会社の利益」「株主の共同の利益」を同義とし，その帰属主体は株
　主であると考えているようであり，であるとすれば，そこでいう企業価値とは本書で
　いう株主価値にほかならない。これに対して企業価値研究会（2008）は，その脚注 2
　で「企業価値」とは「企業が生み出すキャッシュフローの割引現在価値」であると述
　べており，そこでいう「キャッシュフロー」が本書でいうところの「営業・投資キャッ
　シュ・フロー」のことであるとすれば，同研究会のいう企業価値は本書のものと同義
　である（この点については，Ⅲ.1.(3) に記した企業価値の二面等価性の説明も参照

とによって施策が株主利益最大化原則に適うか否かを判定できたように企業価
値の変化を見ることによって施策が厚生最大化原則に適うか否かを判定するこ
とが可能となる。

　では，A社が「会社の解散」に代えて「施策aの実施」を決めたことによっ
て同社の企業価値はどのように変化するか，この点を示したものが【計算3-1
-3】である。

【計算3-1-3】

```
①　会社を解散した場合
　・株主価値　　　2000万円
　・債権者価値　　8000万円
　・企業価値　　　2000万円＋8000万円＝1億円
②　施策aを実施した場合
　・株主価値　　　2500万円（【計算3-1-1】の計算参照）
　・債権者価値　　8000万円×50％＋2000万円×50％＝5000万円
　・企業価値　　　2500万円＋5000万円＝7500万円
```

　【計算3-1-3】から明らかなとおり，施策aの実施はA社の企業価値を2500
万円（＝1億円－7500万円）減少させるものであり，したがって，厚生最大化原
則を適用すれば，A社の経営者が施策aを回避することは適法であり，そうす
ることが適切である。

（3）　企業価値の二面等価性

　前項の結論を一般化すれば，「企業価値を減少させる施策は，たとえそれが
株主価値を増加させるものであってもその実施を回避することが適法・適切で
ある」となる。しかるに，この行為規範は会社の経営者にとってもっと扱いや

されたい）。一方，日弁連（2009）は，「企業価値は，株主を中心とした『シェアホル
ダー』のものから，広く利害関係者を含む『マルチ・ステークホルダー』のものに変
わってきたといわれて」おり，「企業が様々な分野においてCSRの推進のために取
り組んでいることが企業の持続可能性を保証するもの，すなわち企業価値として評価
されるようになってきて」いると述べている。そのいわんとするところは，おそらく
のところ，会社が生み出すあらゆる厚生を企業価値の計算に含めて考えるべきだとい
うことであろうが，あらゆる種類の厚生をすべて現在価値概念で補足することは至難
の業であるに違いない。

すい表現のものに書き換えることができる。以下，その理由と結論を箇条書き
にして記す。[9]

①　会社の残余財産は最終的にはすべて株主に分配されるのであるから，いかな
る会社に関しても今後生じるすべてのキャッシュ・フローの現在価値の総和は
ゼロである。

②　したがって，いかなる会社においても，今後生じるすべてのキャッシュ・フ
ローから株主または債権者に支払われるキャッシュ・アウトフローを除いたも
の（以下，このキャッシュ・フローを営業・投資キャッシュ・フローとよぶ）[10]の現在価
値の総和は恒等的に企業価値と等しい（このことを，以下，企業価値の二面等価性と
よぶこととする）。けだし，企業価値は，その定義により，会社が株主または債
権者に対して今後支払うキャッシュ・アウトフローの現在価値の総和をプラス
の値で表現したものにほかならないからである。[11]

③　したがって，ある施策を実施することの企業価値に及ぼす影響を知るために
は，その施策が生み出す営業・投資キャッシュ・フローに注目し，その現在価
値の総和，すなわちNPV（Ⅱ.3.(6) 参照）がプラスである施策は企業価値を
増加させるものであるからこれを実施し，この値がマイナスである施策は企業
価値を減少させるものであるから（たとえ株主価値を高めるものであっても）その
実施を控えるべきである。

　以上を要するに，企業価値の最大化を実現するために経営者が用いるべき行
為規範は，「営業・投資キャッシュ・フローの NPV がプラスの施策のみを実
施する」という極めて単純なものとなる。以下，この行為規範を企業価値最大

---

9)　ここで展開されている論理はⅡ.3.(2) で説明した価格の線形性（あるいは，これ
と同値の概念である一物一価の法則〔Ⅱ章の注66) 参照〕）を前提とするものである。

10)　「営業・投資キャッシュ・フロー」という言葉を用いたのは，ここにいうキャッシュ・
フローが，財務諸表等の用語，様式及び作成方法に関する規則5章所定のキャッシュ・
フロー計算書上に「営業活動によるキャッシュ・フロー」または「投資活動による
キャッシュ・フロー」として記載すべきキャッシュ・フローとほぼ一致するからであ
る（これに対して，株主価値や債権者価値の構成要素となるキャッシュ・フローは
キャッシュ・フロー計算書上に「財務活動によるキャッシュ・フロー」として記載す
べきキャッシュ・アウトフローとほぼ一致する）。なお，以上のことは，債権者価値
の外延に関して前掲注7) に記載した限定を加えた考え方を前提とするものである。

11)　株主または債権者からの将来におけるキャッシュ・インフローは今後なされ得る
新たな増資や借入によって生じるものであるから，現時点における株主価値や債権者
価値の評価には関係がない。

化原則とよぶこととし,「営業・投資キャッシュ・フローの NPV」のことを本 Ⅲ.1 においては単に「NPV」といい表すこととする。[12]

企業価値最大化原則を【事例 3-1-1】を施策 a にあてはめて考えてみよう。 その際留意すべきことは,施策 a を実施すれば「解散」という他に取り得る選 択肢を実施する機会が失われるのであるから,施策 a の初期投資額としては 「解散」を選択した場合に実現される利得,すなわち,1 億円を機会費用とし て計上しなければならないということである。この点を踏まえて計算を行うと,

$$施策 a の NPV = -1 億円 + 1 億 3000 万円 \times 50\% + 2000 万円 \times 50\%$$
$$= -2500 万円$$

となる。すなわち,施策 a の NPV はマイナスであり,そうであるがゆえにこ れを実施すべきではない。これが企業価値最大化原則を施策 a にあてはめた場 合の論理と結論である。[13]

(4) 厚生の移転

企業価値最大化原則を適用するにあたり留意すべきことは,ある施策の NPV がプラスであるということは,その施策を実施しても債権の額面総額が 企業価値を上回る事態(本書においては,この事態をもって**債務超過とよぶ**)[14] とはな らないことを保証するものではないという点である。具体例として,施策 a の

---

12) Ⅱ.3.(6)で株主価値という概念を定義した際には,会社に負債がないことを前 提としていたために,計算の対象とするキャッシュ・フローを営業・投資キャッシュ・ フローに限定する必要がなかったのである。

13) 会社の経営者は一定の場合には債権者の利益の確保も考慮して行動すべきである という見解はこれまでにも多くの文献において指摘されてきたことである(田中 (2016) 256 頁以下,江頭(2017) 514 頁以下各参照。さらに,この問題をより詳しく 論じた文献として,吉原(1985),黒沼(2000)各参照)。しかしながら,①そのよう な行為規範は会社が債務超過となった後においてのみ適用すべきものであるのか,そ れとも,それ以前から適用すべきものであるのかという問題と,②債務超過となるリ スクを高める施策はすべて回避すべきであるのか,それとも,一定のものだけを回避 すれば足りるのかという問題に関して論者の見解は必ずしも一致してはいないように 思われる。これらの問題に関して,本書は,①まだ債務超過には至っていない会社で あっても,経営者は,株主価値最大化原則に代えて企業価値最大化原則をもって行為 規範とすべきであり,一方,②この行為規範に則って行動する限り,結果として債務 超過となるリスクを高める施策をとることも適切であると主張するものである。

14) 破産法 16 条 1 項は「債務者が,その債務につき,その財産をもって完済すること ができない状態」を債務超過と定義している。債務超過についての本文記載の定義は, ファイナンス理論の用語を用いてこの破産法上の定義をいい換えたものである。

成功確率が 80% であり，失敗確率が 20% である場合について考えてみよう
（以下，この施策を「施策 b」と呼ぶ）。

　施策 b の実施は債権者に少なからぬ不利益をもたらすという点では施策 a
と変わらない。けだし，これを実施した場合，債権者は 20% の確率で債権全
額の 4 分の 1（2000 万円）の支払いしか受けられなくなるからである。しかし
ながら，施策 b の営業・投資キャッシュフローの NPV は下記の計算式が示す
とおりプラスとなる。

$$施策 b の NPV ＝ － 1 億円 ＋ 1 億 3000 万円 × 80\% ＋ 2000 万円 × 20\%$$
$$＝ 800 万円$$

　したがって，「債務超過となることを臆することなく施策 b を実施すべし」
というのが企業価値最大化原則が A 社の経営者に与える行為規範となるので
あるが，この行為規範は妥当であろうか。この問題を考える端緒として，施策
b を実施した場合に A 社の株主価値，債権者価値および企業価値はどのよう
に変化するのか，その内訳を考えてみよう。【計算 3-1-4】をご覧願いたい。

【計算 3-1-4】

① 施策 b を実施した場合	
・株主価値	（1 億 3000 万円 － 8000 万円）× 80% ＋ 0 円 × 20% ＝ 4000 万円
・債権者価値	8000 万円 × 80% ＋ 2000 万円 × 20% ＝ 6800 万円
・企業価値	4000 万円 ＋ 6800 万円 ＝ 1 億 800 万円
② 増加額	
・株主価値	4000 万円 － 2000 万円 ＝ 2000 万円
・債権者価値	6800 万円 － 8000 万円 ＝ － 1200 万円
・企業価値	1 億 800 万円 － 1 億円 ＝ 800 万円

　企業価値の増加額が 800 万円であることは先ほど行った施策 b の NPV の計
算が正しかったことを裏付けるものである。しかし，ここで注目願いたいのは，
株主価値の増加額＝2000 万円が企業価値の増加額＝800 万円を 1200 万円ほど
上回っており，この超過額は債権者価値の減少額と等しいという点である[15]。こ

---

[15]　ちなみに，施策 a の場合においても債権者から株主への厚生の移転は生じていた。
　　すなわち，施策 a の実施によって生じる債権者価値の減少は 3000 万円であったが，
　　そのうちの 2500 万円は企業価値の減少に由来するものであり，残りの 500 万円は債

れを要するに，施策 b を実施すれば1200万円相当の厚生が当事者間の合意に
基づくことなく債権者から株主に移転している。このように，有償契約上の明
示的合意に基づくことなく，しかも不法行為によることもなく，厚生が関係者
間において移転する現象を，以下，**厚生の移転**（welfare transfer）とよぶことに
する。[16)]

厚生の移転は様々な原因によって生じるが，施策 b の実施によってこれが
生じる原因はやはり株主有限責任制度に求められる。株主有限責任制度が生み
出す問題についてはⅢ.1.(2) において簡単な説明を行ったが，企業価値や債
権者価値という概念を導入し終えた現時点においてはこれらの諸概念と（ファ
イナンス理論が生み出した成果の一つである）オプション価格理論を組み合わせる
ことによって問題の様相をより精緻に分析することができる。そして，この分
析を通じて，①債務超過となるリスクを抱えた企業にあっては現実に債務超過
となる以前から債権者価値は債権の額面額を下回り，しかも，②債権者価値が
減少する分だけ株主価値が増加する（換言すれば，株主価値は債権者価値の犠牲の
もとに増加する）ことが明らかとなる。以下，この結論にいたる分析の概要を
記す。[17)]

　　権者から株主に対する厚生の移転によって生じたもである（**【計算 3-1-3】**参照）。

16)　厚生の移転の定義だけを読むと，この現象に対しては民法 703 条以下の不当利得
　　の法理が適用可能であるという印象を与えるかもしれない。しかしながら，厚生の移
　　転を生み出す事象の多くは不当利得の法理を適用できるものではなく，この点におい
　　ては，本文に掲げた債権者から株主への厚生の移転についても同様である。不当利得
　　の法理を適用できない最大の理由は，民法 703 条にいうところの「利益を受けた者」
　　とは「現実に財貨の給付を受けた者」を意味すると解されていることによる（内田
　　(2011) 569 頁参照）。すなわち，不当利得の法理を適用するためには，受益者が期待
　　値として利得を得ているだけでは足りず，その利得が実現していることが必要とされ
　　るのであり，したがって利得が現実のものとなった場合に相手方に不利益が発生して
　　いない限り同法理を適用する余地はない。しかるに，債権者から株主への厚生の移転
　　に関していえば，株主が現実に利益を受ける場合においては債権者に不利益は発生し
　　ておらず，したがって，現行法の伝統的解釈に依拠する限りこの問題に不当利得の法
　　理を適用する余地はない。

17)　なお，ここに記した概要に関して，「株式のオプション価値が発生するのを債権者
　　が放置するはずはない」と考える読者も多いかもしれない。たしかに，理論上は負債の
　　運用利率を引き上げることによって債権者価値を高めることが可能であり，債権者価
　　値を負債の額面額と等しくする水準にまで運用利率が引き上がれば株式のオプション
　　価値は消滅する。しかしながら，債務超過となるリスクの顕在化した会社においてこ
　　れを実現することは必ずしも容易ではない。この点を理解するうえで留意すべきこと
　　は，債務超過となるリスクが顕在化した会社に新規の貸付を行う者は原則として存在

①　一定の期日（行使期日）に一定の価格（行使価格）で一定の資産（原資産）を買い取る権利を「ヨーロピアン・コール・オプション」といい，以下では，これを単にオプションとよぶ。さらに，オプションの保有者をオプション・ホルダーとよび，オプションに応じる義務を負う者をオプション・アンダーライターとよぶことにする。

しないという点である（例外として，すでに貸付を行っているものがその貸付金を保全するためにやむをえず新たな貸付を行う場合がある。ただし，この場合の貸付金の運用利率も下記の③に記載した理由により株式のオプション価値を消滅させるには不十分である場合が多い）。したがって，運用利率の引上げは，既になされている貸付の貸付条件の変更という過程を通してなされるものであるが，その場合において，運用利率を株式のオプション価値を消滅させるに足る水準のものとすることが困難である理由は次のとおりである。

①　貸主が貸付条件の変更を要求しうるのは（契約上に別段の規定がない限り），貸付期間の満了時（＝更新時）だけである。したがって，借入期間中に貸主である会社の企業価値が低下した場合には株式のオプション価値の発生を止める手立てがない。この傾向は貸付が長期のものであるほど（その典型は長期の社債である）顕著である。

②　借主である会社の経営者が株主価値の最大化を目的として行動する限り，彼らには運用利率の引上げに応じるインセンティブがほとんどない。なぜならば，

(a)　たしかに，運用利率の引上げを拒否した結果貸付が更新されなかった場合にはほぼ確実に会社は倒産するであろう。しかしながら，会社が倒産すれば企業価値はさらに減少するので（後述の倒産コストに関する説明参照）債権者価値もさらに減少する。したがって，借主たる会社が倒産することは貸主にとって得策ではなく，一方，

(b)　株主は株主有限責任制度によって守られているので，会社が倒産しても追加的に失うものはない。

からである。運用利率の改訂交渉における BATNA（Ⅱ章の注 34）参照）はいずれの当事者にとっても「倒産手続への移行」であるが，この点を踏まえた各当事者の留保点（Ⅱ.1.(4) 参照）は債権者にとって著しく不利なものであるために交渉の帰結も債権者に不利なものとなるといってもよいであろう。

③　仮に会社の経営者が借入金の運用利率の引上げに応じる姿勢を示したとしても，運用利率を引き上げること自体が法令違反となり，あるいは，仮にそうでないとしても，債務超過となるリスクをさらに高める結果となることを憂慮して運用利率の引上げを断念する債権者も少なくない。たとえば，今後 1 年以内に借主が債務超過となるリスクが 50% あり，債務超過となれば会社は倒産し，債権元本の50% しか回収できないとした場合，貸付金の現在価値をその額面額と等しくするためには（貸主がリスク中立的であると仮定したとしても）その 1 年間の貸付利率を元本の 50% 超としなければならない。しかしながら，貸付金にこれだけの高利を課すことは利息制限法に違反することはもちろんのこと刑事罰の対象ともなる「出資の受入れ，預り金及び金利等の取締りに関する法律」（いわゆる，「出資法」）にも違反する行為である。さらに，仮にそのような法令上の制約がないとしても，借主が債務超過となるリスクを決定的に高めるという点において上記の行動は現実的には取り得ないものであろう。

【図3-1-1】

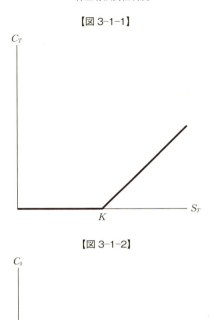

【図 3-1-2】

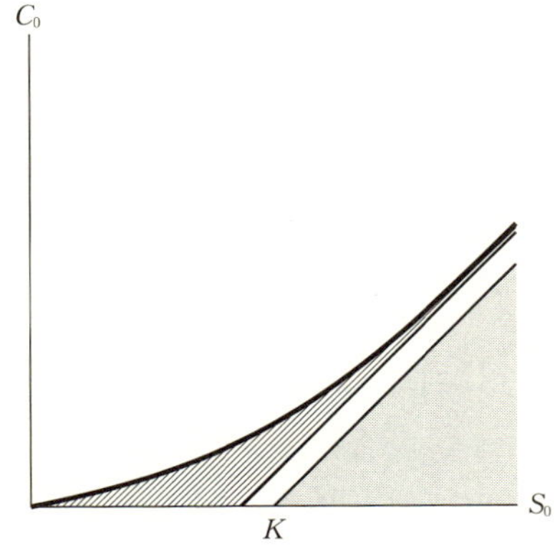

②　行使期日におけるオプションの価値（C_T）を同時点における原資産の価値（S_T）の関数として表すと，【図3-1-1】の太線のようになる（Kは行使価格を表している）。

　【図3-1-1】の太線が$S_T > K$において$C_T = S_T - K$となっているのは，オプション・ホルダーはKの値を支払うことによってS_Tの価値のある資産を得るからであり（$S_T - K$の値を以下，オプションの本源的価値という），$S_T < K$において$C_T = 0$となっているのは，オプション・ホルダーは権利を放棄しさえすればいかなる負担も負わないからである。

③　では，行使期日よりも前の時点におけるオプションの価値（C_0）はどうなるのか。この点を知るために，C_0を同じ時点における原資産の価値（S_0）の関数

として表したものが【図3-1-2】の太線である（*K*は行使価格を表している）。同図において留意すべきことは，C_0がオプションの本源的価値（【図3-1-2】に網掛けで示した部分がこれにあたる）を上回っていることであり，この超過部分をオプションの時間的価値という。$S_0<K$において（この事態をアウト・オブ・ザ・マネーという）オプションの時間的価値が発生するのは，行使期日には原資産の価値が行使価格を上回る可能性があるからであり，$S_0>K$において（この事態をイン・ザ・マネーという）オプションの時間的価値が発生するのは，①対価である*K*の支払いを行使期日まで猶予してもらえることに対する利息相当の価値が生まれること（【図3-1-2】に白抜きで示した部分がこの価値を表している）と，②（行使価格を支払って原資産をすでに取得している場合と比べると）行使期日において原資産の価値が行使価格を下回った場合の過払いリスクを免れていること（【図3-1-2】に斜線で示した部分がこの価値を表している）によるものである。

④　近い将来において債務超過となるリスクを抱えた会社の株主の地位は会社の営業・投資キャッシュ・フローを原資産，債権の額面総額を行使価格，債権の返済期日を行使期日とするオプションのオプション・ホルダーの地位と同視可能であり，同社の債権者は，このオプションのオプション・アンダーライターの地位と同視可能である。けだし，株主は債権の返済期日において会社が債務超過である場合には，株主としての権利を放棄することによって債務超過額を補填する義務を免れるからである。この点を踏まえて，負債比率（企業価値に対する債権の額面総額の割合のことをいう）の変化に応じて株主価値と債権者価値がどのように変化するか示したものが【図3-1-3】である（*K*は債務超過となる点を表している。なお，記述を簡略化するために，【図3-1-3】ではⅢ.1.(4)で述べる倒産コストもⅢ.2.(6)で述べる利払損金算入効果や財務困難コストも捨象している点に留意されたい）。同図に示した株主価値は，オプションの本源的価値に対応する部分（網掛けで示した部分がこれにあたる）とオプションの時間的価値に対応する部分（格子柄で示した部分がこれにあたる。以下，この部分のみをもって株式のオプション価値とよぶ）から成り立っている（ただし，債権には利息が発生するのでオプションの時間的価値のうちの経過利息相当分〔【図3-1-2】に白抜きで示した部分〕は株式のオプション価値には含まれていない）。【図3-1-3】から分かるように，株式のオプション価値が存在することによって，①債務超過となった後においても株式には価値が残る（【図3-1-3】の点*K*よりも右側の部分がこれにあたり，【図3-1-2】のアウト・オブ・ザ・マネーの部分がこれに対応している）。同時に，②債務超過となる前から債権者価値はその額面総額を下回り，その減少分だけ株主価値が増加している（【図3-1-3】の点*K*よりも左側の部分がこれにあたり，【図3-1-2】のイン・ザ・マネーの部分がこれに対応している）。

【図 3-1-3】

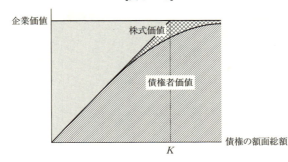

⑤　以上を要するに，債務超過となるリスクの顕在化した会社において株主・債権者間に厚生の移転が生じるのは株式のオプション価値が発生するゆえであり，これが発生する原因は株主有限責任制度に求められるということである。なお，オプションの時間的価値は原資産のボラティリティが高まるほど上昇することが知られている。したがって，債務超過となるリスクが顕在化した会社においては，営業・投資キャッシュ・フローのボラティリティを高めるほど株式のオプション価値は高まり，ハイ・リスクな施策を実施すれば，その施策の NPV がたとえマイナスであっても株主価値が（債権者価値の犠牲のもとに）上昇するという事態が起こる。施策 a はまさにそのような施策だったのである。[18]

　以上の点を踏まえて考えると，株主有限責任制度が生み出す厚生の移転という現象は，原則として厚生最大化原則に抵触するものではない。けだし，債権者価値の減少額と株主価値の増加額が一致する限り社会全体の厚生の総量は変化しないからである。しかしながら，この結論に対しては以下の 2 点に関して修正ないし留保を加える必要がある。

契約の不完備性の問題

　契約の条項が不完備である場合にはその点に配慮した措置を行うことが妥当となる場合がある。[19] この問題は III.5 で詳しく論じるが，結論だけ述べておく

---

18)　以上に記したオプション理論のより厳密な説明については，草野（2016）の 223 頁以下および 273 頁以下を参照されたい。

19)　不法行為によって生じた損害賠償債務に関しては，債務者が履行を怠る自由を広く認めると不法行為に対する抑止力が低下し，結果として負の外部性をもたらす行為が過剰となるという問題が存在する。この問題に関しては，経営者の行為規範に修正

と，対象となっている債権が金融機関が貸し付けた資金の返還請求権である場合には契約の不完備性を問題とする余地は原則として生じないが，対象となっている債権が会社の取引先が有している売掛債権である場合や債権者が自然人である場合には，その保全に別段の配慮を加えること（具体的には，III. 5. (1) で定義する想定条項対応行動をとること）が適法・適切な行為となる場合が少なくない。

倒産コストの発生

債務超過となるリスクを伴う施策の実施に関して留意すべきもう一つの点は，倒産コストの発生である。

最初に，倒産という言葉を定義しておこう。本書において，「倒産」とは，破産法上の破産手続，会社法上の特別清算手続，民事再生法上の再生手続または会社更生法上の更生手続（以上の四つの手続を，以下，「倒産手続」と総称する）が開始されることをいう。会社が債務超過となることは，上記の各法律において倒産手続の開始要因の一つとされているので[20]，債務超過となった会社は倒産に至る可能性が高い。

倒産した会社には追加の費用が発生する。この追加の費用の総称が倒産コストであり，倒産コストはこれを2種類に分けて考えることができる。

その第1は，倒産手続に要する費用である。A社の場合は，資産構成が極めて単純であるために特別清算手続という比較的単純な倒産手続によって対処することができそうであるが，多くの案件では，破産法，民事再生法または会社更生法上の複雑な倒産手続をとることが必要であり，これらの倒産手続に伴い発生する費用は少なからぬ金額となる。

第2に，会社は，再生手続または更生手続をとることにより倒産した後もその事業を継続することができるが，その場合においても，倒産という事態の発生そのものが会社の営業・投資キャッシュ・フローにもたらす悪影響から逃れ

を加えるよりも，法令そのものに変更を加えることによって対処する方が現実的であろう。この点について，田中（2011）は，一般の債権（担保付債権を含む）よりも損害賠償請求権を優先的に扱うことの必要性を説いているが，同意見である。

20) 破産法16条1項，会社法510条2号，民事再生法21条1項および会社更生法17条1項1号参照（ただし，破産法以外の法律の場合は，「債務超過の疑い」だけで倒産手続の開始要因となる。もっとも，倒産手続が現実に開始されるためには，関係者が倒産手続の開始を申し立てることが必要である）。

ることはできない（有能な経営者や従業員の喪失，あるいは，レピュテイションの悪化に伴う売り上げの減少などの事態がこれにあたる）。

　倒産コストの発生は営業・投資キャッシュ・フローの現在価値である企業価値の減少をもたらす。したがって，債務超過となるリスクを伴う施策の実施を検討するに際しては，その施策が失敗した場合に発生する倒産コストを斟酌してNPVの計算を行わなければならない。そして，これを斟酌した結果NPVがマイナスに転じる施策についてはその実施を回避することが適切である。[21]

(5) 残余権者としての債権者と会社法429条

　ここで，話の視点を少し変えて，株主有限責任制度がもたらす弊害への対処という本章1の主題を会社法制度の中により積極的に組み込む余地がないかについて考えてみたい。

　現行の会社法上，株主は，経営者の選・解任権はもちろんのこと（I章の注20）参照），違法行為の差止請求権（会社法360条，422条）や代表訴訟提起権（同法847条）など経営者に対して多くの権利を有している。株主が，経営者に対してかくも多くの権利を有している主たる理由は株主が会社の残余権者だからであることは，II.1の議論から明らかであろう。しかるに，【図3-1-3】が示すとおり，債務超過となるリスクが顕在化した会社においては，株主のみならず債権者もまた会社の残余権者である（債務超過となった後は債権者がほとんど唯一の残余権者である）。この点に鑑みるならば，債務超過となるリスクが顕在化した会社の経営者が企業価値最大化原則に反する行動をとった場合には，債権者もまた経営者に対して上記のような権利の一部を行使することをできるようにすることは真摯な検討に値しよう。もちろん，これを行うためには，原則として会社法の規定に変更を加えなければならないが，幸いなことに，現行会社法の429条1項は，経営者が「その職務を行うについて悪意又は重大な過失があったときは……これによって第三者に生じた損害を賠償する責任を負う」旨規定しているので，別段新たな立法を行わなくても，この規定の解釈を通じて，債権者に経営者の責任を追及する権利を与えることが可能であり，そうすることによって，厚生の最大化の実現をより強く期待できるのではないであろ

---

21)　施策bを例にあげていえば，倒産コストが4000万円を超える場合には，（4000万円×20％＝800万円であることから）NPVがマイナスとなるのでその実施を断念することが適切である。

うか。ただし，判例は会社法 429 条 1 項を適用するための条件として，経営者が会社に対する任務を怠ったことを必要としているので，[22] この判例を前提としたうえで債権者が経営者の責任を追及する権利を肯定するためには，債務超過となるリスクが顕在化している会社の経営者による企業価値最大化原則違反の行為は会社法上不適切であるのみならず，（たとえ，その行為が株主利益最大化原則に適合していたとしても）会社法上不適法となる場合があることを認める必要がある。ゆえに，Ⅲ. はじめにで述べた「厚生最大化原則には適わないが株主利益最大化原則には適う行為」に対する評価の例外として，債務超過となるリスクが顕在化している会社の経営者が明白に企業価値最大化原則に反する施策を実施した場合には，[23] これをもって会社法上不適法な行為と評価し，そうすることによって会社法 429 条 1 項の適用を可能とすべきである。[24]

（6）　総　　括

以上に述べたことを総括する。

①　株主有限責任制度のもとで株主利益最大化原則を貫徹すると厚生主義の理念に反する事態が現出する。しかしながら，この問題は厚生最大化原則を経営者の行為規範とすることによって回避できる。

②　厚生最大化原則は，「営業・投資キャッシュ・フローの NPV がプラスの施策のみを実施する」という経営者にとって利用しやすい行為規範（これを企業価値最大化原則と名付けた）を適用することによって実践可能なものである。

③　経営者が企業価値最大化原則を実践した場合，株主と債権者の間に厚生の移転が生じる場合がある。しかしながら，この現象は原則として社会の厚生の総

---

22)　最大判昭和 44 年 11 月 26 日民集 23 巻 11 号 2150 頁。ただし，この判決には，会社法 429 条 1 項（正確にいえば，これに対応する当時の条文である商法 266 条の 3 第 1 項前段）は役員等が業務執行を行うにあたって第三者に対して不法行為をはたらき損害を与えた場合の規定であると解する松田二朗裁判官の反対意見が付されており，この見解を支持する有力な学説も存在している（髙橋（2015）参照）。

23)　条文上悪意または重過失の存在が要求されている以上，企業価値最大化原則に抵触することが明白であることを 429 条 1 項適用の要件とすべきであろう。また，そうしなければ，倒産に瀕した企業の経営者に無用の萎縮効果を与える結果となりかねない。この点につき，田中（2016）445 頁同旨。

24)　なお，判例の中には，（株主利益最大化原則ではなく）企業価値最大化原則に抵触することを根拠として経営者の任務違背を認定しているように解し得るものも存在している（福岡高宮崎支部判平成 11 年 5 月 14 日判例タイムズ 1026 号 254 頁など）。

和の減少をもたらすものではないので，この事態をもたらすことは経営者の行
為規範には抵触しない。ただし，企業価値最大化原則を適用するにあたっては，
契約の不完備性の問題と倒産コストの発生に留意する必要がある。

④ 債務超過となるリスクが顕在化している会社の経営者が明白に企業価値最大
化原則に抵触する行為を行った場合には，これを会社法上不適法な行為と評価
し，同法 429 条 1 項の適用を認めるべきである。

2 会社所得税制度

(1) 用語の解説

最初に，税制度に関する用語をいくつか定義しておきたい。まず，課税の対
象とされる物，行為または事実のことを課税物件という。しかるに，税額を算
出するためには課税物件たる物，行為または事実を金額，価額，数量などで表
すことが必要であり，この金額，価額，数量などを課税標準という（たとえば，
相続税の場合，課税物件は「相続された財産」であり，課税標準は当該財産の「価額」
である[25]）。この課税標準に対して所定の税率を適用することによって税額が算
出されるわけである[26]。

会社に課される税の代表は会社の所得を課税物件とする税であり，現行法の
もとでは，①法人税法上の法人税，②地方税法上の住民税（法人税割部分。なお，
自治体間の再配分に用いられる地方法人税とあわせて，以下，住民税等という）および
③地方税法上の事業税（所得割部分。なお，自治体間の再配分に用いられる地方法人
特別税とあわせて，以下，事業税等という）の三つがこれにあたる[27]。本書ではこれ

---

25) 以上の各点につき，金子（2016）167 頁から 176 頁参照。

26) 課税標準が金額または価額をもって定められている場合の税率は通常百分比をもっ
て定められ，課税標準が数量をもって定められている場合の税率は課税標準の 1 単位
に対する金額をもって定められる。金子（2016）177 頁参照。

27) 2013 年における会社所得税の税収は国庫収入全体の 13.2% を占めている。この
数値は以前と比べるとかなり低い値となっているが（2005 年には 24.6% であった），
それでも他の先進諸国と比べるとなお割高であり（2013 年における米，英，独，仏
のこれに相当する数値はそれぞれ 8.5%，7.7%，4.9% および 5.7% であった），会社
所得税はわが国の税制度において引き続き重要な役割を果たしているといえるであろ
う。なお，以上の数値はいずれも OECD——Tax Revenue Statistics のデータ（http://
www.oecd.org/tax/tax-policy/revenue-statistics-19963726.htm）から計算したものであ
る。

ら三つの税をあわせて会社所得税とよび，会社所得税のあり方を規定している法制度全体を会社所得税制度とよび，会社所得税全体の税率を実効税率とよぶことにする。2017 年末現在の実効税率は約 30％ である。[28]

(2)　キャッシュ・フロー税制と会計基準税制

　会社に対して税を課すことが不可避である限り，会社所得税には課税の中立性（税の存在によって資源配分の効率性が攪乱されないことをいう）と税収の確保という 2 点において他の税には見られない美質が存在する。それは，会社所得税の課税物件である「所得」が株主価値の純増額を意味する限り，[29] 所得の一定割合を納税額とする会社所得税の存在は経営者の意思決定に影響を与えず，[30] しかも，経営者が株主価値の最大化を図ることがそのまま税収の最大化につながる[31]という点である。なぜそうであるのか，また，具体的にいかなる課税標準を用

---

28)　法人税の標準税率は 23.4％（2018 年 4 月 1 日以降に開始する事業年度からは 23.2％），住民税等の標準税率は対象となる事業年度の法人税額の 17.30％，事業税等の標準税率は課税所得額のうちの 800 万円を超える部分について 6.0％ である。ただし，事業税等は翌事業年度の課税所得を計算する際に損金となることによって当該翌事業年度の会社所得税の減少をもたらすものであり，このことが実効税率の計算を難しくしている。実務では事業税等が（翌事業年度ではなく）対象事業年度において損金算入できるという仮定のもとに実効税率を計算することが多く，この方法を用いて計算した実効税率は下記の算式により約 30％（厳密には 31.55％）となる。詳しくは，草野（2010）36 頁以下，草野（2016）258 頁以下各参照。

$$実効税率 = \frac{0.234 \times (1 + 0.173) + 0.06}{1 + 0.06}$$
$$\approx 31.55\%$$

29)　現行法は「所得」を定義していないが，現代税法においていうところの「所得」を「一定期間における消費額と純資産増加額の和」（貝塚（2003）197 頁参照）と解すべきことについては概ね異論がないであろう（所得概念の歴史的変遷については水野（2015）134 頁以下参照）。しかるに，①会社には自然人と違って生活はないので「消費」という要素を考える必要はなく，しかも，②資産価格理論を踏まえて会社の「純資産増加額」をいい表すならば「株主価値の純増額」という表現が最適であると考えられる。したがって，法人税法の課税物件である所得を株主価値の純増額と同一視することは合理的である。

30)　ただし，会社所得税は資源の配分を一切攪乱しないというわけではない。会社所得税の存在によって経営資源の一つである資本の提供に超過負担が生じることは避けられないからである。貝塚（2003）157 頁以下参照。

31)　これに対して，会社に課される会社所得税以外の税（本注においてのみ，以下，「その他の税」という）は課税の中立性を欠くものが多い。たとえば，不動産を課税物件とする固定資産税の場合，会社は，税負担を減少させるために，（後に定義する）税引前企業価値が減少するにもかかわらず不動産の所有総量を減らそうとするかもし

いればそのような結果を実現できるのか，その詳細は以下のとおりである（議論を簡潔なものとするために，以下の議論では対象会社に債権者はいないことを仮定している。債権者が存在する場合の問題については Ⅲ. 2. (6) で論じる）。

① 企業価値は会社の営業・投資キャッシュ・フローの割引現在価値の総和であった。そして，ここでは対象会社に債権者はいないことを仮定しているので，その値がすなわち株主価値である。しかるに，対象会社の営業・投資キャッシュ・フローには会社所得税に関するキャッシュ・フローも含まれているので，これを繰り戻した営業・投資キャッシュ・フロー（以下，これを税引前キャッシュ・フローとよぶ）[32] の正味額（キャッシュ・インフローの総額からキャッシュ・アウトフローの総額を差し引いた値をいう。以下同じ）を課税標準とし，これに実効税率を乗じた金額を会社所得税とすれば，結果として，会社所得税の課税物件は株主価値の純増額となり，経営者の意思決定は会社所得税の存在によって影響を受けない[33]。税引前キャッシュ・フローの正味額を課税標準とする会社所得税制度のこ[34]

───────────

れない。そこで，（後に定義する）税引前企業価値最大化原則をその他の税にかかわる事象に対しても適用することが厚生最大化原則に適うことになるのであろうが，この行動原理には違和感を覚える実務家も少なくないことであろう。たしかに，その他の税の多くは施策の 1 要素のみにかかわるものであることから，その税を負担することを考慮した場合と考慮しない場合との間における施策の NPV の違いを見極めるためには，施策の他の要素に関してどのような仮定を設けるかという点を含めて非常に複雑な分析が必要となる。この点において，施策の全容が決まった後に判断を行えばよい会社所得税の問題とは状況が異なっており，くわえて，その他の税にかかわる事象について決定を行う者は経営者自身ではなく会社組織上の中間管理職に属する者である場合が多い。のみならず，その他の税の中には一定の政策目的をもったものも少なくなく，その場合において納税義務者たる会社がその税がないかのように行動することは──それが税引前企業価値最大化原則を用いることの実践的意味である──結果として，政策目的の実現を困難としてしまう。以上の各点を考えると，その他の税に関しては，株主利益最大化原則を行為規範とすることに別段異議を唱える必要はないようにも思えるが，他方，会社が負担する税に占める会社所得税の割合が減少しつつある現状を考えると，その他の税に関する経営者の行為規範についても厚生最大化原則の適用を真剣に検討しなければならない時期が近づいているようにも思える（とくに，消費税の場合がそうである）。

32) ここで，「繰り戻した」という表現を使っているのは，会社所得税に関するキャッシュ・フローはほとんどつねにキャッシュ・アウトフローだからである（ただし，還付金の受領のようなキャッシュ・インフローも存在している）。

33) ただし，これは会社の存続期間全体を考えてのことであり，特定の課税対象期間におけるキャッシュ・フロー税制上の課税物件が当該期間における株主価値の純増額と一致するわけではない。

34) ただし，この結論は，会社のすべての活動が我が国の国内において完結することを前提としたものである。会社の活動が複数の国に及ぶ場合には，関係各国の会社所

とを，以下，キャッシュ・フロー税制とよぶことにする。[35]

②　上記の結論を簡単な数式を使って証明する。ある会社が検討している施策（以下，これを「施策 c」とよぶ）の初期投資額を C，施策 c が生み出す i 年目の税引前キャッシュ・フローの正味額を X_i（確率変数），施策 c の各年における期待収益率を μ，会社所得税の実効税率を θ とする。さらに，税引前キャッシュ・フローの NPV を税引前 NPV とよんで $\mathbf{NPV_{BT}}$ と表し，これと対比するために，会社所得税に関するキャッシュ・フローを繰り戻す前の営業・投資キャッシュ・フロー（以下，文脈によっては，これを税引後キャッシュ・フローとよぶ）の NPV を税引後 NPV とよんで $\mathbf{NPV_{AT}}$ と表す。この場合，キャッシュ・フロー税制のもとでの施策 c の $\mathrm{NPV_{BT}}$ と $\mathrm{NPV_{AT}}$ はそれぞれ以下のとおりとなる。

$$NPV_{BT} = -C + \sum_{i=1}^{\infty} \frac{E(X_i)}{(1+\mu)^i}$$

$$NPV_{AT} = -(1-\theta)C + \sum_{i=1}^{\infty} \frac{E[(1-\theta)X_i]}{(1+\mu)^i} = (1-\theta)NPV_{BT}$$

したがって，$0 \leq \theta < 1$ である限り（つまり，実効税率が 0% 以上 100% 未満である限り），$\mathrm{NPV_{BT}}$ がプラスであれば $\mathrm{NPV_{AT}}$ もプラスとなり，反対に，$\mathrm{NPV_{BT}}$ がマイナスであれば $\mathrm{NPV_{AT}}$ もマイナスとなり，そうである以上，経営者が施策 c の採否を判断するにあたって会社所得税の存在が影響を及ぼすことはない。また，施策 c が実施されることによって得られる会社所得税の現在価値は（上記の二つの式の差額である）$\theta \times NPV_{BT}$ であるから，まさに株主価値の純増額（＝$\mathrm{NPV_{BT}}$）が会社所得税の課税物件となっている。[36]

以上のとおり，キャッシュ・フロー税制のもとにあっては株主利益を最大化

得税の実効税率を比較検討したうえで国際展開の詳細を決定することが必要となる。

35)　キャッシュ・フロー税制は 1978 年に英国の独立研究機関である Institute for Fiscal Studies（IFS）が設置した諮問委員会が同機関に提出した「The Structure and Reform of Direct Taxation」と題する報告書（通称「Meade Report」）において提唱された税制度として著名である。Meade Report の内容は IFS のウェブサイト（https://www.ifs.org.uk/）から自由にダウンロードできる。

36)　ここでは，会社所得税に関するキャッシュ・フローの現在価値を求めるための期待収益率に株主価値の現在価値を求めるための期待収益率と同じ値を用いている。税収には市場性はないものの，会社所得税はすべての会社の所得に対して課されるものである以上，これによって生じる税収は一種の市場ポートフォリオと考えることができる。この点に鑑みれば，上記の計算方法は合理的といえるのではないであろうか。なお，後掲注 45）も参照されたい。

することと会社所得税の税収を最大化することは一致し，したがって，株主利益最大化原則という経営者の行為規範の変更を論じる必要がない。

　しかしながら，キャッシュ・フロー税制は現実の制度ではない。現実の税制度が課税標準とするものは「一般に公正妥当と認められる会計処理の基準」（以下，公正会計基準という）にしたがって計算された対象会社の所得金額である（法人税法 22 条）。そして，これを課税標準とする限り，株主利益の最大化に適う施策と税収の最大化に適う施策は乖離せざるを得ない。けだし，公正会計基準は，（発生主義や費用収益対応の原則に代表される会計上の準則のもとで）会社の収[37]　　　　　　　　　　　　　[38]
益と費用の認識をキャッシュ・フローの授受とは異なる時点で行うことを特徴とするものだからである（以下，会計上の所得金額を課税標準とする会社所得税制度のことを会計基準税制とよぶことにする。また，税法の用語にあわせて収益を益金，費用を損金とよぶことがある）。

　さらに，現行税制のもとにおいては，株主利益の最大化と税収の最大化の乖離は以下の理由により一層大きなものとなっている。

① 　キャッシュ・フロー税制と会計基準税制の違いが収益や費用の認識のタイミングについてだけのことであり，その違いが一定期間内に調整されることが保証
　　されているならば，両者の違いは貨幣の時間的価値だけの問題となる。しかし[39]
　　ながら，ある事業年度の所得がマイナスとなった場合において（このマイナス
　　の金額を欠損金という），前事業年度以前の所得に関して支払った税金が返還さ
　　れること（これを，欠損金の繰戻という）は原則として認められておらず，一方，[40]
　　欠損金を翌事業年度以降の所得の損金として処理すること（これを，欠損金の繰

---

37) 　発生主義とは，現実の収入がなくても所得が発生したと見るべき時点において収
　　益の認識を行う会計原則のことであり，わが国の税法の解釈としては，「収入すべき
　　権利が確定した時点」をもって所得が発生したと見るべきであるとの見解が有力であ
　　る。金子（2016）284 頁以下参照。
38) 　費用収益対応の原則とは，各事業年度に計上すべき費用はその事業年度に計上す
　　る収益を生み出すのに要したものでなければならないという会計原則のことである。
　　金子（2016）336 頁参照。
39) 　もちろん，調整がなされる期間の大きさ次第によっては貨幣の時間的価値が生み
　　出す乖離も看過し難いものとなる。とくに，土地は減価償却資産ではないので，土地
　　の使用を継続する限りこれを取得するためになされたキャッシュ・アウトフローは原
　　則としていつまでも損金化できないことに留意が必要である。
40) 　現行法上，資本金の額が 1 億円以下の会社が 1 年前の事業年度に関して支払った
　　税金に関してだけは欠損金の繰戻が認められている（法人税法 80 条，租税特別措置
　　法 66 条の 13 第 1 項等）。

越という）は原則として可能であるものの，翌事業年度以降においてそれを行[41]
うに足りる所得が生み出される保証はない。[42]

②　現行税法には公正会計基準を変更し，あるいは，変更とはいえないものの公
正会計基準を税務と結びつけるべくこれに税法独自の解釈を加えた規定が多数
挿入されているが，[43]その多くは株主利益の最大化と税収の最大化の乖離を拡大
するものである。

③　株主の経済的利益に対する課税としては，会社所得税に加えて，株主自体に
対して課される配当所得課税と譲渡所得課税がある（この制度を，以下，法人二
重課税制度とよぶ）。法人二重課税制度が会社所得税制のあり方として合理的と
いえるのかという問題は租税法学界においても長らく論じられてきているテー
マであるが，[44]現行の制度が株主利益の最大化と税収の最大化の乖離を生み出す
温床となっていることは否めない事実である（法人二重課税制度が生み出す問題は
Ⅲ. 2.（4）で取り上げる）。

（3）　税引前企業価値最大化原則

　以上の理由により，現行税制度のもとにおいては，会社所得税の負担を減少
させることによって株主利益の最大化を図る施策（以下，これを税負担減少施策と
よぶことにする）を実施し得る状況がしばしば発生する。税負担減少施策が存
在するのにこれを用いないことは定義により消極的非営利施策にあたる。そこ

---

41)　現行法上，過去 10 年以内の事業年度において発生した欠損金を繰越控除前の所得
　　金額の 50% を限度として損金に算入することが認められている（法人税法 57 条 1
　　項）。

42)　キャッシュ・フロー税制のもとにおいても，①会社所得税が一定の期間の所得を
　　対象に支払われるものであり，かつ，②欠損金が生じた場合にマイナスの税金（すな
　　わち，国からの補助金）が支払われることはないことを前提とする限り，期間ごとの
　　納税額の調整は繰戻または繰越制度の適用を通じて行わなければならない。ただし，
　　キャッシュ・フロー税制のもとにおいては，各プロジェクトに関しほとんどつねにマ
　　イナスの所得が先行するので，繰越制度が存在する限り会社の存続期間全体を通じて
　　税金の「過払い」が問題となることはほとんどないであろう。

43)　前者の例としては，資産の評価損，寄付金，交際費，役員報酬の一部等の損金算
　　入を制限または否定した規定などがあり（法人税法 33 条 1 項，34 条，36 条，37 条 1
　　項，租税特別措置法 61 条の 4 第 4 項等。ただし，資産の評価損の損金算入を否定す
　　ることはキャッシュ・フロー税制と会計基準税制の乖離を縮小させるものである），
　　後者の例としては，組織再編取引が行われた場合に時価による資産等の譲渡があった
　　ものとみなして当事会社の所得を計算することを定めた規定（法人税法 62 条）など
　　がある（後者は【事例 3-2-5】で取り上げる）。

44)　金子（2016）308 頁以下参照。

【図 3-2-1】

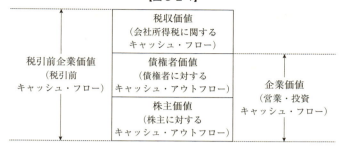

で，税負担減少施策をあえてとらないことが会社法上適法・適切な行為となるのはいかなる場合かが問題となるわけである。

　ここで留意すべきことは，税収は最終的にはすべて国民の福利のために使われるものである以上，社会の厚生の一部を構成しているという点である。そして，会社所得税の源泉である税引前キャッシュ・フローはII．3．(2) で定義したところの資産であるから，これを厚生最大化原則の対象に取り込むとすれば，債権に対して行ったのと同様の方法により，会社所得税に関するキャッシュ・フローの現在価値の総和を税収価値，これを企業価値に加えた値を税引前企業価値ととらえて，税引前企業価値を最大化することをもって経営者の行為規範とすることが合理的である。参考までに，これまでに定義したいくつかの価値概念とそれを生み出すキャッシュ・フローの関係を【図 3-2-1】に図示するの

---

45)　株主価値を求める際に用いる期待収益率を使って税収の現在価値を求めることの合理性については前掲注 36) 参照。もっとも，税収には株式や一般の債権とは異なり市場性がないので，その理論的市場価格をもって（準線形効用関数のニュメレール財である）貨幣量と同視することには疑問がないでもない。この問題の厳密な分析は経済学の専門家に委ねたいが，以下の理由により，本書においては，会社所得税に関するキャッシュ・フローを株式と同じ期待収益率を用いて割り引いた値をもって税収価値とし，これが税収が生み出す厚生の大きさを表しているという前提で記述を進めることとした。
　①　国は将来の税収を引き当てとして——すなわち，将来の税収によって国債の元本と利息の支払いを賄うことを前提として——現時点における公共政策の総額を決定しているとすれば，税収価値は現時点における公共政策が生み出す厚生の大きさを表しているといえるのではないか。
　②　仮に，税収が生み出す厚生の大きさが税収価値を下回るとすれば，税負担減少施策を実施することによって税収価値から株主価値への厚生の移転を生み出せば——少なくともその施策が割引率を用いた計算の対象となる来年度以降の税引前キャッシュ・フローにかかわるものである限り——つねに社会の厚生は増大することになるが，この結論はどう考えてもおかしいのではないか。

でご確認願いたい。

　もっとも，税負担減少施策の多くは税収価値から株主価値への厚生の移転を図るものであり，そうである以上，当該施策を実施しても両者の和である税引前企業価値は変化しない場合が多い⁴⁶⁾（債権者価値はゼロと仮定しているので企業価値＝株主価値である点に留意願いたい）。そうである以上，税引前企業価値を減少させない税負担減少施策については，経営者本来の行為規範である株主利益最大化原則に則って当該施策を積極的に追求することが会社法の理念に適う経営者の行為であると考えるべきであろう（ただし，当該施策が「脱税」に該当するものであってはならないことについては後述する）。

　以上を要するに，厚生最大化原則を税負担減少施策に適用した場合における経営者の具体的行為規範は，以下のようにこれを定式化できる（下記①の行為規範を税引前企業価値最大化の第1原則とよび，下記②の行為規範を税引前企業価値最大化の第2原則とよび，両者をあわせて税引前企業価値最大化原則とよぶことにする）。

①　税引前企業価値の減少をもたらす税負担減少施策はこれを回避することが適法・適切である。⁴⁷⁾
②　税引前企業価値を減少させない税負担減少施策はこれを積極的に実施することが適法・適切である。⁴⁸⁾

　税引前企業価値最大化原則を会社の具体的な施策に適用するとどうなるのか。最初に簡単な事例を使って考えてみたい。

---

46)　ただし，税負担減少施策によって会社が債務超過となるリスクが顕在化すれば，それによって税引前企業価値そのものが減少する場合があることについてはⅢ.1.(4)参照。

47)　税引前企業価値の減少をもたらす税負担減少施策を実施することは（それが脱税にあたるものではない限り）株主利益最大化原則に適う行為である以上不適法とはいえないが不適切な行為である。

48)　税引前企業価値を減少させない税負担減少施策を（それが脱税にあたるものではないにもかかわらず）回避することは株主利益最大化原則にも厚生最大化原則にも抵触する行為であるから不適法かつ不適切な行為といわざるを得ない。ただし，これはあくまでも（評価規範としてではなく）行為規範レベルでの判断であり，経営者の法的責任が問われる場面においては，「会社の評判を考えた」「税務署の心証を害することが会社にとって長期的に不利益となることを慮った」等の主張を行えば責任が肯定される可能性は小さいであろう。この点については，Ⅰ.2.(2)における行為規範と評価規範の違いに関する議論を参照願いたい。

【事例 3-2-1】

> 　A 社は長年使用してきたビルとその底地（帳簿価格は合計で 60 億円）を 300 億円で B 社に売却し，売買代金は 3 回の分割払いによって受け取ることを B 社との間で合意した。現在の売買契約書の草案では，契約を本年の 12 月 25 日に締結して同日に対象資産を引き渡し，売買代金は同日に 100 億円，翌年の 12 月 25 日に 100 億円，翌々年の 12 月 22 日に最後の 100 億円が支払われることになっている（最後の年の日付が前年までと異なるのはその年の 12 月 25 日が日曜日だからである）。このまま契約を締結しても A 社の経営者の行為に問題はないであろうか。なお，A 社には見るべき事業や資産は残されていないので来年以降の事業年度（同社の事業年度は暦年と一致する）においては欠損金の計上が続く可能性も少なくない。

　上記取引が実施された場合キャッシュ・フロー税制のもとでは本年以降 3 年にわたり毎年 100 億円の収益が認識される（60 億円の帳簿価格は過去においてすでに損金化されている）。しかしながら，現行の会計基準税制のもとでは，対象資産の引き渡し日を含む事業年度にすべての収益および費用が発生することが原則であり，例外的に，①対価の支払いが 3 回以上に分割して支払われる場合であって，②対象資産の引き渡し日の翌日から最後の対価の支払日までの期間が 2 年以上であること等の要件が満たされる場合に限って，収益および費用の認識を対価の各支払日に按分比例させることが認められている（法人税法 63 条 6 項。なお，同項にはもっと多くの要件が付されているが，煩瑣となるのでこの点の説明は省略する）。

　そこで，本事例を考えるに，現在の契約書草案のもとでは，対価の支払いは 3 回に分割されてはいるが，対象資産の引き渡し日（本年 12 月 25 日）から最後の対価の支払日（翌々年 12 月 22 日）までの期間が 2 年に達していないために上記の例外要件を満たしていない。したがって，このまま契約を締結した場合，A 社は本年において 300 億円 − 60 億円 = 240 億円の所得を認識し，240 億円 × 30% = 72 億円の会社所得税を支払わなければならない。これに対して，現時点で契約の草案を改定し，最後の支払日を 1 週間あとの日とすれば（この点に対して B 社が異論を唱えるはずはない）上記の例外要件が満たされるので，A 社

---

49)　この原則は前掲注 37)・38) に記した発生主義と費用収益対応の原則を反映したものである。

50)　A 社において収益の認識の繰延が可能となることは対象資産の買主である B 社に

は本年以降 3 年にわたり毎年 240 億円÷3＝80 億円の所得を認識し，80 億円×
30％＝24 億円の会社所得税を支払えばよいこととなる。

　では，A 社の経営者はいずれの道を選択すべきであろうか。ここで留意すべ
きことは，A 社がいずれの道を選択しても，同社および B 社の税引前キャッ
シュ・フローは実質的に同じであり，したがって，本件取引によって生み出さ
れる各社の税引前企業価値はいずれも変わらないという点である。そうである
以上，税引前企業価値最大化の第 2 原則に則って，A 社の経営者は株主利益の
最大化を目指すべきである。とくに，本件の場合，A 社が本件取引によって生
じる収益の 3 分の 2 を来年度以降に繰延べることができれば，これを当該年度
の欠損金（もし，あれば）の補塡にあてることができるが，収益の全額を本年
度において認識してしまった場合，来年度以降において発生し得る欠損金の繰
戻を受けることはできないことは前述のとおりであるので両者の差は著しい。
したがって，A 社の経営者は上記の税負担減少施策を実施すべきであり，これ
を怠ることは会社法上不適法・不適切と評価すべきである。

　では，税引前企業価値最大化原則をより複雑な税負担減少施策の可否をめぐ
る問題にあてはめるとどうなるであろうか。以下では，「法人二重課税制度」
「節税と租税回避」「利払損金算入効果」という三つのテーマを取り上げて検討
を行うこととする。なお，別段の記載をしない限り，会社所得税の実効税率は
30％とし，（Ⅲ.2.(6) で利払損金算入効果を論じる場合を除き）いかなる会社にも
債権者は存在しないものとする。

(4)　法人二重課税制度

　最初に，次の事例について考える。

　　おける当該資産の減価償却の時期および金額に影響を与えるものではない。減価償却
　　実務（2016）26 頁参照。
51)　B 社から A 社に対する 100 億円の支払いが約 1 週間遅れるだけである。
52)　A 社が 1 年目の税負担額を節約できれば，余剰資金を安全資産の投資にあてるこ
　　とによって利息相当分の追加資金を得ることができる。しかしながら，この場合にお
　　いては当該余剰資金相当分だけの税収の減少が生じるので，たとえばこれを国債の償
　　還にあてていれば節約できたであろう利息相当分だけ国の収益は減少するので，社会
　　全体としての収益の総和に変動は生じない。
53)　ただし，不適法であることがただちに経営者の法的責任を肯定するものとなるわ
　　けではないことについて前掲注 48) を参照されたい。

【事例 3-2-2】

> 　C 社は造船業を営む老舗の上場企業であるが，10 年前に余剰経営資源を活用してインターネット事業を営む完全子会社である D 社を立ち上げた。しかるに，D 社の業績は親会社である C 社を凌ぐほどの成長・発展を遂げ，C 社は 5 年前に D 社を上場し，同社の株式の 65% を市場で売却して巨額の利益をあげることに成功した。しかるに，最近に至り，インターネット大手の上場会社である E 社から C 社がなお保有している D 社の株式 35% を現在の株価に 20% のプレミアムをつけた価格で買い取りたいとの申し出を受けた（E 社は D 社のすべての株式をこれと同じ価格で買い付ける旨の公開買付を行い，その一環として C 社保有の D 社株式も取得するとのことである）[54]。C 社の経営者は同社の本業と D 社の事業との間には別段のシナジー効果も認めがたいことから，E 社の申し出を受け入れる方向で検討を始めたが，同社の法律顧問からこれを受け入れることは C 社経営者としての任務違背にあたる可能性があるとの指摘を受けた。同顧問が問題とすることは以下のとおりである。なお，D 社株式の現時点における株式時価総額（＝株価×発行済株式総数）は 1000 億円であり，C 社が保有している D 社株式 35% 分の合計帳簿価格は 20 億円である。
>
> ①　C 社は D 社の株式の 3 分の 1 以上を保有しているのであるから D 社から支払われる配当については全額を益金不算入とすることができる。
>
> ②　したがって，D 社の株価が同社の株主価値を適正に反映していると仮定する限り，A 社が D 社株式を保有し続けることによって得ることのできる税引後キャッシュ・フローの現在価値は，1000 億円×35% ＝350 億円と考えてよいであろう。
>
> ③　しかるに，C 社が保有している D 社株式を E 社に売却した場合には，売却譲渡益＝売却価格 420 億円（＝350 億円×120%）－帳簿価格 20 億円＝400 億円の 30% にあたる 120 億円の会社所得税が課されるので，C 社の正味手取額は 420 億円－120 億円＝300 億円にすぎない。
>
> ④　したがって，E 社の申し込みを受け入れることは C 社の株主価値を 50 億円（＝350 億円－300 億円）減少させる行為である。これは，株主利益最大化原則という経営者の行為規範に抵触するのではないか。
>
> 　C 社の経営者は E 社の申込を拒絶しなければならないのであろうか。なお，諸般の事情に鑑みれば，① E 社が買付申込価格をこれ以上引き上げる可能性は絶無であり，また，② D 社は独立の上場会社として経営を進めており，し

---

54)　金融商品取引法上，上場会社（正確にいえば，株式に関する有価証券報告書の提出義務を負っている会社）の 3 分の 1 超の株式を市場外で買い付ける場合には，原則として，公開買付によってこれを行わなければならない（同法 27 条の 2 第 1 項 2 号）。

かも，旺盛な資金需要を持った会社でもあることから，今回の取引の一環とし
て，C 社が保有する D 社株式の全部または一部を D 社に買い取らせるという
手段を用いる余地はないものとする。[55]

　会社が他の日本の会社の株式の 3 分の 1 超を所有している場合には，その会
社から受け取る配当の全額を益金不算入とすることができる（法人税法 23 条。
なお，同条は，受取配当を益金不算入とするための追加条件も規定しているが，本件で
はこれらの条件はすべて満たされているものと仮定する[56]）。配当は，これを支払う会
社においてすでに会社所得税を課された後の剰余金を分配するものであるから，
これを受け取る会社において配当額を再度益金とする必要はないというのがこ
の制度の趣旨である（そうでなければ，二重課税どころか三重課税が発生してしまう
ことになり，子会社やこれに準ずる会社〔本Ⅲ.2 においてのみ，以下，「子会社等」と
いう〕を用いて事業展開を行うことが著しく困難となってしまう）。ところが，株式
を売却して得た譲渡益については，たとえ売却されたものが子会社等の株式で
あったとしてもその全額を益金としなければならない（法人税法 61 条の 2）。利
益の源泉が対象会社が生み出す経済的利益であるという点においては受取配当
も株式の譲渡益も同じであることを考えると現行の制度は整合性を欠いている
ように思えるのであるが，この制度に変更が加えられる兆しは今のところ見受
けられない[57]。したがって，C 社の法律顧問がいっていることは事実の指摘とし
ては正鵠を射たものであり，そうである以上，株主利益最大化原則をもって経
営者の行為規範とする限り，C 社の経営者は E 社の申し込みを拒絶すべきで

---

55)　本件取引の一環として，C 社保有の株式の全部または一部を D 社に買い取らせる
手法を用い得る場合には，【事例 3-2-3】で述べる税負担減少施策の実施が可能とな
る。

56)　子会社から受け取る配当についても 20% の源泉徴収がなされるが（所得税法 181
条，182 条 2 号），徴収された金額は法人所得税の計算上全額が税額控除の対象とな
るので（法人税法 68 条），（徴収された金額に対する貨幣の時間的価値の問題を別と
すれば）実質的には課税がなされなかった場合と同じ結果となる。

57)　もっとも，株式の譲渡益には，対象会社においてはまだ課税の対象となっていな
い将来の利益も含まれていることから，この利益を対象会社に先駈けて「実現」した
株式の譲渡人に対して課税を行うことには課税政策上一応の合理性があるのかもしれ
ない。しかしながら，そうであるならば，譲渡益を課税済の部分と未課税の部分に分
け，前者については非課税とし，後者については譲渡益課税をする一方で，その譲渡
益に対応する金額を株式の譲受会社が営業権として計上したうえで将来にわたり損金
算入の対象とすることを認めるべきではないであろうか。

ある。⁵⁸⁾

　では，この状況に税引前企業価値最大化原則をあてはめるとどうなるであろうか。

　まず，C 社が D 社株式を継続保有した場合，これによって生み出される C 社の税引前企業価値は，（現在の株価が D 社の株主価値，すなわち，株式に関するキャッシュ・アウトフローの割引現在価値を適正に反映している限り）1000 億円×35％＝350 億円である。これに対して，E 社の申し込みを受け入れた場合，C 社には，350 億円×120％＝420 億円の税引前キャッシュ・フローが発生するのであるから，これを実行することの税引前 NPV は，

$$NPV_{BT} = -350 \text{ 億円（機会費用額）} + 420 \text{ 億円（税引前受取額）}$$
$$= 70 \text{ 億円}$$

となるので，E 社の申し込みを受け入れることは税引前企業価値最大化の第 1 原則に適う行為である。しかも，この取引が社会にもたらす厚生はこの値を大きく上回ることであろう。なぜならば，E 社が 20％ のプレミアムをつけて D 社を買収しようとしている以上，この買収が実施されれば D 社の株主価値は 1000 億円×20％＝200 億円以上増加する可能性が大であり，これに対応する D 社の税引前企業価値の増加額は，（$x×0.7＝200$ 億円を解いて）約 286 億円に達するからである。厚生の最大化という観点から考えて，C 社は是非とも E 社の申し込みを受け入れるべきであり，これを行うことは会社法上も適法・適切と評価されるべきである。

　ちなみに，巨額の譲渡益課税が発生することを嫌って保有する子会社等の株式の売却をためらう会社は現実世界においてもしばしば見受けられるところである。⁵⁹⁾経営者がこれをためらう主たる原因が株主利益最大化原則の「呪縛」に

---

58)　念のために，E 社の申し込みを受け入れることの NPV$_{AT}$ を計算すると，

$$NPV_{AT} = -350 \text{ 億円（機会費用額）} + 420 \text{ 億円（税引前受取額）} - 120 \text{ 億円（会社所得税額）}$$
$$= -50 \text{ 億円}$$

　となる。

59)　たとえば，米国 Yahoo! Inc. は，中国 IT 最大手のアリババの株式を約 15％ 所有していたところ，アリババ株式を非課税で売却する方法として会社分割を行うことを模索したが，税務当局が非課税の会社分割と認めないリスクを払拭できなかったことからこれを断念し，最終的には，アリババ株式を売却する代わりに米国 Yahoo! Inc. の中核事業をベライゾンに売却した（https://www.cnbc.com/2015/12/09/why-yahoo-

あるとすれば，経営者をこの呪縛から解放することは，企業支配権市場を活性化させることによって資源配分の効率性を促進するための喫緊の課題といえるであろう。

　次の場合はどうであろうか。

【事例 3-2-3】

> 　F 社は同社の完全子会社である G 社を 300 億円で H 社に売却することを H 社との間で合意した。現在の売買契約書の草案では，契約の締結日の 30 日後に F 社は G 社の全株式を H 社に譲渡し，これと引き替えに 300 億円の代金を一括して受け取ることになっている。このまま契約を締結しても F 社の経営者の行為に問題はないであろうか。なお，G 社株式の F 社における帳簿価格は 30 億円（この金額は G 社の資本金と資本準備金の合計額と一致する），G 社の直近の事業年度末における貸借対照表上の純資産額は 200 億円であるが（純資産額と資本金・資本準備金の合計額の差である 170 億円は会社法上すべて G 社の利益剰余金である），G 社はこれまで積極的に設備投資を行ってきた会社であるために現金やただちに換金可能な資産をほとんど持ち合わせていない。

　【事例 3-2-3】は子会社等の株式の売却をテーマとしている点において【事例 3-2-2】と同じであるが，ここでは対象会社が株式譲渡会社の完全子会社であるがゆえに，対象会社による自社株買取というスキームを取引の中に組み込み得る点に相違がある。具体的に考えてみよう。

　F 社が上記の取引を現在の契約書の草案に従って実行した場合，同社には G 社株式の譲渡益として 300 億円（株式売却代金）－30 億円（株式の帳簿価格）＝270 億円の所得が発生するので，270 億円×30％＝81 億円の会社所得税を支払わなければならない。したがって，本件取引に関する F 社の税引後の正味受取額は 300 億円－81 億円＝219 億円にとどまる。この結果は一見不可避なもののように思えるかもしれないが，実は F 社には以下のような税負担減少施策が存在している。

---

decided-not-to-spin-off-alibaba.html，https://forbesjapan.com/articles/detail/13045/1/1/1 など参照）。すなわち，この事例においては，巨額の譲渡益課税が発生するリスクを回避するために，保有株式の売却を断念し，代わりに，中核事業の売却という取引が実行されたわけである。

①　H 社に G 社株式を売却するに先立ち，G 社から F 社に対して利益剰余金 170 億円を配当として分配する。剰余金の分配に必要な資金は H 社から G 社に対する新規の資金貸付によって賄う。

②　F 社から H 社に対する G 社株式の売却価格を 300 億円から 130 億円に減額する。

　法人税法上子会社から受け取る配当金は全額を益金不算入とし得ることは前述のとおりである。したがって，上記①の取引に対しては課税はなされず，他方，②の取引に関しては株式の売却価格が減額された結果，支払うべき会社所得税は（130 億円－30 億円）×30％＝30 億円となるので，本件取引に関する F 社の税引後の正味受取額は（170 億円＋130 億円）－30 億円＝270 億円となり，現在の契約書の草案どおり取引を実行した場合に比べて株主価値は 270 億円－219 億円＝51 億円増加する。しかも，この税負担減少施策をとった場合ととらない場合とで，F 社・H 社のいずれの税引前キャッシュ・フローもまったく変化しておらず（G 社は本件取引実行後 H 社の完全子会社となるのであるから H 社の一部と考えてよい），したがって，本件取引によって生み出される各社の税引前企業価値はいずれも減少していない。そうである以上，F 社の経営者は企業価値最大化の第 2 原則に則って株主利益の最大化を目指すべきであり，上記の税負担減少施策の存在を看過して多額の税金を支払うことは会社法上不適法・不適切と評価せざるを得ない。

　法人二重課税制度は，会社の配当政策にも影響を与える。次の事例を使って考えてみよう。

---

60)　ここでは，G 社の利益剰余金 170 億円が会社法上全額分配可能であることを前提としている（具体的にいうと，同社の資本準備金は同社の資本金の 4 分の 1 以上であり，同社には利益準備金は存在しないことを仮定している。会社法 445 条 4 項等参照）。

61)　ただし，この税負担減少施策を用い得るのは株式売却額のうち G 社がすでに獲得している利益に対応する部分（170 億円）に関してだけであり，将来発生する同社の利益に対応する部分（100 億円）に関してこれを用いることはできないことに留意されたい。将来の利益は会社法上分配可能利益にはあたらないからである。

【事例 3-2-4】

> 　Ｉ社の経営者は余剰資金 10 億円を株主に配当として分配するべきか否かを検討中である。分配しなかった場合にこの資金を用い得る施策は一つしか考えられない（以下，この施策を「施策ｄ」とよぶ）。施策ｄは 1 年間で終了するものであり，その概要は下記のとおりである。
> ・初期投資額　10 億円
> ・投資額 1 円に対して 1 年後に得られる現金（会社所得税引前）の期待値　1.28 円
> ・施策ｄの属する事業の（会社所得税引前の）期待収益率　30%[62]
> 　Ｉ社の経営者は施策ｄを実施すべきであろうか，それともこれを行わずに 10 億円の配当を行うべきであろうか。なお，上記の期待収益率はＩ社の業務全体の期待収益率と同じであり，Ｉ社全体の事業全体からは今年も来年も十分な所得が生み出される見込みである。

　施策ｄの税引前 NPV は下記の数式が示すとおりマイナスである。

$$NPV_{BT} = -10\,億円 + \frac{1.28 \times 10\,億円}{1+0.3}$$

$$\fallingdotseq -1538\,万円$$

　にもかかわらず，Ｉ社の株主に課される配当所得税を考慮すると施策ｄを実施することは株主利益の最大化に適うものとなる。その理由を施策ｄが実施されなければ 1 万円の追加配当が支払われるＩ社の個人株主（以下，Ｊ氏とよぶ）を例に挙げて説明したい。

①　現行の所得税法上，個人株主の配当所得と株式譲渡所得（本Ⅲ.2においてのみ，あわせて「投資所得」という）に対しては約 20% の税が課される[63]。したがっ

---

62)　(2.3.6) 式を前提とする限り，期待収益率は個々の施策の（すぐ後で定義する）内部収益率とは無関係に定まる値であることに留意されたい。

63)　上場会社の株式の配当所得に対しては，所得税と地方税と復興特別所得税をあわせて合計で 20.315% の源泉分離税が課され，それ以外の会社の配当所得に対しては，所得税と復興特別所得税をあわせて（地方税はかからない）合計で 20.42% の源泉分離税が課される。ただし，一定の大口株主（上場株式については 3% 以上の株式を持つ株主）が受ける配当所得は総合課税の対象となるので最大で 50% の課税に服する（所得税の最大適用税率は 45% であり，これに住民税の 10% を加え，配当控除 5% を差し引くと，50% になる）。他方，株式の譲渡所得に対しては，所得税と地方税と

て，I 社が施策 d を実施せず，J 氏が I 社から現時点で 1 万円の配当を受け取った場合の手取額は 8000 円であり，これを I 社株式と同じ期待収益率を持った株式に再投資したうえで 1 年後にこれを売却して現金化した場合[64]，J 氏が 1 年後に受け取る手取額の期待値 E_1 は下記の計算により 9344 円となる[65]。

$$E_1 = [1 + 0.3(1-0.3)(1-0.2)] \times 8000 \text{ 円}$$
$$= 9344 \text{ 円}$$

② 一方，施策 d が実施された場合に I 社が投資額 1 円あたりについて 1 年後に得られる（会社所得税引前の）現金の期待値は 1.28 円であり，このうち会社所得税の対象となるのは 0.28 円であるが，J 氏に配当を行う場合には配当全額が個人所得税の課税の対象となるので，結局のところ 1 年後に J 氏が受け取る手取額の期待値 E_2 は下記の計算により 9568 円となる。

$$E_2 = [1 + 0.28(1-0.3)](1-0.2) \times 1 \text{ 万円}$$
$$= 9568 \text{ 円}$$

③ E_1 と E_2 はいずれも同じ期待収益率に従うものであるから，E_2 が E_1 を上回るということは施策 d を実施した場合の方がしない場合よりも株主価値が高まることを意味している。

　上記の結果は決して偶然ではない。けだし，【計算 3-2-1】に示すとおり，投資額 1 円あたりの収益の期待値が $1+\pi$ である（この π を内部収益率という）投資の期待収益率を μ，株主の投資所得に対する税率を θ とすれば，π が $(1-\theta) \times \mu$ を上回る限り，会社がその投資を実施した方が株主の税引き後利益は増加するからである（この場合，π と μ には会社所得税引前の値と会社所得税引後の値のいずれを用いても結果は変わらない）。したがって，内部収益率が期待収益率を下回る場合であっても（この場合，その投資の NPV_{BT} は必然的にマイナスとなる）[66] 内

復興特別所得税をあわせて 22.1％ の源泉分離課税がなされる。以上の各点につき，所得税法 24 条，33 条，181 条，182 条，租税特別措置法 8 条の 2，8 条の 4，8 条の 5，9 条の 3，37 条の 10，37 条の 11，37 条の 11 の 2～37 条の 11 の 6，37 条の 12 の 2 参照。

64) （対象株式が上場株式であり，対象となる個人株主が大口株主ではないと仮定する限り）株式を売却する前に当該株式に関して配当を受けたとしても配当所得課税と株式譲渡所得課税の税率はほぼ等しいので（前掲注 63）参照）結果は同じである。

65) 最初の 0.3 は期待収益率を表し，2 番目の 0.3 は会社所得税の実効税率を表し，0.2 は個人所得税の税率を表している。

66) 投資額 1 円あたりの現在価値 PV は下記のとおりとなるからである。

部収益率が期待収益率の 80% 超であればこれを実施した方が株主の経済的利益は増大することになる。[67]

【計算 3-2-1】

各記号の意味は次のとおりとする。

μ_{BT}：対象となる投資の会社所得税引前の期待収益率

μ_{AT}：対象となる投資の会社所得税引後の期待収益率

π_{BT}：対象となる投資の会社所得税引前の内部収益率

π_{AT}：対象となる投資の会社所得税引後の内部収益率

θ_C　：会社所得税の実効税率

θ_I　：投資所得税の税率

P_1　：会社が余剰資金を分配した場合に余剰資金 1 円に対して個人株主が取得する税引後資産価値

P_2　：会社が余剰資金を投資にまわした場合に余剰資金 1 円に対して個人株主が取得する税引後資産価値

記号の定義により，

$$P_1 = 1 - \theta_I$$
$$P_2 = \frac{(1+\pi_{AT})(1-\theta_I)}{1+\mu_{AT}(1-\theta_I)}$$

であるので，

$$P_1 - P_2 = (1-\theta)\left[1 - \frac{1+\pi_{AT}}{1+\mu_{AT}(1-\theta_I)}\right]$$

となる。したがって，$P_2 > P_1$ であることと $\pi_{AT} > \mu_{AT}(1-\theta_I)$ であることは同値である。

$$PV = -1 + \frac{(1+\pi)}{(1+\mu)}$$

67)　株主が会社である場合には，持ち株比率が 5% 以下である限り配当の 80% が益金に算入されて実効税率 30% の会社所得税に服する（法人税法 23 条 1 項，7 項）。したがって，本文の θ にあたる数字は $0.8 \times 0.3 = 0.24$ となるので投資の内部収益率が期待収益率の 0.76 倍超であれば，配当を実施するよりも当該投資を実施した方が株主である会社の利益となる。ただし，この計算は株主である会社が受取配当を他社の株式に再投資することを前提としたものである。他社株投資と税の関係について詳しくは，草野（2016）297 頁以下参照。

さらに，P_2 を変形すれば，

$$P_2 = \frac{[1 + \pi_{BT}(1 - \theta_C)](1 - \theta_I)}{1 + \mu_{BT}(1 - \theta_C)(1 - \theta_I)}$$

であるから，

$$P_1 - P_2 = (1 - \theta_I)\left[1 - \frac{1 + \pi_{BT}(1 - \theta_C)}{1 + \mu_{BT}(1 - \theta_C)(1 - \theta_I)}\right]$$

である。したがって，$P_2 > P_1$ であることと $\pi_{BT} > \mu_{BT}(1 - \theta_I)$ であることもまた同値である。[68]

しかしながら，施策 d の税引前 NPV がマイナスである以上，これを実施すれば I 社の税引前企業価値は減少する。つまり，ここにおいては，株主価値の増大を上回る税収価値の減少が生じており[69]，この結果は税引前企業価値最大化の第 1 原則に反している。したがって，施策 d は，これを回避することが経

---

[68]　上場会社の 3% 以上の株式を保有する個人株主（以下，この注においてのみ，「大口個人株主」という）は配当課税に対して最大 50% の総合課税に服するので（前掲注 63）参照），【計算 3-2-1】に記した計算に関して若干の修正が必要となるが，結論は変わらない。以下，その理由を説明する。まず，大口個人株主にとっての P_1 の計算に用いる θ_I にはこの高い税率を用いるべきであり，以下，その値を θ_* とする。すなわち，

$$P_1 = 1 - \theta_*$$

である。次に，大口個人株主にとっての P_2 の計算式の分子に用いる θ_I についても同様に θ_* を用いるべきであるが，分母に用いる θ_I は変更する必要がない。けだし，合理的な大口個人株主は配当として支払われた剰余金を高率の配当課税に服する会社に再投資するとは考え難いからである（再投資を行わなくても当該大口個人株主の持ち株比率は減少しないことに留意願いたい）。すなわち，

$$P_2 = \frac{(1 + \pi_{AT})(1 - \theta)}{1 + \mu_{AT}(1 - \theta_I)}$$

であり，したがって，

$$P_1 - P_2 = (1 - \theta_*)\left[1 - \frac{1 + \pi_{AT}}{1 + \mu_{AT}(1 + \theta_I)}\right]$$

となるので，$P_2 > P_1$ であることと $\pi_{AT} > \mu_{AT}(1 - \theta_I)$ であることは同値であり，同様の論理により，$P_2 > P_1$ であることと $\pi_{BT} > \mu_{BT}(1 - \theta_I)$ であることもまた同値である。以上の点につき，詳しくは草野（2016）298 頁以下参照。

[69]　ここで比較している株主価値と税収価値はいずれも株主レベルでの投資所得税を考慮した後のものである。

営者の行為として適法かつ適切である。

(5) 節税と租税回避

税負担減少施策に関して，「それが節税にあたるものであれば差し支えないが，租税回避である場合には問題である」という趣旨の見解を述べる税務専門家は少なくない。ここでいう「節税」と「租税回避」はいずれも税法学上の概念である。そこで，税負担減少施策に関して税法学ではこれまでどのような議論がなされてきたのかを簡単に見ておくことにしよう。[70]

税法学では，税負担減少施策を節税，租税回避および脱税の三つに分けて論じることが一般的である。すなわち，節税（tax saving）とは「租税法規が予定しているところに従って税負担の減少を図る行為」であり，無条件に適法な行為として取り扱われる。次に，租税回避（tax avoidance）とは「租税法規が予定していない異常な法形式を用いて税負担の減少を図る行為」であり，適法な行為ではあるものの，その利用を放置しておくと税収の予期せぬ減少を招くおそれがあることから事案によっては否認（当事者が用いた法形式を税法上は無視し，通常用いられる法形式に対応する課税要件が充足されたものとして取り扱うこと）の対象となる。[71] 最後に，脱税（tax evasion）とは「課税要件充足の事実の全部または一部を秘匿する行為」であり，違法な行為として刑事罰や重加算税の対象となる。

上記の 3 分類のうち脱税は経営者の法令遵守義務に違反する行為であるから，これを行うことは会社法上も不適法と評価すべきことについては何人にも異論がないところであろう。[72] 問題は，節税と租税回避についてであるが，結論からいうと，税負担減少施策が節税と租税回避のいずれにあたるかによって会社法上の経営者の行為規範を別なものとすることは適切でないというのが本書筆者

---

70) 本文の説明は，金子（2016）125 頁以下に基づくものである。

71) ただし，否認を行い得るのは，否認を行い得ることが税法上明記されている場合に限られるというのが税法学の通説的見解である。金子（2016）130 頁以下参照。

72) Ⅱ章の注 105）で述べた立場（同注で定義するところの無条件法令遵守義務を否定する立場）に立ったとしても，脱税を行った会社の税負担（重加算税を含む）は，脱税によって得ようとした利益をつねに，しかも大幅に，上回るものである以上，脱税に加担した経営者は，（税法上の刑事罰に加えて）会社法上の責任を免れないであろう（なお，経営者の法令遵守義務を論じるにあたっては，法令違反の行為がすべて明らかになることを前提に考えるべきであることにつきⅡ章の注 105）の⑤の点を参照されたい）。

の見解である。以下，その理由を述べる。

① 　第1に，節税と租税回避という二つの概念の区分である「租税規範が予定し
ているか否か」という指標が曖昧である。強いてその意味を明確にしようとす
れば，「税法の立法担当者が関連条文を起草した際に当該租税減少施策の存在
に気づいていたか否か」ということになるのであろう。しかしながら，そのよ
うな事実は会社の経営者のあずかり知らぬところであり，仮に，税務署や税理
士を介して断片的に伝わってくる情報に依拠してそのような事実の存否を推測
しなければならないとすれば，経営者は，株主に対する説明責任を果たすに足
る合理的な意思形成を行うことが困難となるであろう。[73]
② 　第2に，上記の行為規範は税収の最大化という目的には適っているものの，
厚生の最大化という会社法の理念には合致していない。もちろん，税収は最終
的には国民全体の福利のために使われるものであるから，税収もまた社会全体
の厚生の重要な要素ではある。しかしながら，それは全体のうちの一つの要素
にすぎないのであるからこの点だけに特化した行為規範は経営者の行動原理と
して適切とはいえないであろう。[74]

ただし，税法上租税回避とされる税負担減少施策を実施することに会社法上
問題がないわけではない。というのは，税法上租税回避とみなされる行為の多
くは，税負担を減少させるために非常に複雑な取引の実施を伴うものだからで
ある。[75]このような施策の場合には，複雑な取引が生み出す追加的な取引費用の

---

73) 　たとえば，【事例3-2-3】に記した税負担減少施策は租税回避行為にあたるので
あろうか。思うに，会社は会社法の規制に反しない限り分配可能利益を随時株主に分
配し得ることは会社法に詳しい者にとっては周知の事実であり，そうである以上，法
人税法の関連条文の立法担当者がこの事例に記した税負担減少施策の存在に気付いて
なかったということはおそらくないであろう。しかしながら，必ずしも会社法の知識
に精通しているわけではない税務署の課税担当職員にとってこの施策は予期しがたい
ものであるかもしれず，そうであるとすれば，本件施策は彼らの目には租税回避行為
と映るかもしれない。しかるに，「租税回避にあたる租税負担減少施策は行わない」
という行動原理を採用した会社は，この行動原理を遵守するための情報を得るべく，
直接または税理士を介して税務署の意見を徴する行動に出る公算が大であり，その場
合，結果として，この施策の実施を断念することを余儀なくされるのではあるまいか。
74) 　ただし，これはあくまでも会社法上の経営者の行為規範という観点からの立論で
あり，税収の確保という観点からいえば，租税回避行為の横溢に対する対抗措置を検
討し続ける必要がある。とくに，各国の税制度の違いを利用した租税回避行為は原則
としてわが国の厚生を減少させるものであるので，これをいかに規制するかは税法が
直面している重大な問題の一つである（この点について詳しくは中里（2002）参照）。

分だけ会社の税引前企業価値は減少しており，そうである以上，これを実施することは，税引前企業価値最大化の第1原則に反する。したがって，このような租税負担減少施策については，それが税法上租税回避行為として否認の対象となるか否かにかかわらず，これを実施しないことが適法・適切である。

　しかしながら，取引費用を高める税負担減少施策であっても，それを実施することによってはじめて税引前企業価値を高める取引が実行可能となる場合がある。どういうことであるのか，事例を使って説明しよう（なお，下記の事例に適用される税法の規定に関しては，2017年の税制改正により重大な変更が加えられた。改正の内容については最後に説明することとし，それまではこの改正がなされる以前の税法の規定に則って説明を行う）。

【事例 3-2-5】

　　　K社とL社はいずれも上場して間もない新興のIT起業である。しかるに，最近にいたり両社はK社がL社を買収することで合意に達した。合意された買収条件によれば，K社はL社の全株式を1株1000円で買付けることを内容とする公開買付けを実施し（なお，本日現在におけるE社の株価は1株500円であり，同社の発行済み株式総数は1億株である。また，買付けの結果K社がL社の発行済み株式総数の3分の2以上の株式を取得するに至ることがこの公開買付けの停止条件とされている），公開買付けが成立した場合にはすみやかにL社をK社に吸収合併し，その際にはL社の残存株主に対してL社株式1株につき公開買付価格と同額である1000円の現金を交付することとなっている。この内容でL社の買収を

75）　たとえば，オウブンシャホールディング事件（最判平成18年1月24日判例時報1923号20頁）では，日本法人であるオウブンシャホールディング株式会社（以下，「オウブンシャ」という）が，その保有する全国朝日放送（現テレビ朝日）および文化放送の株式（以下，本注においてのみ「本件株式」という）を現物出資する方法でオランダにおいて100％子会社を設立し，当該子会社にその発行済株式総数の15倍に相当する新株をオウブンシャの別のオランダの関連会社に対して著しく有利な価額で発行させるなどして，本件株式の当該関連会社への実質的な移転に際して実現される含み益に対する課税を免れることが試みられた。ちなみに，報道等によれば，その後，本件株式は最終的にグループ外の第三者に移転しているが，その際にもキャピタル・ゲインについて課税を受けることは免れたようである。すなわち，一連の取引により，本件株式を，キャピタル・ゲインについての課税を回避しつつグループ外の第三者に移転するに至ったわけであり，そのために，当時存在していた外国法人に対する現物出資の圧縮記帳制度やオランダの国内法人間における株式譲渡益非課税の制度を利用すべく，上述のような複雑なスキームが組まれたものと推測される（太田＝伊藤（2015）331頁以下参照）。

実行しても K 社の経営者の行動に問題はないであろうか。また，問題がある
とすれば，K 社の業務執行者はいかなる施策をとるべきであろうか。なお，L
社の簿価純資産額（資産の帳簿価格の総額から負債の帳簿価格の総額を差し引いた値。
以下，同じ）は 100 億円であり，同社が保有する資産の中に特段の含み資産（時
価が簿価を上回る資産のこと）は存在しない。

本件において K 社は L 社の株式購入のために 100％ の買収プレミアムを支
払っている。したがって，L 社の株価が同社の株主価値を適正に反映している
限り，本件 M&A 取引は効率的な資産配分を生み出す取引（本Ⅲ. 2.(5) のみに
おいて，以下，「効率的取引」という）である。しかしながら，本件取引によって
K 社の株主価値が増大するとは限らない。けだし，上記のとおり，同社は L
社の株主に対して合計で 500 億円（＝500 円×1 億株）もの買収プレミアムを支
払っている以上，K 社の株主価値が増大するためには本件買収によって生み
出される新たな企業価値[76]が 500 億円を上回り，かつ，本件取引の実行に要する
費用がこの超過額を下回っていなければならないからである。そして，取引費
用のうちで最大の問題となるのが L 社に課される会社所得税である[77]。といっ
ても，本件取引を通じて L 社にはいかなる追加のキャッシュ・フローも生じ
ていないので，一見するところ，同社に課税問題が発生する余地はないように
思えるかもしれない。しかしながら，現行税制のもとでは，合併消滅会社[78]はそ
の保有する資産および負債[79]を時価で合併存続会社に譲渡したものとして合併消
滅会社の最後事業年度[80]に対する課税に服することが原則となっている（法人税
法 62 条[81]）。この原則には様々な例外規定が存在しているが（例外規定が適用され

76）　M&A 取引によって新たな企業価値が生まれる理由は様々である。詳しくは，草
　　野（2011）108 頁以下参照。

77）　ちなみに，L 社の株式を売却した同社の株主に対して所得税が課されることは当
　　然であり，そのことが本件取引の阻害要因となることはない。

78）　法人税法では合併によりその有する資産および負債の移転を行う会社を「被合併
　　法人」とよんでいるが（法人税法 2 条 11 号），本書では，合併消滅会社という会社法
　　の講学上の用語を用いることにした。

79）　法人税法では合併により被合併法人から資産および負債の移転を受ける会社を
　　「合併法人」とよんでいるが（法人税法 2 条 12 号），本書では，合併存続会社という
　　会社法の講学上の用語を用いることにした。

80）　合併消滅会社における直近の事業年度開始日から合併の成立日の前日までの期間
　　を法人税法では最後事業年度とよんでいる（法人税法 62 条 2 項）。

81）　この規定は企業結合に対する基本的会計処理方法である「パーチェス法」と一見
　　整合的であるが，パーチェス法は合併存続会社の貸借対照表に合併消滅会社の株式の
　　時価を反映させるための手法であって，合併を損益取引として合併存続会社の損益計

る合併を，以下，適格合併という[82]），本件取引のように合併の対価に一部でも現金が含まれれば，無条件に原則が適用される（2017 年の税制改正前における法人税法 2 条 12 号の 8）。そして，本件の場合，K 社が L 社の株主に対して同社株式 1 株につき 1000 円の対価を支払っていることを根拠に計算を行うと，【計算 3-2-2】に示すとおり，L 社の純資産額（資産の時価総額から負債の時価総額を差し引いた値のこと。以下，同じ）は約 1386 億円となり，K 社は L 社の納税債務の承継人として（国税通則法 6 条），同社の最後事業年度の追加の所得に対する会社所得税 386 億円を支払わなければならないのである。

【計算 3-2-2】

> L 社の純資産額（ただし，本件取引に伴って発生する会社所得税の支払債務を除く）を X，本件取引に伴って発生する会社所得税の支払債務を Y とする。K 社が L 社の納税債務の承継人であることを考えると X と Y は次の関係を満たしていなければならない。
>
> $$Y = 0.3\,（会社所得税の実効税率）\times [X - 100\,億円\,（L 社の簿価純資産額）]$$
> $$X - Y = 1000\,円\,（公開買付の買付価格）\times 1\,億株$$
>
> 上記の連立方程式を解くと，$X \fallingdotseq 1386$ 億円，$Y \fallingdotseq 386$ 億円となる。

 ちなみに，K 社は L 社の純資産額（1386 億円）と簿価純資産額（100 億円）の差額である 1286 億円を減価償却資産として計上できるので K 社が今後その減価償却額を上回る収益をあげることができれば上記 386 億円の税負担を回収できる[83]。しかしながら，そのような多額の収益をあげることが確実でないとすれ

  算書に計上することを要求するものではない。財務会計論応用（2017）278 頁以下参照。

82) 公開買付けの完了によって L 社は K 社の子会社となっているであろうから，本件合併の対価に現金が含まれてさえいなければ，本件合併は適格合併として課税所得を発生させない可能性が高い（ただし，K 社が L 社の主要事業と同社の従業員の 80% 以上を引き継ぐことが必要である。以上の点につき，法人税法 2 条 12 号の 8 ロ参照）。しかしながら，本件合併の対価を現金とし，しかも，その価額を公開買付けの買付価格と同じとすることはホールドアウト効果（被買収会社の株主が買収によって生み出される付加価値をすべて享受しようと思うがゆえにあえて公開買付に応ぜず，結果として買収が不成立となってしまうことをいう）を減殺するために有用である。詳しくは，草野（2011）127 頁以下参照。

83) 合併存続会社は合併消滅会社から移転を受けた同社の資産および負債の時価と簿

ば，本件取引を実行することによってK社は株主価値の大幅な減少を免れない。のみならず，実際に本件取引を行おうとする場合，K社は買収に要する資金の全部または一部を銀行から借入金として調達しようとするであろうが，1500億円の支出を伴うM&A取引を実施するために386億円の追加支出が必要であることが判明すれば，その取引のために資金を提供する銀行を見つけることは極めて困難となるに違いない。

　以上の点を踏まえると，本件取引は効率的取引であるにもかかわらず，K社の経営者はその実施を断念せざるを得ない。しかしながら，K社の経営者にはこの事態を打開する施策がある。それは，L社をK社に合併するのに代えてL社の株式の併合（会社法180条1項）を行うという施策である。たとえば，公開買付後に残存しているL社のK社以外の最大株主が保有するL社株式が450株であったとすれば，L社の株式500株を1株に併合し，併合の結果保有株式が1株に満たないものに対しては従来の株式1株に対して1000円の現金を交付することを内容とする株式併合を行えば，L社はK社の完全子会[84]社となるのであえて同社を合併する必要はない。

　したがって，仮に株式併合という上記の施策を実施するために少なからぬ取引費用（税務顧問に対する報酬を含む）が発生するとしても，上記の理由によりこの施策を用いなければ効率的取引を実現することは事実上不可能であり，そうである以上本件施策は会社の税引前企業価値を高めるものである。したがって，この税負担減少施策を実行することは厚生最大化原則に適う適法・適切な行為である。

　以上に述べた税負担減少施策は現実のM&A取引においても広く用いられて[85]きたものである。そして，この現実を踏まえてか，2017年の税制改正により，

　　価の差額は「資産調整勘定」として5年間の均等償却の対象となる（法人税法62条の8）。ただし，L社に含み資産がある場合には（本件ではそうでないことを仮定している），まず当該含み資産について評価益を計上し，残額がある場合に限って，当該残額を資産調整勘定とすることができる（法人税法61条の2の原則による）。
　84）　この現金の交付は株式併合によって割り当てられる端数の株式の処理という手段によってなされる（会社法234条）。
　85）　かつては，株式の併合に代えて全部取得条項付種類株式の全部取得（会社法171条）という手段を用いることが多かったが，2014年会社法改正によって株式の併合に際しても反対株主に株式買取請求権が与えられた（会社法182条の4）ことから，それ以降のほとんどのM&A案件においては（全部取得条項付種類株式の全部取得ではなく）株式併合の手法が用いられるようになった。なお，2014年会社法改正によっ

2017 年 10 月 1 日以降に行われる合併に関しては，合併存続会社が合併消滅会社の株式の 3 分の 2 超を保有している場合には合併の対価に現金が含まれていても，それによって適格合併と認定されることが妨げられることはないようになった。[86]この改正は，これまで用いられてきた税負担減少施策の社会的有用性を追認したものと評価できるのではないであろうか。

（6）　利払損金算入効果

Ⅲ.2 の最後のテーマとして債務の利息の支払いが損金に算入可能であることによって生じる問題を考える。まずは，【図 3-2-2】をご覧願いたい。

【図 3-2-2】の全体の四辺形は債務のない会社におけるある事業年度の税引前キャッシュ・フローの正味額の期待値を表したものであり，この期待値を，以下，「$E(X)$」で表す。そして，議論を簡単にするために，$E(X)$ の値は会社所得税の課税標準である所得額と一致すると仮定する。この場合，θ を会社所得税の実効税率とすれば，株主に帰属する収益の期待値は $(1-\theta)E(X)$ となり，会社所得税として支払われる金額の期待値は $\theta E(X)$ である。【図 3-2-2】の四辺形 E_U と四辺形 T_U はこれら二つの値を示している。

【図 3-2-2】

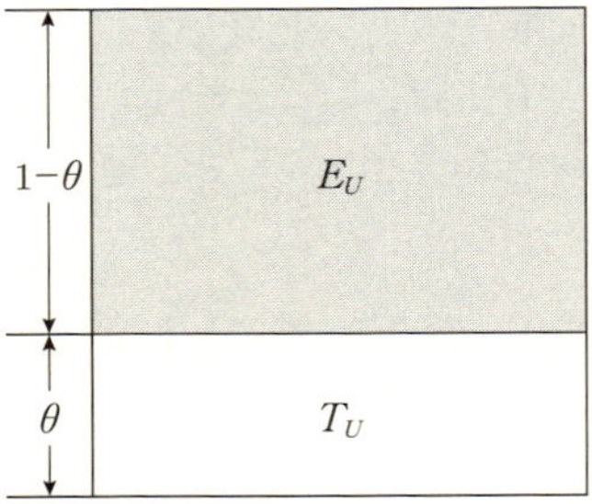

ここで，この会社が負債比率を変更すべく，資金 D を利子率 r で借入れて自己の株式の買入を行ったと仮定しよう。この場合，利息の支払いが損金算入できないとすれば【図 3-2-2】に示した四辺形の内訳は【図 3-2-3】のように

　　て株式会社の 90% 以上の株式を保有するものは他の株主に対してその保有株式全部の売渡請求権を持つこととなった（会社法 179 条 1 項）。そこで，本件においても，公開買付けの結果 K 社が L 社の株式の 90% 以上を取得できれば，K 社は株式併合の手続きをとらなくてもこの権利を行使することによって L 社の完全親会社となることができるようになった。

86）　2017 年の税制改正後における法人税法 2 条 12 の 8 参照。

なるであろう。

【図3-2-3】

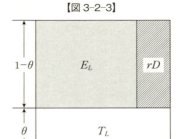

この場合，会社所得税として支払われる金額は変わらないのでその金額の期待値を表す四辺形 T_L は【図3-2-2】の四辺形 T_U と同じである。一方，債権者は元本 D に利息 r を乗じた金額を受け取るので（この値を示したものが四辺形 rD である），株主に帰属する収益の期待値は四辺形 E_L で示した値となる。この場合，税引前キャッシュ・フローに変化がない以上，四辺形 E_L と四辺形 rD の和は【図3-2-2】の四辺形 E_U と等しいはずである。[87] したがって会社の1株あたりの株主価値は債権がある場合とない場合とで変化せず，[88] 同時に，税収価値も変化しない。

しかしながら，現行の税制度は利払いの損金算入を認めている。その結果，課税標準は【図3-2-3】の四辺形全体から四辺形 rD を除いた値となる。【図3-2-4】はその結果を示したものである。

この場合，株主に帰属する収益の期待値は四辺形 E_{L1} と四辺形 E_{L2} をあわせた値となり，支払われる会社所得税の期待値は四辺形 T_{L1} と四辺形 T_{L2} をあわ

---

[87]　この命題はモジリアニ＝ミラー定理とよばれている（ただし，この定理を論ずる場合には通常会社所得税はないものと仮定することから，「負債比率を変更しても〔税引前企業価値ではなく〕企業価値は変化しない」という命題としていい表される場合が多い）。モジリアニ＝ミラー定理は自明のことを述べているにすぎないとの印象を与えるかもしれないが，負債比率の上昇に応じて株式はハイリスク・ハイリターンな資産に変質することに鑑みれば，この定理の主張することは驚きに値する。なお，モジリアニ＝ミラー定理はⅢ.1で論じた企業価値の二面等価性と似ているが，後者は負債比率が固定されている会社の企業価値の性質をいい表したものであるのに対して，前者は負債比率の変動を前提とした主張である点において後者よりも強い主張である。以上の各点につき，詳しくは草野（2016）263頁以下参照。

[88]　モジリアニ＝ミラー定理が成立する限り1株あたりの株主価値が変化しないことの証明については草野（2016）262頁以下参照。

せた値となる。したがって，会社の株主価値は収益の期待値に四辺形 E_{L2} が加わった分だけ増加し，その増加分だけ税収価値は減少せざるを得ない。

【図3-2-4】

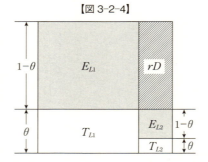

　株主価値がどれだけ増加するかは資金の借入れをどれだけの期間維持するかによるが，①借入れが永久に継続され，②借入れに対して毎年 $r \times D$ の利子を支払い続け，かつ，③会社は毎年この支払額以上の収益を得るとすれば，株主価値の増加額は，四辺形 E_{L2} の面積を r で割った値となる。[89] 四辺形 E_{L2} の面積は rD に $\dfrac{\theta}{1-\theta}$ を乗じた値（この値は四辺形 E_{L2} の面積と四辺形 T_{L2} の面積の和である）に，さらに $(1-\theta)$ を乗じた値と等しいから，結局 θrD である。したがって，株主価値の増加分 ΔE は，

$$\Delta E = \frac{\theta rD}{r} = \theta D$$

である。

　この式は利払いの損金算入制度がもたらす株主価値の増加効果の大きさを表した式として知られており，以下，この効果を利払損金算入効果，上記の式を利払損金算入効果式とそれぞれよぶことにする。利払損金算入効果式によれば，たとえばこれまで無借金経営をしていた会社が 100 億円の資金を借入れて自己の株式の買入れを行えば，株主価値はただちに 100 億円×30％＝30 億円増加する。

　利払損金算入効果によってもたらされるものは典型的な株主価値と税収価値のトレード・オフであり，会社の税引前企業価値に変化は生じていない。そう

---

89)　毎年の収益額を C，n 年目の収益額の現在価値を求めるための割引率を $(1+r)^n$ とすれば，$n \to \infty$ とした場合の収益額の現在価値の合計は $\dfrac{C}{r}$ となることが知られている。この点の証明については，草野（2016）214 頁以下を参照されたい。

である以上，税引前企業価値最大化の第2原則により，この効果を追求することは経営者にとって適法・適切な行為であり，これを等閑に付して漫然と無借金経営を続けることは不適法・不適切であるとの誹りを免れない。しかしながら，利払損金算入効果式は事態をいささか過大に表現していることもまた事実である。以下，その理由を述べる。

① 利払損金算入効果式は，借入れを永久に行う事態と永久に行わない事態との差を現在価値で表したものである。したがって，短期間における負債比率の差がもたらすインパクトはこの式が表す値よりも小さいものとなる。たとえば，利子率 2% のもとで 100 億円を 5 年間借り入れることによって得られる利払損金算入効果の現在価値 S は下記の計算式が示すとおり約 2 億 8300 万円にすぎず，利払損金算入効果式が示す値（30 億円）よりもはるかに小さい。

$$S = \theta r D \sum_{h=1}^{5} \frac{1}{(1+r)^h}$$
$$= 0.3 \times 0.02 \times 100 \text{ 億円} \times \left(\frac{1}{1.02} + \cdots + \frac{1}{(1.02)^5} \right)$$
$$\fallingdotseq 2 \text{ 億 } 8300 \text{ 万円}$$

② 利払損金算入効果式が成立するためには毎年の収益が継続的に rD を上回らなければならない。収益が rD を下回る事態が単発的なものであれば欠損金の繰越制度を利用することによって利払損金算入効果を獲得できるが（ただし，貨幣の時間的価値相当の減少は免れない），収益が継続的に rD を下回ればその効果は失われてしまう。

③ 利払損金算入効果式は株式に対する投資と債権に対する投資の投資家レベルでの税務上の取扱いが等しいことを黙示の前提としている。現行の税制度上，最終的な投資家である個人投資家に対する課税上の取扱いは表面税率を見る限り債権投資と株式投資の間で大差はないが，[90] 実質的な税負担は前者の方が若干大きい。けだし，投資債権である預貯金債権や公社債に関しては定期的に支払われる利子に対してその都度課税がなされるが，株式の場合には，会社レベルでどれだけの所得が発生しようとも（株式を譲渡しない限り）配当を受取る限度

---

90) 預貯金や公社債の利子所得に対しては，現行法上，所得税と地方税と復興特別所得税をあわせて合計で 20.315% の源泉分離税が課される（所得税法 9 条，10 条，23 条，181 条，182 条等）。株式から得る配当所得とその売却によって得る譲渡所得に対する課税については前掲注 63) を参照されたい。

においてしか投資家レベルでの課税は発生しないからである。この違いは会社
の負債調達コストを引き上げる効果をもたらすので，利払損金算入効果はその
分だけ減少せざるを得ない。[91]

④　債権者は経営者に比べて会社の業務内容や財務状況に関して情報劣位な立場
にある。そこで，債権者は経営者から提供を受けるこれらの情報に対して懐疑
的となる傾向を免れず，結果として債権の資金調達コストは剰余金を会社に留
保することによって得られる株主資本に比べて割高とならざるを得ない。[92]

　以上の点を踏まえると，たしかに利払損金算入効果は会社の負債比率を決定
するにあたって看過すべからざる一要素ではあるが，諸般の事情を勘案のうえ，
結果的に負債比率を低いレベルにおさえる施策をとることも経営者の裁量とし
て許されるのではないであろうか。

　のみならず，利払損金算入効果をねらって負債比率を高めることには厚生の
最大化という観点からみて深刻な問題が内在している。けだし，負債比率の上
昇は必然的に会社が債務超過，ひいては倒産に至るリスクを高めるものであり，
Ⅲ.1で述べたとおり，会社が債務超過となれば倒産コストが発生する分だけ
企業価値は減少せざるを得ないからである。[93]　してみれば，利払損金算入効果を
追求するあまり債務超過となるリスクを顕在化させるレベルにまで負債比率を
引き上げることは税引前企業価値最大化の第1原則に抵触する行為であり，こ
れを回避することは適法・適切な消極的非営利施策である。

---

91)　この問題について，詳しくは草野（2010）172頁以下参照。

92)　これは，情報の非対称性という観点から資金調達手段の優先順位を論ずる理論
　　（一般に「ペッキング・オーダー理論」とよばれている）に基づく考え方である。
　　Brealey-Myers-Allen（2014）467頁以下参照。

93)　企業価値は（倒産に至らなくても）倒産リスクが顕在化しただけで減少すること
　　も稀ではない。その理由は様々であるが，有力な原因の一つとして，提供先を変える
　　と価値が低下する商品役務（以下，これを企業特殊的な商品役務という）の提供者が，
　　企業特殊的な商品役務の生産のために投下する費用（以下，企業特殊的投資という）
　　が企業の倒産によってサンク・コスト化することを恐れるあまり追加の企業特殊的投
　　資を控えることが挙げられる（倒産リスクが顕在化した企業が有力な取引先や有能な
　　従業員を失う主たる原因はこれであろう）。なお，倒産リスクが顕在化することによっ
　　て生じる企業価値の減少を倒産コストと区別する意味で財務困難コストとよぶことも
　　あるが，この言葉は，貸付債権の利率の引上げによって生じる株主価値の減少のよう
　　に必ずしも企業価値全体の減少をもたらすものではない要素も含めて使われる場合が
　　ある点に注意が必要である。野口＝藤井（2000）97頁参照。

(7) 総　　括

以上に述べたことを総括する（具体的テーマに関して再述することは煩瑣となるので省略する）。

① 税収は最終的にはすべて国民のために使われるものであるから社会の厚生の重要な源泉である。そして，税収は税引前キャッシュ・フローを源泉とする資産であるから，その割引現在価値，すなわち税収価値をもって税収が生み出す厚生の大きさを測ることが妥当である。

② 株主価値の純増額をもって会社所得税の課税標準とすれば，経営者が株主利益最大化原則を貫徹することによって税収価値も最大化される。

③ しかしながら，現行の会社所得税制度には株主価値の最大化と税収価値の最大化が乖離せざるを得ない要因がいくつか含まれている。この結果，株主利益最大化原則を追求する経営者にとっては，税収価値の犠牲のもとに株主価値の増加を図る施策，すなわち，税負担減少施策をとることが不可避となる。

④ これに対して，厚生最大化原則のもとで税負担減少施策をとることが肯定されるのは，それを実行しても税引前企業価値が減少しない場合だけである（この行為規範を「税引前企業価値最大化原則」と名づけた）。

3　外　部　性

Ⅲ.3 の主題は外部性である。外部性（externality）とは，「ある経済主体の行動が，市場での取引を通じることなく，別の経済主体の効用関数または生産関数に影響を与えること」であり[94]，影響がその別の経済主体にとって不利益なものである場合を負の外部性，有益なものである場合を正の外部性という。重化学工業を営む会社が化石燃料の燃焼によって引き起こす大気汚染やマスメディアによるプライバシーの侵害は前者の典型であり，テレビ放送会社やインターネットサービス会社がテレビやインターネットを通じて行う無償の情報提供は後者の典型である。Ⅲ.3 においては，最初に負の外部性の問題を論じ，しか

94）　奥野編（2008）307 頁参照。なお，ここで定義した外部性は，より専門的には「技術的外部性」とよばれる概念のことである。この点につき，詳しくは，奥野編（2008）311 頁参照。また，後掲注 104）も参照されたい。

るのちに，正の外部性の問題を論じることとし，対象となる会社に債権者はおらず，かつ，会社所得税もかからない（したがって，株主価値と企業価値と税引前企業価値はすべて一致する）ものとする。

（1）　負の外部性その(1)——経済学的説明

Ⅲ.1とⅢ.2においては，株主価値という概念を企業価値あるいは税引前企業価値という高位の類似概念に拡張し，これらの概念をもって厚生最大化原則を論じるための指標とすることができた。これに対して，外部性が生み出す問題を資産の理論的市場価格という概念を使ってとらえることは困難であり，上記のような手法を用いて外部性の分析を行うことはできそうにない。しかしながら，ミクロ経済学が発展させてきた部分均衡分析の手法を用いれば外部性が生み出す問題を数理的に示すことが可能となる。

ここで，部分均衡分析とは，特定の財に関して需要曲線と供給曲線を定義し，これらの概念をもとにして社会の構成員が享受する厚生の大きさを消費者余剰と生産者余剰の和（これを総余剰という）によって表す手法のことである。部分均衡分析は，経済学の初級教科書にも登場するものであるから，これらの諸概念やこれに関連する知見はいずれも既知のものとして記述を進めることとする。[95]次の事例を使って分析を行いたい。

【事例 3-3-1】

　【図3-3-1】の直線 $D–D'$ は a 剤とよばれる医薬品の需要曲線を表している。a 剤の製法特許はすでに消滅していることからこれを生産する企業は多数存在しているが，議論を簡単なものにするために，これらの企業の行動を一つの生産関数に従う一つの企業（以下，この企業を M 社とよぶ）の行動として論じることとする。[96]【図3-3-1】の直線 $S_1–S_1'$ は M 社の限界費用曲線，すなわち a 剤の供給曲線を表している。a 剤の製造工場は，原料調達の都合上，すべて臨海地

---

95)　部分均衡分析は各消費者の効用関数が準線形であることを前提とするものである。したがって，この前提が成立しない場合にこの手法を用いることは不適切であるが，Ⅱ.4.(3)で述べたとおり，厚生最大化原則そのものが効用関数の準線形性を前提とするものであるから，この点において論理的整合性が失われることはない。

96)　このような論じ方が可能であることについては，Mas-Colell-Whinston-Green (1995) の命題 5.E.1 を参照されたい（同書 148 頁）。なお，企業が多数存在することを仮定したのは，外部性の問題とⅢ.4で論じる独占の問題を切り離して論じるためである。

区にあり，M社は工場で使われた液体の一部を海水中に放出している。この液体（本事例に関してのみ，以下，「本件液体」という）は，人体には無害であるが，ある海産物（本事例に関してのみ，以下，「本件海産物」という）の生育に悪影響を及ぼしていることが最近の調査で明らかとなった。【図3-3-1】の直線S_1-S_1'と直線S_2-S_2'で挟まれた部分がa剤の生産によって生じる本件海産物の生産業者（本事例に関してのみ，以下，「本件生産業者」という）の逸失利益の大きさを表している。この場合，【図3-3-1】のどの部分が社会全体の厚生の大きさを表しており，そこにいかなる問題が存在するであろうか。

【図3-3-1】

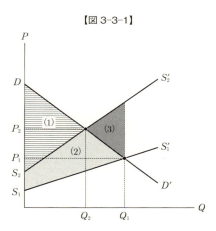

　市場の均衡は需要曲線と供給曲線の交点によって定まるので，a剤の市場価格はP_1であり，市場において取引されるa剤の数量はQ_1である。したがって，本件生産業者の逸失利益を考慮しなければ，(1)＋(2)がa剤の総余剰を表している。しかしながら，本件生産業者には(2)＋(3)に匹敵する逸失利益が生じているので，結局のところ，a剤の製造によってもたらされる社会全体の厚生は(1)−(3)である。しかしながら，図から明らかなとおり，厚生を最大化するa剤の取引数量はQ_2であり[97]，その場合における社会全体の厚生は(1)である。要するに，本件海産物の生産業者の逸失利益が市場取引を通さずに──すなわち，負の外部性として──生み出されているがゆえに，M社の経営者が株主利益最大化原則をもって経営の行為規範とする限り，a剤の取引

97)　数量がQ_2に至るまではa剤の需要が（本件海産物の生産業者の逸失利益を含む）社会の限界費用を上回り，数量がQ_2を超えた後は後者が前者を上回るがゆえに，数量がQ_2であるときに総余剰は最大となる。

数量は過剰となり，社会全体で (3) に相当する厚生の損失が生じざるを得ない。なお，上記の場合におけるように，市場の均衡状態が厚生の最大化を実現し得ていないことによって生じる厚生の損失は「死荷重」(deadweight loss) とよばれることも多いが[98]，本書では，単に厚生損失とよぶことにする。

　以上が負の外部性のもたらす問題の経済学的説明であるが[99]，ここでは厚生主義の理念に反する帰結が生じていることだけが問題とされており，適法性問題を論じるにあたり追求すべきもう一つの理念である財産権の保障の問題は取り上げられていない。しかしながら，【事例 3-3-1】において，本件生産業者は明らかに自らの意思に反して経済的被害を受けており，そうである以上，彼らの被害が塡補されるべきであることは財産権の保障という観点からも当然の要請であるとも考え得る。しかしながら，次の事実を【事例 3-3-1】に付け加えたならばどうであろうか。

①　M 社は数十年も前から現在の製法を用いて a 剤の製造を行ってきた。
②　食用の海産物に関する限り，本件液体の放出がその生産に悪影響を及ぼすことはないことが判明している。
③　本件海産物は食用のものではないが，これに一定の加工を施せば人体に有用なサプリメントを作り出し得ることが最近の研究によって判明したことから，にわかに需要が生まれた次第である。

上記の事実を仮定した場合，民法上の問題として，本件生産業者が本件液体

---

98)　奥野編（2008）147 頁参照。
99)　【図 3-3-1】は負の外部性が生じる状況一般を説明しているが，不利益が対象財の消費者に生じる場合（たとえば，販売された商品に欠陥が存在する場合や医療サービスに落ち度がある場合がこれにあたる）には若干異なった分析が必要となる。すなわち，この場合，直線 S_2-S_2' と直線 S_1-S_1' で挟まれた部分は消費者に生じる不利益を表していることになるが，消費者がこの不利益の存在を認識している場合には，市場で取引される表面上の価格にこの不利益の平均費用を加えた値が実質上の価格となると考えられる。したがって，実質上の価格が P_2 となる近辺において需要量と供給量が Q_2 に近い値で一致し（直線 S_1-S_1' と直線 S_2-S_2' が平行である場合には実質上の価格は P_2 そのものとなり，需要量＝供給量も Q_2 そのものとなる），厚生損失は発生しない。これに対して，消費者が不利益の存在を認識していない場合には表面上の価格 P_1，取引数量 Q_1 において市場の均衡が成立するので第三者に負の外部性が生じる場合と同様の厚生損失が発生する。この問題につき詳しくは，シャベル（2010）242 頁以下参照。

の放出によって蒙る被害は「受忍限度の範囲内である」――つまり，保護法益（Ⅱ.4.(3) 参照）ではない――と判断される可能性が高い。もちろん，実際にそう判断されるか否かは事案次第であろうが，ここでは裁判所がそのような判断を行うと仮定して議論を進めることにしよう。この場合，「本件液体の放出による被害を受けないこと」という「利益」は保護法益とは認められないのであるから，これが侵害されても財産権の保障という問題を論じる余地はない。要するに，財産権の保障の問題を論じるためには，各当事者のいかなる利益が保護法益であるのかという規範的判断を先行させなければならないのである。

これに対して，厚生の最大化＝効率性の問題を考えるにあたっては，規範的判断を先行させる必要がない。【事例 3-3-1】についていえば，本件液体の排出によって生産を妨げられないことが本件生産業者にとって保護法益であると考えられないとしても，a 剤の過剰生産によって厚生損失が発生しているという事実に変わりはないのである。

上記の点に鑑みれば，負の外部性の問題を論ずるにあたっては，保護法益の侵害にあたる場合とそうでない場合とに分けてこれを論じることが有益であろう。以下，そのようにして議論を進める。

(2)　負の外部性その(2)――保護法益の侵害となる場合

(a)　一 般 原 則

負の外部性が保護法益の侵害となる場合の規制手段には様々なものが存在する。たとえば，負の外部性を生み出す者（Ⅲ.3 においてのみ，以下，「加害者」という）に対する刑事罰を伴う禁止命令や負の外部性によって不利益を受ける者（Ⅲ.3 においてのみ，以下，「被害者」という）に対する差止請求権の付与なども有効な規制手段であるが，現行法上もっとも広範な規制手段は，被害者に対する[100]

――――――――――――――

[100]　これらの他に「ピグー税」（Pigouvian tax）という規制手段も存在する。ピグー税は加害者が一定の金額を支払うという点においては損害賠償制度と同じであるが，支払時期が損害の発生時ではなく加害者の行為時であること，支払額が実際の損害額ではなく損害額の期待値であること，および，支払先が被害者ではなく国である点が異なっている。ピグー税の実例としてはロンドンの混雑税（渋滞の発生する時間帯に市の中心部に乗り入れる車に対して追加の料金を支払わせる制度）が有名である。以上の点につき，詳しくは，ジャクソンほか（2014）328 頁および 332 頁ならびに神取（2014）265 頁参照。

損害賠償請求権の付与である（損害賠償請求権の付与を用いた規制手段を以下，損害賠償制度という）。けだし，民法709条は，「故意又は過失によって<u>他人の権利又は法律上保護される利益</u>を侵害したものは，これによって生じた損害を賠償する責任を負う」と規定しているがゆえに（下線付加），同条はすべての保護法益の侵害に対して適用されるものだからである[101]。では，損害賠償制度が適用されることによって負の外部性が生み出す問題はどのように改善されるのか，再び【事例3-3-1】を使って考えてみよう。

　ここでは，本件海産物は伝統的に採取されてきた食用の海産物であって，本件液体がもたらす悪影響を受けずに本件海産物を生産し得ることは本件生産業者の保護法益であると裁判所が認めることを前提として議論を進める。この場合，本件生産業者は，損害賠償制度を利用することにより逸失利益全額の賠償をM社に求めることができるので，株主利益最大化原則を行為規範とするM社の経営者の行動とそれがもたらす帰結は下記のようになるであろう。

① 　まず，M社が従来どおりの方法により本件液体の製造を継続した場合，同社は本件生産業者の逸失利益全額を賠償しなければならない。この場合，【図3-3-1】の直線 S_2–S_2' がM社の限界費用曲線＝a剤の供給曲線となるので，市場におけるa剤の取引数量は Q_2，総余剰は（1）となり，社会全体の厚生の最大化が達成される。

② 　しかしながら，本件液体の排出を回避するためになすべき設備投資（Ⅲ.3.(2) においてのみ，以下，「本件設備投資」という）のNPVがプラスであるならばM社は本件設備投資を実施して本件液体の排出を回避する道を選択するであろう。この場合，M社の限界費用曲線＝a剤の供給曲線は【図3-3-1】の直線 S_1–S_1' となるので（本件設備投資を行ってもa剤を製造するための可変費用は変わらないことを仮定している），a剤の取引量は Q_1，総余剰は（1）＋（2）となり，やはり，社会全体の厚生は最大化され，しかも，その値は①の場合を上回る。

③ 　本件設備投資のNPVがプラスとなるための条件は，②の場合における生産者余剰（すなわち，【図3-3-1】の（1）＋（2）が総余剰である場合の生産者余剰）と①の場合における生産者余剰（すなわち，【図3-3-1】の（1）が総余剰である場合の生

---

101)　これに対して，差止請求権の行使が認められるのは侵害されている利益が物権的請求権ないしは人格権として構成可能である場合だけであり（ただし，侵害の程度が受任限度を越えているか否かによって差止請求の可否を判断するという考え方もある）（内田（2011）478頁），刑事罰を科し得るのは法律に明示的定めがある場合に限られている（憲法31条）。

産者余剰）の差が本件設備投資の支出額を上回ることである。[102] 後に他の条件との比較を論じるときのために，この条件を「条件I」とよぶことにする。[103]

　以上の分析によれば，損害賠償制度の適用がある限り，株主利益最大化原則という経営者の行為規範に変更を加えなくても負の外部性がもたらす問題は解決できているように思える。しかしながら，現実の損害賠償制度には種々の難点があり，現行制度のもとで上記の結果を実現することは困難である。何が問題であるのか，以下では，現行の法制度が抱える三つの主要問題を個別に取り上げ，問題の所在とこれに対する対処方法を検討する。

(b)　賠償請求の対象となし得る不利益の範囲に対する制約

　加害者企業の経営者が株主利益最大化原則に従う場合，彼らが損害賠償制度のもとで厚生損失の発生を回避する行動をとるのは，ひとえに負の外部性がもたらす不利益が加害者の負担に帰するからである（これを，負の外部性の内部化〔internalization〕という）。したがって，負の外部性がもたらすすべての不利益が損害賠償制度の対象とされない限り，厚生損失を完全に解消することはできない。しかしながら，現行の損害賠償制度のもとにおいては，負の外部性によって侵害された経済的不利益をもれなく賠償制度の対象とすることは困難である。たとえば，【事例3-3-1】の場合，本件液体の放出がもたらす経済的損失は，実のところ，海産物生産業者の逸失利益だけではない。この点につき，【図3-3-2】を使って説明する。

---

102)　より正確にいえば，本件設備投資のNPVがプラスとなるための条件は，本文の③記載の各生産者余剰の割引現在価値の差額が本件設備投資の支出額を上回ることである。

103)　適用法令の中に刑事罰を伴うK社への禁止命令が存在する場合には，本件設備投資のNPVがマイナスであっても，K社はこれを実施して本件液体の放出を回避する道を選択せざるを得ず，その結果a剤の製造事業そのものが採算割れとなる場合（【図3-3-1】のP_1が本件設備投資のために支出される固定費用を加えたa剤の平均費用を下回る場合がこれにあたる）にはa剤の生産の継続自体を断念せざるを得ない。海産物生産業者に対する差止請求権が付与されている場合の帰結も原則としてこれと同じであるが，海産物生産業者とK社の間で交渉が成立する余地があるとすれば，本件設備投資のNPVがマイナスとなる場合には，K社は，海産物生産業者に対して，彼らの逸失利益に一定のプレミアムを加えた金額を支払うことによって，従来の製法によりa剤の生産をQ_2だけ行うことができる。負の外部性に対する各種規制手段の優劣の比較についてはジャクソンほか（2014）328頁以下を参照されたい。

【図 3-3-2】

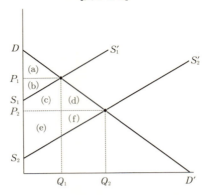

【図 3-3-2】の直線 $D-D'$ は，本件海産物の需要曲線を表しており，直線 S_1-S_1' は本件液体が放出されている状態（以下，この状態を「状態Ⅰ」という）における本件海産物の供給曲線を表しており，直線 S_2-S_2' は本件液体の放出が回避されるにいたった状態（以下，この状態を「状態Ⅱ」という）における本件海産物の供給曲線を表している（同一の市場価格における供給量は状態Ⅰよりも状態Ⅱの方が多いことに留意願いたい）。この場合，【計算 3-3-1】の［8］と［9］に示したとおり，本件液体が放出されていることにより本件海産物の市場全体としては(c)+(d)+(e)+(f)に相当する厚生が失われているが，本件生産業者の逸失利益は(e)+(f)−(b)だけである。

【計算 3-3-1】

> ［1］　状態Ⅰの消費者余剰 ＝(a)
> ［2］　状態Ⅰの生産者余剰 ＝(b)
> ［3］　状態Ⅰの総余剰 ＝［1］＋［2］＝(a)+(b)
> ［4］　状態Ⅱの消費者余剰 ＝(a)+(b)+(c)+(d)
> ［5］　状態Ⅱの生産者余剰 ＝(e)+(f)
> ［6］　状態Ⅱの総余剰 ＝［4］＋［5］＝(a)+(b)+(c)+(d)+(e)+(f)
> ［7］　消費者の逸失利益（＝消費者余剰の差）＝［4］−［1］＝(b)+(c)+(d)
> ［8］　生産者の逸失利益（＝生産者余剰の差）＝［5］−［2］＝(e)+(f)−(b)
> ［9］　海産物市場全体の逸失利益（＝総余剰の差）＝［7］＋［8］＝(c)+(d)+(e)+(f)

したがって，本件液体の放出がもたらす経済的損失をすべて内部化するためには，これに加えて，消費者の逸失利益である(b)+(c)+(d)（【計算 3-3-1】の

［7］参照）についても M 社に対する損害賠償請求が可能でなければならない。しかしながら，消費者は市場で形成された価格を基準として自らの自由意思に基づいて取引を行っているのであるから，上記の損害賠償請求権が成立するためには，消費者にとって，一定の市場価格以下で本件海産物を調達できること自体が（市場メカニズムを通じて享受し得る反射的利益ではなく）保護法益であることが認められなければならないが，裁判所がそのような主張を認めるか否かは定かではない。[104]　さらに，仮に裁判所がこの主張を認めるとしても，本件液体の放出と本件海産物の市場価格の高騰の間の因果関係を立証することは必ずしも容易ではなく，くわえて，自分が損害を被っていることを認識したうえで裁判を起こそうと考える消費者は僅少であろう。[105]　のみならず，たとえ損害賠償請求が可能であったとしても，その対象となし得るのは【図3-3-2】の(b)と(c)の逸失利益だけであって同図の(d)を損害賠償の対象とすることは不可能であろう。[106]　けだし，この部分が表している損害は，本件海産物のうち「市場価格が高いがゆえに消費されなかった」ものに関するものであるから，その損害を自らのものとして主張・立証できる消費者がいるとは考えがたいからである。

　上記の分析の帰結を示したものが【図3-3-3】である。

---

104)　たとえば，独占禁止法25条1項は，事業者の違法行為によって自由な市場価格の形成が阻まれた場合における被害者（消費者）の損害賠償請求権を明示的に規定しているが，このような規定が存在すること自体を根拠として，別段の規定がない限りこのような請求権は認められないという解釈も成立するであろう。もっとも，最高裁判所は，一般論としてではあるが，このような別段の規定がない場合であっても，消費者は民法709条の原則に則って違法行為を行った者に対して損害賠償の請求を求めることができることを認めているので（最判平成元年12月8日民集43巻11号1259頁），本件液体の海中投棄が違法性の高い行為であると認定された場合には本文記載の損害賠償請求が認められる可能性が残されている。ちなみに，経済学においても，消費者の逸失利益は負の外部性とはとらえない考え方が一般的である（ただし，これは，前掲注94）において述べたところの「技術的外部性」概念を前提とする考え方であり，市場価格の変動を通じて生じる経済的損失も外部性の一部であると考える考え方もないわけではない〔この意味における外部性は「金銭的外部性」とよばれている〕。この点につき，奥野編（2008）311頁参照）。しかしながら，これはあくまでも定義の問題であり，現実に経済的損失が発生している以上これを内部化しなければ厚生損失を解消できないことに変わりはない。
105)　クラス・アクション制度がないことが賠償請求訴訟の提起を一層困難としている。
106)　これに対して，【図3-3-2】の(b)と(c)は状態Ⅰのもとで現実に海産物を購入した消費者の逸失利益に対応する部分であるから本件液体の放出なかりせば海産物の価格は P_2 であったことさえ証明できれば損害の証明を果たしたことになるであろう。

【図3-3-3】

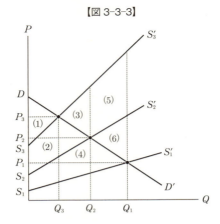

　【図3-3-3】は【図3-3-1】に直線 S_3–S_3' を加えたものであり，直線 S_2–S_2' と直線 S_3–S_3' で挟まれた部分（図中の(2)＋(3)＋(5)）は本件海産物の消費者の逸失利益を表している。したがって，消費者の逸失利益もすべて損害賠償請求の対象となるのであれば直線 S_3–S_3' が M 社の限界費用曲線＝a 剤の供給曲線となるので，M 社が本件液体の放出を継続したまま a 剤を製造した場合の取引量は Q_3，総余剰は(1)となって厚生の最大化が達成される。ただし，本件設備投資の NPV がプラスであれば M 社はこれを実施し，その場合の取引量は Q_1，総余剰は(1)＋(2)＋(4)となってより大きなレベルでの厚生の最大化が実現される。そして，本件設備投資の NPV がプラスとなるための条件は，(1)＋(2)＋(4)が総余剰である場合の生産者余剰と(1)だけが総余剰である場合の生産者余剰の差額が本件設備投資の要支出額を上回ることである（この条件を以下，「条件 II」という）。図から明らかなとおり，条件 II が満たされる可能性は条件 I が満たされる可能性より大きい。したがって，消費者の逸失利益も損害賠償請求の対象となるのであれば，より高い可能性のもとでより大きなレベルでの厚生の最大化が実現できる。しかしながら，上記のとおり消費者の逸失利益が損害賠償制度の対象とされる可能性は現実的には極めて小さいことから，本件設備投資の NPV が条件 I を満たさない限り，本件液体の放出は継続され，しかも，その場合の a 剤の取引数量は Q_2 であるから，【図3-3-3】の(3)相当の厚生損失が発生する。

　以上が，現行の損害賠償制度を前提とし，株主利益最大化原則を経営者の行為規範とした場合の帰結である。この事態を回避するためには，第1に，加害

者たる会社の経営者は会社が生み出している負の外部性の全容を正確に理解することに努めるべきであり，第２に，そのうえで社会的に最適な生産量がいくらであるかを考え，生産をそのレベルにとどめるべきである。もとより，熾烈な競争社会の中においてそれを実現することは必ずしも容易なことではないであろうが，それがなされない限り厚生の最大化は達成できない。ゆえに，厚生最大化原則のもとにおいては，これを実践することこそが会社法上適法・適切な行為である。

（c）　過失責任原則が生み出す問題

わが国の損害賠償制度は過失のない加害者には賠償責任を課さないことを基本原則としており（以下，この原則を過失責任原則とよび，過失のない加害者も賠償責任を負う原則を無過失責任原則とよぶことにする），法令に別段の定めがある場合にのみ無過失責任原則が適用される。[107]　しかしながら，過失責任原則のもとで経営者が株主利益の最大化を追求した場合，社会の厚生の最大化を実現することは困難である。[108]　このことを【事例 3-3-2】を使って説明する。

【事例 3-3-2】

> 　N社は，同社と契約を結んだ顧客に対して，様々な企業の業績や財務状態に関する情報を掲載した報告書をインターネットを通じて配信する業務を営んでいる。N社の業務は情報提供の対象とされた企業に風評被害をもたらす危険をはらんでいる。風評被害を受けた企業が被る損害額は状況に応じて異なるが，議論を簡潔なものとするために，ここでは，各企業につき損害額は一律 1000 万円であるとの仮定のもとに記述を進める（なお，損害はすべて金銭によって塡補可能なものであるとする。非財産的損害の問題はⅢ.3.(2).(d) で取り上げる）。N社にはこの風評被害が発生する危険を軽減するために取り得る施策が三つあり，それぞれの施策を以下，a策，b策，c策とよぶ。これらの施策をとるために要

---

107)　無過失責任を規定した法令には，原子力損害の賠償に関する法律（3 条），大気汚染防止法（25 条），水質汚濁防止法（19 条），鉱業法（109 条）等があり，無過失責任に近い定めのある法令には，自動車損害賠償保障法（3 条），製造物責任法（3 条）等がある。

108)　無過失責任原則と比べると過失責任原則は厚生の最大化という目的にとって望ましいものでないことは，法の経済分析が明らかにした重要な真理の一つである。Ⅲ.3.(2).(c) の記述はこの成果に負うものであり，具体的には，シャベル（2010）201 頁以下を典拠とするものである。

する費用，ならびに，風評被害が発生する確率（どれだけの施策をとるかによって
異なる）は，報告書の配信を 1 回行うごとに以下のとおりとなる（1 回の配信に
よって 2 社以上の企業に風評被害が発生することはないものと仮定する）。

施策の実施状況	施策に要する費用	風評被害の発生確率
いずれの施策もとらない	0 円	50%
a 策のみを実施	150 万円	30%
a 策と b 策を実施	200 万円	20%
a 策と b 策と c 策を実施	350 万円	18%

　また，本件業務によって N 社の 1 週間あたりの利益はその週に何回報告書
を配信するかに応じて以下のとおりとなる（ただし，以下の数字は風評被害の防止
策に要する費用および賠償負担額の期待値〔以下，両者をあわせて「追加費用」という〕
を控除する前の値である）。

配信の回数	N 社の利益
1 回	500 万円
2 回	1000 万円
3 回	1380 万円
4 回	1500 万円

　上記の条件のもとにおいて損害賠償制度が過失責任原則をとっている場合と
無過失責任原則をとっている場合のそれぞれについて，N 社の経営者が株主利
益の最大化を目的として行動した場合の帰結はどのようになるであろうか。な
お，社会の厚生は N 社の（追加費用控除後の）利益から被害を受けた企業自体が
負担させられる損害額の期待値を差し引いた値によって評価し得るものとし，
かつ，すべての企業はリスク中立的であると仮定する。

　　まず，損害賠償制度が無過失責任原則をとっている場合，N 社は風評被害額
をすべて負担するのであるから（つまり，同社の業務によってもたらされる負の外
部性はすべて内部化されるのであるから）同社のとる行動は社会の厚生を最大化す
るものとなる。すなわち，同社は風評被害の防止策としては a 策と b 策のみ
を実施することとなり（けだし，報告書 1 回の配信によって生じる追加費用はその場
合において最小となるからである。【計算 3-3-2】参照），報告書の配信は 1 週間に 2
回行われる（けだし，そうすることによって追加費用控除後の同社の利益は最大とな
るからである。【計算 3-3-3】参照）。無過失責任原則をとっても，N 社の営業は採
算割れとはならず，また，同社が最大限の被害防止策を実施する（すなわち，a

策とｂ策とｃ策のすべてを実施する）わけでもないことは注目に値しよう。

【計算 3-3-2】

施策の実施状況	施策に要する費用［Ⅰ］	風評被害の発生確率［Ⅱ］	風評被害の期待値［Ⅲ］＝1000万円×［Ⅱ］	追加費用［Ⅳ］＝［Ⅰ］＋［Ⅲ］
いずれの施策もとらない	0円	50%	500万円	500万円
ａ策のみを実施	150万円	30%	300万円	450万円
ａ策とｂ策を実施	200万円	20%	200万円	400万円
ａ策とｂ策とｃ策を実施	350万円	18%	180万円	530万円

【計算 3-3-3】

配信の回数［Ⅰ］	N社の追加費用控除前の利益［Ⅱ］	追加費用の合計［Ⅲ］＝400万円×［Ⅰ］	N社の追加費用控除後の利益［Ⅳ］＝［Ⅱ］－［Ⅲ］
1回	500万円	400万円	100万円
2回	1000万円	800万円	200万円
3回	1380万円	1200万円	180万円
4回	1500万円	1600万円	－100万円

　損害賠償制度が過失責任原則をとっている場合の帰結は裁判所がどれだけの損害防止策をとることをもってN社に過失がないと認めるかによって異なる。けだし，過失なしと認められれば，N社は風評被害の賠償責任を負わないので損害の期待値を追加費用の計算に加える必要がなくなるからである。考えられる状況は，①ａ策とｂ策を実施することがN社を無過失とするための条件であると裁判所が判断する場合（以下，これを「相当の注意義務が課せられる場合」とよぶ），②三つの施策のすべてを実施することがN社を無過失とするための条件であると裁判所が判断する場合（以下，これを「高度の注意義務が課せられる場合」とよぶ），および，③ａ策が実施されさえすればN社は無過失であると裁判所が判断する場合（以下，これを「低度の注意義務が課せられる場合」とよぶ）の三つである。【計算 3-3-4】は，これらの各場合についてN社に発生する追

加費用を損害防止策の実施状況ごとに示したものであり，太枠で囲った値が各場合において達成し得る追加費用の最小値である（【計算3-3-4】には参考のために無過失責任原則が適用される場合の結果も記載してある）。各場合について，N社はこの太枠で示した結果をもたらす施策を実施することになるであろう。

【計算 3-3-4】（用いられているローマ数字は【計算 3-3-2】上のものである）

施策の実施状況	低度の注意義務が課せられる場合 (1段目は [Ⅳ]，2段目以降は [Ⅰ] の数値と一致する)	相当の注意義務が課せられる場合 (2段目までは [Ⅳ]，3段目以降は [Ⅰ] の数値と一致する)	高度の注意義務が課せられる場合 (3段目までは [Ⅳ]，4段目は [Ⅰ] の数値と一致する)	無過失責任が課せられる場合（すべての段の値が [Ⅳ] の数値と一致する）
いずれの施策もとらない	500 万円	500 万円	500 万円	500 万円
a 策のみを実施	150 万円	450 万円	450 万円	450 万円
a 策と b 策を実施	200 万円	200 万円	400 万円	400 万円
a 策と b 策と c 策を実施	350 万円	350 万円	350 万円	530 万円

　次に，過失責任原則のもとにおいてN社は，裁判所が課す注意義務の程度にかかわらず報告書を週3回発信する道を選択するであろう。けだし，いずれの場合においても報告書1回の配信ごとに発生する追加費用は，配信の回数を2回から3回に増やすことによって得られる追加費用控除前の利益の増加額＝1380万円－1000万円＝380万円を下回り，3回から4回に増やすことで得られる追加費用控除前の利益の増加額＝1500万円－1380万円＝120万円を上回るからである。
　以上の結果をまとめて社会全体の厚生を評価したものが【計算3-3-5】である。

【計算 3-3-5】

適用される 制度	損害賠償 制度なし	損害賠償制度あり			
		無過失責 任原則	過失責任原則		
			低度の注意 義務が課せ られる場合	相当の注意 義務が課せ られる場合	高度の注意 義務が課せ られる場合
実施される防止策	なし	a + b	a	a + b	a + b + c
防止策の実施に要する費 用 [Ⅰ]	0 円	200 万円	150 万円	200 万円	350 万円
1 回の配信によって生じる 風評被害額の期待値 [Ⅱ]	500 万円	200 万円	300 万円	200 万円	180 万円
1 回の配信ごとの N 社の追加費用 [Ⅲ]	[Ⅰ] = 0 円	[Ⅰ]+[Ⅱ] = 400 万円	[Ⅰ] = 150 万円	[Ⅰ] = 200 万円	[Ⅰ] = 350 万円
配信される回数 [Ⅳ]	4 回	2 回	3 回	3 回	3 回
N 社の追加費用控除前利 益 [Ⅴ]	1500 万円	1000 万円	1380 万円	1380 万円	1380 万円
N 社の追加費用控除後利 益 [Ⅵ]=[Ⅴ]−[Ⅲ]×[Ⅳ]	1500 万円	200 万円	930 万円	780 万円	330 万円
被害企業が負担する 損害額の期待値 [Ⅶ]	[Ⅱ]×[Ⅳ] =2000 万円	0 円	[Ⅱ]×[Ⅳ] =900 万円	[Ⅱ]×[Ⅳ] =600 万円	[Ⅱ]×[Ⅳ] =540 万円
社会の厚生 [Ⅷ] =[Ⅵ]−[Ⅶ]	−500 万円	200 万円	30 万円	180 万円	−210 万円

　以上の分析を一般化していうと次のように要約できる。なお，以下において，「最適防止策」とは，損害が発生する可能性を軽減するために加害者が取り得る措置の中で，それを実施するために要する費用とその措置をとった場合の損害の期待値の和が最小となるものを意味するものとする。

① 　無過失責任原則のもとにおいては，加害者は負の外部性を内部化することを余儀なくされる。その結果，加害者は最適防止策を実施し，かつ，行動の総量を社会的厚生が最大となる範囲にとどめる。

② 　過失責任原則のもとにおいて，裁判所が，最適防止策がとられることをもって加害者に過失なしと認めるための条件とする場合には[109]，加害者は最適防止策

---

109)　最適防止策が実施されることをもって無過失の認定の判定基準とする考え方としては米国のハンド裁判官の見解が著名である（彼の見解は，「損害発生の防止策に要する費用が損害の期待値［＝損害予想額×損害の発生確率］を下回れば過失が認定される」というものであり，一般に「ハンドの定式」とよばれている。United States v. Carroll Towing Co., 159F. 2d 169（2d Cir. 1947）参照）。ハンドの定式はわが国

を実施する。しかしながら，その結果加害者は負の外部性の内部化を免れるので，行動の総量は社会的厚生の最大化が達成される限度を超えた過剰なものとなる傾向を免れない。

③　過失責任原則のもとにおいて，裁判所が，最適防止策よりも損害の発生を抑止する効果の低い施策（以下，これを「過小な防止策」という）がとられることをもって加害者に過失なしと認める場合には，加害者はその過小な防止策しか実施しない。そのため，行為1回あたりにおける損害の期待値は最適防止策がとられる場合よりも高いレベルにとどまり，しかも，加害者が負の外部性の内部化を免れることの結果として行動の総量はやはり過剰なものとなる傾向を免れない。

④　過失責任原則のもとにおいて，裁判所が，最適防止策よりも損害の発生を抑止する効果の高い施策（以下，これを「過大な防止策」という）がとられることをもって加害者に過失なしと認められるための条件とする場合には，加害者は原則としてその過大な防止策を実施する。[110]しかしながら，過大な防止策は不効率な防止策であるからそれが実施された分だけ行為の社会的コストは増加し，しかも，加害者が負の外部性の内部化を免れることの結果として行動の総量はやはり過剰なものとなる傾向を免れない。

以上のとおり，過失責任原則のもとで加害者たる会社の経営者が株主利益最大化原則に則った行動をとる限り厚生の最大化の達成は困難となる。[111]したがって，厚生の最大化を実現するためには負の外部性を生み出す事業者一般について過失責任原則のもたらす弊害を最小とする措置をとることが必要であり，過失責任を負うか否かにかかわらず，最適防止策をとり，かつ，負の外部性をも

でも良く知られているが，過失の判定基準として裁判所がこれを用いるとは限らない。以上の点につき，シャベル（2010）219頁の脚注22および内田（2011）341頁以下参照。

110）　例外的に，過大な防止策を実施するのに要する費用が最適防止策の実施費用とそれが実施された場合の損害の期待値の和を上回る場合には，加害者は過大な防止策を実施しない。この場合，加害者はつねに発生した損害を賠償する責任を負うことになるので，結果は無過失責任原則が適用される場合と同じとなる。

111）　ただし，過失責任原則が損害賠償制度の法理としてつねに無過失責任原則に劣るというわけではない。たとえば，過失責任原則は被害者に損害回避行動を促すという点において無過失責任原則よりも望ましい制度である（ただし，過失のある被害者の救済を否定する制度——これを「寄与過失」という——を併用すれば無過失責任原則のもとでも被害者の損害回避行動が確保されることが指摘されている）。以上の点につき詳しくは，シャベル（2010）210頁以下参照。

たらす行為が過剰となることを避けることが適法かつ適切な行動である。

　過失責任主義が生み出している深刻な社会問題の一つは，インターネット上における誹謗中傷や著作権侵害を伴うコンテンツの氾濫である。
　以下，問題点を箇条書きにして説明する。

①　インターネット上の電子掲示板においては，匿名での情報発信が容易であることから，これを利用しての他人の誹謗中傷を含むコンテンツが横行し，さらに，ブロードバンド環境の進展によって音楽・動画等の著作権侵害を含むコンテンツも急増している。これらのコンテンツの発信は明らかに保護法益の侵害を伴う負の外部性を生み出す行為であり，その主たる責任者が違法コンテンツの発信者であることは疑いがない。

②　そこで，権利を侵害された者が違法コンテンツを発信した匿名の加害者に対して損害賠償を請求することを可能とするために，プロバイダ責任制限法は[112]，被害者が違法コンテンツの掲載を許した電子掲示板のプロバイダに対して発信者に関する情報の開示を請求する権利を認めている（同法4条）。しかしながら，この規定を利用して匿名の発信者の身元を割り出すことは必ずしも容易ではない。けだし，プロバイダ責任制限法は，プロバイダがこの開示請求に応じなくても故意または重大な過失がない限り賠償責任を負わない旨を規定していることから（同法4条），裁判所の仮処分命令が下されない限り，発信者の情報を開示しないプロバイダが少なくないからである。しかも，いわゆるコンテンツ・プロバイダが有している発信者情報は同人のIPアドレスとタイムスタンプにとどまる場合が多いため，せっかく裁判所の命令を得て情報開示を受けたとしても発信者に対して裁判を提起するために必要な情報（＝発信者の氏名および住所）を得ることはできず，この情報を得るためには改めて経由プロバイダを割り出し，同プロバイダに対して発信者の氏名および住所の開示を求めなければならない場合が少なくない[113]。

③　被害者が取り得るもう一つの手段は，違法コンテンツの掲載を許した電子掲示板のプロバイダの共同不法行為責任（民法719条）を追及することである。ところが，プロバイダ責任制限法は，権利侵害があることを「知っていたと

---

112)　法律の正式名称は，「特定電気通信役務提供者の損害賠償責任の制限及び発信者情報の開示に関する法律」である。
113)　これらの点を含め，インターネット上の名誉毀損の問題一般につき，松尾（2016）38頁以下および佃（2017）196頁以下各参照。

き」または「知ることができたと認めるに足りる相当の理由があるとき」でな
ければ違法コンテンツを削除しなくてもプロバイダは損害賠償責任を負わない
旨規定している（同法3条）。そして，この規定があるために，プロバイダは，
被害者からの削除要求がなされた後に違法なコンテンツを削除すれば過失なし
とされる可能性が高く，違法なコンテンツの出現を未然に回避し，あるいは，
出現後可及的速やかにこれを削除する等の努力を怠っても原則として不法行為
責任を負わない。これは，「過小な防止策」をとるだけで無過失と認定される
ことを法が保証したに等しい事態であり，くわえて，上記のとおり，これによっ
て負の外部性の内部化が阻まれるのであるから，違法コンテンツの流通が過剰
となることは避けがたい。

　プロバイダ責任制限法は過失責任原則が抱える問題を如実に示している。そ
して，プロバイダ事業を営む会社がこの法律の規定を奇貨として株主利益最大
化原則に徹した経営を行う限り厚生損失の発生（効率性の侵害）がやむことは
ないであろう。これに対して，プロバイダ事業を営む会社の経営者が厚生最大
化原則をもって経営の行為規範とすれば，違法コンテンツが掲載されることを
回避するべく相当な注意を払い，同時に，結果的に違法コンテンツが掲載され
てしまった場合においては，被害者がただちに加害者に対して賠償請求を提起
するために必要な情報をすみやかに被害者に提供することを可能とする体制を
整備すべきであり，そうすることこそが会社法上適法・適切な行為である。

(d)　非財産的損害に関する問題

　「人が享受している社会的評価」（以下，名誉という[114]）は保護法益であり（民法
710条，723条参照），これを侵害した者は，これによって生じた被害者の損害を
賠償しなければならない（名誉を侵害する行為のことを以下では名誉毀損とよぶ）。
さらに，ここでいう損害には精神的損害，すなわち，被害者が味わった苦痛や
不快感も含まれることについても争いはなく，精神的損害に対して支払われる
賠償額は一般に慰謝料とよばれている。
　事実を摘示することにより他人の名誉を毀損しても不法行為とならないため
の条件も判例法上確立されている。すなわち，事実を摘示する行為により他人
の名誉を毀損した者が損害賠償責任を負わないのは次の3条件（本Ⅲ.3におい

---

114)　名誉＝社会的評価と対比する意味で，被害者本人の自らに対する自尊の感情を
　　「名誉感情」という。内田（2011）348頁以下参照。

てのみ，以下，「免責3条件」とよぶ）がすべて満たされた場合のみである（摘示された事実が真実であっても，①と②の条件が同時に満たされない限り賠償責任を免れないことに留意されたい）[115]。

① 開示された事実が公共の利害に関するものであること。
② もっぱら，公益を図る目的によってなされた行為であること。
③ 摘示された事実が真実であることが証明されたこと，あるいは真実であると信じたことに相当の理由があったこと。

　現行の法制度がこのようなものであるにもかかわらず，わが国においては名誉毀損が横行している。すなわち，毎週出版される週刊誌上においては著名人に対する名誉毀損が頻繁になされており，インターネット上では一般市民に対する誹謗中傷が日常的になされている。このうちの後者の問題はⅢ.3.(2).(c)で取り上げたので，ここでは前者の問題，すなわち，著名人に対する名誉毀損の問題を論じることにする。
　著名人に対する名誉毀損は，彼ら・彼女らのプライバシーの侵害を通じてなされる場合が多い。ここで，プライバシーとは「私生活をみだりに公開されない権利」のことであり，講学上も判例法上も名誉とは独立した保護法益として扱われているが[116]，本Ⅲ.3.(2).(d)では，プライバシーの侵害と名誉毀損が同時に成立することを前提として議論を進めていくことにする。
　メディア，とくに週刊誌による著名人の名誉毀損・プライバシーの侵害はなぜ横行しているのか。思うに，その主たる原因は裁判所が認定する慰謝料額が低すぎることである。この点は，かねてから法曹関係者の指摘するところであり，1986年のいわゆる「北方ジャーナル」事件の最高裁判決では，「わが国において名誉毀損に対する損害賠償は，それが認容される場合においても，しばしば名目的な低額に失するとの非難を受けているのが実情と考えられるのであるが，これが本来表現の自由の保障の範囲外ともいうべき言論の横行を許す結果となつているのであって，この点は，関係者の深く思いを致すべきところと

---

[115]　最判昭和41年6月23日民集20巻5号1118頁。なお，免責3条件は，刑法上名誉毀損が犯罪とならないための3条件とほぼ一致している（同法230条の2参照）。これをいい換えれば，免責3条件が成立しない名誉毀損は刑法上の犯罪とすらなるのであるから，民法上これが不法行為となることは当然であろう。
[116]　内田（2011）353頁参照。

考えられる」という大橋進裁判官の補足意見が述べられたことはいまだ記憶に
新しい。[117) その後，2000（平成 12）年頃から比較的高額の慰謝料を認める判決が
若干ながら出されるようになり，[118) 同時に，それまでの慰謝料額が低すぎたこと
を認める内容の報告や研究が裁判関係者によって相次いで公表された。[119)

　しかしながら，慰謝料額の高額化がその後進んでいるとは到底いえない。す
なわち，統計調査によれば，公刊された裁判例において認容された慰謝料額の
各年ごとの中央値は，2003（平成 15）年に 100 万円であったものが，2005（平
成 17）年には一旦 300 万円にまで上昇したものの，認容額の中央値は翌年以降
再び下降に転じ（2011〔平成 23〕年および 2012〔平成 24〕年の中央値はそれぞれ 55
万円および 40 万円という低さであった），2003（平成 15）年から 2014（平成 26）年
までの認容額全体の中央値は 100 万円にすぎないとのことである。[120)

　100 万円の慰謝料しか受け取れないのであれば，著名人である被害者の多く
は裁判を行うことを断念し，「泣き寝入り」の道を選択するに違いない。けだ
し，裁判を起こすためには弁護士報酬をはじめとして少なからぬ費用を支出し
なければならず，[121) くわえて，裁判に巻き込まれることの煩わしさを考えるなら

---

117)　最大判昭和 61 年 6 月 11 日民集 40 巻 4 号 872 頁。

118)　プロ野球選手の名誉毀損事件につき 1000 万円の慰謝料を認容した判決（東京地
　　判平成 13 年 3 月 27 日判例時報 1754 号 93 頁。ただし，認容額は控訴審で 600 万円に
　　減額されている）や女優の名誉毀損事件につき 500 万円の慰謝料を認容した判決（東
　　京地判平成 13 年 2 月 26 日判例タイムズ 1055 号 24 頁）が著名である。裁判所が認定
　　する慰謝料額の変遷について論じた文献として佃（2017）332 頁以下参照。

119)　司法研修所「損害賠償請求訴訟における損害額の算定」判例タイムズ 1070 号
　　（2001）4 頁，東京地方裁判所損害賠償訴訟研究会「マスメディアによる名誉毀損訴
　　訟の研究と提言」ジュリスト 1209 号（2001）63 頁，大阪地方裁判所損害賠償実務研
　　究会「名誉毀損による損害賠償額の算定」NBL731 号（2002）6 頁等参照。

120)　西口ほか編（2015）42 頁以下参照。

121)　民事訴訟法 61 条は，「訴訟費用は，敗訴の当事者の負担とする」と規定している
　　が，ここでいう訴訟費用には，（裁判所が当事者の弁論能力を不十分とし，弁護士の
　　付添いを命じ，または当事者に代わって弁護士を選任した場合を除き）弁護士費用は
　　含まれない（民事訴訟費用等に関する法律 2 条 10 号，賀集ほか編（2012）168 頁）。
　　民事訴訟で当事者が支出する費用の大部分は弁護士費用である（賀集ほか編（2012）
　　168 頁）から，民事訴訟法 61 条の規定では実費の大部分を回復することはできない。
　　なお，判例は，相手方の訴え提起行為自体が不法行為の要件に該当するとき（いわゆ
　　る不当提訴の場合）には，一般の不法行為の理論によって，弁護士費用について損害
　　賠償請求をすることができるとし，また不法行為に基づく損害賠償請求訴訟において，
　　相当因果関係に立つ範囲で弁護士費用を損害の一部として請求することができるとし
　　ている（賀集ほか編（2012）169 頁）が，そのような形で弁護士費用を全額回復でき
　　ると期待できる場合は多くないであろう。このことが，訴訟提起を一層困難なものに

ば，100 万円程度の慰謝料を受け取るために訴訟を起こすことは著名人である
被害者にとって合理的な行動であるとは考えがたいからである。そして，大多
数の被害者が泣き寝入りの道を選択し，かつ，週刊誌の出版社をはじめとする
メディア企業の経営者が株主利益最大化原則をもって経営の行為規範とする限
り，名誉毀損とプライバシーの侵害が横溢する現状が改まることはないであろう。[122]

　では，この状況に対して厚生最大化原則を適用した場合，出版社の経営者は
いかなる行動を選択すべきであるか。この問いに対する解を導き出すうえで最
大の難問は「著名人が失った厚生の大きさ」をいかに評価するのかという問題
であろう。この点を考える端緒として，まずは次の事例について考えてみたい。

【事例 3-3-3】

> 　配送業を営む O 社の従業員 P は，O 社のトラックを運転して配送業務に従
> 事している最中に居眠り運転をしてしまい，路肩に適法に駐車されていた Q
> 氏（女性）所有の自動車（以下，本事例に関してのみ，「本件自動車」という）を大破
> させてしまった（誰も車中にはおらず，したがって，誰も身体的損傷を受けることはな
> かった）。本件自動車と同種の車は 300 万円を支払えば市場でただちに調達で
> きる。しかしながら，本件自動車は 1 ヶ月前に他界した Q 氏の夫が 3 年前の
> Q 氏の誕生日にプレゼントしてくれたものであり，その後の 3 年間に 2 人で
> 日本各地をドライブして過ごした楽しい思い出の詰まった車であった。
> 　本事例において失われた厚生の大きさはいくらと評価すべきであろうか。

しているのではないかとの問題意識から，司法制度改革審議会は，「勝訴しても弁護
士報酬を相手方から回収できないため訴訟を回避せざるを得なかった当事者にも，そ
の負担の公平化を図って訴訟を利用しやすくする見地から，一定の要件の下に弁護士
報酬の一部を訴訟に必要な費用と認めて敗訴者に負担させることができる制度を導入
すべきである」との意見を示していた（司法制度改革審議会の平成 13 年 6 月 12 日付
「司法制度改革審議会意見書——21 世紀の日本を支える司法制度」28 頁）。しかし，
他方で，消費者，労働者，中小零細業者など弱い立場にある者が敗訴した時の弁護士
報酬負担を恐れて訴訟提起や訴訟遂行をためらうことにつながるおそれも懸念される
といった反論も根強く（東京弁護士会の意見については https://www.toben.or.jp/
message/ikensyo/post-185.html 参照），弁護士報酬の敗訴者負担制度はいまだ成立に
は至っていない。

122)　このような現状を肯定的にとらえて，「プライバシーを失うことは著名人が支払
　　うべき有名税である」とか「著名人はプライバシーに対する権利を放棄している」な
　　どという見解を述べる論者もいる。しかしながら，著名人であるからといって差別的
　　な負担を課せられるいわれはないし，彼ら・彼女らが自らの権利を放棄したと認める
　　に足る事実が存在することは稀であろう。

　失われた厚生の大きさは，利益を喪失した当事者のその利益に対する支払用意額（すなわち，代償としてある金額が支払われるならばその利益を手放すことに同意していたであろうと思える場合におけるその金額）をもって評価するのが厚生最大化主義の基本ルールであった（Ⅱ. 4. (3) 参照）。したがって，【事例 3-3-3】の場合，仮に本件自動車が Q 氏にとって別段の思い入れのある車でないとすれば，失われた厚生の大きさは 300 万円弱と評価するのが妥当であろう。けだし，300 万円が支払われるならば，Q 氏は，本件自動車と同種の（しかも新品の）自動車をただちに購入できるのであるから，本件自動車を喪失することに対する支払用意額は 300 万円弱であったと考えられるからである。このように，失われた利益と同種の利益を市場で再調達できる場合にはその再調達価格をもって失われた厚生の大きさと評価するのが妥当であり，そのような損害を，以下，**財産的損害**（pecuniary losses）とよぶことにする。

　しかしながら，この事例において，本件自動車は，Q 氏にとって「思い出の詰まった車」であった。そして，「思い出の詰まった車」を市場で再調達することは不可能であるから，失われた厚生の大きさを同種のものの再調達価格によって評価することはできない（このような損害を，以下，**非財産的損害**〔nonpecuniary losses〕とよぶ）[123]。

　しかしながら，非財産的損害についても厚生の大きさを評価することは——少なくとも理論上は——可能である。すなわち，厚生最大化原則の基本ルールに従って考えれば，Q 氏が，本件事故の発生当時において，思い出の詰まっ

---

123)　「非財産的損害」は米国の法の経済分析の専門家が好んで使う用語である。これに対して，わが国では，前述のとおり，非財産的損害のことを「精神的損害」とよぶことが多い。両者の違いは一見表現上の問題にすぎないように見えるが，実のところ，両者は，「何をもって損害ととらえるか」という問題に対する視点を異にしている。すなわち，「精神的損害」という場合には被害者が味わう苦痛や不快感そのものが損害であるのに対して，「非財産的損害」という場合には被害者が享受していた利益（【事例 3-3-3】における「思い出の詰まった車」や【事例 3-3-4】における被害者の名誉やプライバシーがこれにあたる）の喪失が損害の中核であり，被害者が抱く苦痛や不快感は喪失した利益が回復されないことによって生じる二次的損害にすぎない。しかしながら，苦痛や不快感に関しては，いかにしてこれを金銭に換算するのかということ自体が曖昧であり，くわえて，「いつの」あるいは「いつからいつまでの」苦痛や不快感を金銭評価の対象とするのかも曖昧である。これに対して，非財産的損害の評価は，本文に記したとおり，不法行為発生時における被害者の支払用意額という概念によって一義的にとらえることが可能である。したがって，損害額の合理的算定という観点からいえば，精神的損害という概念よりも非財産的損害という概念の方が有用ではなかろうか。

た本件自動車を手放す用意のあった金額が判明すれば，その金額こそが彼女が
失った厚生の大きさと評価し得るからである。問題は，事後的にこの金額を評
価することが困難なことにあるが（現時点においてＱ氏にこの金額がいくらであっ
たかを尋ねてもあまり意味がない。けだし，現時点における彼女にはこの金額を過大に
考えるインセンティブしかないからである），たとえば，本件事故の直前において，
Ｑ氏が友人に本件自動車を 500 万円で売却することに内諾していた事実が判
明すれば，この 500 万という金額こそが彼女が失った厚生の大きさを表す数字
といえるであろう。[124]

　以上の点を踏まえて，名誉毀損やプライバシーの侵害が発生した場合におけ

---

124)　ただし，仮にこの数字が証拠上明らかとなったとしても，現行法上Ｑ氏がＯ社
　に対してこの金額の支払いを求め得るかは疑問である。けだし，民法 416 条 2 項と同
　項に関する判例法のもとにおいては，不法行為によって損害が発生した場合であって
　も，その損害が「特別の事情によって生じた損害」である場合には，加害者が，不法
　行為時において，その特別事情の存在を「予見し得た」（2017〔平成 29〕年 6 月 2 日
　に公布され，2020〔平成 32 年にあたる〕年 4 月 1 日に施行される改正民法〔以下，
　新民法という〕の用語では「予見すべきであった」）場合でなければ賠償義務は発生
　せず，本事例の場合，本件自動車が「思い出の詰まった車」であったことは，Ｏ社
　にとってもＰ氏にとっても予見し得なかった（新民法の用語を使っていえば，「予見
　すべきであったとはいえない」）特別の事情であるとみなされる可能性が高いからで
　ある。なお，法の経済分析の専門家の中には，少なくとも偶発的に発生する事故（本
　脚注においてのみ，以下，「偶発的事故」という）に関しては，非財産的損害を損害
　賠償制度の対象とすることに懐疑的な論者も少なくない。その理由は概ね以下のよう
　に要約できるが，この立場にたった場合においても，Ｑ氏に対して再調達価格を上
　回る賠償をすることは不要との結論に至るであろう（この問題を論じた文献は多数存
　在するが，全体を簡潔に説明したものとしては Lindenbergh-van Kippersluis（2009）
　が分かりやすい）。
　①　偶発的事故に適用される制度の優劣を考える際には，その制度によって社会の
　　構成員各自のリスクを効率的に軽減し得るか否かという観点からの検討がなされ
　　なければならない。
　②　しかるに，偶発的事故の加害者が会社である場合，会社はリスクを消費者や株
　　主に転嫁することによってリスクの分散を図ることができるので，損害賠償制度
　　はある種の「強制保険制度」として効率的なリスク軽減機能を備えている。
　③　しかしながら，非財産的損害については，保険の原理を使って社会の構成員の
　　期待効用を高めることができないので（この点について，草野（2016）64 頁以
　　下を参照されたい），非財産的損害を損害賠償制度の対象とすることは効率的で
　　ない（なお，非財産的損害を損害賠償制度の対象とすることは効率的でないとい
　　う主張の論拠としては，この点のほかに，(a)被害者が金銭の支払いを受けること
　　によって享受し得る効用は，偶発的事故の発生後低下する場合が多いことや(b)リ
　　スクを嫌う強さには個人差があるので，各自が任意保険を使って自らのリスクに
　　対処するようにした方が効率的であることを強調する論者もいる）。

る厚生の大きさの評価方法について考えてみよう。再び事例を使って議論を進
めていく。

【事例3-3-4】

> 出版業を営むR社は同社の主要な収益源である総合週刊誌の最新号（本事例
> に関してのみ，以下，「本件週刊誌」という）において，芸能人Sの出生にかかわる
> 秘密を暴露した。暴露された事実はS氏にとって不名誉なものであったが，
> 今回の記事が掲載されたことについて世間は概ねS氏に同情的であり，S氏の
> 芸能人としての収入が減少することはなかった。
> 　本事例において失われた厚生の大きさはいくらと評価すべきであろうか。

　【事例3-3-4】の場合，S氏が失った利益は同氏のプライバシーと名誉であ
る。そして，これらの利益は市場で再調達することのできないものであるから，
S氏の損害は非財産的損害である。したがって，【事例3-3-3】で用いた考え
方を本事例にあてはめれば，S氏が失った厚生の大きさは，本件週刊誌が発売
される直前において仮にR社がS氏に対して記事を掲載することの了解を求
めていたとした場合におけるS氏の支払用意額，すなわち，S氏が「これだけ
の金額を支払ってもらえるのであれば今回の記事が掲載されることに同意して
もよい」と考えていたであろう金額によって表すことができる。[125)] ただし，この金
額を事後的に推定することは困難であり，現時点におけるS氏の見解をもっ
てこの金額を推定することの根拠とすることが合理的でないことも【事例3-3
-3】のQ氏の場合と同様である。

　しかしながら，【事例3-3-3】の損害は偶発的なものであるのに対して，【事
例3-3-4】の損害はR社の意図的行為によって発生している点に大きな違い
がある。すなわち，R社の経営者には，本件週刊誌の出版に先立ってS氏と
交渉をするという選択肢が現実に存在していた。そして，その交渉の過程にお
いて，S氏に記事を掲載することについての同意を求め，必要であれば同意を
得るための対価を提示することができたはずである。これに対してS氏がい

---

125)　したがって，プライバシーや名誉毀損に対する慰謝料額の算定も本文に記した支
　　払用意額を基準としてなされることが厚生最大化原則に適った計算方法である。具体
　　的な金額を表すためにはなんらかの便宜的手段を用いざるを得ないであろうが，現行
　　の訴訟実務で認容される慰謝料額をはるかに上回る金額とすべきであることは間違い
　　ないであろう。

かなる反応を示したかは本事例の記載からは分からないが，一般論としていえ
ば，プライバシーを開示した記事の掲載について頑なに同意を拒む者もいれば，
比較的低廉な対価を得ることでこれに同意する者や，対価を受け取る代わりに
他の雑誌等において好意的な記事を掲載してもらうことを条件に同意を与える
者もいるであろう。そして，このような交渉を行ったにもかかわらず相手方の
同意が得られない場合には記事の掲載を断念するという方針を R 社が堅持す
るならば，保護法益の侵害を回避できることは明らかであり，同時に，これに
よって社会の厚生の最大化も達成されるはずである。

　上記の結論が正しいことを【図 3-3-4】を使って説明したい（【図 3-3-4】は
【図 3-3-1】と同じである）。

【図 3-3-4】

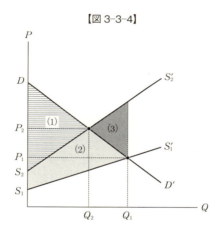

　まず，D–D' は R 社が発売する週刊誌全体の需要曲線を表し，S_1–S_1' は R 社
がプライバシーを侵害される者の同意なしにプライバシーを侵害する記事を掲
載した週刊誌の出版を継続した場合における同社の限界費用曲線を表し，S_2–
S_2' と S_1–S_1' の差はプライバシーを侵害される者の同意を得るために要するコ
ストを表している。R 社がプライバシーを侵害される者の同意なしに出版を継
続した場合に同社が発売する週刊誌の価格は P_1，販売数量は Q_1 となり，見か
け上の総余剰は(1)+(2)となる。しかしながら，プライバシーを侵害された者は
(2)+(3)の大きさの厚生を失っているのであるから，社会全体の厚生は(1)−(3)で

___
126)　ただし，R 社は同社の発売する週刊誌全体に対して価格支配力を有している可能
　　　性が高いので，現実の市場価格は【図 3-3-4】に示したものよりも割高となるであ
　　　ろう。

ある。これに対して，R 社がプライバシーを侵害される者の同意なしには出版を行わないという方針を堅持した場合，週刊誌の価格は P_2 に上昇し，販売数量は Q_2 に下落するが，これによって社会全体の厚生は(1)となって効用の最大化が達成されている。

「しかし，そのような方針を採用したならば，週刊誌の販売数は減少し，その内容も味気のないものになってしまうのではないか」，そう考える方もいるかもしれない。たしかに，そうなる可能性は高い。しかし，その結果のどこに問題があるのであろうか。著名人のプライバシーを知ることにある種の快感を覚え，あるいは，それによって「生きる活力」を得る消費者がいることは事実であろう。しかしながら，消費者が得るこれらの効用は【図 3-3-4】の総余剰の中にすべて反映されている。そして，このような効用も含めて社会全体の厚生を最大化することが厚生最大化原則の目指すところであり，上記の結果はこの目的に適っている。よって，上記の方針を堅持することこそが厚生最大化原則のもとで経営者がとるべき施策である。

ちなみに，上記の議論は，プライバシーの侵害や名誉毀損が正の外部性を伴わないことを前提としたものである。これに対して，たとえば，公表された情報が選挙によって選出される公務員の資質や能力を評価するうえで意味のあるものである場合，これを公表することには明らかな正の外部性がある。このような状況に厚生最大化原則を適用するためには，上記の分析に正の外部性を加えたうえで，経営者がとるべき具体的な行為規範を導き出さなければならない。この点は今後検討すべき課題の一つである。[127]

(3)　負の外部性その (3) ──保護法益の侵害とならない場合

負の外部性を生み出す会社の行動が保護法益の侵害とならない事態には，①侵害される利益が保護法益ではない場合と，②会社の行為と保護法益の喪失の間に因果関係はあるものの，これをもって「違法行為」と評価することができない場合の 2 通りがある。以下，それぞれの場合について検討を行う。

---

127)　この点についての分析が未了の間は，伝統的な法解釈論の技法を用いて免責 3 条件の外延を特定することによって経営者がとるべき行為規範を明らかにすることが法律家が経営者に与え得る最善の助言となるであろう。

（a）　侵害される利益が保護法益でない場合

　侵害される利益が現行法上保護法益でない場合には，これを侵害しても不法行為にはあたらない。しかしながら，保護法益とは認められない利益であってもそれが社会の厚生の一部を構成している以上，その侵害を伴う企業活動が過剰に行われれば厚生損失の発生を免れない。したがって，そのような事態を回避すべく企業活動を抑制することは厚生最大化原則に適った行為である。

　以上の点について，次の事例を使いながら具体的に考えてみよう。

【事例 3-3-5】

> 　T 社はコンビニエンスストア（本事例においてのみ，以下，単に「店舗」という）を全国各地で営む大手の小売業者である。近年 T 社の業績は好調に推移しており，その主たる理由は，各店舗に置かれている商品の品揃えの多さと新鮮さにあると考えられている。しかしながら，商品の品揃えの多さと新鮮さを維持するためには大量の商品を頻繁に各店舗に配送しなければならず，これを行うためのコストの増加が T 社の収益を圧迫していることもまた事実であった。そこで，「各店舗に商品を配送する際に用いるトラックをこれまで用いてきた中型のものから大型のものに切り替える」という施策の可否が検討されることとなった。調査してみたところ，T 社が展開しているすべての店舗について（多少の迂回路を利用しさえすれば）大型トラックを配送に用いることが可能であり，これを実施すれば配送に要するコストはかなり減少することが明らかとなった。しかしながら，T 社の店舗は住宅地に設けられているものが多く，これらの店舗に対して 1 日に何回も大型トラックを使った商品配送を実施すれば近隣の住民にとっては少なからぬ迷惑がかかることが予想される。T 社の経営者はどのように考えてこの施策（以下，「施策 e」という）の可否を決定すべきであろうか。

　住宅地内の閑静な道路を大型トラックが 1 日に何度も疾走すれば，近隣の住民は，これによって生じる騒音や振動はもちろんのこと，状況によっては身体的脅威を感じることもあり得るであろう。しかしながら，「住宅地での静謐な暮らしを妨害されない利益」というものは，（少なくとも現在の判例法上は）保護法益として認められていない。したがって，T 社が施策 e を実施した場合においても，T 社のトラックの運転が道路交通法や騒音や振動の規制法令に抵触する場合は格別，そうでない限り近隣の住民にはこれを抑止したり，これによっ

て生じた損害の賠償を求めることはできない。したがって，Ｔ社の経営者が株主利益最大化原則をもって経営の行為規範とする限り，施策ｅの実行を回避することは不適法な消極的非営利施策である（施策ｅの実施によってＴ社の評判が低下することが心配であれば，トラックの外装から社名の表記を外すことも一案であろう）。

　しかしながら，施策ｅが実施されることによってＴ社の各店舗の近隣の住民の厚生が減少することは明らかであり，この点は，侵害される利益が保護法益と認められるか否かという法律上の規範的判断とは無関係である。したがって，Ｔ社の経営者が厚生最大化原則をもって経営の行為規範とするのであれば，近隣住民に生じる厚生の減少を緩和し，大型トラックの使用回数を減らすなどの配慮をすることによって厚生損失を最小化するよう配慮することが適法・適切な行為である。

(b)　会社の行為に違法性がない場合

　保護法益である利益が毀損し，ある者の行為とその結果の間に因果関係が認められる場合であっても行為者に不法行為責任が発生しない場合がある。伝統的な民法学においては，そのような行為には「違法性がない」から不法行為責任が発生しないという説明がなされてきているので，本書においても，以下，この表現を用いて事態の説明を行うことにする。

　違法でない行為による保護法益の毀損が問題となるのは，その保護法益を違法行為によって侵害する第三者が存在しているにもかかわらず，その第三者（以下，「違法行為主体」という）が違法行為に及ぶことを損害賠償制度を含む法令上の諸制度によって抑止し得ない場合である。この点に関して米国でよく例としてあげられるのは，拳銃を用いた犯罪が頻発する地区の小売業者が不特定多数の消費者に拳銃を販売する行為である。この場合，もし購入者の1人が購入した拳銃を発砲して他人の生命・身体に危害を加えたとすれば，その購入者こそが違法行為主体であり，なんらかの理由によって法令上の諸制度がこの違法行為主体の行動を抑止できなかったがゆえに生命・身体への侵害という重大な法益侵害が発生してしまったわけである。一方，この結果と小売業者が行った拳銃の販売行為との間には因果関係が認められる。しかしながら，小売業者が法令上の手続きを遵守して拳銃を販売している限り，その行為が違法であるとはいえないので，上記の結果に関して被害者が小売業者に対して損害賠償を

求めることはできない。そして，損害賠償義務を負わないことを計算にいれた
うえで小売業者が株主利益の最大化を図れば，拳銃の供給過剰という負の外部
性が生じることは明らかである。したがって，小売業者の経営者が厚生最大化
原則をもって経営の行為規範とするのであれば，拳銃の販売活動に自主的な制
約を加えることによって厚生損失を最小化することが適法・適切な行動であ
る。

　わが国において看過し得ない問題状況としては，たとえば，次のような事例
が考えられる。[128)]

【事例 3-3-6】

　　U 社は全国各地においてテーマ・パークやスポーツ施設を管理・運営してい
　る上場企業であり，V 県にある W スタジアム（野球場）も同社が管理・運営し
　ている。W スタジアムでは 3 年前から年間で 30 試合ほどプロ野球の公式試合
　を行うことになり，これによって急増した W スタジアムの収益によって U 社
　の業績は過去 3 年間好調に推移してきた。
　　ところが，最近になって，W スタジアムで開催された野球試合の観戦後帰
　宅路上にあった若い女性が暴漢に襲われるという事件が発生した。過疎化の進
　む V 県では近年治安が悪化しており，しかも，W スタジアムから付近の住宅
　地に移動するためには森林の中の道路を 2 キロメートル程度歩かなければなら
　ない。これらの点を考えると同じような事件が再び起こらないという保証はな
　いと考えた U 社の経営者は，試合の開始時刻を早めてもらうことをプロ野球
　機構に提案したが，W スタジアムの試合についてだけ開始時間を変えること
　はできかねるとのことであった。U 社の経営者は，バスによる送迎を行うなど
　の他の事故防止手段も検討したが諸般の理由からいずれの手段も実行困難であ
　ることが判明した。そこで，事態を憂慮した U 社の経営者は来年度以降 W ス
　タジアムでのプロ野球公式戦の開催を見送ることを取締役会に提案した。取締
　役会の席上において，社外役員の 1 人から，主要な収益源をみすみす放棄して
　は株主に対する責任を果たせないのではないかとの意見が述べられた。U 社の
　経営者はいかなる決定をなすべきであろうか。

　W スタジアムがプロ野球の試合の開催を継続し，その結果再び類似の事件
が起こったとしても，そのことに対して U 社が法的責任を負うことはおそら

---

128)　【事例 3-3-6】は草野（2016）318 頁に記載した問題に加筆・修正を加えたもの
　　である。

くないであろう。¹²⁹⁾したがって，株主利益最大化原則に依拠する限り，U 社の経営者は W スタジアムでのプロ野球公式戦の開催を継続することを決定すべきである。しかしながら，厚生最大化原則をもって経営の行為規範とすれば U 社経営者の判断は異なったものとなる。すなわち，U 社経営者の最善の判断として，公式戦の開催を見送ることによって守られる厚生の大きさが試合の開催¹³⁰⁾を継続することによって得られる厚生の大きさを上回ると思うのであれば，信¹³¹⁾念を持って公式戦開催の見送りを決定すべきであり，そうすることが会社法上適法かつ適切である。

（4）　正の外部性その（1）──経済学的説明

再び事例を使って説明する。

【事例 3-3-7】

過疎化の進む X 地方北部（本事例に関してのみ，以下，「本件地域」という）では Y 電鉄が営む旅客運送事業が本件地域住民に対して貴重な交通手段を提供している。【図 3-3-5】の直線 D_1–D_1' は Y 電鉄が提供する旅客運送事業に対する本件地域住民の需要曲線を表しており，直線 S–S' は Y 電鉄のこのサービスに関する限界費用曲線を表している。しかしながら，Y 電鉄の旅客運送事業が本件地域住民にもたらす効用は直線 D_1–D_1' の需要曲線によって表し尽くせるものではない。けだし，この旅客運送事業が存在することによって本件地域で生活することの利便性は格段に向上しており，その恩恵は Y 電鉄の鉄道を利用することのない本件地域住民もあまねく享受し得るものだからである。この利便性に対する本件地域住民の支払用意額の総量を定量的に把握することは必ずしも容易なことではないが，ここでは直線 D_1–D_1' と直線 D_2–D_2' で挟まれた部分

---

129)　ただし，U 社が試合の開催を継続するのであれば，最近起こった事件の概要と類似の事故が起きても U 社は責任を負いかねる旨をしかるべき方法を用いて観客に伝えるべきであり，これを怠った場合には現行の法制度のもとにおいても不法行為責任が発生するかもしれない。

130)　失われる厚生の対象には，損なわれる生命や身体の価値ばかりでなく，事故が起きることによって惹起される地方住民の不安や（地域社会に対する）失望感も組み入れるべきである。ただし，いずれの点についても，厚生の大きさは発生確率を乗じた期待値としてとらえる必要がある。

131)　この厚生の大きさは，原則として，公式戦開催がもたらす総余剰と一致するが，万が一事故が再び起きた場合に U 社が失う社会的評価も計算の対象に含めるべきである。

がこれを表していると仮定する。この場合，【図3-3-5】のどの部分が社会全体の厚生を表しており，そこにいかなる問題が存在するであろうか。なお，本件地域の旅客運送事業はY電鉄の独占事業であるが，運賃の改定には所轄官庁の認可が必要であり，所轄官庁は，旅客運送事業に自由な競争がある場合にもたらされるであろう価格が運賃となるように配慮しているものと仮定する。[132]

【図3-3-5】

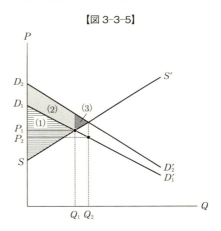

　Y電鉄の旅客運送事業の運賃は競争均衡価格となるように設定されているとの仮定によれば，運賃は P_1 であり提供される旅客運送事業の規模（具体的には，運行される電車の本数）は Q_1 である。したがって，この事業が本件地域にもたらす利便性を考慮しなければ，(1)がこの事業のもたらす総余剰を表している。しかしながら，上記のとおり，この事業は，直線 D_1–D_1' と直線 D_2–D_2' で挟まれた部分の大きさに相当する利便性を生み出しているので，結局のところ，Y電鉄の旅客運送事業が生み出している社会全体の厚生は(1)+(2)と考えられる。一方，図から明らかなとおり，厚生を最大化する事業の規模は Q_2 であり，[133]その場合の社会全体の厚生は(1)+(2)+(3)となる。すなわち，Y電鉄の旅客運送事業は本件地域の利便性という厚生を市場取引を通さずに――すなわち，正の外部性として――生み出しているがゆえに，Y電鉄の経営者が株主利益最大化原則をもって経営の行為規範とする限り，事業規模は過小となり，社会全体で(3)

---

132)　この仮定は，外部性の問題とⅢ.4で論じる独占の問題を切り離して論じるためのものである。

133)　事業規模が Q_2 に至るまでは規模の拡大にとって生じる追加的コストよりもそれによって生み出される社会の厚生の増大が上回り，規模が Q_2 を超えた後は前者が後者を上回るので，総余剰は事業規模が Q_2 である場合に最大となる。

に相当する厚生損失が発生せざるを得ない。これが正の外部性のもたらす問題
である。

(5)　正の外部性その(2)──その重要性と問題点ならびに事例分析

　会社が生み出す正の外部性は社会にとってかけがえのないものである。けだ
し，正の外部性がもたらす厚生の多くは行為主体である会社の力なくしては社
会に存在し得ないものだからである。たとえば，【事例3-3-7】で取り上げた
「Y電鉄の旅客運送事業が生み出す本件地域の利便性」と同電鉄が任意のNPO
法人に対して行う寄付を比較して考えてみよう（寄付についてはⅢ.6で詳しく論
じる）。

　まず，NPO法人への寄付は，それに必要な資金と「善意」さえあれば，誰
でもこれを実施できる。したがって，Y電鉄がわざわざこれを行わなくても，
同社から利益の分配を受けた株主が直接，または財団法人等を介して，これを
実施しても結果は同じである。これに対して，Y電鉄が本件地域にもたらして
いる利便性をY電鉄以外のものが作り出すためには巨額の資金が必要であり，
個人投資家や財団法人はもちろんのこと，仮に政府自らがこれを行おうとして
もその実現は困難であろう（たとえば，Y電鉄に匹敵する公営の交通システムをゼ
ロから構築することは非現実的であるに違いない）。これを要するに，本件地域の利
便性という厚生は事実上Y電鉄のみが作り出し得るものであり，この点にお
いてまさに「かけがえのない」ものなのである。

　いかにすれば企業が生み出す正の外部性を最適レベルとすることができるの
か。最初に，政府がとり得る施策について考えてみよう。政府がとり得る施策
としては以下のようなものが考えられる。

　① 　正の外部性の大きな事業を国営または公営化してしまうこと（森林や公園の
　　　管理事業がこれにあたる）。
　② 　正の外部性を生み出す利益に法律上の排他的使用権を与えること（思想や感
　　　情の表現を保護している著作権制度がこれにあたる）。
　③ 　一定レベル以上の正の外部性の創出を企業に義務づけること（Ⅱ.4.(2)で取
　　　り上げた緑地帯の設置義務がこれにあたる）。
　④ 　正の外部性を生み出す事業に対して補助金または減税の恩典を付与すること
　　　（エコカー減税がこれにあたる）。

　しかしながら，これらの施策のみによって企業が生み出す様々な正の外部性をすべて最適レベルとすることは不可能であり，[134] 政府の施策の足らざる部分は，結局のところ，企業の「経営努力」によって補うしかない。しかるに，企業が，株主利益最大化原則に反しない限度においてとり得る施策としては次のようなものが考えられる。

① 　正の外部性の内部化，つまり，正の外部性の受益者から彼らが享受する利益の対価を受け取り得るようにビジネスモデルを変更すること（鉄道会社が鉄道の沿線でホテルやリゾート施設の運営を行うことやテレビ放送会社がテレビ番組の映画化を実施することがこれにあたる）。

② 　正の外部性を創出するためのコストを消費者に転嫁すること（環境に配慮した自動車であるがゆえに他社の自動車よりも販売価格が割高であることを消費者に納得してもらい，他社の自動車と同等の競争力を維持し得ているとすれば，それはこの施策が達成されていることを示唆している）。[135]

③ 　正の外部性を創出するためのコストを生産要素の提供者，とくに，従業員に転嫁すること（良質な学術図書を発行している出版社が，その給与水準が大手企業に比べて低くても人気の就職先であり得ているとすれば，それはこの施策が達成されていることを示唆している）。

---

134)　たとえば，本文に掲げた四つの施策にはそれぞれ以下のような難点ないし限界がある。

　① 　国営または公営の事業が効率的でないことは前世紀の後半以降先進各国において指摘されてきたことであり，わが国においても，鉄道，電信，郵便等かつては国営または公営であった企業が民営化の道を辿ってきたことは周知のとおりである。

　② 　排他的使用権を与え得る利益は限られている。たとえば，著作権制度においても，保護の対象となるのはあくまでも「表現」それ自体であって，表現されている思想ないし感情が法的に保護されているわけではない。中山（2014）41頁以下参照。

　③ 　正の外部性の創出を法律上義務づけるためには義務とされる水準を特定しなければならないが，特定された水準が企業にとって達成困難なものである場合には当該企業の業務の継続そのものが支障をきたす。そのために，法律上義務づけ得る正の外部性の水準は，収益性の低い企業でも達成可能な低レベルのものにとどまらざるを得ない場合が多い。

　④ 　正の外部性を伴う業務に対して補助金や減税の恩典を付与するためには社会的コンセンサスと財源の裏付けが必要である。

135)　本文の②および③に記載した施策の持続可能性については，Ⅳ.3 で行う分析と類似の経済学的分析を行うことができる。この点に関して Besley-Ghatak（2007）参照。

　しかしながら，企業が以上のような経営努力を尽くしたとしてもなお正の外部性の総量が最適レベルに達しないとすれば，経営者がさらに取り得る手段は一つしかない。すなわち，それは，非営利施策として——つまり，正の外部性を創出するためのコストを会社の残余権者である株主に負担させることによって——正の外部性の総量を維持ないしは拡大することである。この選択肢は株主利益最大化原則のもとにおいては取り得ないものであるが，厚生最大化原則をもって経営の行為規範とする限りこれを実施することは適法・適切な行為である。

　その際に問題となるのは，会社が適法に供給し得る正の外部性の総量について一定の限界を設定する必要はないのかという点である。これはⅣ章とⅤ章で述べる非営利的経営の持続可能性問題とも関係する問題である。実のところ，ほとんどすべての企業は，供給し得る正の外部性の総量に対して持続可能性という観点からの制約を受けており，この点に鑑みれば，供給し得る正の外部性の総量に対して規範的な限界（つまり，適法性問題としての限界）をあえて設けなくてもよいという考えもあり得るかもしれない。しかしながら，これもⅤ章で述べることであるが，わが国においては，安定株主工作（Ⅴ. 1. (2) で定義する）を伴う「経営者が支える非営利的経営」（Ⅴ. はじめにで定義する）を行っている企業が少なくなく，そのような企業の場合には，一部の事業についてであれば正の外部性を無制限に創出することも不可能ではない。この点を踏まえて考えるならば，やはり創出し得る正の外部性の総量に対して規範的観点からの限界を設けておくべきであろう。その限界はある程度恣意的に決めざるを得ないが，本書筆者の見解は，「対象となる事業部門のキャッシュ・フローの正味額の期待値がマイナスとならないことをもって正の外部性を生み出す非営利施策の規範的限界とする」[136] というものである。けだし，事業のキャッシュ・フローの正味額の期待値を意図的にマイナスとすることは営利目的法人である会社のあり方を根本的に否定する行為であるように思えるからである。ちなみに，負の外部性に関しては，これを回避する施策に，「キャッシュ・フローの正味額

---

　136)　「事業部門」の認定は，固定費用の共有や人材の交流が相当程度に実現されている限り緩やかに行ってよいであろう。たとえば，Ｙ電鉄の場合には（各本線ないしは各支線ごとではなく）旅客運送事業全体をもって事業部門ととらえてよいであろうし，出版社にあっては，（週刊誌の出版事業，学術誌の出版事業というような細分的なとらえ方ではなく）出版事業全体をもって一つの事業部門ととらえてよいのではあるまいか。

の期待値をマイナスとしない限度において」という制約を設ける必要はない。けだし，負の外部性を生み出さなければキャッシュ・フローの正味額の期待値がマイナスとなってしまう事業は，これを行うこと自体が厚生の最大化に反しており，そうである以上，そのような事業については，その継続を断念することこそが適切な行動だからである。

　ここからは，事例を使いながら分析を進めていく。最初に，【事例3-3-7】についてもう少し掘り下げて考えてみたい。現時点における Y 電鉄の供給量は Q_2 であり，Q_2 を Q_1 に引き下げることはいくつかの支線の廃止を意味するものとする。

　この場合，これらの支線の廃止を見送ることは消極的非営利施策であり，株主利益最大化原則の徹底を求める投資家の中にはこれを非難する者がいるかもしれない。彼らは次のようにいうであろう。

　「なるほど，たしかに本件地域の利便性を確保することは重要であるかもしれない。しかし，それは政府が憂慮すべき問題であり，一企業である Y 電鉄の経営者が考えるべき問題ではない」

　株主利益最大化原則を前提とする限りこの投資家の主張は正論である。けだし，供給量を Q_2 に維持するとすれば，Y 電鉄の運賃は【図3-3-5】の P_2 とならざるを得ないために，[137] Y 電鉄が享受し得る生産者余剰は【図3-3-6】（同図は【図3-3-5】と実質的に同じである）の(1)+(2)から(1)-(3)に減少せざるを得ないからである（もっとも，鉄道事業の場合には路線ごとに運賃の差別化を行うことが容易であるので，Y 電鉄が価格差別の技法を用いれば(2)の部分を生産者余剰の一部として保持[138]することが可能である。この点については Ⅲ. 4. (4) で説明する）。

　しかしながら，Y 電鉄が支線の廃止を見送り供給量を Q_2 に維持することによって社会の厚生が最大化されることは否定しがたい事実である。そして，ひとたび Y 電鉄が支線を廃止すれば，これによって失われる本件地域の利便性

---

137)　【事例3-3-7】においては政府が競争価格相当の運賃を設定することを前提としていることに留意されたい。
138)　正確には，(2)の部分に(3)の Q_1 を通る縦線より左側の部分を加えたものが生産者余剰に追加される公算が大きい。

【図3-3-6】

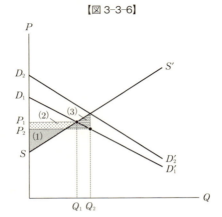

は政府の力をもってしても再生困難である。供給量をQ_2に維持してもY電鉄には相当程度の収益が確保できるとすれば，そして，供給量を維持することのコストをY電鉄の従業員やY電鉄の利用者一般に転嫁することが不可能であるとすれば，Y電鉄の経営者が，株主利益の最大化に適わないことを承知のうえで，それでもなお支線の廃止を見送ることは会社法上適法・適切な行為である（ただし，非営利施策に反対する株主が増えれば非営利施策の継続が困難となることは事実である。この問題はⅣ章およびⅤ章で論じる）。

　次の事例はこれである。

【事例3-3-8】

　　地上波によるテレビ放送事業を営むZテレビは，近年，報道とエンターテイメントのいずれにおいても他のテレビ局を圧倒する視聴率を獲得しており，盤石の経営を行っているように思われてきた。ところが，青年実業家であるa氏が率いるA社がZテレビの株式の10％強を買い占めて以来，今後とるべき経営方針について取締役会の中でも意見が割れることがしばしば生じるようになった。というのも，a氏の意見によれば，たしかにZテレビは視聴率においてこそ他のテレビ局を圧倒しているものの，ZテレビのROE（株主資本利益率）[139]は他のテレビ局に比べて決して高いとはいえず，様々な施策を講じれば同社の

---

139)　ROEとは，対象会社の損益計算書上の当期純利益を貸借対照表上の株主資本額
　　で除した値のことである。

収益性を飛躍的に改善し得るとのことであり，Ｚテレビの社外取締役の中には
この意見に賛同する者も現れてきたからである。この問題についてＺテレビ
の経営者はいかなる判断を下すべきであろうか。

　情報産業はもともと正の外部性を生み出しやすい産業である。けだし，情報
は，伝統的な商品・役務とは異なり，無償もしくは著しく低廉な費用をもって
保存・再生・伝達が可能な財であるがゆえに，わざわざ対価を支払って情報を
入手しなくても，市場外の出来事（たとえば，家族や友人との会話）を通して
——すなわち，正の外部性として——その情報にアクセスできる場合が多いか
らである。しかしながら，情報が主として紙媒体を通じて伝達される時代におい
ては著作権制度のもとで情報の拡散を一定の限度にとどめることが可能であっ
た（情報を含んだ紙媒体を複製することは著作権の侵害にあたるからである）。
　この状況を決定的に変えたのはラジオ放送とそれに続くテレビ放送の普及で
ある。一般に，排除不能で非競合的な財のことを公共財（public goods）という
が，[140] ラジオ放送やテレビ放送は何人の視聴も排除し得ず，かつ，どれだけ多く
の人が視聴してもそれによって視聴者各自が享受し得る便益が減少することの
ない典型的な公共財だったからである（以下，ラジオ放送への言及はやめて，テレ
ビ放送についてのみ論じることにする）。
　自由な視聴を排除できない以上，視聴者から対価を得ることはできない。そ
こで，テレビ会社は，（視聴者ではなく）スポンサーから対価を得ることによっ
て収益を得るというビジネスモデルを用いるようになった。この結果，テレビ
放送の「消費者」はスポンサーであり，視聴者はテレビ放送が生み出す利益を
無償で享受する者，すなわち，正の外部性の受益者となったのである。
　テレビ放送が生み出す正の外部性がいかに巨大であるかは，テレビ放送の時
間全体に占めるコマーシャル放送の時間の割合を考えてみれば明らかであろう。
この割合は業界の自主規制によって18%を超えることができないものとされ
ているが，[141] テレビ放送の消費者であるスポンサーに利益をもたらすものはこの
18%弱の時間に放送されるコマーシャル放送だけであり，残りの82%強の時

140）　詳しい定義についてはⅣ章の注 4）参照。
141）　日本民間放送連盟の放送基準（2015 年 11 月 9 日改正　2016 年 3 月 1 日施行）
　　　（https://www.j-ba.or.jp/category/broadcasting/jba101032#hk18）の「18 章　広告の
　　　時間基準」の（148）では，「週間のコマーシャルの総量は，総放送時間の 18% 以内
　　　とする」と規定されている。

間においては，正の外部性の受益者である視聴者がひたすら利益を受け続けているのである。[142)]

　テレビ放送の実体がかくのごときものである以上，野心的な企業経営者がテレビ放送会社の経営に関心を抱いてもおかしくはない。それは，なにも彼らが一般の企業人よりも強欲であるとか社会倫理観が欠如しているということではない。むしろ，彼らが経営者として有能であればあるほど，そして，株主利益の最大化という理念に忠実であればあるほど，テレビ放送会社のビジネスモデルを変えることによってその収益性を改善してみたいという誘惑に駆られることであろう。[143)] のみならず，彼らの提案するテレビ放送会社の業務改善案には，既存のビジネスモデルに慣れ親しんできたテレビ業界の人々には思いつかない斬新な点があるかもしれない。Ｚテレビは他局を圧倒する視聴率を享受してはいるが，録画技術の発展やインターネット・サービスの普及が進む現状を考えるならば，Ｚテレビの経営者といえども，虚心にａ氏の見解に耳を傾けるべきであろう。

　しかしながら，ａ氏の提案する業務改善案がＺテレビが生み出している正の外部性を損ねるものであるとすれば話は別である。[144)] Ｚテレビの経営者が厚生最大化原則をもって経営の行為規範とする限り，この正の外部性が社会にもたらす厚生の価値をないがしろにするわけにはいかない。ａ氏の提案する業務改善案がかかる事態を引き起こすおそれを伴うものであるとすれば，これに断固反対することこそがＺ社の経営者がとるべき適法・適切な行動である[145)]（テレビ放[146)]

---

142)　コマーシャル以外の放送の多くは，視聴者にコマーシャルを見てもらうための手段としての役割を果たしていることは疑いがない。しかしながら，そのことによって，視聴者がコマーシャル以外の放送によって正の外部性を享受しているという事実が否定されることにはならない。なお，テレビ放送の中には視聴者にとって有害な番組もあるから，それを見せられてしまった視聴者には（正の外部性ではなく）負の外部性が発生する場合がある。しかしながら，番組を選択する（あるいは，そもそもテレビ放送を見ない）自由を視聴者が有している以上，全体として見れば，正の外部性の方が負の外部性よりも圧倒的に大きいであろう。

143)　わが国に限っても，1996年にソフトバンクがオーストラリアのメディア王である Keith Rupert Murdoch 氏と組んで試みたテレビ朝日の買収，2005年にライブドアが試みた（フジテレビの有力株主である）ニッポン放送の買収，および2005年以降に楽天が試みた TBS の買収などの例がある。

144)　とくに，報道に関しては「報道の中立性」が守られることがテレビ放送が生み出す正の外部性を維持するうえにおいて不可欠である。

145)　ただし，ここでいう「断固反対」というのはあくまでもａ氏の提案が厚生最大化原則に反するものである場合のことであり，そうでない場合，とくに，会社の経営が

送会社の経営者が，大株主の意見に抗していつまでそのような行動をとり続け得るのか
という問題一般についてはⅤ.1で論じる）。

（6）　総　　　括

以上に述べたことを総括する。

① 　会社の活動が負の外部性を生み出している場合には過剰供給に伴う厚生損失
が発生しやすい。

② 　ただし，負の外部性によって失われる利益が保護法益であり，かつ，これを
抑止するための法令上の制度が十分なものであれば，たとえ負の外部性を生み
出している会社の経営者が株主利益最大化原則に則って行動したとしても厚生
損失は発生しない。しかしながら，現行の法制度はこれを抑止するに足るもの
とはいいがたく，その主たる問題は，(a) 損害賠償制度の対象に含め得る損害
には限界があるために負の外部性の内部化を徹底し得ないこと，(b) 損害賠
償制度が原則として過失責任原則に基づくものであるために負の外部性を生み
出す企業活動が過剰となることを抑止できないこと，(c) 非財産的損害に対し
て認容される損害額が低すぎること，ならびに，(d) （これまで明示的には指摘
してこなかったが）インターネットを通じて保護法益を侵害した者を特定するこ
とが困難であることなどがあげられる。このような法制度のもとで厚生損失の
発生を最小のものとするためには，会社の経営者が株主利益最大化原則に代え
て厚生最大化原則に則った経営を行うことが必要である。

③ 　負の外部性を生み出す行為に対して法令上の規制が及ばない状況は二つある。
その一つは侵害される利益が現行法上の保護法益とは認められていない場合で
あり，もう一つは負の外部性の創出に違法性が認められない場合である。会社

（厚生最大化の問題とは無関係に）非効率的であることに対する改善提案である場合
において，これに耳を傾けないことが不適切な行動であることは当然である。なお，
放送持株会社制度が導入されたことにより，テレビ放送会社の経営者が非効率的な経
営を続けても敵対的買収の規律効果によってこれを改善することがもはや期待できな
いことについてはⅤ.1で説明する。

146) 　ちなみに，本書筆者が教鞭を執っている法科大学院の期末試験で【事例3-3-8】
に類似の問題を出題したところ，「テレビの視聴者はテレビがもたらす便益に『ただ
乗り』しているだけであるから彼らが享受している厚生は保護するに値しない」とい
う趣旨の見解を述べた答案が何通かあった。面白い見解ではあるが，厚生最大化原則
を経営の行為規範とする限り，このような価値判断に基づいて経営者が行動すること
は適切とはいえないであろう。けだし，社会の構成員が享受する厚生の大きさは，当
該構成員がその厚生を享受するに値する努力を払ったか否かとは無関係に判定される
べきものだからである。

がこれらの行為を実施することは適法であるが，これによって厚生損失が発生することは避けられない。したがって，会社の経営者が厚生最大化原則をもって経営の行為規範とする限り，このような行為が過剰になることを回避するために必要な非営利施策を実施することは会社法上適法・適切な行動である。

④　会社が生み出す正の外部性は社会にとってしばしばかけがえのないものであり，その供給を最適なレベルとするためには誰が何をなすべきであるかを明らかとすることは現代社会が直面している喫緊の課題である。正の外部性の供給を最適なレベルにするという目的を達成するために政府がなし得る施策や，株主利益最大化原則に反することなく会社がなし得る施策もないわけではないが，これらの施策の足らざる部分を補うためには，非営利施策として正の外部性を創出することが必要であり，経営者が（対象となる事業部門のキャッシュ・フローの正味額の期待値がマイナスとならない限度において）これを実践することは，厚生最大化原則に適った適法・適切な行動である。

4　独　　占

Ⅲ. 4 の主題は独占である。独占 (monopoly) とは，「一つの企業が特定の財に関して 100% の市場占拠率を有する状況」を意味する概念であり，独占を達[147]成している企業のことを，以下，独占企業とよぶことにする。

独占は巨大な企業のみが達成し得ることのように思われがちであるが，決してそうではない。そもそも，いかなる企業が独占企業であるかはひとえに「財」をいかに定義するかにかかっている。[148]たとえば，各企業が生産している商品または役務（以下，単に「商品」という場合が多い）それ自体をもって財の定

---

147)　奥野編（2008）226 頁参照。
148)　ただし，これはあくまでも，経済学用語としての「独占」という言葉の使い方に関しての話であって，独占禁止法上の用語に関しては同法の文言に従って解釈しなければならない。たとえば，同法上「独占的状態」という言葉の定義には，「同種の商品……並びにこれとその機能及び効用が著しく類似している他の商品……の価額……の……最近の 1 年間における合計額が千億円を超える場合」という要件が含まれているので（同法 2 条 7 項），この規模を下回る商品に対して「独占的状態」に関する諸規定を適用することはできない。なお，独占の形成に関する独占禁止法上の中核的概念である「私的独占」が成立するためには「他の事業者の事業活動」を「排除」または「支配」する行為が必要とされることについては，すぐ後に本文で述べるとおりである。

義にあてるとすれば，すべての企業は独占企業である。しかしながら，自社の生産する商品と機能や効用が著しく類似した商品が市場に十分供給されている限り，企業が自社の生産する商品の販売価格を恣意的に引き上げれば，すべての消費者は購入対象を類似商品に切り替えてしまうであろう（つまり，当該商品の需要曲線は水平である）。このような商品の生産企業がⅢ. 4. (1) で述べる独占利益を享受することは不可能であり，そうである以上，このような企業を独占企業とよぶことは無意味である。しかしながら，差別化の進んだ商品（自動車や高級家電商品など）や提供者の個性や能力によって機能や効用が異なる役務（各種の芸術的役務やエンターテイメント・サービスあるいはカリスマ美容師・カリスマ塾講師など）の場合には，程度の差こそあれ，自社の生産する商品の価格を引き上げても購入の対象物を類似商品に切り替えない消費者がいるに違いない（つまり，需要曲線は多少なりとも傾いている。このような商品を，以下ブランド財とよぶことにする）。したがって，ブランド財の生産者はどんなに小規模な企業であっても独占利益を享受することができる。これを要するに，本項の主題である独占がもたらす問題は，大企業ばかりではなく，ユニークな家具を製造する工房的な企業から学習塾を主催する地方都市の企業にいたる多くの企業にあてはまるものである（ただし，これらの比較的小規模な企業の経営者がとるべき行為規範は大手企業の場合とは異なり得ることについてはⅢ. 4. (2) で述べる）。

(1)　独占の経済的分析と独占禁止法

　独占企業の経営者がとるべき行動が現実の裁判で争われた事件としては，1919 年に米国ミシガン州の最高裁が判決を出すことによって決着をみた Dodge v. Ford Motor Co. 事件が有名である[149]。そこで，本Ⅲ. 4. (1) においては，この事件を素材として用いながら独占の経済学的説明を行うこととする。この事件の顛末は【事例 3-4-1】記載のとおりである。

【事例 3-4-1】

　　1903 年に創業を開始した米国の自動車会社 Ford Motor Co.（以下，「フォード社」という）は，同社が開発した「T 型フォード」が爆発的ブームとなったことにより 1910 年代に入ってから巨大な収益をあげ続けていた。フォード社は

---

149)　Dodge v. Ford Motor Co., 170 N.W.668 (Mich.1919).

この利益を株主に分配するべく四半期ごとに支払われる定額配当に加えて，1
年に数回，高額の特別配当を株主に支払ってきたが[150]，1915 年の 10 月を最後に
この特別配当の支払いを停止した。この配当政策の変更に関して，フォード社
の創業者兼最高経営責任者であり同社の 58 % の株式を所有していた Henry
Ford 氏（以下，「フォード氏」という）が様々な場所において述べたことを総合す
ると，同氏は次のような判断のもとに上記配当政策の変更を決定したものと思
われる（少なくとも裁判所はそう認定した）[151]。

①　Ｔ型フォードの販売が長年好調であったことにより，フォード社の株主
　　はすでに十分な利益を得ている。そうである以上，これからは株主ではな
　　く消費者がもっと多くの利益を得るように会社の施策を改めたい。
②　そこで，フォード社としては近い将来において T 型フォードの販売価
　　格を大幅に値下げし，もっと多くの消費者が T 型フォードを購入できる
　　ようにする予定である。
③　しかしながら，これを実行すれば，フォード社の収益は悪化することが
　　見込まれるので，この事態に対処するためには特別配当の支払いを停止せ
　　ざるを得ない。

この事態を受けて，創業時からの株主である John F. Dodge と Horace E.
Dodge の両氏（以下，「ダッジ兄弟」という。ダッジ兄弟はフォード社の株式の 10 % を
所有していた）は，分配可能額の 75 % をただちに配当として支払うことを含む
配当諸施策の実施をフォード社に命じる判決を求めてミシガン州の裁判所に訴
えを提起した。

この事件に対してミシガン州最高裁が下した判断は明快なものであった。す
なわち，同裁判所は，下記のように判示してドッジ兄弟の申し立てを原則とし
てすべて認容したのである[152]。

「株主たる者が社会に対して負っているとフォード氏が考えている責務と
彼および彼の同僚取締役が少数株主に対して負っている会社法上の責務は峻
別されるべきであるにもかかわらず，各種の証拠に照らせば，同氏はこの二

---

150)　フォード社は 1916 年 6 月までの 3 年間に約 6000 万ドルの利益をあげており，同
　　社は，この利益を株主に分配すべく 1 ヶ月あたり 120 万ドルの定額配当（支払は四半
　　期ごとになされていた）に加えて 1 年に数回特別配当を分配してきた。この特別配当
　　の累積額は 1915 年 10 月までに 4100 万ドルに達していた。
151)　実際にフォード氏が宣言した施策は，Ｔ型フォードの増産を行うための新工場の
　　建設費用の確保という問題の絡むもう少し複雑なものであるが，ここでは本項の主題
　　に関係する点が強調されるように事実を簡略化してある。
152)　前掲注 149) の判決の 684 頁参照（なお，訳は本書筆者によるものである）。

つの責務を混同しているといわざるを得ない。会社は株主に利益をもたらす
ことを主たる目的として設立され運営されるものである。取締役はこの目的
のためのみにその権限を行使すべきであり，取締役の裁量権はこの目的を達
成するための手段を選択するためにしか使ってはならず，この目的自体を変
更すること，すなわち，株主以外の者に報いるために会社の利益を減少させ
たり株主への利益の分配を拒否してはならない」
　　経営者の行為規範という視点から考えて，フォード氏のとった施策やミシガン
州最高裁の下した判断はいかに評価されるべきであろうか。

　フォード氏はなぜ特別配当の支払いを停止したのか。この問題については下
記のような推測が有力である[153]。

①　1910 年代において自動車は非常に高価な商品であった。したがって，フォー
　　ド社が T 型フォードの値下げを断行することにより同社の利益はさらに増加
　　する公算が大きく，聡明なフォード氏がこのことに気付いていなかったとは考
　　えがたい[154]。
②　にもかかわらず，彼が配当政策を変更した真のねらいは，ライバル自動車会
　　社の立ち上げを準備していたダッジ兄弟に資金援助をすることを避けることか，
　　あるいは，フォード社の株価を一旦引き下げたうえで，ダッジ兄弟の所有して
　　いたフォード社の株式を安く買い取ることにあったのではないか。

　しかしながら，ミシガン州最高裁は，【事例3-4-1】の①から③に記載した
ことがフォード氏の真意であるという前提のもとに判断を行っているので，こ
こでも（T 型フォードの値下げを実行すればフォード社の収益は悪化していたであろう
という点も含めて）この前提のもとに分析を進めていくことにする。
　まず，株主利益最大化原則をもって経営者の行為規範とする限り，ミシガン
州最高裁の見解は正鵠を射たものであり，フォード氏が行おうとしたことは会

---

153)　Clark（1986）603 頁以下参照。
154)　当時の自動車は需要価格弾力性が高かったということである。ちなみに，需要価
　　格弾力性が 1 を上回れば，価格を引き下げることにより収入が増加することが知られ
　　ているが，価格弾力性が 1 であることは，【図3-4-1】で説明する限界収入が 0 であ
　　ることと同値であるから，フォード社が T 型フォードの価格を引き下げることによ
　　り利益を増加させるためには需要価格弾力性が 1 を上回るだけでは不十分であり，限
　　界収入が限界費用を上回るだけの需要価格弾力性を有していることが必要である。

社法上不適法な非営利施策である。このことに異論を挟む余地はないであろう。

　次に，厚生最大化原則をもって経営者の行為規範としたとしても，フォード氏の施策がフォード社の株主から同社の消費者への利益の移転をもたらすだけのものであるならばこれを適法と評価することはできない。けだし，非営利施策が厚生最大化原則のもとで正当化されるのは株主が失う厚生を上回る厚生が社会の他の構成員にもたらされる場合だけであり，株主とそれ以外の者との間に厚生の移転が生じるだけの施策を適法とするものではないからである。

　しかしながら，ミシガン州最高裁が認定した事実を前提とする限りフォード氏がとろうとした施策は社会の厚生の増大をもたらす結果となった可能性が高い。このことを説明するためにはⅢ.3.(1) で用いたものと同じ部分均衡分析が役に立つ。【図3-4-1】をご覧願いたい。

【図3-4-1】

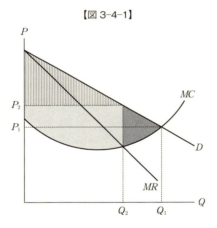

　【図3-4-1】の曲線 D は独占企業が直面している需要曲線であり，曲線 MC は独占企業の限界費用曲線である。図から明らかなとおり，独占企業が生産する財の数量を Q_1 とすれば市場価格は P_1 となり総余剰は最大化される。

　一方，【図3-4-1】の曲線 MR は独占企業の限界収入曲線 (marginal revenue curve) を表している。ここで，限界収入曲線とは，需要曲線 D を作り出している関数（＝価格 P を独立変数，数量 Q を従属変数とする関数）の逆関数，すなわち，数量 Q を独立変数，価格 P を従属変数とする関数を $P = D(Q)$ とした場合における関数 $F(Q) = D(Q) \cdot Q$ の導関数が作り出す曲線のことである。[155] $P =$

---

155)　$F'(Q) = D(Q) + D'(Q) \cdot Q$ であり，需要曲線の形状により $D'(Q)$ はつねにマイナスであるから，任意の $Q>0$ に関して，つねに，$F'(Q) < D(Q)$ である。したがっ

$D(Q)$ であるから，この導関数の値は Q を 1 単位変化させた場合における $P \cdot Q$，すなわち，当該企業の収入の変化額を示している。したがって，独占企業が利益を最大化するためには曲線 MR が曲線 MC と交わる点の数量 Q_2 を生産すべきであり，[156] この場合，【図 3-4-1】に縦線を施した部分と薄い網掛けを施した部分が，それぞれ消費者余剰と生産者余剰の大きさを表しており，これによって達成される独占企業の利益を**独占利益**，この場合の市場価格 P_2 を**独占価格**とよぶことにする。

　企業が独占利益をあげることは株主利益最大化原則に適った行為である。しかしながら，厚生の最大化という観点から考えるとこの結果は望ましいものではない。けだし，この事態のもとでの総余剰は，生産数量を Q_1 とした場合における総余剰と比べると【図 3-4-1】に濃い網掛けを施した部分だけ減少しており，したがって，この減少部分に匹敵するだけの厚生損失が生じているからである。

　したがって，【事例 3-4-1】におけるフォード社が，【図 3-4-1】における Q_2 に相当する数量の T 型フォードを販売している状況であったとすれば，フォード氏は，フォード社の独占利益を放棄ないしは減少させることにより独占が生み出している厚生損失を解消ないしは減少させようとしていたことになり，同氏が行おうとしたことは厚生最大化原則に適う適法・適切な非営利施策であったと評価できる。[157]

　ところで，そもそも独占利益を享受することは独占禁止法に違反しないのであろうか。そう疑問に思われる方もおられるかもしれない。しかしながら，1919 年当時の米国においても現代のわが国においても，企業が自らの経営努力を積み重ねて独占を達成し，その結果として独占利益を享受することは同法上禁止されてはいない。この点を現代の日本法に関して敷衍すれば，独占を達成することが独占禁止法の違反となるのは，「他の事業者の事業活動」を「排

て，曲線 MR はつねに曲線 D の下に位置している。さらに，$P = D(Q)$ が線形方程式 $P = \alpha + \beta Q$ $(\beta < 0)$ で表せると仮定すると，$F'(Q) = \alpha + 2\beta Q$ となるので，曲線 MR は曲線 D と縦軸の切片が同じで傾きが 2 倍の直線となる。

156)　曲線 MC が曲線 MR の下にある限り生産数量を増大することは利益の増加をもたらし，曲線 MC が曲線 MR の上にある限り生産数量を増大することは利益の減少をもたらすからである。

157)　これに対して，本文に記したフォード氏の真意に関する推測が正しいとすれば，裁判当時におけるフォード社の生産数量は Q_2 を下回っていたことになる。なお，後掲注 168) 記載の点にも留意願いたい。

除」または「支配」することを手段としてこれを行った場合だけであり（独占
禁止法3条，2条5項），自らの経営努力の積み重ねにより独占を達成し，その
結果として独占利益を享受することはなんら禁止されていない。[158] したがって，
二元論の立場に拠ったとしても，株主利益最大化原則を維持する限り，会社の
経営者が独占利益を放棄することは会社法上不適法であり，これを適法・適切
な行為と評価するためには厚生最大化原則をもって経営の行為規範とすること
が必要である。

　しかしながら，現実の社会において企業が独占利益を放棄することは稀であ
る。その主たる原因は，そうすることについて株主の支持を得ることが難しい
——本書の用語を使っていえば，「持続可能性が低い」——ことにあるが，規
範的な観点からも——すなわち，適法性問題としても——独占利益の全部また
は一部を保持することが厚生最大化原則に適う場合が存在し，また，一定の条
件を満たす価格差別（後に定義する）が実施可能である場合には，独占利益を
保持したうえで当該価格差別を実施することが厚生最大化原則に照らして最善
または次善の策となる場合がある。以下，Ⅲ. 4. (2) からⅢ. 4. (4) までの三
つの項にわけてこれらの状況を説明する。

---

158)　ちなみに，公正取引委員会は1956年から1996年までの40年間にわたり，1972
年に勧告審決が下された1案件（東洋製罐事件）を除いては，私的独占事件を1件も
立件しなかった。1996年以降は毎年1件から数件の私的独占事件を立件しているが，
いずれも競争事業者を排除または支配しようとする具体的な行為を認定し得る案件で
ある（白石（2016）314頁以下参照）。なお，独占禁止法には，本文に述べたことの
例外として，同法が「独占的状態」と定める状況下にある企業に対して，公正取引委
員会が事業の一部の譲渡その他の競争回復措置を取ることを命じ得る旨の規定がある
が（同法8条の4），この規定が導入された1997年以降公正取引委員会は一度もこの
規定を発動していない（白石（2016）555頁）。ちなみに，米国においては，①被告
企業が先見性と卓越した経営資源を用いてアルミの新需要を発見し，この需要に応え
るための巨大な設備投資を行ったということだけをもって違法な独占形成行為（mo-
nopolization）にあたると認定した1945年の事件（United States v. Aluminum Co.
of America, 148 F. 2d 416 [2d Cir. 1945]）と，②靴機械業界において75%の市場
占拠率を有していた企業が，靴製造業者に対して，機械を（売却ではなく）リースし
ていたことだけをもって違法な独占形成行為にあたると認定した1953年の事件（リー
ス契約は顧客との間の密接で頻繁な関係の維持に役立つという理由による。United
States v. United Shoe Machinery. Corp., 110 F. Supp. 295 [D. Mass. 1953]）が存在
するが，この2件を除いては，ある程度以上の略奪的行為や強圧的行為が用いられな
い限り違法な独占形成行為を認定した裁判例はないようである（松下＝渡邉編
（2012）96頁以下参照）。

(2)　独占利益を保持することが適切である場合その(1)
──独占利益を保持しないと企業の損益が黒字とならない場合

　「独占利益を保持しないと企業の損益が黒字とならない場合」とはいかなる場合か。この点を明らかにするための準備作業として，独占企業の利益は部分均衡分析のグラフ上でどのように示し得るのかについて説明する。【図3-4-2】をご覧願いたい。

【図3-4-2】

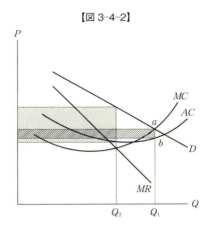

　【図3-4-2】は【図3-4-1】と実質的に同じ図であるが，【図3-4-1】にはない新たな曲線ACが加わっている。曲線ACは平均費用曲線（average cost curve）とよばれる曲線であり，独占企業が数量Qを生産した場合における1単位あたりの生産費用を表している。生産量が非常に少ない状況における平均費用曲線ACが限界費用曲線MCよりもかなり高い位置にあるのは，平均費用が固定費用を含むすべての費用を対象とした概念だからであり（限界費用曲線は生産量を1単位追加するごとに増加する費用のことであるから必然的に可変費用しか反映していない），生産量が増加するにつれて曲線ACが右下がりとなるのは，生産量1単位あたりの固定費用が減少することと規模に関する収穫逓増が働く（したがって，限界費用が減少する）ことによる[159]。しかしながら，生産量が一定の数量を超えた後は規模に関する収穫逓減が働き出す（したがって，限界費用は上昇をはじめる）ことから[160]，曲線ACの減少も緩やかとなり，限界費用が平均費

---

159)　規模に関する収穫逓増が働く理由については奥野編（2008）93頁以下を参照されたい。

用と一致した後は曲線 AC も上昇に転じる（曲線 MC が曲線 AC の最低点におい
て同曲線と交差しているのはこのためである）。

　平均費用曲線の定義から明らかなとおり，独占企業が生産量 Q を市場に供
給した場合の利益は，$Q \times [D(Q) - AC(Q)]$ である。したがって，独占企業が
生産量を Q_2 とした場合における同社の利益は【図3-4-2】の網掛けを施した
四辺形の大きさとなり，一方，企業が総余剰を最大化するために生産量を Q_1
とした場合における同社の利益は【図3-4-2】の斜線を施した四辺形の大きさ
となる（以下，総余剰を最大化する生産量を「最適生産量」とよぶ）。

　最適生産量を供給する企業の利益は独占利益（＝生産量を Q_2 とした場合の利
益）と比べるとかなり減少しているが，それでも一定の利益が確保できている
のは，【図3-4-2】の点 a（＝座標 $[Q_1, D(Q_1)]$）が【図3-4-2】の点 b（＝座標
$[Q_1, AC(Q_1)]$）よりも上にあるからである[161]。逆にいえば，$D(Q_1)$ が $AC(Q_1)$ を
下回る状況下において独占企業が最適生産量を供給しようとすれば企業の損益
は赤字となってしまう。この結果が発生する状況は二つの場合にわけて考える
と分かりやすいであろう。以下，順次説明する。

　その一つは，独占企業の商品に対する需要量が不足している場合である。
【図3-4-3】をご覧願いたい。この図の限界費用曲線 MC と平均費用曲線 AC
は【図3-4-2】のものと同じであるが，需要量が少ないために，需要曲線 D
が（したがって，限界収入曲線 MR も）【図3-4-2】のものよりもかなり左側に位
置している。

　この結果，点 a（＝座標 $[Q_1, D(Q_1)]$）が点 b（＝座標 $[Q_1, AC(Q_1)]$）よりも下に
きており，結果として企業が最適生産量を供給すれば企業の損益は赤字となっ
てしまう（【図3-4-3】の波線を施した四辺形は企業の利益ではなく損失を表している
点に留意されたい）。このような事態が生じる理由は，需要量が不足しているが
ゆえに企業が規模の利益を十分享受できていない生産量のもとで（すなわち，
曲線 AC がいまだ曲線 MC の上方に位置している状況下で）需要曲線 D が曲線 MC

---

160)　規模に関する収穫逓減が働く理由については奥野編（2008）93頁以下を参照さ
　　　れたい。

161)　本章に記されている部分均衡分析のグラフはⅣ.1で言及する長期的均衡分析の
　　　グラフとは異なり，企業の費用の中に資本の「機会費用」は含まれていない。したがっ
　　　て，価格が平均費用を下回った場合には企業の損益はただちに赤字となることを免れ
　　　ない。

【図 3-4-3】

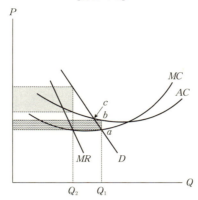

と交差してしまうためである。

　需要量が不足する理由としては，①社会全体の需要量が少ない場合（わが国における工芸品としての西洋甲冑の制作などがこれにあたるであろう）と，②競合するブランド財が多数存在するために当該企業のブランド財に対する需要が僅少となってしまう場合（美容院や学習塾の多くがこれにあたるであろう[162]）が考えられる。

　Ⅲ.3.(5) で述べたとおり，損益が赤字となる非営利施策をとることは事業の持続可能性を根本的に否定するものであり，そうである以上，これを行うことは会社法上も不適法であると考えるべきであるというのが本書筆者の見解である。したがって，上記のような状況にある企業が独占利益の一部を保持する行為は会社法上適法・適切であり，曲線 D と曲線 AC の交点（＝【図3-4-3】の点 c）が Q_2 を通る直線のすぐ右側にくるような企業の場合には，独占利益をすべて保持することが適切である[163]。

　最適生産量を供給しようとすると企業の損益が赤字となってしまうもう一つの事態は，需要は潤沢にあるものの，生産量を大幅に拡大しないと規模の利益を十分享受し得ない場合である。【図3-4-4】をご覧願いたい。

　【図3-4-4】の需要曲線 D と限界収益曲線 MR は【図3-4-2】のものと同じである。しかしながら，【図3-4-4】においては規模に関する収穫逓増が働く

---

162)　②の状況は「競争的独占」とよばれることがある。ジャクソンほか（2014）322頁参照。

163)　より一般的にいえば，曲線 D と曲線 AC の交点（＝【図3-4-3】の点 c）に相当する数量の生産を行うことが厚生最大化原則に最も適う施策である。

【図3-4-4】

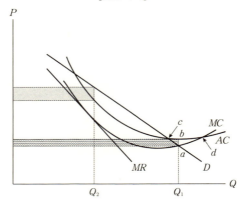

区間が長いために最適生産量（Q_1）が非常に大きな値となっている。しかるに，長区間にわたり規模に関する収穫逓増が働く事業の場合には最適生産量を達成するまでの間に平均費用曲線 AC と限界費用曲線 MC が交差しないことも稀ではない（【図3-4-4】では点 d に至ってようやく両曲線が交差している。なお，点 c は【図3-4-3】と同様に曲線 D と曲線 AC の交点を表している）。このような事態は，大型のテーマパークや大規模な設備投資を伴う装置産業において生じやすいが，この場合においても，収益が黒字となることを確保するために独占利益の全部または一部を保持することが適法・適切な施策となる。

（3）　独占利益を保持することが適切である場合その（2）
——投資家の行動に悪影響を及ぼす場合

　Ⅲ.4.（2）の結論を反対に解釈すれば，最適生産量を供給しても利益が確保できる企業は独占利益をすべて放棄することが適切であるとの結論に至るはずである。しかしながら，実際には非常に大きな独占利益をあげている企業であってもこれを放棄ないしは減少させることが厚生最大化原則に適わない場合がある。それはいかなる場合であるのか，事例を使いながら説明したい。

【事例3-4-2】

　　自動車メーカーである D 社は，かねてより他社に先駆けて自動運転車の開発に注力してきたが，20XX 年に画期的な自動運転車である E カーの試作品を

完成させた。そこで，D社は，Eカーの本格的生産を開始すべく，機関投資家を募って合計で300億円の資本を調達し，この資金を使ってEカーの製造工場を建設した。その2年後に，D社はEカーの製造・販売を開始したが，政府が自動運転車の普及を促進させるべくインフラの整備を推進したこともあり，E社は当初の予想をはるかに上回る売上と利益を計上することとなり，販売開始後5年間にEカーの販売により同社が計上した利益（Eカーの工場建設費用の減価償却分の控除前のもの。以下同じ）は累計で700億円に達した。この状況に満足したD社の経営者のd氏は，Eカーの販売価格を大幅に引き下げることを発表したが，この時点におけるEカーの部分均衡分析によれば，この施策は明らかにD社がEカーの独占利益の多くを放棄し，厚生損失を大幅に解消するものであった。

　しかしながら，前記私募増資に応じた機関投資家のうちの1社であったFバンク（外資系投資銀行）のCEOであるf氏は，D社に対して，この施策（以下，これを「施策g」とよぶ）を撤回することを強く求めてきた。f氏は次のように主張した。

① 20XX年にD社から私募増資の提案を受けた際，わが社の取締役の中にはこの投資の成功を危ぶむ者もいた。自動運転車に対する需要がどこまで大きくなるかが当時は非常に不透明であったからである。

② 参考までに，当時わが社で作成したEカー事業の販売開始後5年間における累積売上高と累積利益額の予想値に関する資料をお見せしよう（以下は，この資料の抜粋である）[164]。

自動運転車の需要増加に関する状況区分	累積売上高(予想値)	累積利益額(予想値)
(a) 需要が予想以上に早く増加する状況	3000億円	800億円
(b) 需要が予定どおりに増加する状況	1500億円	300億円
(c) 需要が伸び悩む状況	500億円	−100億円

③ ご覧のとおり，自動運転車に対する需要の増加が伸び悩んだ場合（上記のケース（c））には本事業の予想利益はマイナスとなっている。にもかかわらず，当社が今回の増資に応じた最大の理由は，需要増加が早まった場合（上記のケース（a））の予想利益が非常に大きかったからである。しかる

---

164) ここに示した分析は「感応度分析」（sensitivity analysis）とよばれるものの1種である。実際の感応度分析は，もっと多くの要因を対象としてなされるものであるが，ここでは議論を簡略化するために「自動運転車の需要増加の速度」という一つの要因のみを対象とした分析となっている。感応度分析について，詳しくは，Ross-Wester-field-Jaffe（2012）208頁以下参照。

に，自動運転車に対する需要がケース（b）の期待を上回るほどの速さで
増加してきたことは周知のとおりであるが，御社が実現した累積利益額
（700億円）はケース（a）の状況におけるわが社の予想値（800億円）には
達していない。

④　したがって，現時点で御社が施策gを実施することは，我々投資家に対
する背信行為であり，速やかに発表を取り消してもらいたい。

　　上記のf氏の主張を踏まえたうえで，d氏はいかなる決断を下すべきであろ
うか。なお，f氏が示したFバンクの内部資料は同バンクが独自に作成したも
のであり，D社が株式発行時に作成した目論見書その他の説明資料の中にはE
カーの将来の業績に関する定量的な情報は一切記載されていなかったものとす
る。

　　この問題に対しては，「Fバンクの期待は合理的なものであり，これに背く
ことは不公正である。ゆえに，D社は施策gを実施すべきではない」と考え
る法律家は少なくないであろう。本書筆者の見解も，結論においてはこれと同
じであるが，そこに至る理由はいささか異なっている。以下，本書筆者の考え
を箇条書きにする。

①　いかなる行為が「公正」であるかは，いかなる行為規範が社会通念上正当で
　　あると考えられているかに依存した問題であり，株主利益最大化原則が正当な
　　経営者の行為規範であるという考え方が支配的な社会においては，施策gを公
　　正な施策とは考えない人が多いであろう。したがって，わが国の企業社会にお
　　いて支配的な社会通念がこれに近いものであるとすれば，d氏は，背信的経営
　　者であるという社会的非難を免れるためにf氏の要請に対して相当程度の配慮
　　を払う必要があるかもしれない。
②　しかしながら，「経営の行為規範はいかなるものであるべきか」ということ
　　を考えるにあたっては，既存の社会通念にとらわれることなく，企業経営者が
　　当該行為規範に従って行動した場合にはいかなる帰結が社会にもたらされるの
　　かを冷静に検討しなければならない。
③　しかるに，株主利益最大化原則をもって経営者の行為規範とすれば，D社
　　は今後も独占利益を計上し続けることとなり，それによって社会には厚生損失
　　が発生し続けることとなる。
④　では，厚生最大化原則をもって経営者の行為規範とした場合，d氏はいかに
　　行動すべきか。一つの考えは，施策gを断固実施するというものであろう。た

しかに，施策 g を実施すれば（仮定されている事実を前提とする限り）独占が生み
出す厚生損失が解消されるので社会の厚生は増加する。くわえて，F バンクの
期待はたしかに合理的なものではあるが，それは D 社の約束や表明によって
形成されたものではないのであるから現行法上保護法益と評価し得るものでは
ないであろう。[165] したがって，施策 g の実施は厚生主義と財産権の保障という二
つの理念のいずれをも充足させるものであるという考え方には一応の合理性が
あるように思える。

⑤　しかしながら，資本調達時の状況を顧みずに独占利益を放棄する行動を各企
業がとるようになれば，企業が新規に資本を調達しようとする時点において，
投資家はそのような行動原理を所与として投資に応じるか否かを決定しなけれ
ばならなくなるであろう。その結果，投資家は投資先企業の経営者が将来にお
いて独占利益を自発的に放棄するリスクを NPV の計算に組み入れるようにな
り，その結果投資の NPV がプラスからマイナスに転じるとすれば投資行為そ
のものを控えることとなるために，本件における E カーのように明らかに社
会の厚生を増加させる商品が社会に出現する機会が消滅ないしは減少してしま
う。この帰結は商品の独占利益が維持されることによって厚生損失が発生し続
ける事態よりもはるかに深刻なものである。けだし，独占価格のもとにおいて
も商品が生産される限りは一定の消費者余剰と生産者余剰が生み出されるが，
そもそも商品が社会に出現しなければいかなる厚生も生み出されないからであ
る。

⑥　以上の点を踏まえるならば，新規に資本を調達しようとする経営者がとるべ
き最善の行動は，（a）調達した資本を用いる施策が生み出す独占利益の全部
または一部を将来放棄しても施策の NPV がマイナスとなることを回避できるか
否かを検討し，（b）それを回避し得る場合には，将来独占利益の全部または
一部を放棄する計画の内容を時期や条件や金額をできるだけ具体的に特定した
うえで公表し，（c）将来においては，そこで開示された内容と矛盾しない範囲
においてのみ独占利益の放棄を行うことである。けだし，経営者がこのような
行動をとる慣行が確立されれば，投資家の行動に望ましからざる萎縮効果が生

---

165)　株式の発行企業ないしはその経営者が法的責任を負うのは有価証券届出書または
　　目論見書に虚偽の記載または誤解を生ぜしめる記載をした場合だけである（金融商品
　　取引法 17 条ないし 21 条の 2 および 22 条）。したがって，D 社の経営者が本件株式
　　発行時において将来独占利益の一部を放棄することをあらかじめ計画していたにもか
　　かわらずそのことを開示しなかったというような場合であればともかく，D 社の経
　　営者が E カーの事業の大成功という結果を踏まえてはじめて独占利益の放棄を思い
　　立ったと仮定する限り，上記の文書上に虚偽記載または誤解を生ぜしめる記載があっ
　　たと論ずる余地はないであろう。

じることはなくなるからである。

⑦　しかしながら，上記のような慣行が確立されていない現代のわが国社会において，資本調達時における事前開示がなかった以上，一切独占利益の放棄をしてはならないという行為規範を経営者に課すことは独占利益の放棄がもたらす厚生拡大の機会を無限定に奪うこととなってしまう。そこで，次善の策として，資本調達時に独占利益の放棄に関する事前開示をしなかった企業であっても，「現時点において検討されている独占利益放棄の施策を株式調達時に事前開示していたとしても投資家の行動に影響を与えることはなかった」と確信できる場合には当該施策を実行することを容認すべきである。[166][167]

---

166)　ちなみに，負債や自己資本を使って行う施策から生み出される独占利益を放棄する場合にも，本文で述べたものと類似の制約条件を考慮するべきであるというのが本書筆者の見解である。より具体的にいうと，そのような状況下にある経営者は，目下検討している独占利益の放棄を当該施策の実施を決定した時点においてすでに予定していたとしても当該施策の NPV はプラスであったと考えられる場合に限って当該独占利益の放棄を行うべきである。けだし，この行動原理が否定されるとすれば，NPV がマイナスである施策を実施することが容認されることになるが，キャッシュ・フローの正味額がマイナスとなる非営利施策の実施は許されないと考える以上（Ⅲ.3.(5) 参照），NPV がマイナスとなる——つまり，期待値ベースにおいてキャッシュ・フローの正味額がマイナスとなる——施策の実施も許されるべきではないからである。

167)　本文の⑥および⑦で述べたことは，これまでに論じてきた独占利益の放棄以外の非営利施策に関してもあてはまるものであろうか。この点に関する本書筆者の見解は次のとおりである。

　　①　企業が適時に非営利施策の実施に関する方針を開示することは市場の情報効率性を高めるうえにおいて有用なことである。したがって，独占利益の放棄以外の非営利施策についても本文の⑥に記載したような事前開示がなされることが望ましい。

　　②　しかしながら，これを怠った企業が，事後的に非営利施策を実施する際に本文の⑦に記載したような制約条件を自らに課さなくとも望ましからざる萎縮効果が投資家に発生する可能性は（将来においてはともかく，わが国の現状においては）低いであろう。以下その理由を述べる。

　　(a)　まず，Ⅲ.1 および Ⅲ.2 で述べた非営利施策を各企業が事前の開示なしに適宜実施する慣行が確立した場合，投資家がとるであろう最善の自衛措置は，「投資先企業の税引前企業価値を基準として投資の NPV を計算すること」であり，これによって最適な投資行動がもたらされる。

　　(b)　負の外部性の過剰な排出を回避する非営利施策を各企業が事前の開示なしに適宜実施する慣行が確立した場合，投資家がとるであろう最善の自衛措置は，「投資先企業は負の外部性の過剰な排出をすべて回避するという前提のもとで投資の NPV を計算すること」であり，これによって最適な投資行動がもたらされる。

　　(c)　これに対して，正の外部性を過剰に創出する非営利施策を各企業が事前の開示なしに適宜実施する慣行が確立することはたしかに問題である。けだし，

⑧　したがって，D社としては，Fバンクが提出した本件私募増資時におけるE
　カー事業の検討資料を真摯に検討し，同資料中のケース（a）における予想利
　益額が（現実にD社が達成した累積利益額である）700億円に縮減されていたとし
　ても，合理的な投資家は本件私募増資時におけるEカー事業のNPVをプラス
　と評価していたと確信できるのであれば施策gを実施し，その確信が持てない
　場合には施策の実施を回避することが厚生最大化原則に適った行動である。[168)]

　なお，以上の分析は，独占という現象には社会の厚生を増加させる機能があ
ることを示していることに留意願いたい。一般に（とくに，独占禁止法の教科書
などでは），独占の弊害ということが強調されがちであるが，これは独占の対象
商品がすでに社会に存在することを前提としたものである。いくら社会にとっ
て競争市場が望ましいといっても，そもそも商品が社会に存在しなければ，い
かなる効用も生み出されない。そして，新しい商品が社会に登場するためには，
その商品を生み出す施策のNPVがプラスでなければならず，独占利益を得る
ことが可能であることはNPVをプラスとする可能性を格段に高めるものであ
る。工業所有権法は独占のもたらすこの厚生拡大機能を保護するためのもので
あるが，工業所有権法上の保護があるか否かにかかわらず，「期待された独占
利益」を保護することは厚生の最大化を達成するうえで必要不可欠なことであ

　　　そのような慣行が確立した社会においては，投資家は，投資先企業が本来行う
　　ことは予定していないような正の外部性の創出まで考慮して投資のNPVを計
　　算するようになるかもしれず，そうなればNPVがプラスの施策であるにもか
　　かわらず，それを行うための資本調達が困難となるという事態が起こり得るか
　　らである。しかしながら，現在のわが国において各企業が実施している正の外
　　部性の創出は長年の伝統や確立されたビジネスモデルに根ざしたものがほとん
　　どであるので，現代のわが国に関する限り，上記の懸念は理論上のものにとど
　　まるのではなかろうか。しかしながら，今後はそのようなものとは異なる正の
　　外部性を創出する企業も登場するやも知れず，その場合においては，本文の⑥
　　および⑦に記載した基準が正の外部性の創出に関しても適用されるべきであろ
　　う。
　168)　したがって，【事例3-4-1】においても，1903年にフォード社がダッジ兄弟を含
　　む投資家から資本を調達した時点において，当時の投資家が「フォード氏が1915年
　　前後においてとろうとした非営利施策」（本脚注においてのみ，以下，「本件非営利施
　　策」という）をあらかじめ認識していたならば投資に応じなかったであろうと思われ
　　る状況が存在していたとすれば，裁判所が認定した事実を前提としてもなお本件非営
　　利施策は厚生最大化原則に適うものとはいいがたい。これに対して，T型フォードの
　　爆発的売れ行きは1903年当時においてはまったく想定されていなかったとすれば，
　　本件非営利施策はやはり厚生最大化原則に適うものであったと考えてよいであろう。

る。

（4）　独占利益を保持することが適切である場合その（3）
――一定の条件を満たす価格差別が実施可能である場合

　価格差別（price discrimination）とは，「独占企業が異なる消費者に対して異な
る販売価格を適用して商品を販売すること」を意味する経済学用語である[169]。
「差別」というと違法な行為のように聞こえるかもしれないが，わが国の法令
上価格差別が違法となるのは「他の事業者の事業活動を困難にさせるおそれが
ある」場合だけであり（独占禁止法 19 条および 2 条 9 項 2 号，6 号イ。なお，独占
禁止法は価格差別のことを「差別対価」とよんでいる[170]），このようなおそれがない場
合において企業が自己の利益を増やすために価格差別を実施することは違法で
はない[171]。

　価格差別は現実世界においても日常的に行われている。たとえば，テーマパー
クが子供の入園料を一般よりも安くしていることや公共交通機関が「学生割
引」を認めていることなどはすべて価格差別である[172]。

　しからば，価格差別という施策は厚生最大化原則のもとでいかに評価される
べきであろうか。この問題に対しては，「余剰という視点から見る限り，価格
差別は社会全体にとって望ましい事態のはずである」という有力な見解が存在
する[173]。なぜこのような主張が可能となるのか，【図 3-4-5】を使って説明する。

---

169)　ジャクソンほか（2014）316 頁参照。
170)　「他の事業者の事業活動を困難にさせるおそれがある」行為として一般に指摘さ
　　　れるのは，事実上取引を拒絶するに等しい高い価格で商品を売りつけることにより他
　　　の事業者を排除しようとする行為と非常に低い価格で商品を売りつけることにより競
　　　争者である他の事業者を排除しようとする行為の二つである。なお，独占禁止法 2 条
　　　9 項 6 号イの授権に基づく公正取引委員会の差別対価に関する一般指定には「他の事
　　　業者の事業活動を困難にするおそれがある」という要件は明示されてはいないが，一
　　　般指定の文言の中にある「不当に」という表現の中にこの趣旨が盛り込まれていると
　　　解されている。以上の各点につき白石（2016）360 頁以下参照。
171)　白石（2014）175 頁は「差別対価という行為それ自体が不正であるという認識は，
　　　現在の日本にはない」と明言している。
172)　価格差別がなされていることが消費者に自覚されない場合もある。たとえば，新
　　　聞や雑誌の一部を切り取ったものの持参者に商品の値引きをするという販売戦略は，
　　　そのような手間暇をかけてまでわずかな値引きを受けることに価値を見いだす者を優
　　　遇するための価格差別である。この点につき，マンキュー（2013）461 頁以下参照。
173)　ジャクソンほか（2014）317 頁参照。

【図3-4-5】

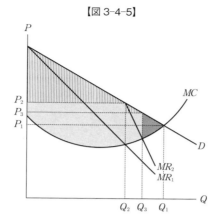

　【図3-4-5】は，【図3-4-1】と同じ図であるが，対象商品に対する支払用意額が本来の独占価格である P_2 を上回る消費者（以下，これらの消費者を「消費者グループA」とよぶ）に対しては P_2 を販売価格とし，対象商品に対する支払用意額が P_2 を下回る消費者（以下，これらの消費者を「消費者グループB」とよぶ）に対しては消費者グループBの限界収入曲線である MR_2 と限界費用曲線 MC の交点によって定まる価格 P_3 を販売価格とする価格差別が実施されていることを仮定したものである。この場合，消費者グループAの構成員全員が P_2 の販売価格をもって Q_2 の数量の商品を購入するので，これにより【図3-4-1】の場合と同じ消費者余剰および生産者余剰が達成されるが，さらに，消費者グループBの一部の者が P_3 の販売価格をもって $Q_3 - Q_2$ の数量の商品を購入するので，これにより追加の消費者余剰と生産者余剰が発生し，厚生損失（【図3-4-5】に濃い網掛けを施した区域がこれにあたる）は【図3-4-1】の場合に比べて減少している。この結果，①生産者余剰は独占企業が独占利益を享受している場合をさらに上回り[174]，②総余剰も，独占利益を完全に放棄した場合には劣るものの，単一の販売価格を用いて独占利益を達成している場合と比べれば確実に増加している。したがって，価格差別は株主利益最大化原則のもとにおける最善の施策であり，厚生最大化原則のもとにおいても独占利益の放棄には劣るものの次善の施策と評価できる。

　しかしながら，【図3-4-5】に示したものは，いわば「理想化された価格差

---

[174]　支払用意額を異にする消費者グループをもっと細かく区分した価格差別が実施可能であるとすれば生産者余剰をさらに引き上げることができる。

別」であり，現実社会で実施される価格差別には次の二つの問題が発生しがちである。

取引費用の増加

第1に，市場で取引されている多くの商品に関しては，価格差別を行うこと自体が困難であり，強いてこれを行おうとすれば取引費用が増加することが多い。たとえば，百貨店で店頭販売を行っている化粧品メーカーにとって価格差別は実施困難な販売戦略である[175]。そこで，化粧品メーカーが百貨店での店頭販売を取りやめて，自社の化粧品を訪問販売のみによって消費者に供給することにすれば，たしかに価格差別の実施は容易となるに違いない[176]（なお，これは一般論としての話であり，実際に訪問販売を行っている化粧品メーカーが価格差別を実施していることを示唆するものではない）。しかしながら，百貨店の店頭における集中的な販売を断念し，大量の商品在庫や訪問員を必要とする訪問販売を実行に移せば限界費用曲線の上昇は避けがたい。そして，限界費用曲線が上昇すれば，必然的に当該化粧品の総余剰は減少せざるを得ない。したがって，価格差別を実施することによって生じる総余剰の増加が限界費用曲線の上昇に伴う総余剰の減少を補って余りあるものでない限り，価格差別は厚生の減少をもたらすものである。

非効率的消費者区分

第2に，【図3-4-5】においては，消費者グループ A に属する者の支払用意額が独占価格を下回ることはなく，かつ，消費者グループ B に属する者の支払用意額が独占価格を上回ることもないことを仮定していた（このような消費者区分を以下完全消費者区分とよぶ）。しかしながら，現実に行われる価格差別は，「子供」「学生」「お年寄り」などのように外見や証明書によって識別可能な区

---

175)　百貨店の店頭で販売されている商品に関して価格差別の実施が困難である主たる理由は，①店頭において入手し得る顧客情報は限られていることと，②店頭においては価格その他の取引条件を統一的なものとする商慣習がほぼ確立していることであろう。

176)　訪問販売を行うことにより価格差別の実施が容易となる主たる理由としては，①顧客の居宅を訪問すれば多くの顧客情報に接し得ることと，②訪問販売においては多様な取引条件を提示することに商慣習上違和感がないことが考えられる。なお，訪問販売に関しては，「特定商取引に関する法律」の3条から10条において様々な規制が課されているが，価格差別を実施することを禁止する規定はない。

分に従ってなされるものであり，完全消費者区分が成立することはまずあり得ない。テーマパークが子供の入園料を大人の入園料よりも安くしている場合を例にとって考えてみよう。

この場合，たしかに一般論としては，大人が入園料として支払う用意のある金額は子供が支払う用意のある金額よりも高いであろう。しかしながら，世の中には高い入園料を支払う用意のある子供もいるであろうし，逆に，高い入園料を支払う用意のない大人，あるいは，入園料が高ければ入園回数を減らしてしまう大人も少なくないことであろう。にもかかわらず，テーマパークの主催企業（以下，「Ｚランド」とよぶことにする）が「大人」と「子供」という消費者区分を用いて入園料の価格差別を実施した場合，状況次第では単一の独占価格を入園料とした場合に比べて総余剰が減少するという事態が起こり得る。

以上の点を図を使ってもう少し詳しく説明しよう。【図3-4-6】～【図3-4-9】をご覧願いたい。

最初に四つの図の意味を箇条書きにして説明する。

① 【図3-4-6】の曲線 D_1 はＺランドが提供する便益に対する大人の需要曲線を表しており，その限界収入曲線が曲線 MR_1 である。議論を簡単にするために限界費用曲線は直線であると仮定している（この点は【図3-4-7】～【図3-4-9】についても同様である）。この場合，Ｚランドの経営者が株主利益最大化を追求する限り（この点も【図3-4-7】～【図3-4-9】について同様である）大人の入園料は P_1 となり，入園者数は Q_1 となる。図中において，縦線を施した部分，薄い網掛けを施した部分および濃い網掛けを施した部分は，それぞれ，消費者余剰，生産者余剰および厚生損失の大きさを表している（この点も【図3-4-7】～【図3-4-9】について同様である）。

② 【図3-4-7】の曲線 D_2 はＺランドが提供する便益に対する子供の需要曲線を表しており，その限界収入曲線が曲線 MR_2 である。子供の支払用意額は相対的に大人よりも低いが（ただし，少なからぬ額の入園料を支払う用意のある子供もいる），入園料が低ければ入園する用意のある子供は多いことであろう。このために，曲線 D_2 は曲線 D_1 よりも縦軸に接する点の位置が低く傾きはゆるやかとなっている。この場合，子供の入園料は P_2 となり，入園者数は Q_2 となる。

③ 【図3-4-8】はＺランドが価格差別を実施しなかった場合を表している。全体の需要曲線 D_3 は，大人と子供の需要曲線を横に足した形状をなしており，曲線 MR_3 はその限界収入曲線である。この場合，入園料は価格を単一とした

【図 3-4-6】

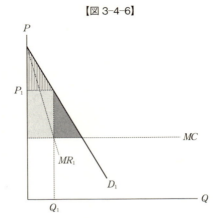

【図 3-4-7】

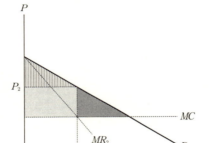

場合の独占価格である P_3 となり，入園者数は Q_3 となる。

④　【図3-4-9】は上記の各図との関係を比較するための仮想世界を表したもの
　である。すなわち，ここでは【図3-4-8】と同じ需要曲線のもとで，ある区分
　に属する消費者（以下，「消費者グループX」という）の支払用意額はすべて独占
　価格である入園料 P_3 を上回り，それ以外の消費者（以下，「消費者グループY」
　という）の支払用意額はすべて P_3 を下回ることを仮定している。この場合，Z
　ランドの経営者は完全消費者区分に基づく価格差別の実施が可能となるので，
　消費者グループXに対しては入園料 P_3 を適用し，消費者グループYに対して

177)　D_1 と D_2 がいずれも直線であると仮定する限り，D_1 と D_2 を横に足しあわせたも
　　のである D_3 の限界収益関数に関しても前掲注 155) に記した性質が成立するので，
　　その形状は【図3-4-8】に記したものとなる。

【図 3-4-8】

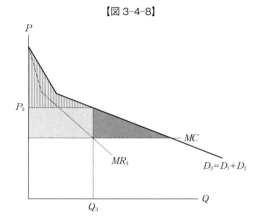

【図 3-4-9】

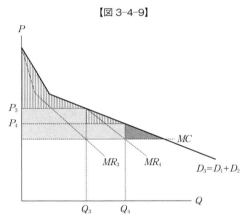

は入園料 P_4 を適用する。

さて，【図 3-4-6】～【図 3-4-9】の中で総余剰が最大となる（＝厚生損失が最小となる）のが【図 3-4-9】であることはこれまでの説明と各図の形状から明らかであろう。これに対して，現実世界の Z ランドが「大人」と「子供」という消費者区分を用いて価格差別を実施した場合の厚生損失の大きさは【図 3-4-6】と【図 3-4-7】の両図において濃い網掛けを施した部分の和となるが，その総量は，【図 3-4-9】の厚生損失よりも大きいことは各図の形状からもうかがえるであろう。その主たる原因は，【図 3-4-9】においては P_4 の入園料を支払って入園することのできた消費者グループ Y の人々の一部が【図 3-4-7】

においてはP_1の入園料を要求される「大人」として扱われることによって入園できなくなっているからであり（その中には，入園料がP_1を下回ればより頻繁に入園する用意のあった「大人」が断念するに至った追加的な入園機会も含まれている），これが【図3-4-6】に示した厚生損失の中核を構成している。ただし，これだけのことであれば，「現実世界の価格差別は完全消費者区分の下における価格差別ほど大きな厚生の拡大をもたらすものではない」という話で済むが，問題は，【図3-4-6】と【図3-4-7】の厚生損失の総和が，単一の独占価格を適用した事態である【図3-4-8】がもたらす厚生損失をも上回る可能性があることである。その可能性が生じる理由は，【図3-4-6】における入園料P_1は大人の消費者だけを対象として計算された独占価格であるがゆえに，すべての消費者を対象に計算された独占価格である【図3-4-8】の価格P_3よりも割高な値になっている点に求められる。この結果，単一の独占価格が適用されていればZランドの便益を享受し得たにもかかわらず，価格差別が実施されたことによりその機会を喪失してしまった大人の消費者が少なからず生じている。もっとも，価格差別を実施した場合には，低い入園料P_2が適用されることによって子供の入園者が増加することはほぼ確実であるから，全体として総余剰が減少するか否かは事案次第ではある。しかしながら，消費者区分の内容いかんによっては価格差別を実施した結果，総余剰が減少する場合があることは否定し難い事実である（以下，価格差別を実施すると総余剰が減少する消費者区分のことを非効率的消費者区分とよぶことにする）。

　以上を要するに，価格差別は，①取引費用の増加と，②非効率的消費者区分という二つの問題を惹起する可能性を有しており，そのいずれかまたは双方が現実化する場合には価格差別を実施した結果，生産者余剰は増加しても総余剰は減少するという事態が起こり得る（総余剰が減少する価格差別のことを，以下，非効率的価格差別といい，そうでない価格差別のことを効率的価格差別という）。非効率的価格差別は株主利益最大化原則のもとにおいては容認し得るものであろうが，厚生最大化原則のもとにおいては看過し得ないものである。したがって，厚生

178)　【図3-4-8】においては，単一の独占価格である入園料P_3のもとにおいても一定の子供が入園を果たしているが，これが現実に起こり得るか否かは現実の消費者区分の実情次第である。しかしながら，仮に，単一の独占価格のもとにおいても一定の子供が入園可能だとしてもそれによって生み出される総余剰が子供の入園料を割安とした場合に生み出される【図3-4-7】の総余剰に匹敵する値となることはないであろう。

最大化原則を行為規範とする経営者が価格差別を実施しようとする場合には，少なくともそれが非効率的価格差別でないことを見極めてからこれを行うことが適切である。

　もちろん，独占的利益を放棄することが現実的に可能であるかぎり，いかに効率的価格差別であっても，それを実施することは厚生最大化原則上あくまでも次善の策であるとの評価を免れない。効率的価格差別の実施が最善の策となるのは，Ⅲ.4.(2) およびⅢ.4.(3) に述べた規範的理由によって独占利益を保持すべき企業ならびに持続性問題が生み出す事実上の制約によって独占利益を保持せざるを得ない企業の場合である。けだし，独占利益を放棄し得ないこれらの企業にとって効率的価格差別の実施は社会の厚生をより増加させ得る貴重な施策だからである。

　効率的価格差別の実施が望ましいと考え得るもう一つの状況は独占企業が正の外部性を生み出す事業活動を行っている場合である。Ⅲ.3.(5) で述べたとおり，正の外部性に関しては「キャッシュ・フローの正味額の期待値がマイナスとならない」という規範的限界を設けるべきであるというのが本書筆者の見解であり，仮にこの見解を採用しないとしても，正の外部性の創出に関しては持続可能性という点からの制約を免れない企業は多いことであろう。効率的価格差別の実施はこの状況を打開するうえで有用である。けだし，これを実施すれば，収益の悪化を回避しつつ正の外部性の総量を最大化することが可能となるからであり，【図3-4-10】を使ってその次第を説明する。

　【図3-4-10】は，P_1，P_2，P_3 という三つの価格からなる価格差別が実施された状況を描いたものであるが（ただし，表記を簡潔なものとするために，この図は完全消費区分が可能であることを前提としている），同図にはこれまでの図にはない二つの区域が存在する。その一つは直線 D と直線 E に挟まれた区域であり，これは正の外部性の大きさを表している（【図3-3-5】の解説参照）。もう一つは a，b，c，d の各点を結んだ区域であり，これは企業にとって持ち出しとなる費用，すなわち，マイナスの生産余剰を表している。この場合，企業が生み出す総余剰は消費者余剰と生産者余剰の正味額と正の外部性の総量の総和であるが，【図3-4-10】においてはこの値が最大となっていることが看取できるであろう。もとより，現実の企業がここまで厚生の最大化に徹する行動をとることは持続可能性という観点から考えて必ずしも容易なことではないであろう。しかしながら，【図3-4-10】は正の外部性を創出している独占企業が目指すべ

【図 3-4-10】

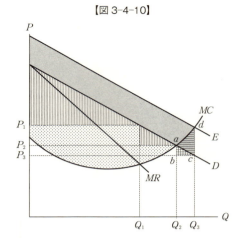

き一つの理想像を示しているのではないであろうか。

(5)　総　　括

以上に述べたことを総括する。

① 　株主利益最大化原則のもとにおいては，独占利益を維持することこそが適切
　な施策であり，価格差別を実施して生産余剰のさらなる拡大を目指すことはさ
　らに適切な施策である。この結論は，適法性問題に対する解として株主利益最
　大化原則が最善のものでないことを端的に示しているのではないであろうか。
　けだし，独占利益を維持することは厚生損失の発生を許容することであり，非
　効率的価格差別の実施はその弊害をさらに助長するものだからである。
② 　厚生最大化原則のもとにおいては，独占利益の放棄は原則として適切な施策
　であり，他方，非効率的価格差別は不適切な施策である。しかしながら，厚生
　最大化原則のもとにおいても企業が独占利益を保持することが適切な施策とな
　る場合がある。その一つは独占利益を保持しないと会社の損益が赤字となって
　しまう場合であり，もう一つは独占利益を保持しないと投資家の行動に悪影響
　が生じる場合である。さらに，これら以外の場合であっても，持続可能性問題
　という事実上の制約により独占利益を保持せざるを得ない企業も少なくないこ
　とであろう。
③ 　上記②の状況下において企業が効率的価格差別を実施することは適切な施策
　である。さらに，効率的価格差別は，正の外部性を生み出す事業活動を営む企

業が損益を赤字とすることなく厚生の最大化を目指すうえにおいても有用な施策である。

5　契約の不完備性と情報の非対称性

　Ⅲ.5の主題は契約の不完備性と情報の非対称性である。ただし，この二つの事象が問題となる状況は多種多様であり，それらの問題を網羅的に論じることはできそうもない。そこで，契約の不完備性に関しては大手企業間における二つの長期契約（重油の供給契約と金銭の貸付契約）を対象とした事例分析を中心に，情報の非対称性に関しては不動産の売買契約を対象とした事例分析を中心に，それぞれ議論を進め，しかる後にそれぞれの主題についての総括的コメントを記すこととする。この手法をとることの結果として，導き出された結論が妥当する状況の外延はやや曖昧となるが，①株主利益最大化原則を経営の行為規範とすることの何が問題であるのかと，②厚生最大化原則を経営の行為規範とすることによって状況はいかに改善されるのかを具体的事例に即して論じるという本Ⅲ章の目的は果たせるのではあるまいか。

　登場する当事者（当事者が個人である場合を含む）はすべて利得の最大化を目的としているものとし，[179]社会の厚生の大小は契約当事者の利得の総和によってこれを計算するが，必要に応じて当事者の将来の行動やインセンティブに及ぼす影響についても考慮するものとする。

（1）　契約の不完備性に関する事例分析

（a）　契約が不完備であることの合理性

契約が不完備であることは合理的である場合が多く，それによって不都合が生じることも比較的少ない。以下，その理由を箇条書きにして記す。

①　契約の不完備性を是正するためには，（a）いかなる事態に関して明示の規定が欠けているのかを発見し（以下，そのような事態を不測の事態とよぶ），（b）その

---

179)　この仮定を設けることの有用性とそれを正当化する根拠についてはⅡ.4.(3)参照。

不測の事態に対処するための契約条項を作成し，(c) その契約条項を契約に挿入するべく契約の相手方と交渉を行わなければならない。したがって，これらの作業に要する費用がその条項を契約に挿入することによって不測の事態が発生した場合に得られる追加的利得とその不測の事態の発生確率の積を上回る場合には契約を不完備なままにしておく方が合理的である。[180][181]

② 　不測の事態はもともと起こりそうもない事態であるから，現実にも起こらない場合が多い。この場合，契約が不完備であってもいかなる不都合も生じない。

③ 　仮に不測の事態が発生したとしても，それによって契約内容の特定に支障が生じることは少ない。契約の「文理解釈」，すなわち，契約文言の字義どおりの解釈によって，不測の事態における当事者間の権利義務の内容を導き出すことが可能である場合が多いからである。さらに，文理解釈によっては明確な結論が導き出し得ない場合に対処すべく，わが国の民法と商法にはそのような事態における契約の解釈方法を定めた規定（このような規定は一般に「任意規定」または「補充規定」とよばれており，本書では，以下，任意規定とよぶことにする）が盛り込まれており，それらの任意規定自体の解釈に関しても多くの判例法が形成されている。そこで，以上の三つの手段，すなわち，文理解釈と任意規定と判例法を活用すれば，不測の事態が現実のものとなった場合においても契約当事者の権利・義務を特定することはさほど困難なことではない。

---

180)　ただし，倒産リスクが発生する場合やリスク回避的な当事者がいる場合にはこの計算に一定の修正を加えなければならない。

181)　ここでは，「契約を完備なものにするために発生する追加的な取引費用がそうすることによって得られる利得の期待値を上回る場合」だけを契約が不完備となる理由として掲げたが，これと並列する理由として「契約が不完備となっていることに当事者が気付いていない場合」を掲げる文献も少なくない（たとえば，Cooter-Ulen (2014) 284 頁以下では，前者を「意図的：deliberate」，後者を「非意図的：inadvertent」な理由として論じている）。この二分法も議論の目的次第によっては有用であるが，優秀な法律家を多数用いて膨大な時間をかければいかなる不測の事態も発見できると考えれば，後者も前者の一部とみなし得ることから，ここでは両者をまとめて一つの理由として扱った次第である。なお，シャベル（2010）341 頁以下は，契約が不完備となる理由として，①（この拡大した意味における）取引費用が高くつく場合に加えて，②不測の事態に対処すべき契約条項の強制的実現に費用がかかりすぎる場合，③不測の事態に対処すべき契約条項の要件の充足を裁判所に立証することが困難である場合および，④不完備性を放置しても有害さの程度が低い場合の 3 点をあげているが，②と③はいずれにしても克服困難な問題であるから本書では取り上げず，④は（シャベル（2010）自体も 342 頁の注 10 で認めているように）他の三つの理由の中に取り込むことが可能なものであるから，やはり本書では独立の問題としては取り上げていない。

しかしながら，契約内容が特定できればそれですべて解決というわけではない。けだし，上記の方法によって特定された契約内容が効率的なものでない場合には社会の厚生の最大化が妨げられてしまうからである。¹⁸²⁾ただし，特定された契約内容が効率的でなくても，一定の条件が満たされていれば，当事者が株主利益最大化原則に則って行動するだけで効率的な結果をもたらすことができる。具体的な事例を使ってこの点を説明しよう。

(b) 非金銭債務の内容に関して契約が不完備である場合

次の事例をもとにして考える。

【事例 3-5-1】

　石油精製会社である X 社は，Y 電力会社との間で，Y 社が運営する Z 火力発電所で用いるための重油を製造・供給する旨の契約を締結している（この契約のことを本事例に関してのみ，以下，「本件供給契約」という）。本件供給契約によれば，X 社は今後 1 年間に所定の数量の重油を所定の価格で供給する義務を負っており，Y 社はこれを購入する義務を負っている。X 社は重油を製造するために必要とする原油を中東の A 国の W 社から調達しており，本件供給契約の履行に必要なすべての原油を所定の価格で購入する旨の契約を W 社と締結していた（なお，これと同時にこの原油購入代金の支払いに必要な為替予約契約も金融機関との間で締結していた）。

　ところが，最近に至り A 国のテロリストが W 社の原油採掘所の破壊工作を実行したため W 社は X 社に対する原油の供給ができなくなってしまった。ただし，X 社と W 社の間の原油供給契約には**不可抗力条項**（force majeure clause. 当事者の合理的コントロールが及ばない事由によって債務が履行不能となった場合には契約不履行の責任を負わない旨を定めた条項）が（テロリストによる行為がこれに含まれることを明示したうえで）挿入されていたので，この事態に関して X 社が W 社の法的責任を追及する余地はなかった。

　W 社からの原油の供給に頼らずに X 社が Y 社に対して重油の供給を続けるための唯一の手段は国際現物市場（以下，「スポット市場」という）で原油を調達することである。ただし，今回のテロ事件の影響もあって，スポット市場での

---

¹⁸²⁾　当事者が真摯に交渉を行えば効率的な帰結に至るというⅡ.1.(4)の結論を前提とする限り（Ⅲ.5.(3)以下で論じる情報の非対称性の問題を別とすれば），契約上明示的に取り上げられている事態に関しては効率的な結果がもたらされると仮定してよいであろう。

原油価格は高騰しており，スポット市場で原油を買い付けて本件供給契約上の
義務の履行を継続した場合Ｘ社には合計で 1000 億円の損失が発生する。一方，[183]
Ｙ社は別の事業目的のためにＸ社以外の石油精製会社との間においても重油
の長期購入契約を締結しており，この契約に基づいて供給される重油をＺ火
力発電所のために用いれば，Ｘ社から重油の供給が受けられなくなってもＺ
火力発電所の操業を当初の予定どおり継続することができる。ただし，Ｙ社が
これを行った場合，Ｙ社は上記の別の事業の実施を断念することによって 200
億円相当の機会損失を負担しなければならない（本事例に関してのみ，この機会損
失を「本件機会損失」という）。

　　上記の状況下において，Ｘ社およびＹ社の経営者が株主利益最大化原則を
もって行為規範とすればそれぞれどのように行動するであろうか。ちなみに，
為替予約契約の解除には費用はかからず，また，原油の調達先をＷ社からス
ポット市場に切り替えたとしても石油の精製にかかる費用は変わらず，また，
Ｘ社はＷ社から購入している原油を使った事業以外にもたくさんの事業を営ん
でいるので，本件供給契約上の義務の履行に関していかなる結末が生じようと
もそれによって債務超過となるおそれはないものとする。

　本件供給契約には「テロリストの破壊工作によってＷ社が原油の供給がで
きなくなる事態」（以下，単に，「破壊工作」という）における当事者の権利義務
は明示されていない。したがって，破壊工作はまさに先に定義したところの不
測の事態である。しかしながら，破壊工作に対する明示の規定が存在しないと
いうことは，本件供給契約を文理解釈する限り，破壊工作が現実に起こった場
合においてもＸ社はＹ社に対して重油の供給義務を負っていることを意味し
ている。ただし，民法 415 条 1 項は「債務者の責めに帰すべき事由によって」
債務の履行ができなくなった債務者は損害賠償責任を負うと規定しており，こ
の規定の反対解釈として，「債務者の責めに帰すことのできない事由」によっ
て債務の履行が遅滞または不能となった債務者は法的責任を負わないという解
釈が確立されている。[184]したがって，本事案においても，Ｘ社は「同社の責めに

---

183)　原油から重油を精製する場合には重油以外の石油製品も多数製造される。ここで
示した 1000 億円という損失金額は重油以外の石油製品の売却に関して生じる損失も
加えた数字である。なお，Ｘ社は，Ｗ社から購入する原油から製造される石油製品
に関してＹ社を除く何人に対しても長期の供給義務は負っていないことも仮定して
いる。

184)　内田（2005）140 頁以下参照。なお，新民法の 415 条 1 項但書は「契約その他の
債務の発生原因及び取引上の社会通念に照らして債務者の責めに帰することができな

帰すことのできない事由」によって本件供給契約上の債務の履行ができなくなったと評価されるとすれば，Ｘ社はＹ社に対する重油の供給義務を免れることができる。しかしながら，同社はスポット市場において原油を購入すれば本件供給契約上の義務の履行を果たし得るのであるから，本事案においてＸ社が債務不履行責任を免れ得る可能性は小さく，以下においては，Ｘ社が債務不履行責任を免れることはないことを前提として議論を進めていくことにする。[185]

　以上の点を踏まえて，Ｘ社とＹ社はどのように行動するか。以下では，この問題を，①「両社間でどのような交渉がなされるか」という点と，②「その交渉の結果は両社の今後の経営施策に対していかなる影響をもたらすか」という点に分けて考えていくこととする。

（ｉ）　Ｘ・Ｙ間再交渉の内容とその帰結

　Ｘ社が本件供給契約上の義務の履行を継続すれば同社には 1000 億円の損失が生じるが，Ｙ社が 200 億円の本件機会損失を負担して同契約の合意解約に応じればこの結果を回避できる。したがって，本件供給契約の規定どおりに当事会社が行動することは効率的でなく，両当事会社は効率的な帰結をもたらすべく交渉を通じて本件供給契約を改めようとするであろう（以下，この交渉を

　　い事由」によって生じた債務不履行については債務者は法的責任を負わない旨明示している。
135)　なお，わが国では，契約締結後その基礎となった事情が，当事者の予見し得なかった事実の発生によって変更し，このため当初の契約内容に当事者を拘束させることがきわめて過酷となった場合に，契約の解除または改訂が認められる場合があり，そのような法理は「事情変更の原則」とよばれている（谷口＝五十嵐編（2006）66 頁参照）。事情変更の原則は，判例のもとでも一般論としては承認されている（最判昭和29 年 2 月 12 日民集 8 巻 2 号 448 頁，最判平成 9 年 7 月 1 日民集 51 巻 6 号 2452 頁）が，具体的事案を扱った最高裁の判決で，事情変更の原則が適用されて契約の拘束力が否定されたものは存在しておらず，下級審の裁判例も，経済的事情の激変や貨幣価値の急落を理由とする事情変更の原則の適用に消極的であるとされている（潮見（2017a）109 頁）。本件においても，上記の裁判例の傾向や，Ｘ社がＷ社との間でテロリストによる行為が含まれることを明示したうえで不可抗力条項を含む契約を締結しており，Ｘ社としてテロ行為をまったく予見していなかったとはいいにくいこと等に鑑みると，Ｘ社が事情変更の原則により債務不履行責任を免れる可能性は低いように思われる。なお，新民法の制定過程においても，事情変更の原則の明文化が検討されたが，裁判外における紛争を惹起しかねないとの意見が強かったこと，そのような懸念を文言上払拭することが技術的に困難であったこと，当該懸念を払拭するために制限的な規定とするとかえって判例法理よりも厳格なルールとなるおそれもあったことを踏まえ，明文化は見送られた（法制審議会民法（債権関係）部会資料 82-2・10 頁）。

「X・Y間再交渉」とよぶ）。しかしながら，X・Y間再交渉を成立させるために
はX社が一定の対価をY社に対して支払わなければならないことは明らかで
あり，その対価がいくらとなるかはX・Y間再交渉が決裂した場合にY社が
取り得る法的手段が何であるか（より正確にいえば，「法的手段が何であると各当事
会社が考えるか」）によって異なるであろう。以下，場合を分けて論じる。

完全履行請求権が行使可能である場合

　民法414条1項本文は「債務者が任意に債務の履行をしないときは，債権者
は，その強制履行を裁判所に請求することができる」と規定している（この権
利を，以下，完全履行請求権とよぶ）。そこで，Y社がX社に対して完全履行請求
権を行使することが現実的に可能であるとすれば，交渉が決裂した場合，X社
は，スポット市場で原油を調達したうえで石油を精製・供給することを強制さ
れることになるので1000億円の負担を余儀なくされる。したがって，X・Y
間再交渉におけるX社の留保点（Ⅱ.1.(4)参照）は－1000億円（正確には，こ
れからX社が負担することになる訴訟関連費用をさらに差し引いた金額）である。一
方，交渉が決裂してY社が完全履行請求権を行使した場合，同社は本件機会
損失を一切負担しないで済むのであるから，X・Y間再交渉におけるY社の留
保点は0円（正確には，これからY社が負担することになる訴訟関連費用を差し引い
た金額）である。しかるに，X・Y間再交渉によって両当事者はあわせて800
億円（＝1000億円－200億円）の追加の利得を得るのであるから，各当事会社の
上記の留保点を踏まえて考えると，X・Y間再交渉のナッシュ交渉解は，（－
1000億円＋400億円，0円＋400億円）＝（－600億円，400億円）となるので，
両社は，X社がY社に600億円を支払うことによって本件供給契約を合意解
除し，Y社は本件機会損失を甘受することになるであろう。[186]この帰結は効率的
である。たしかに，X社はかなり多額な資金をY社に支払う結果となったが，
両当事会社の利得の和は最大化されている。

---

186)　交渉当事者がいずれもリスク中立的である場合のナッシュ交渉解は，留保点にお
　　ける各当事者の利得に交渉によって得られる追加的利得の半額を加えたものとなるこ
　　とが知られている。この点につき，岡田（2011）291頁以下参照（なお，ジャクソン
　　ほか（2014）53頁の訳者注も参考になるであろう）。

完全履行請求権が行使可能でない場合

しかしながら，わが国の裁判実務を前提とする限り，本事案においてY社がX社に対して完全履行請求権を行使することは非現実的であり，X・Y間再交渉が決裂した場合においてY社が行使し得る権利は民法415条所定の損害賠償請求権だけであり，X社に求め得る賠償金額は債務がその趣旨に従って履行されていれば債権者である当事者が得ていたであろう経済的利益に相当する額とされる公算が大きい[187]（厳密には，これに遅延損害金その他の付随的賠償額が加わるであろうが，議論を簡潔なものとするためにその点は捨象して考えることにする）。したがって，本事案の場合，損害賠償額は機会損失相当額である200億円となり，以上の事実をいずれの当事者も知っていると仮定すれば，X・Y間再交渉における留保点は（−200億円, 0円）である（正確にいえば，いずれの会社に関しても，留保点はこの値から訴訟関連負担費用額をさらに差し引いた金額となる）。この場合，X・Y間再交渉によって得られる追加的利得は「訴訟関連負担費用の発生の回避」だけであり，この結果，両社は，X社がY社に対して200億円を支払うことを引き替えに本件供給契約を解除するという合意に至るであろう。この帰結は効率的である。完全履行請求権が行使可能な場合に比べてX社がY社に支払わなければならない金額はかなり減少したが，両当事会社の利得の和が最大化されていることに変わりはない。

---

187)　X社の重油供給義務は，第三者から原油を調達し，重油を製造・供給する債務であるから，当該債務は，直接強制が可能となる「与える債務」（物の引渡債務や金銭債務）ではなく，いわゆる「なす債務」であるところ，「なす債務」の直接強制は認められないと解されている（能見＝加藤編（2013）49頁以下参照）。なお，「なす債務」のうち，代替性のある作為債務については，代替執行（民法414条2項，民事執行法171条）を求めることが考えられるが，執行が債務者の権利圏（権利領域）に干渉することとなる場合（たとえば，債務者の所有または占有する建物の取壊し）を除いては，代替執行の手段をとることは無意味であり，かかる場合には契約を解除したうえで第三者にこれをさせて，元の債務者に対しては損害賠償を請求する方法で足りると説明されている（奥田編Ⅰ（2003）579〜580頁）。したがって，本件においてY社がとる救済手段は民法415条所定の損害賠償請求権の行使にとどまるものと想定される。なお，ここでいう「損害」とは，債務の本旨に従った履行がなされたならば債権者が受けたはずの財産状態と，不履行によって債権者が実際に置かれた財産状態との差額であると解するのが通説・判例であり（奥田編Ⅱ（2011）262頁以下参照），債権者は損害軽減義務を負っている（奥田編Ⅱ（2011）502頁以下参照）と解されることをあわせ考えると，本件においてX社が債務を履行した場合と履行しなかった場合でY社が置かれる財産状態に生じる差額は本件機会損失となる200億円であると考えられるため，その損害額は200億円と解すべきである。

（ⅱ）　X・Y 間再交渉の帰結がその後の取引に及ぼす影響

　この問題についても，完全履行請求権の行使が可能である場合とない場合に
分けて考える必要があるが，ここでは，より現実性が高い「完全履行請求権が
行使可能でない場合」を中心に分析を行い，「完全履行請求権が行使可能であ
る場合」についての分析は最後に補足的に述べる。以下，箇条書きにて記す。

①　X・Y 間再交渉の帰結は，X 社が今後本件供給契約と類似の取引を行う場合
　に対していかなる影響を及ぼすか。考え得る一つの可能性は，（下記⑤で述べる
　「対価の見直し」の問題を別とすれば）「いかなる影響も及ぼさない」というもので
　ある。破壊工作はたしかに不測の事態であったが，X・Y 間再交渉の結果，効
　率的な結果を導き出すことができた。したがって，今後，本件供給契約と類似
　の取引（以下，単に，「類似取引」という）を行う場合においても破壊工作に類似
　の不測の事態（以下，単に，「類似の不測事態」という）に関して契約は不完備な
　ままでよい。そう考える経営者もいるかもしれない。
②　しかしながら，多くの経営者は，類似取引を行うにあたり，類似の不測事態
　に対処する条項を契約の中に明示的に挿入しようとするであろう。けだし，
　X・Y 間再交渉の過程において X 社は少なからぬ費用と時間を費やしたはずで
　あり，その経験を踏まえるならば，多少の追加費用を支払ってでもそのような
　条項をあらかじめ契約に挿入しておくことによって将来の紛争を未然に防止す
　る方が賢明であると考える可能性が高いからである。そして，そのような条項
　を設ける以上は，類似の不測事態が現実に発生した場合における当事者間の権
　利・義務ができるだけ明確なものとなるようにしたいと考えることであろう。
　そこで，たとえば，「X 社の原油調達コストが一定の金額以上になった場合に
　は，X 社は供給先会社に対して，それ以降に支払われる予定であった石油製品
　の売却代金合計額の一定の割合を支払えば石油製品の供給義務を免れることが
　できる」というような規定が社内の中で検討されることになるのではないであ
　ろうか（本Ⅲ. 5.（1）においてのみ，以下，この規定を「折衷案」とよぶ）。
③　もっとも，X 社の社員の中には，折衷案に代えて，「X 社の原油調達コスト
　が一定のパーセント以上高騰した場合には X 社は無条件で石油製品の供給義
　務を免れることができる」という規定（本Ⅲ. 5.（1）においてのみ，以下，この規
　定を「完全免責案」とよぶ）を挿入した方がよいと主張する者もいるかもしれな
　い。しかしながら，よく考えてみれば明らかなとおり，完全免責案を供給先に
　受諾させようとすれば，供給先の会社はこれによって生じる不利益を補うべく

購入する石油製品代金の減額を要求するであろう。この結果，折衷案のもとで類似の不測事態が発生した場合における Y 社の正味負担額にその事態の発生確率を乗じた金額の現在価値が完全免責案における石油製品代金の値引き分の現在価値と等しくなるとすれば，折衷案に代えて完全免責案を挿入することに積極的な意味は見いだしがたい。結局のところ，X 社としてはいくつかの契約条項案を準備したうえで類似取引の交渉に臨み，相手方当事者との交渉を通じて両当事者の期待値の総和が最大となる（すなわち，効率的な）契約条項をその取引の契約に挿入することになるであろう。

④　他方，X・Y 間再交渉の帰結は，Y 社が類似取引を行う場合に対していかなる影響を及ぼすであろうか。Y 社についても，X 社の場合と同様に（下記⑤で述べる「対価の見直し」の問題を別とすれば）「いかなる影響も及ぼさない」可能性は否定できない。しかしながら，これも X 社について述べたのと同様の理由により，Y 社の経営者は，類似取引を行うにあたっては，類似の不測事態に対処する契約条項として折衷案を挿入することの検討を始める可能性の方が高いであろう。もっとも，Y 社の社員の中には，折衷案に代えて，「供給元の原油調達コストがいくら高騰しても，供給元は重油供給義務を免れることはできない」という規定（本Ⅲ.5.(1) においてのみ，以下，この規定を「完全履行案」とよぶ）を挿入した方がよいと主張する者もいるかもしれない。しかしながら，よく考えてみれば明らかなとおり，完全履行案を供給元に受諾させようとすれば，供給元の会社はこれによって生じる不利益を補うべく重油の販売代金の増額を要求するであろう。この結果，折衷案のもとで類似の不測事態が発生した場合における Y 社の正味負担額にその事態の発生確率を乗じた金額の現在価値が完全履行案における重油の販売代金の値上げ分の現在価値と等しくなるとすれば，折衷案に代えて完全履行案を挿入することに積極的な意味は見いだしがたい。結局のところ，Y 社としてはいくつかの契約条項案を準備したうえで類似取引の交渉に臨み，相手方当事者との交渉を通じて両当事者の期待値の総和が最大となる（すなわち，効率的な）契約条項をその取引の契約に挿入することになるであろう。

⑤　なお，本件供給契約の締結時においては破壊工作がもたらす経済的インパクトを正確に計算しないまま取引の対価を定めていた可能性が高い。この点を踏まえて，各当事会社は，類似の不測事態に対処するための契約条項をいかなるものにするのか（あるいは，そもそもそのような契約条項を設けないことにするのか）という問題とあわせて類似取引における対価をいくらと設定すべきかを検討することとなるであろう（対価は類似の不測事態に対処する条項をいかなるものとするかによって異なる）。

⑥　最後に，完全履行請求権が行使可能な場合について考えてみよう。この場合，X社はX・Y間再交渉の結果高額の支払いを余儀なくされた経験を踏まえて，類似取引を行う際には必ずや類似の不測事態に対処する条項を契約書に挿入しようとするであろう。一方，Y社はX・Y間再交渉の結果に満足し，類似取引を行う際にも類似の不測事態に対処する条項を契約書に挿入しようとしないかもしれない。しかしながら，X・Y間再交渉の顛末は石油業界に所属する各企業の知るところとなっているであろうから，類似取引における相手方当事者は必ずや類似の不測事態に対処する条項を提案してくるであろうことはY社としても十分予期できることである。したがって，結局のところ，Y社においても類似の不測事態に対処する各種の契約条項を検討し，その分析を踏まえて類似取引における相手方当事者との交渉に臨むことになるであろう。以上の結果，X社とY社のいずれに関しても，将来の類似取引においてはその取引の両当事者の期待値の総和が最大となる（すなわち，効率的な）契約条項をその取引の契約に挿入することになるであろう。

　以上を要するに，不完備な契約を締結した当事会社の経営者が株主利益最大化原則に則って行動しても，その契約の対象である取引の効率性は損なわれず，しかも，その経験が活かされることによって，将来の取引の効率性はさらに改善される公算が大きい。[188]

　しかしながら，上記の結論が成立するのは【事例3-5-1】における契約の不完備性が金銭債務ではない債務（以下，「非金銭債務」という）に関するものであり，しかも，債務者である当事者に倒産リスクが発生することはない事案を扱っているからであり，そうでない場合には，契約当事会社の経営者が株主利益最大化原則を遵守すると契約の対象である取引に関してはもちろんのこと，将来の類似取引に関しても効率性が損なわれる場合が少なくない。この点について項を改めて説明する。

(c)　金銭債務の内容に関して契約が不完備である場合

次の事例をもとにして考える。

---

188)　類似の不測事態に対処する契約条項を挿入することによって類似取引を締結する際の交渉コストは若干増加しているが，これに該当する事態が発生した場合の交渉コストが大幅に低下することによってコスト全体の期待値が減少しているとすれば，全体として取引の効率性は改善しているといえるであろう。

【事例 3-5-2】

　　日本の L 銀行はアフリカ B 国の新興企業である M 社に対して B 国の保証を
得たうえで 100 億円を，貸付期間を 10 年，固定金利を半年ごとの年 2 回払い
という条件で貸し付けた。この貸付契約（以下，本事例に関してのみ，「本件貸付
契約」という）によれば，金利の支払いは L 行が同行本店に開設した別段の預
金口座に振り込まれるものとされており，利息の支払いが 10 日以上遅延した
場合には，L 行には，ただちに——すなわち，催告を行うことなく——M 社
に対して債務不履行宣言を告知することにより本件貸付金全体の返済を要求す
る権利が認められており，L 行がこの権利を行使した場合には適用金利も自動
的に 5% 引き上がるものとされている。本件貸付契約には，国際金融取引契約
に一般的な不可抗力条項が挿入されているが，そこには，次の 1 文が含まれて
いた。

Nothing contained herein shall preclude the applicability of paragraph 3 of
article 419 of the Civil Code of Japan.（本契約上のいかなる条項も日本民法の
419 条 3 項の適用を排除するものではない。）

　　本件貸付契約の準拠法は日本法であり，すべての紛争（保証人である B 国との
間の紛争を含む）は東京地方裁判所の専属管轄に服するものとされている。
　　その後 2 年が経過したが，その間に日本国内においては円の金利が上昇し，
金利が固定されている本件貸付契約を継続することは L 行にとってあまり好
ましくない事態となっていた。しかるに，B 国の 1 地域で銀行間取引にシステ
ム上の障害が発生し，M 社が L 行に支払ったと思っていた本件貸付契約の半
年分の利息が L 行本店の別段口座に入金されなかった。そして，M 社の担当
者が確認手続きを怠ったために，この事態は解消されないまま 10 日間が経過
した。
　　この事態を踏まえて L 行は対処策の検討を始めたが，有力な幹部社員の中
に，「ただちに債務不履行宣言を告知し，M 社および B 国に対して 100 億円全
額の返済を求める」という施策をとることを提案する者がいた。彼の提案理由
は次のとおりである。

　①　現在の円の金利水準から考えると，本件貸付契約を終了させて 100 億円
　　を回収し，これを他の方法で運用した方が L 行の株主にとって利益とな
　　る。L 行としては M 社や B 国の他の企業と今後取引をする予定はないの
　　で，本件貸付契約を終了させたことが間接的に L 行の株主利益を減少さ

せる要因となることはない（この判断は正しいものと仮定する）。

②　M 社に 100 億円の返済資金がただちにあるか否かは疑問であるが，原油原産国である B 国の財政は潤沢であり，同国はこれまでに政府保証債の支払いを怠ったことはないので，今回の件に関しても保証人である B 国が支払いを拒否する事態は起こり得ないであろうし（この判断も正しいと仮定する），万が一，支払が遅れた場合でも，5% の上乗せ金利が支払われる以上 L 行にとって不利益な事態は起こらない。

以上の事態を踏まえて，L 行の経営者はいかなる判断を下すべきであろうか。

　一般論としていえば，銀行間取引におけるシステム上の障害の発生という事態（以下，単に，「システム障害」という）は不可抗力条項が適用されるべき典型的な状況であろう。しかしながら，本件貸付契約の不可抗力条項には，「民法 419 条 3 項がそのまま適用される」という趣旨の規定が挿入されており，民法 419 条 3 項は，金銭債務の不履行に関する限り債務者は不可抗力をもって抗弁とすることができない旨規定している[189]。しかるに，本事案において M 社は本件貸付契約上の利息支払債務という金銭債務の履行を怠ったのであるから，たとえ，その理由がシステム障害に基づくものであったとしても，本件貸付契約の準拠法である日本法上 M 社は債務不履行責任を免れず，そうである以上，現時点で L 行が M 社に対して債務不履行宣言を告知すれば，L 行はただちに 100 億円の貸付債権の返還を求めることが可能となり，M 社がこの支払いを遅滞した場合には 5% の上乗せ金利が発生する（日本の裁判所は契約に明示的規定が存在する場合においても様々な解釈技法を用いて当該規定の適用を排斥する場合があ[190]るが，ここではその可能性はないことを仮定して議論を進める）。

---

189)　この表現は，民法 419 条 3 項が引用している同条 1 項の規定を条文の言葉の中に組み入れていい表したものである。

190)　たとえば，かつての下級審裁判例においては，短期の借地契約期間の合意（借地法成立前の事件）や「1 回の賃料不払いによる解除特約」などにつき，それらは単なる「例文」であり，当事者はそれに拘束される意思がない（「例文解釈」）として，その効力を否定することが少なくなかった（磯村（1985）33 頁，裁判例につき，川島（1965）200 頁以下参照）。また，判例として，借地契約における建物増改築禁止特約につき，借地人に賃貸人との間の信頼関係を破壊するおそれがある場合に限り賃貸人は解除権を行使できるとする最判昭和 41 年 4 月 21 日民集 20 巻 4 号 720 頁，借家契約の無催告解除特約につき，催告をしなくとも不合理とは認められない事情がある場合に限り解除権を行使できるとする最判昭和 43 年 11 月 21 日民集 22 巻 12 号 2741 頁，借地契約の期限付合意解除につき，借地人が合意に際し真実解除の意思を有していた

　上記の点を踏まえると，L 行の経営者が株主利益最大化原則をもって経営の行為規範とする限り，同行の幹部社員が示唆するとおり，ただちに債務不履行宣言を M 社に告知して 100 億円の債権の回収を図ることが L 行のとるべき最善の施策といえるであろう（この施策を，以下，「早期債権回収策」という）。では，L 行の経営者が厚生最大化原則をもって経営の行為規範とする場合，早期債権回収策はどのように評価されるべきであろうか。

　この問いに対して「厚生最大化原則のもとでも早期債権回収策は最善の施策である」と答える考え方もないわけではない。なぜならば，L 行が早期債権回収策を実施すればたしかに M 社は 100 億円の支払いを余儀なくされるが，同社に生じるキャッシュ・アウトフローは L 行に生じるキャッシュ・インフローと絶対額において等しい以上 L 行と M 社の利得の総和はなんら減少しておらず，起きていることは両社間における厚生の移転だけだからである。

　しかしながら，上記の立論は M 社が巨大な資金力を有した会社であって早期債権回収策が実施されても財務状況に深刻な影響が生じない場合にのみあてはまるものである。けだし，そうでない場合においては，100 億円の支出によって M 社には倒産リスクが発生し，倒産リスクの発生は M 社の企業価値を減少させる結果をもたらすものだからである[191]（Ⅲ. 1. (4) 参照）。したがって，早期債権回収策が M 社に倒産リスクをもたらすものである場合には，同施策は M 社の企業価値の減少を伴う非効率的な帰結を生み出すものとなる。

　しからば，この非効率的な帰結は L 行と M 社間の再交渉（以下，「L・M 間再交渉」という）を通じて回避できるであろうか。残念ながら，それは不可能である。なぜならば，L・M 間再交渉における L 行の留保点は少なくとも 100 億

と認めるに足る合理的客観的理由があり，かつ，当該合意を不当とする事情がない限り有効であるとする最判昭和 44 年 5 月 20 日民集 23 巻 6 号 974 頁，借家人が 1 回でも賃料の支払いを怠れば，借家契約は当然解除される旨の特約につき，当事者間の信頼関係が借家契約の当然解除を相当とするまで破壊された場合に限り効力を生じるとする最判昭和 51 年 12 月 17 日民集 30 巻 11 号 1036 頁などがある。これらは「修正的解釈」とよばれるものであるが，判例上の修正的解釈の多くは，当事者の力関係が大きく異なる場合のものである（石田 (2014) 534 頁）。

191)　保証人である B 国が債務を支払った場合であっても，B 国自体がただちに M 社に対して求償権を行使するので M 社は倒産リスクの発生を免れないものと仮定する。ちなみに，B 国が M 社の借入債務の返済を保証していることを前提事実としているのは，わが国の銀行実務に照らして考えると，B 国が保証人となっていない場合には，M 社に対する貸付金が「不良債権」となることを嫌って L 社が早期債権回収策の実施を見送る可能性が高いからである。

円であるから，同行が交渉に応じるためにはこれを上回る利得が同行にもたらされなければならないが，それはM社の財務状況をさらに悪化させることにほかならないからである。これを一般化していえば，【事例3-5-1】におけるX・Y間再交渉のように交渉の主題が非金銭債務の変更である場合には再交渉により取引の効率性を改善することが可能であるが，【事例3-5-2】におけるL・M間再交渉のように交渉の主題が金銭債務の変更である場合には再交渉により取引の効率性を改善することはできないのである。

　以上により，L行が早期債権回収策を実施することは（M社が巨大な資金力を有する会社でない限り）取引の効率性を悪化させるものであることが明らかとなった。では，取引の当事者であるL行とM社はこの結果を活かして将来の取引の効率性を改善することができるであろうか。実のところ，その可能性も極めて低いといわざるを得ない。その理由は以下のとおりである。

①　M社が倒産してしまった場合にはそもそも今回の経験を同社が将来の取引に活かす余地は生じない。幸い倒産を免れたとしても，同社にとって巨額の資金調達は滅多になされる取引ではないので，M社としては，今回の結果を冷静に分析し，そこで得た知見を将来の類似取引に活かそうとするよりは，むしろ，日本の銀行とは二度と取引をしないという方針をとる可能性の方が高いであろう。その結果，日本の銀行と取引をすればより有利な条件で資金調達が可能であるにもかかわらず，その機会を逃すことになるとすればそのこと自体が非効率的である。

②　L行は早期債権回収策の実施によって想定外の利得を得た。したがって，同行の経営者が株主利益最大化原則を遵守する限り，類似取引を行う際にも不測の類似事態に対処するための条項を挿入しないまま借入契約の交渉を行う可能

---

192)　債務不履行宣言をした場合における本件貸付契約上の上乗せ金利が現在の円の割引率を上回るとすれば，交渉が決裂した場合のL行のBATNAである「B国からの保証債務の回収」によって得られるキャッシュ・フローの割引現在価値は100億円を上回る可能性が高い。

193)　債権の回収を強行すると債務者が倒産し結果として債権回収額が減少するおそれがある場合には（【事例3-5-2】においてB国が保証人となっていない場合がまさにこれにあたる），債務者はその点を利用して支払いの猶予や支払額の減額を図ることができる。しかしながら，倒産リスクの顕在化が避けられない限り，企業価値の毀損という非効率的な帰結がもたらされることに変わりはない。

194)　この点につき，シャベル（2010）362頁参照。

性が高い。しかるに，L 行の貸出先企業は業種的にも地域的にも多様であろう
から，本事案における M 社の経験が L 行の貸出先企業一般の共有知となって
いる可能性は低い。この結果，類似取引においても本事案と同様の非効率的な
帰結が生じ得る。

しからば，以上の事態はどのようにしたら防ぎ得たであろうか。

　思うに，L 行が取り得た最善の施策は，本件貸付契約を締結する段階におい
て，システム障害が同契約上不測の事態となっていることに気付き，その点を
M 社側に指摘することであった。さすれば，M 社は必ずやシステム障害を不
可抗力とする条項を本件貸付契約に挿入することを L 行に求めたであろう。
では，この要求を受け入れることによって L 行は何を失うであろうか。一つ
は，実際にシステム障害が発生して M 社からの資金の支払いが遅れた場合に
おいて，その資金を用いて行おうとした収益機会が奪われることである。した
がって，L 行としては，システム障害を不可抗力事由とすることの条件として，
L 行に生じた具体的な機会損失額を補填することを M 社に要求し，M 社はこ
れを受け入れることであろう。実のところ，L 行には M 社の要求を受け入れ
ることにより失うもう一つの利益がある。その利益とは，①将来システム障害
が実際に発生し，かつ，②その時点において，たまたま，円金利が上昇してい
る等の理由により貸付金の早期返済を求めた方が L 行にとって有利な事情が
発生している場合に——それは【事例3-5-2】においてまさしく現実のものと
なった事態であるが——貸付金全額の返済を求め得るという利益であり，L 行
は M 社の要求を受け入れることによりこの利益を喪失することになる（この利
益はⅢ.1.(3) で説明したオプションととらえ得るものであるから，以下でもそうよぶ
ことにする）。しかしながら，本件貸付契約の締結時におけるこのオプションの
現在価値は非常に小さく，そもそも，L 行はそのようなオプションを有してい
ないことを前提に本件貸付契約の金利その他の貸付条件を提案していたのでは
ないであろうか。であるとすれば，M 社の要求をのむことの追加的条件とし
て金利その他の貸付条件の変更を L 行が要求することはおそらくなかったで
あろう。この結果，L 行と M 社間においてはシステム障害に対処する契約条
項の交渉は容易に成立し，その条項さえ存在していれば現実にシステム障害が
発生しても M 社に倒産リスクが発生することはなかったのである。これをい
い換えれば，本件貸付契約の締結時点において L 行と M 社が上記の契約条項

を取り決めておくことこそが取引の効率性を高めるための最善の手段だったのであり，L 行の経営者が厚生最大化原則をもって経営の行為規範とするのであれば，そのような条項を取り決めることによって問題の発生を未然に回避するべきであった。

　しからば，システム障害が契約上不測の事態となっていることに L 行自体も気がついておらず，結果として【事例 3-5-2】に記載した事態が現実のものとなってしまった場合，厚生最大化原則に従う L 行の経営者はいかに行動すべきであろうか。思うに，この段階において L 行が取り得る最善の施策は，「本件貸付契約締結時点において上記の交渉がなされていたのであれば妥結していたであろう契約条項を想定し，それに従って行動する」ことである（以下，そのような行動を想定条項対応行動とよぶ）。けだし，そうすることが現実に発生しようとしている非効率的帰結を回避する唯一の道であり，同時に，そうすることによって，各当事者が行う将来の類似取引においても非効率的な帰結を回避することができるからである。[195]

　したがって，上記に述べた L 行と M 社との間の想定交渉を前提とする限り，L 行は M 社の支払いの遅延によって生じた機会損失があればそれを補填することを条件として債務不履行宣言を見合わせるべきである。ちなみに，想定条項対応行動は，「不測の事態に対応する契約条項があらかじめ挿入されていたことを想定し，その想定される契約条項に則って契約を解釈する」という不完備契約の解釈指針——それは法と経済学の専門家がつとに提唱してきたものである[196]——と表現はやや異なるものの達成しようとしている目的は同じである。

---

195)　L 行が想定条項対応行動をとれば，M 社は将来においても（契約条件が他の資金調達手段に比べて有利なものである限り）L 行ないしは他の日本の銀行と取引をしようとするであろう。一方，L 行は，他の貸出先との間において類似取引を行う場合においては，最初から類似の不測事態に対処する条項を契約に挿入しようとするであろう（後者の点について敷衍すれば，L 行がつねに想定条項対応行動をとることを行為規範として受け入れた以上，いずれの行動をとるかによって生じる違いは契約交渉時と不測事態の発生時における交渉費用の発生の問題だけとなるので，最初から不測事態対応条項を契約書に挿入した方が挿入しないよりも全体としての期待交渉費用額が減少すると L 行が考える限り，同行は不測事態対応条項を最初から挿入しようとするはずである）。

196)　シャベル（2010）342 頁以下，Cooter-Ulen（2014）285 頁以下各参照。なお，後者の文献はこの解釈指針を以下のような簡潔な表現にまとめている。"Impute the terms to the contract that the parties would have agreed to if they had bargained over all the relevant risk."

したがって，裁判所がそのような解釈指針に則って不完備契約を解釈するのであれば当事会社の経営者がわざわざ想定条項対応行動をとる必要はないと思えるかもしれない。しかしながら，裁判所が不完備契約をそのような解釈指針に則って解釈する可能性があることは，契約の当事者が想定条項対応行動をとることの有効性をなんら否定するものではない。けだし，①裁判所がそのような解釈指針に則って裁判を行うことは必ずしも容易なことではなく，かつ，②仮に裁判所がそうするとしても，契約当事者が想定条項対応行動をとることによって問題を未然に解決する方が社会全体のコストははるかに低いものとなるからである。

(2) 契約の不完備性に関する総括

Ⅲ.5.(1) で行った事例分析の結果をまとめてみよう。もっと細かい場合分けをすることも可能であるが，ここでは典型的な状況を想定して取引を分類する。

① まず，契約の不完備性が金銭債務の内容に関するものであり，不測の事態の発生によって債務者である当事者に倒産リスクが発生する場合においては，(a) 当該契約の締結時点において不測の事態に対処するための契約条項を作成することに努め，(b)仮にそのような契約条項を欠いたまま契約が締結され，その不測の事態が現実のものとなった場合には，想定条項対応行動をとることこそが厚生最大化原則に適った適法・適切な行動である（上記の(a)と(b)の行動をあわせて，以下，想定条項対応行動等とよぶ）。

② 次に，契約の不完備性が非金銭債務の内容に関する場合であっても，債権者

---

197) 【事例3-5-2】を例にあげていえば，システム障害を不可抗力事由とすることを認める条件としてL行はM社に対して一定の見返りを要求していたはずであることは本文において指摘したとおりである。しかるに，ビジネスの専門家でない裁判官が，このように複雑な交渉内容を正しく想定し得るであろうか。しかも，株主利益最大化原則に則って当事者が行動する限り，想定される交渉内容に関しても両当事者は法廷において極端に違う主張をするであろうことを考えるとこの作業はなおさら困難なものとなるに違いない。ひょっとすると，そのような作業の難しさに直面した裁判官は，「システム障害には民法419条3項は適用されない」というシンプルな解釈を採用するかもしれない。しかしながら，この解釈は，M社の支払い遅延によって生じた機会損失をL行が一方的に負担することを強いる点において，本文記載の解釈指針を逸脱した不利益をL行に課すものである。これらの点を考えると，裁判所が理想的な対応をとることは現実問題としては困難な場合が多い。

である当事者が完全履行請求権を有している場合には，不測の事態が発生して
から契約当事者間の再交渉によって問題を解決しようとすると一方の当事者が
多額の支出を余儀なくされることはⅢ. 5. (1). (b) で述べたとおりであり，そ
の金額次第によっては当該当事者に倒産リスクが発生する場合もあるかもしれ
ない。したがって，かかる契約に関しても，当事会社が想定条項対応行動等を
とることは厚生最大化原則に適っている。

③　これに対して，契約の不完備性が非金銭債務の内容に関する場合であって，
しかも，債権者が完全履行請求権を有していない場合には，不測の事態が発生
してから契約当事者が再交渉を行っても債務者である当事者が多額の支出を余
儀なくされることなく問題の解決を図れる場合が多い。したがって，このよう
な取引の場合には，想定条項対応行動等をとる必要はないであろう[198]。上記①ま
た②の状況であっても債務者である当事者に倒産リスクが発生しない場合も同
様である。

④　上記の結論をⅢ. 1. (4) で述べた問題にあてはめて考えてみよう。問題は，
「効率的ではあるが債務超過となるリスクを生み出す取引」を実施しようとす
る場合の当事者の権利・義務を明示的に規定していない（その意味において，
「不完備な」）契約を金融機関や取引先との間で結んでいる会社の経営者がとる
べき行為規範に関してである。結論からいえば，一つの貸付契約が回収不能と
なっても金融機関に倒産リスクが発生するとは考えがたい。したがって，金融
機関との間においては厚生の移転は生じても，非効率的な帰結は発生しない公
算が大きい[199]。取引先に関しても，その売り上げに占める対象会社の買掛債務の
割合が僅少である場合は同様である。これに対して，売り上げに占める対象会
社の買掛債務の割合が大きい取引先の場合（取引先が対象会社の下請け企業である
場合がこれにあたる）には，対象会社が問題となる効率的施策を実施すると当該
取引先に倒産リスクが発生してしまう。このような場合において対象会社が取
引先と契約関係に入る段階で上記の不測事態に関する契約条項を交渉していれ
ば，「買掛債務の支払いに支障を生ぜしめることはない」という趣旨の約定を

---

198)　ただし，債権者である当事者の履行利益に見合う損害賠償額を負担するだけで債
　　務者である当事者に倒産リスクが発生する場合も起こり得る。そのような場合には契
　　約の中で不測の事態に対処する条項をあらかじめ設けている場合が多いであろうが，
　　万が一それが欠けている場合に相手方当事者が想定条項対応行動等をとることも適
　　法・適切な行動と評価し得るであろう。
199)　実際のところ，金融機関が用いる標準的な貸付契約の条項には借主が債務超過と
　　なるリスクを高める行為を一方的に行うことができないよう様々な制約が課されてい
　　る場合が多い。したがって，ある施策がこれらの制約のいずれにも抵触しないとすれ
　　ば，それは貸主があらかじめ容認していた事態であり，契約の不完備性を論じる余地
　　はないと考える方が妥当な場合が多いかもしれない。

結んでいたに違いない（なぜならば，買掛債務の延べ払い条件は買掛債務が確実に支払われることを前提として定まっている公算が大きいからである）。したがって，対象会社が，そのような取引先の債務について想定条項対応行動をとる（具体的には，債務超過となる前にその支払いを済ます等の行動をとる）ことは厚生最大化原則に適っている。

⑤　　以上の分析は契約の当事者がいずれも会社であることを前提としたものである。これに対して，契約の一方当事者が自然人である場合，自然人は一般にリスク回避的であるので，契約の相手方当事者である会社が想定条項対応行動等をとることが適法・適切となる場合が多い。ただし，自然人と会社との間の契約，とくに長期の雇用契約に関しては企業特殊的役務に関して生じる不測の事態など契約の不完備性の問題として論ずべき論点が多いので，契約の類型ごとにより詳細な分析が必要である。[200]

(3)　情報の非対称性に関する事例分析

不動産売買契約を対象とした事例分析を行う。契約の当事者間に情報の非対称性がある場合において，情報を有している当事者を情報優位な当事者，情報を欠いている当事者を情報劣位な当事者とよぶことにする。最初に，買主が情報優位である場合を論じ，しかる後に，売主が情報優位である場合を論じる。[201]

(a)　買主が情報優位である場合

次の事例をもとにして考える。

【事例 3-5-3】

　　ホテル業を営む F 社は景勝地である D 地域に新たなリゾートホテルを建設することを計画し，D 地域の土地の買収を進めることを決定した。しかしながら，この計画が公になった場合には D 地域の地価が高騰することが見込ま

---

200)　企業特殊的役務の意味については，前掲注 93) 参照。なお，企業特殊的役務に関する一般的説明としては，三輪ほか編（1998）427 頁，柳川（2006）28 頁，田中（2007）54 頁等参照。また，雇用契約の不完備性に関して論じた代表的文献としては，三輪ほか編（1998）425 頁以下，宍戸＝常木（2004）69 頁，常木（2008）69 頁，福井（2007）43 頁以下等がある。

201)　情報の非対称性と情報開示一般に関する経済分析については，藤田（2005）32 頁以下および藤田（2008）158 頁以下に詳しい。

れることから，F社としては土地の買収主体が同社であることが明らかとならないようにすべく，D地域で不動産業を営んでいるいくつかの会社（以下，「地元不動産業者ら」という）に依頼して，地元不動産業者らが自己の名において，ただしF社の計算において，D地域の土地を買い進めた（地元不動産業者らとの取引に応じたD地域の住民を以下，「地元住民ら」といい，地元不動産業者らと地元住民らとの間の取引を，以下，「本件土地買収取引」という）。

　F社が上記の施策を実施することは経営者の行為規範に照らして適法・適切なものといえるであろうか。

　【事例3-5-3】におけるF社は，「本件土地売買取引の実質上の買主はF社であり，同社はD地域において新しいリゾートホテルの建設を計画しているという情報」（以下，この情報を「ホテル建設計画」という）に関して地元住民らに対して情報優位な立場にある。しかしながら，F社も地元不動産業者らも地元住民らに対して別段の欺罔行為を働いているわけではないのであるから（この点については，そうであるものと仮定する）地元住民らが本件土地買収取引を詐欺として取り消すことはできず（民法96条1項）[202]，同時に，地元住民らにはホテル建設計画を知らないという点において「錯誤」があることは事実であるが，それは「契約上表示されていない動機の錯誤」にすぎないから，地元住民らが本件土地買収取引の錯誤による無効を主張することもできない（民法95条）[203]。

　しかしながら，本件土地買収取引の当事者間にホテル建設計画という情報についての非対称性が存在することは明らかであり，同時に，地元住民らがこの情報を知っていた場合には本件土地買収取引の内容が変わっていた公算が大きい（少なくとも，土地の売買代金は非常に高額なものになっていたであろう）。しからば，F社はホテル建設計画を地元住民らに開示すべきだったのであろうか。

　F社の経営者が株主利益最大化原則に則って行動する限り，上記の開示を行

202）　民法96条1項は，「詐欺……による意思表示は，取り消すことができる」と規定している。

203）　民法95条本文は，「意思表示は，法律行為の要素に錯誤があったときは，無効とする」と規定しているところ，動機の錯誤については，「動機が表示された意思表示の内容となっている場合」においてしか「法律行為の要素の錯誤」とは認めないというのが伝統的な通説および判例の立場である。後掲注211）記載の判例および内田（2008）66頁参照。なお，新民法の95条は，「表意者が法律行為の基礎とした事情についてのその認識が真実に反する錯誤」については「その事情が法律行為の基礎とされていることが表示されていた時に限り」当該法律行為を取り消すことができると規定することによって，上記の判例法を事実上踏襲している。

う必要がないことは明らかである。問題は，経営者が厚生最大化原則に従う場合であるが，結論からいうと，この場合においても，Ｆ社の経営者がホテル建設計画を地元住民らに開示しないことは適法かつ適切な行動である。以下，その理由を箇条書きにて記す。

①　ホテル建設計画を開示すれば，本件土地売買取引の対価は上昇し，その結果地元住民らの利得は増加していたであろう。しかしながら，地元住民らのキャッシュ・インフローはＦ社のキャッシュ・アウトフローと絶対額において等しいものであるから両者の利得の総和は変わらない。すなわち，ホテル建設計画を開示しなかったこと自体は取引の効率性を害していない。

②　ホテル建設計画を開示することにより本件土地売買取引に要するコストが増大すればＦ社が計画しているリゾートホテルの建設プロジェクトの NPV がマイナスとなるおそれがある。その結果，当該プロジェクトの実施が見送られるとすれば社会の厚生が減少してしまう。

以上のことをもう少し一般化して述べてみよう。対象となる情報を 2 種類に分け，それぞれについての分析をまとめて記すこととする。

③　まず，問題となっている情報を利用することによって取引の対象物が生み出す効用を増加させ得る場合（そのような情報を以下，社会的価値のある情報とよぶ。[204] ホテル建設計画は，ホテル業やこれに関連する事業を行う意欲のある者にとって社会的価値のある情報である），上記①の理由は買主が情報優位であるすべての売買取引にあてはまる。けだし，売買取引の成立後における対象物の使用者である買主はすでに当該情報を知っているのであるから対象物から引き出される効用が最大化されることは保証されており，情報を売主に開示しないことによって生じることは売買価格の変動という，厚生の最大化には影響を与えない現象だけだからである。[205] 上記②の理由に関していえば，社会的価値のある情報を開発・

---

204)　「社会的価値のある情報」という表現はシャベル（2010）383 頁から借用したものである。

205)　この点に関して，買主から社会的価値のある情報を聞いた売主が売買契約の締結を拒否したうえでその情報を自らまたは第三者の効用を高めるために利用する可能性を社会の厚生の計算の中に組み入れなくてよいのかという疑問を抱く方もおられるかもしれない。しかしながら，買主が社会的価値のある情報を売主に開示するとすれば，それはひとえに売主・買主間の売買契約の締結を目的としてなされるものであるから，買主は，必ずや，情報を提供することの条件として，売主は対象となる情報を売主・

収集するインセンティブを当事者に与えれば社会の厚生は増大する。そして，当事者に社会的価値のある情報を開発・収集するインセンティブを与えるためには，これを契約の相手方当事者に対して開示することを義務づけないことが必要である。したがって，買主は売主に対して社会的価値のある情報を開示する義務を負わないとすることは厚生最大化原則に適っている。

④　次に，問題となっている情報に取引の対象物の効用を高める働きはないが，その情報は対象物が生み出す効用を評価するうえで有用なものである場合（そのような情報を以下，市場的価値のある情報とよぶ[206]。ホテル建設計画は地元住民らを含むすべての者にとって市場的価値のある情報である），上記①の理由は無条件にあてはまる。けだし，市場的価値のある情報には取引の対象物の効用を変動させる働きはないのであるから，一方または双方の当事者がその情報を知らなくとも対象物から生み出される当事者の利得の総和が変動することはないからである（起こり得ることは売買価格の変動だけである）。上記②の理由に関していえば，市場的価値のある情報を収集するインセンティブを各当事者が有していることは市場の効率性を高めるうえにおいて有益である（たとえば，ある会社の株価が下落するという情報——これは典型的な市場的価値のある情報である——を合法的な手段によって入手した投資家はその情報を相手方に開示することなくその会社の株式を売却し得るとする方が株式市場はより効率的なものとなるであろう）。そして，当事者に市場的価値のある情報を収集するインセンティブを与えるためには，これを契約の相手方当事者に対して開示することを義務づけないことが必要である。したがって，市場的価値のある情報についても，買主は売主に対して開示する義務を負わないとすることは厚生最大化原則に適っている[207]。

以上の分析によれば，買主が情報優位な当事者である場合，厚生最大化原則

買主間の売買契約の締結以外の目的には使わないことを売主に約束させるであろう。したがって，売主がこの約束を守ることを前提とする限り，上記の可能性は存在せず，そうである以上その可能性を社会的厚生の計算に組み入れる必要はない（なお，上記の約束の実効性には限界があり，売主がこれを破って開示された情報を使用する可能性があるとすれば，そのこと自体が，売主に対して情報の開示を義務づけることが厚生の最大化に反することを示唆しているといえるであろう）。

206)　「市場的価値のある情報」のことをシャベル（2010）383 頁は「私的価値しかない情報」とよんでいる。

207)　なお，社会的価値のある情報と市場的価値のある情報のいずれに関しても，買主が情報優位な当事者である場合において開示が忌避される情報は取引の対象物の市場価格を高めるものだけである。この点は，Ⅲ.5.(3).(b) で論じる売主が情報優位な当事者である場合に開示が忌避される情報が対象物の市場価格を下げるものであることと対照的である。

をもって経営の行為規範とした場合といえども，買主が情報を売主に開示しないという行動はいかなる情報に関しても適法・適切であるとの結論に至る。[208]もっとも，財産権の保障という理念に照らして考えれば，売主が情報劣位であるがゆえに同人が有している財産権の客観的価値を下回る利益しか得られない取引をしてしまう事態は回避されるべきであるという考え方も成り立ち得るように思えるかもしれない。しかしながら，この問題を経営者の行為規範を調整することによって解決することは原理上不可能ではないであろうか。次の二つの事例を使って考えてみよう。

【事例 3-5-4】

　　大手不動産業者である G 社は長年の調査によって H 氏という個人の所有にかかる北海道北部の山林（本事例についてのみ，以下，「本件山林」という）にはレアメタルを大量に含む鉱脈（以下，「レアメタル鉱脈」という）が潜んでいる可能性が高いとの結論に到達した。レアメタル鉱脈は，上空から特殊な光線を用いて写真撮影を行うことによってその存在を確認できる（と仮定する）。そこで，G 社がこの技法を用いて本件山林の航空写真を撮ったところ，たしかに本件山林にはレアメタル鉱脈が存在することが確認できた。この結果を踏まえ，G 社はただちに本件山林の所有者である H 氏と交渉を開始し，首尾よく本件山林の所有権を取得することができた。ちなみに，日本法上，鉱物を採掘する権利（これを「鉱業権」という）は土地の所有権とは別の物権であり（鉱業法 5 条），国から許可を得た者のみがこれを取得・行使できる（鉱業法 21 条 1 項）。しかしながら，鉱業権を行使するためには地表の土地の所有者の同意を得ることが原則として必要であるから，[209]レアメタル鉱脈の存在が公表されれば本件山林の価格は高騰するであろう。レアメタル鉱脈が存在することを H 氏に知らせずに本件売買取引を行った G 社は H 氏の財産権を侵害してはいないであろうか。[210]

---

208)　ただし，買主が有している情報を入手するために多数の潜在的売主がコストを費やすことが想定される場合には，買主が当該情報を（たとえ，それが市場的価値のある情報でしかないとしても）自発的に開示する方が社会全体の厚生が増加するという場合もあり得る。たとえば，上場会社が自社の株式を買い入れるにあたっては，（たとえ，それが法令上の義務ではないとしても）重要な内部情報を開示したうえでこれを行う慣行を確立することが社会全体の厚生の増加をもたらすことになるであろう。この点につき，シャベル（2010）382 頁参照。

209)　ただし，土地所有者の同意を得られない場合でも国から土地の使用または収用の許可を受けた鉱業権者はその許可の条件に則って当該土地の使用または収用を実施することができる（鉱業法 104 条，105 条）。

【事例 3-5-5】

> 　大手の小売業者である K 社は北陸の 1 地域を除く全国でコンビニエンスストア事業を展開しており，残された北陸の当該地域にも事業進出を果たしたいと考えていた。そこで，この地域でコンビニエンスストア事業を営んでいる P 社を買収しようと考え，同社の 100% 株主である J 氏と交渉を重ねてきたが，価格の折合いがつかず交渉が難航していた。そんな折，K 社は米国の巨大小売業者である X 社が日本でコンビニエンスストア事業を開始しようとしており，そのさきがけとして X 社もまた P 社の買収を検討しているとの情報を入手した（情報の入手は合法的になされたものと仮定する）。X 社のこれまでの行動に鑑みれば，ひとたび同社が P 社の買収を開始すれば，J 氏がこれまで K 社に対して要求してきた売却価格はもちろんのこと，必要であればそれをはるかに上回る対価を支払ってでも P 社の買収を実現しようとすることが予想される。この点を憂慮した K 社はただちに J 氏に連絡し，同氏がこれまで要求してきた価格を支払うことで P 社を買収する旨の契約を J 氏と締結した。X 社の P 社買収計画を J 氏に知らせることなく J 氏と売買契約を結んだ K 社は J 氏の財産権を侵害してはいないであろうか。

　最初に【事例 3-5-4】について考える。

　本件の場合，「本件山林にレアメタル鉱脈がある」という情報（以下，「レアメタル情報」という）は典型的な社会的な価値のある情報である。したがって，これまでの議論を前提とする限り，G 社がレアメタル情報を H 氏に開示しなかったことになんらの不都合も見いだしがたい。しかしながら，H 氏は本件山林をその本来の価値をはるかに下回る価格で G 社に売却しているのであるから，同氏は財産権を侵害されているといえなくもない。そこで，本件取引は財産権保障の理念に反しているのではないかとの疑問が生じるわけである。

　しかしながら，ここで想起すべきことは，何が当事者の保有する財産権であるか——換言すれば，当事者に与えられた初期配分は何か——という問題は法律上の規範的判断に依存しているという点である。現に，本事案においても H 氏は本件山林の所有者であるにもかかわらず現行法が鉱業権を土地の所有権とは別の物権としているがゆえに，H 氏が本件山林の所有者として享受し得る利益の市場価値は鉱業権が土地の所有権に含まれるという法制度のもとにおける

210）　この事例は Kronman（1978）で紹介されている Texas Gulf Sulphur 社の事件を参考に作成したものである。

市場価値を大きく下回っているのである。そして，財産権の内容自体が法制度に依存している以上，財産権として与えられている利益がどの限度において保護されるのかという問題もまた法制度に依存していると考えざるを得ない。これを本事例に則していえば，H氏はレアメタル情報を知らなかったことによって生じる不利益からいかなる限度において守られるのかは民法の規定によって定まるべき問題である。伝統的な判例によれば，「物の性状」に関する錯誤はそれが意思表示の内容として表示されていない限り取引の無効事由とはならないとされている[211]。ただし，これは非常に古い判例であり，仮に本件売買契約の有効性が裁判所で争われた場合には，裁判所が本売買契約を無効と判断してH氏を保護する可能性もあるかもしれない。そして，裁判所がH氏を保護するという判断を下すにあたっては，効率性という点もさることながら，所有権制度を歴史的・思想的にどう理解するのかということも重要な判断要素となることであろう。

　以上の点を踏まえて考えるならば，財産権の保障という問題に関して会社経営者が自らの判断を下すことは原理上不適切であり，経営者がとり得る最善の施策は法律顧問の意見を聴取し，それを踏まえてとるべき行動を決定することではないであろうか。本事案に関していえば，G社の法律顧問が同社の経営者に対して「本件売買契約の有効性が否定されることはない」という意見を述べるのであれば，レアメタル情報の開示をH氏には行わず，一方，「ある確率で本件売買契約の有効性が否定される可能性がある」との意見を述べるのであれば，その確率を前提としたうえでG社の期待利益が最大となる行動をとるべきである。

　上記の分析は【事例3-5-5】にもそのままあてはまる。本事例の場合，仮にX社がP社を確実に買収しようとしていたとすれば，K社との契約を結ぶ直前におけるJ氏の財産（＝P社の全株式）の経済的価値は本件売買契約上の売却価格を上回っており，この意味において本件売買契約はJ氏の財産権を侵害しているといえなくもない。しかしながら，「より有利な条件で所有物を売却できる利益」をどの限度において保護するかはこれまた法律上の規範的判断に

---

211)　大判大正6年2月24日民録23輯284頁。受胎能力のない馬を受胎能力のある馬だと誤解して売買契約がなされたというこの事件において，大審院は，「物の性状」に関する錯誤は動機の錯誤であるからその点が意思表示の内容として表示されていなければ取引の有効性を争えないとした（ただし，その事案に関しては，そのような表示があったという事実認定の下に取引の無効を認めた）。

依存する問題である。本件売買契約に関していえば，その有効性が裁判所によって否定されることはおそらくないと思われるが，[212] これは法律上の判断事項であるから，この点についても K 社の経営者がとるべき最善の行動は同社の法律顧問の意見を聴取し，それに従って行動することである。

(b)　売主が情報優位である場合

次の事例をもとにして考える。

【事例 3-5-6】

> アパレルメーカーである I 社は，本社に勤務する従業員用の社宅として使うための建物を探していたところ，本社まで歩いて 5 分という便利な場所に上記の目的に供し得る居住用建物 K ハウスがあることを発見した。K ハウスは築 10 年になる 5 階建ての建物であり，3 年前に不動産業者である O 社が買い取り，O 社は K ハウスを賃貸用アパートとして使ってきた（アパートの管理運営業務は O 社自らが行っている）。そこで，I 社の担当者が O 社に連絡をとり，K ハウス売却の可能性を尋ねたところ，1 年間の猶予をもらえれば現在 K ハウスに居住している賃借人全員に円満に立ち退いてもらうことが可能であるとの回答を得た。そこで，I 社と O 社は K ハウスの買取り価格について交渉を重ね，最終的に所定の価格で 1 年後に買い取ることで合意に至り売買契約を締結した。その際，O 社は，I 社に対して，下記の各事実を告知することを怠ったが，このことは O 社の経営者の行為規範に抵触しないであろうか。なお，これらの事実を告知しなかったことは不動産業者に適用される諸法令には違反しないものとする。[213] また，本件を論ずるにあたっては，I 社の従業員各自の効用を I 社

---

212)　沈黙（相手方の不知を利用し，沈黙によって錯誤に陥れるか，または相手方が現に錯誤に陥っているのを沈黙によってさらにその程度を深めること）は，一般論としていえば欺罔行為となる場合もあるが，法律上または信義則上真実を告げることが要求される場合を除いては違法性の要件を欠くために詐欺行為とは評価されない（我妻（1965）309，310 頁）。そして，錯誤の原因たる事実の発生に関与していない者が相手の不知を利用する行為には違法性はないと解されている（同書同頁，大阪控判大正 7 年 10 月 14 日法律新聞 1467 号 21 頁）。したがって，X 社による P 社買収計画に関与していない K 社が，当該計画を J 氏に告げることなく本件売買契約を締結しても，詐欺の要件には該当しないであろう。

213)　宅地建物取引業法は，建物の売買を業とするものに対して，宅地建物取引業の免許を取得することを義務づけており（同法 3 条），かかる免許を得た者に対しては建物売買取引を行うにあたり一定の事項を相手方当事者に説明することを義務づけている（同法 35 条）。したがって，現実には O 社は同法に基づく説明義務に服している可能性が高く，その場合，本事例記載の各情報のうち，少なくとも電源施設老朽化情

の利得に含めて議論を進めることとする。

① 　Kハウスの近くを通る路線バスが近々廃線となり，その結果として，K
　　ハウスと最寄りの鉄道駅とを結ぶ公共交通網がなくなってしまうという情
　　報（以下，「路線バス廃線情報」という）。なお，O社は路線バス廃線情報をバ
　　スの運行会社から伝え聞いたが，その際，この情報を第三者に開示しない
　　ことを約束してはいない。
② 　Kハウスでは電源施設の老朽化が進み，住民からしばしば漏電があっ
　　たとのクレームを受けてきた。この問題に対して，O社は，これまでは
　　その都度応急的な対応をして済ませてきたが，漏電による火災等の甚大な
　　被害が発生することを未然に防ぐためには，早晩電源施設の全面的な改修
　　が必要であるという情報（以下，「電源施設老朽化情報」という）。
③ 　Kハウスで暮らしていた住民の1人が最近自室で自殺したという情報
　　（以下，「住民自殺情報」という）。
④ 　Kハウスの底地は同ハウスが建てられる前は風俗営業取締法の対象と
　　なる営業用に使われていたという情報（以下，「底地使用情報」という）。な
　　お，O社は底地使用情報をO社独自の調査によって突き止めたものとす
　　る。

　上記①〜④記載の情報はいずれもKハウスの売買価格を引き下げるもので
ある。したがって，これらの情報をI社に自発的に伝えることによって生じる
O社のレピュテーションの向上がKハウスの売却価格の減少という不利益を
上回るほどの利益をO社にもたらすのであれば格別，そうでない限り，これ
らの情報をI社に伝えないことは株主利益最大化原則の下においては適法・適
切な行動と評価するべきである。

　しからば，O社の経営者が厚生最大化原則をもって経営の行為規範とする
場合はどうか。以下，情報の種類ごとに考える。

① 　まず，路線バス廃止情報はKハウスを本社で勤務する従業員用の社宅とし
　　て使おうとしているI社にとっては市場的価値のある情報でしかない（徒歩で
　　I社本社に通勤する同社従業員にとって路線バス廃止情報はそもそも重要でない
　　〔と仮定する〕）。そして，市場的価値のある情報に関する限り，Ⅲ. 5.（3）.（a）

――――――――
　　報についてはこれをI社に開示する義務を免れないであろう（同法35条1項4号参
　　照）。

の③で論じたことは売主が情報優位な場合にも妥当する。したがって，路線バ
ス廃線情報をＩ社に伝えなかったことは厚生最大化原則のもとにおいても適
法・適切な行動である。

②　次に，Ｉ社が電源施設老朽化情報を知れば，漏電による火災の発生等の事故
を未然に防ぐことによりＩ社はＫハウスの使用から得る利得を高め得る（より
正確にいえば，「利得の減少を回避し得る」）。この意味において，電源施設老朽化
情報はＩ社にとって社会的価値のある情報であり，売買契約成立後における目
的物の使用者である買主は社会的価値のある情報を利用することにより取引の
対象物から得る利得を高めることができる。これを要するに，Ⅲ. 5. (3). (a)
の④で論じた買主が情報優位な場合とは異なり，売主が情報優位な当事者であ
る場合には，社会的価値のある情報の開示によって当事者の利得の総和は増加
するのである。問題は，情報開示を義務づけることによって生じる情報収集イン
センティブの減少をどう評価するかであるが，電源施設老朽化情報はＫハウ
スの管理業務を行ってきたＯ社が当該業務の過程において必然的に知るに至っ
た情報のはずであり，そうである以上，このような情報の開示をＯ社に義務
づけたとしても，そのことによって情報収集のインセンティブが減少するとい
う問題は生じないであろう。のみならず，仮にインセンティブの減少がある程
度避けられないとしても，電源施設老朽化情報を伝えないことによって生じ得
る被害の甚大さを考えれば，Ｏ社が電源施設老朽化情報をＩ社に開示すること
は明らかに厚生最大化原則に適う行動である。ちなみに，仮にこの開示を行わ
ず，結果としてＫハウスに漏電による火災その他の事故が発生した場合Ｏ社
には瑕疵担保責任に基づく損害賠償債務が発生する可能性が高いが（民法570
条，566条），Ｏ社が損害賠償債務を負担することは電源施設老朽化情報をＩ社

214)　ただし，厚生最大化原則という観点からいえば，Ｉ社に対する電源施設老朽化情
　　報の開示を契約締結時ではなくＫハウスの引き渡し直前に行えばよいのではないか
　　という疑問を抱く方もおられるかもしれない。しかしながら，Ｏ社からこの情報を
　　契約締結前に知らされていれば，Ｉ社はＫハウス以外の物件を購入するか，あるいは，
　　社宅の購入以外の施策を講じることによって（従業員各自の効用を含めて考えれば）
　　全体としてより大きな利得を獲得できた可能性がある以上，上記の行動をもって厚生
　　最大化原則に適うということはできないのではないであろうか。
215)　なお，新民法においては，物の「瑕疵」という表現が削除され，売主には，物の
　　種類・品質・数量に関して契約の内容に適合した物を引き渡すべき義務があることが
　　当然の前提とされている（法制審議会民法（債権関係）部会資料83-2・42頁，同部
　　会資料81-1・6頁，新民法562条，564条）。すなわち，「瑕疵」の有無ではなく，契
　　約適合性という観点から規律を設けることとされたものである（潮見（2017b）259
　　頁）。そして，売買目的物が契約の内容に適合しなかった場合においては，買主は，
　　新民法562条に基づく追完請求権，同563条に基づく代金減額請求権のほか，債務不
　　履行の一般規定の定めるところに従い，損害賠償請求や解除権を行使することができ

に開示しないことを正当化する理由とはなり得ない。けだし，電源施設老朽化情報のように取引終了後買主がただちに知ることのできない情報の場合には，開示がなされない限り社会の厚生は減少せざるを得ないからである（本件の場合には，事故の発生リスクの増加が厚生の減少となる）。[216]

③　O社が住民自殺情報を開示すべきか否かは微妙な問題である。一般論としていえば，建物の買主がそのような情報を知っても知らなくても継続的に当該建物を使い続けなければならないとすれば，それは社会的価値のある情報とはいえないかもしれない。しかしながら，Kハウスの買主であるI社は，同ハウスを従業員用の社宅として使うのであるから，住民自殺情報の対象となっている居室はそのようなことを気にしない従業員だけに使わせるという施策をとることによって，I社は（Kハウスに居住する従業員各自の効用の総和を含めて計算したところの）利得の増加を図ることができる。この意味において，住民自殺情報はI社にとっては社会的価値のある情報であり，他方，O社はKハウスの管理業務を行う過程において必然的に住民自殺情報を知ったのであろうから，その開示を同社に義務づけたとしてもそれによって同社の情報収集インセンティブが減少するとは考えられない。したがって，住民自殺情報をI社に開示することは厚生最大化原則に適う行動である。[217]

④　I社の従業員の中には底地使用情報を知ってKハウスの利用から得られる効用が減少する者もいるかもしれない。であるとすれば，そのような従業員に対しては，住宅手当を渡して自分の選んだ居所に住まわせる等の施策をとることが可能となるという点において底地使用情報はI社にとって社会的価値のある情報である。しかしながら，O社は独自に行った情報収集活動の結果として底地使用情報を入手したものであり，仮にそのようにして入手した情報を買主に対してすべて開示することが不動産会社の経営者の行為規範として要求されるとすれば，彼らはそのような情報収集活動をやめるか，少なくとも活動の水準を大幅に減らそうとするであろう。[218] 情報の開示を義務づけることによって生

る（新民法 562 条～564 条，415 条）。

216)　ここでいう，社会の厚生の減少とは，厚生の期待値の減少を意味するものであるので，実際に事故が発生するか否かは関係ない。なお，市場的価値があるだけの情報や取引完了後ただちに買主の知り得るところとなる社会的価値のある情報の場合には，瑕疵担保責任制度は情報を開示することに準じる効果を持つが，売主が前掲注 214) に記した期待費用を負担させられている以上，やはり事前開示と同視することはできないであろう。

217)　前掲注 214) で論じた点は住民自殺情報に関してもあてはまる。

218)　いくら情報収集活動のインセンティブを確保しても結局のところ情報が買主に開示されなければ意味がないと考える方もおられるかもしれない。しかしながら，情報収集活動を行うことによって入手される情報には様々なものがあり，その中には，対

じる利点と難点のいずれを重視するかは状況によって異なるであろうが，本件問題に関する限り，厚生最大化原則のもとにおいても O 社の経営者に底地使用情報の開示義務はないと考える方が適切ではないであろうか。

以上のことを一般化すれば，次のようにいえる。

⑤　売主が情報優位な場合においても，問題となる情報が市場的価値のある情報にとどまる場合には，これを買主に開示しないことは厚生最大化原則のもとにおいても適法・適切な行動である。

⑥　これに対して，問題となる情報が社会的価値のある情報である場合には，開示されることによって防ぎ得る買主の利得の減少と開示が要求されることによって生じる売主の情報収集インセンティブの減少という二つの要素を考慮して開示の適切性を判断しなければならない。一般的にいえば，開示によって防ぎ得る買主の利得の減少が非常に大きい場合（上記の電源施設老朽化情報がこれにあたる）には開示義務を肯定することが妥当であり，そうでない場合（上記の住民自殺情報や底地使用情報がこれにあたる）には上に述べた二つの要素を比較衡量して開示することの適切性を判断すべきである。

⑦　【事例 3-5-6】で論じたことからも明らかなとおり，買主にとって何が社会的価値のある情報かは売主にとって必ずしも自明なことではない。したがって，不特定多数の人を対象に物品を販売するような取引の場合には，「標準的な買主」を想定したうえで社会的価値のある情報と市場的価値のある情報を区別して行動すれば十分であろう。さらに，売買の対象物が企業である場合のように対象物に関する情報が膨大となる場合には，買主が開示を求めた情報だけを開示すれば足りると考え得る場合も少なくないであろう。

象物から導き出し得る効用を高める情報（このような情報については売主は積極的に買主候補者への開示を行うことであろう）や，売主の販売費用や管理費用の節約に役立つ情報など社会の厚生を増加させる種々の情報が含まれている。さらに，買主に情報を開示する代わりに，売主自らの手で問題を解決したうえで（たとえば，電源施設老朽化情報の場合であれば売主自らが K ハウス電源施設の全面改修を行ったうえで）対象物を販売に供する（もちろん，その場合の販売価格は，問題の解決に要した費用分だけ上昇することになる）ことも多いのではないであろうか。

（4）　情報の非対称性に関する総括

　Ⅲ.5.（3）で論じたことを，ここでは少し別の角度から総括してみたい。た
だし，話を抽象化しすぎると議論が難解となるので，単純な事例を用いながら
議論を進める。すなわち，ここに有名な画家の作品とおぼしき絵画があり，そ
の売買交渉が進行しているという状況を考えることとする。この絵に対する売
主の支払用意額は，絵が真作であれば1000万円，贋作であれば10万円であり，
買主の支払用意額は，絵が真作であれば2000万円，贋作であれば20万円であ
るとする（買主の支払用意額が売主の支払用意額よりもつねに大きいのは，それだけ
買主がこの絵を気に入っていることの証左であるとお考え願いたい）。売主も買主も
リスク中立的であり，かつ，法令を遵守するものであるとする。

　上記の事実を前提とした場合，この絵が真作であり，そのことを両当事者が
知っていれば，当事者が合意するこの絵の売買価格はナッシュ交渉解である
1500万円前後となり，一方，この絵が贋作であり，そのことを両当事者が知っ
ていれば，同様の理由により売買価格は15万円前後となるであろう。他方，
この絵が真作であるか贋作であるかはいずれの当事者にとっても不明であり，
いずれもこの絵が真作である主観確率を50％であると考えている場合，売主
の留保価格は505万円（＝1000万円×$\frac{1}{2}$＋10万円×$\frac{1}{2}$），買主の留保価格は1010
万円（＝2000万円×$\frac{1}{2}$＋20万円×$\frac{1}{2}$）であるから，当事者の売買価格は757.5万
円前後となるであろう。では，「この絵は贋作である」という情報（以下，これ
を「贋作情報」という）を売主だけが知っていて，その情報を買主に開示しない
場合，売買価格はいくらとなるであろうか。直感的には，売主の留保価格が
10万円で買主の留保価格が1010万円であるから売買価格は510万円前後にな
るように思えるかもしれない。仮にそうだとすれば，贋作情報を買主に開示し
た場合の売買価格が上述のとおり15万円前後であることと比較して売主は多
大な利益を得ることができる。しかしながら，これは現実には起こり得ない現
象である。以下，その理由を記す。

①　絵の真贋は買主にとって重要な問題であるから，この点が定かでない買主は
　　贋作情報をもっているか否かを必ずや売主に問いただすであろう。
②　この質問に対して，仮に売主が贋作情報を持っていないとすれば，必ずやそ
　　のことを買主に対して誓約するであろう。けだし，そうすれば売主は，売買価

格を 757.5 万円前後とすることが可能となるのに対し（この点については上記の計算を参照されたい），そうしなければ買主の真贋問題に関する主観確率は必ずや低下するであろうから結果としてナッシュ交渉解によって定まる売買価格も低下を免れないからである。

③　問題は贋作情報を持っている売主がどう行動するかであるが，おそらくのところ，そのような売主は当該情報を買主に開示するのではないであろうか。けだし，「贋作情報を持っていない」と誓約することは刑法上の詐欺罪にあたる行為であるから法令を遵守する売主にはとり得ない行動であり，一方，沈黙することは，上記②の行動パターンを所与とする限り，贋作情報を持っていることを認めることと同じであり，結果が同じである以上，正直に事実を伝える方が売主本人にとっても好ましい行為と思えるはずだからである。

以上の分析は，契約当事者間において相手方の有している情報に関して十分な質疑応答を行う機会が確保される限り情報の非対称性という問題は発生しないことを示唆している。[219)] にもかかわらず，情報の非対称性が問題となるのは，質疑応答を行うことが物理的に不可能なためという場合もあるが（自動販売機を介しての売買がこれにあたる），多くの場合においては，十分な質疑応答を行うことが経済的に不合理である——すなわち，追加の質疑応答をすることによって得られる期待値がその質疑応答をするための費用を下回る——がゆえである。[220)]

上記の理由によって生じる情報の非対称性を放置することは，取引の信頼性の低下によって生じる社会的取引量の減少という問題を生み出す結果となるこ

---

219)　ただし，本文記載の立論は，告知された事実の真偽が取引完了後追加的コストをかけることなく判明することが前提である。なお，この問題——それはしばしば「沈黙からの推論（Inferences from Silence）」とよばれている——をフォーマルに論じた古典的文献として Grossman（1981）および Milgrom（1981）がある。この問題に関するその他の文献についてはシャベル（2010）381 頁の脚注を参照されたい。

220)　経済的合理性以外の理由として，「問いただすべき質問をそもそも思いつかない」という状況もあると思う方もおられるかもしれないが，膨大なコストをかけて調査・研究を行えば，情報の非対称性を解消するために必要な質問は必ずや思いつくはずであると考えれば，そのような状況もまた経済的合理性の問題といえるであろう。たとえば，【事例 3-5-4】の場合，山林の所有者である H 氏が莫大なコストをかけて調査・研究を行えば，必ずや「あなたがたは航空写真を撮ることによって私の山林にレアメタルを含む鉱脈があることを発見したのではないですか」という質問を G 社に提起することを思いついたであろう。そして，この質問がなされていたとすれば，本文に記載した理由により，G 社は「はい」と答えざるを得なかったのではあるまいか。

とから，国家は状況を改善すべく様々な立法措置をとるべきであり，現に，その
ような配慮から生み出されている法令は多数ある[221]。しかしながら，厚生最大化
原則をもって経営の行為規範とする経営者が自らの行動を調整することによっ
てこれらの問題を解決しようとすることは困難であるといわざるを得ない。け
だし，会社の経営者が認識できるのは契約当事者の利得の総和の変動だけであ
り，情報優位な立場にある契約の当事者が情報の開示をしないことによって契
約当事者の利得の総和が減少するのは売主が社会的に価値のある情報を有して
いる場合だけだからである[222]。

　以上の点を敷衍していえば，契約の不完備性と情報の非対称性とでは厚生最
大化原則という経営者の行為規範が果たし得る役割の大きさにかなりの差があ
るように思える。すなわち，前者の場合には，経営者が想定条項対応行動等を
とることによって社会の厚生の最大化に寄与できる余地が大きいが，後者の場
合には，その余地は限られており，積極的にとり得る施策としてはⅢ.5.(3).
(b) の⑥に記したものにとどまるのではないであろうか。

6　寄付およびⅢ章全体の総括

　Ⅲ.6の主題は寄付である。寄付の意味については，法人税法における「寄
付金」の定義（同法37条7項）を参考にして，「金銭その他の資産または経済
的な利益の贈与または無償の供与」と定義する。

　会社が寄付を行うことの規範的評価に関しては，本書筆者の見解とわが国の
現実社会において支配的な見解との間に大きな乖離がある。そこで，本書では，
Ⅲ.6.(1) において会社が寄付を行うことの適法性を純粋に理論上の問題とし
て論じ，Ⅲ.6.(2) においてわが国の現実を踏まえたうえで会社の経営者がと
るべき行動についての提言を試みることとしたい。Ⅲ.6.(3) においては，Ⅲ

---

221)　情報の非対称性を解消するための具体的な立法例としては，たとえば，宅地建物
　　取引業法35条（宅地建物取引業者による宅地建物取引業者の相手方等に対する重要
　　事項の説明等を義務づけている），消費者契約法4条2項（事業者が消費者に対して
　　重要事項について当該消費者の利益となる旨を告げ，かつ，重要事項について当該消
　　費者に不利益な事実を告げなかった場合に，一定の要件のもとで消費者による意思表
　　示の取消しを認めている），貸金業法16条の2（貸金業者による相手方に対する契約
　　締結前の書面の交付を義務づけている），金融商品取引法37条の3（金融商品取引業
　　者による顧客に対する契約締結前の書面の交付を義務づけている）などがあげられる。
222)　前掲注208）で述べた事態はこの結論の例外となる。

章全体を総括する。

(1)　寄付に関する理論的考察

　寄付白書（2017）によれば過去 8 年間におけるわが国の個人および会社による寄付額の推移は【表 3-6-1】に示したとおりである。[223]

【表 3-6-1】[224]

	(会費を除いた)[225] 個人寄付額	(会費を含めた) 個人寄付額	会社寄付額	助成財団の 助成額
2016 年	7756 億円	1 兆 84 億円	N.A.	N.A.
2015 年	N.A.	N.A.	7909 億円	1006 億円
2014 年	7409 億円	1 兆 538 億円	7103 億円	996 億円
2013 年	N.A.	N.A.	6986 億円	685 億円
2012 年	6931 億円	1 兆 158 億円	6755 億円	N.A.
2011 年[226]	5182 億円	8372 億円	7168 億円	660 億円
2010 年	4874 億円	7236 億円	6957 億円	N.A.
2009 年	5455 億円	9210 億円	5467 億円	N.A.

　【表 3-6-1】によれば，近年個人寄付額は増加基調にあるが，会社寄付額も安定して大きな数字を示しており，その総額は「（会費を除いた）個人寄付額」とほぼ同水準である。

　社会全体の寄付額に占める会社寄付額の割合が大きいことはわが国に顕著な

---

223)　寄付白書（2017）ならびに同書が依拠している国税庁の統計においては，「会社」ではなく「法人」の寄付額として数値が掲載されている。しかしながら，国税庁の統計資料によれば，同庁が調査した法人は内国普通法人だけであって公益財団法人や公益社団法人は対象から除かれているので，そこでいう法人の寄付額の大半は株式会社によってなされたものと考えてよいであろう。そこで，本書においては，「法人寄付額」ではなく「会社寄付額」と表記することとした次第である。

224)　寄付白書の作成機関である日本ファンドレイジング協会は個人寄付額については独自の調査を行っているが，2013 年以降は調査を隔年で行うこととしたため，2013 年と 2015 年の個人寄付額の数値は掲載されていない。一方，会社寄付額は，国税庁の統計資料に記されている各年の 4 月から翌年の 3 月までの総額が掲載されており，寄付白書（2017）においては 2016 年の数値が最新の数値となっている。助成財団の助成額が掲載されていない年が存在する理由は定かではない。

225)　「会費」の正確な定義は寄付白書（2017）には記されていないが，自治会や町内会など個人が自主的に所属している団体に納められている資金であって，実質的な寄付の性格を持つと考えられるものを意味しているようである（寄付白書（2015）22 頁参照）。

226)　東日本大震災があった 2011 年については、表に記載した数字に加えて、総額 5000 億円の震災寄付が個人によって実施されている。

【図 3-6-1】

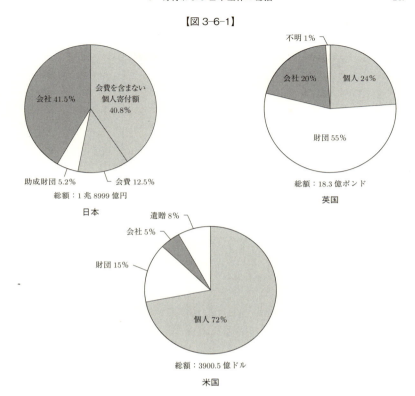

現象であり，【図 3-6-1】はこの点を米国および英国との比較によって示した
ものである。[227]

　【表 3-6-1】および【図 3-6-1】によれば，わが国においては，会社寄付額
が社会全体の寄付の総額に占める割合はやや減少傾向にあるものの，英米と比
較すると，今日においてもかなり大きいといえるであろう。会社が行う寄付の
中には株主に分配する利益を多少なりとも増大させる役割を担っているものも
あるかもしれないが，それによって生み出される追加的利益の割引現在価値が
寄付額を上回ることは稀有であるに違いない。したがって，会社が行う寄付の

─────────
227)　日本の円グラフは，【表 3-6-1】の 2015 年と 2016 年の段に記した数値をもとに
　　作成し，米国の円グラフは Giving USA 2017（https://givingusa.org/tag/giving-usa-
　　2017/）に公表されている数値をもとに作成し，英国の円グラフは，Coutts 2016 Re-
　　port United Kingdom（http://philanthropy.coutts.com/en/reports/2016/united-king
　　dom/findings.html）に公表されている数値（2015 年になされた 100 万ポンド以上の
　　寄付を対象として集計された数値）をもとに作成している。

ほとんどすべては本書において定義するところの非営利施策であり，そうである以上，株主利益最大化原則をもって経営の行為規範とする限り，会社が行う寄付は原則としてすべて不適法であると断じざるを得ない。

　しからば，厚生最大化原則のもとにおいては会社が行う寄付を適法と評価し得る余地があるであろうか。「その余地はない」というのが本書筆者の見解であり，その主たる理由は，寄付によって生じるものは原則として株主から寄付の最終受益者（以下，単に「受益者」という）への厚生の移転（Ⅲ.1.（4）参照）にすぎず，そこには社会の厚生を拡大させる要素はほとんど含まれていないからである（わずかに含まれている要素が何であるかについてはすぐ後で説明する）。しかしながら，この見解に対しては二つの反論が予想される。その一つは，厚生最大化原則を肯定したうえでの反論であり，もう一つは，厚生最大化原則の否定ないしは修正の主張を伴う反論である。本書においては，前者を寄付否定論に対する**内在的反論**（または，単に，**内在的反論**）とよび，後者を寄付否定論に対する**外在的反論**（または，単に，**外在的反論**）とよぶこととし，以下，想定し得るこれらの反論の論旨とそれに対する再反論を交互に記し，最後に総括的意見を述べることとする。

寄付否定論に対する内在的反論

　第1に，寄付が生み出すものは単なる厚生の移転ではない。たとえば，寄付白書（2015）に記されている会社の寄付の分野別の内訳は**【表3-6-2】**に記したとおりである。[228]

　【表3-6-2】に記されている活動のうち，たとえば，「教育・研究」と「環境」は学術知識や自然環境という公共財の維持・発展に貢献しており，「開発・住宅」と「保険医療」は社会のインフラの整備や疾病の予防を促進している点において，いずれも社会の厚生の増大に貢献しており，他の用途についても同様なことがいえるであろう。なるほど，これらの活動がどれだけの厚生を生み出すかを定量的に把握することは困難かもしれない。しかし，それをいうならば，Ⅲ.3で論じた外部性に対処するための諸施策（本Ⅲ.6.（1）においてのみ，以下，「外部性対処策」という）も同様であり，寄付と外部性対処策との間に本質的な違いはないのではあるまいか。

---

228)　寄付白書（2015）50頁参照。

【表3-6-2】

教育・研究	34.0%
文化・レクリエーション	18.8%
環　境	6.5%
開発・住宅	1.0%
社会サービス	14.2%
保険医療	11.7%
国　際	1.8%
法律，アドボカシー，政治	1.0%
フィランソロピー仲介，ボランティア推進	0.7%
その他	10.2%

　第2に，寄付が社会の厚生の増大に資するものであることに注目すれば，寄付行為は公共財の生産活動と同視できる。しかるに，ミクロ経済学の伝統的知見によれば，公共財の生産を社会の構成員の自由意思に委ねる限りその総量は最適値を下回る傾向を免れない。その理由を一言でいえば，公共財は何人も自由にこれを享受できるものであるがゆえに，自ら費用をかけて生産するよりも他人の生産した公共財を消費する方が得だからである（この問題を，Ⅲ.6においてのみ，以下，「ただ乗り問題」とよぶことにする）[229]。しかるに，会社が，株主各自の意向にかかわりなく寄付を行うことを許容すれば，その限度においてただ乗り問題は緩和され，寄付によって生み出される公共財の総量が社会の最適水準に近づくのではないか。

内在的反論に対する再反論

　最初に第1の内在的反論に対する再反論を述べる。

　たしかに，寄付にも社会的厚生を増大させる要素が含まれていることは事実であろう。しかしながら，それは会社から利益の分配を受けた株主自らが行い得ることであり，会社がこれを行うことに積極的意義は見いだしがたい。このことを外部性対処策との比較においてもう少し詳しく論じてみよう。

　第1に，外部性対処策は，会社が本来の業務を営む過程において生み出され

　229）　この点については，奥野編（2008）の330頁以下など参照。なお，この問題は，Ⅳ.2で論じている問題と実質的に同じである（ただし，Ⅳ.2では公共財を生産する社会の構成員の数の変化を分析の中心としているのに対して，ここでは生産される公共財の総量の過小性を問題としている点が異なる）。

る負の外部性の抑止または正の外部性の維持を目指して行われるものであり，それがもたらす厚生の大きさについて，当該会社は他のいかなる団体ないしは個人よりも正確な判断を下し得る立場にある。これに対して，会社が行う寄付の対象活動は会社の事業内容とは無関係なものであり，その活動がもたらす厚生の大きさに関して，会社が株主や社会の構成員一般と比較してより正確な判断を下せると期待し得る根拠はどこにもない。

　第2に，寄付は株主ないしは社会の構成員一般が自由に行えるものであり，これらの者が行う寄付と会社が行う寄付との間にその効果において有意な差があるとは考えがたい。これに対して，外部性対処策はその外部性を生み出している会社自らが行うことによってこそ効率的なものとなるのであり，仮にその施策の実行を会社以外の第三者に委ねたとすれば，これによって発生する追加の費用は膨大なものとなるであろう。

　以上を要するに，外部性対処策は施策の適正さを判断する能力と施策を効率的に行う能力という二つの点において会社自らが行うことに必然性が認められるが，寄付についてはこのような必然性はなんら存在していない。

　次に，第2の内在的反論に対する再反論を述べる。

　寄付行為に公共財の生産と同視し得る一面があることは事実であり（この点については，Ⅳ. はじめにでより詳しく説明する），ミクロ経済学の伝統的知見によれば，社会の構成員が自主的に生産する公共財の総量は社会の最適水準を下回る傾向を免れないこともそのとおりである。しかしながら，この議論は，公共財を生産する行為自体は生産者に独自の効用をもたらさないという仮定に立つものであり，仮にそれが真実であるとすれば，企業に公共財を生産する自由を与えたとしても，ただ乗り問題は改善されないであろう。けだし，社会に無数の企業が存在する限り，企業経営者にとっては，自らの会社の負担によって公共財を生産するよりは，これを他の会社に委ねた方が得だからである。[230]

---

230)　これに対して，Ⅳ. 3で論じる公共財の私的効用の存在を仮定した場合はどうか。思うに，その場合には，会社が寄付を行う自由を許容すると，寄付が生み出す公共財は，（少なくとも公共財の私的効用の充足という観点からいえば）供給過剰となってしまうのではなかろうか。けだし，会社の経営者は，会社が行う寄付が生み出す公共財の私的効用を，当該会社の株主の犠牲のもとで享受できるからである。念のために付言すると，この問題は，株主利益最大化原則から逸脱する経営者の行為を許容する場合全般にあてはまるものであり，さればこそ，逸脱行為を許容するためには厚生最

寄付否定論に対する外在的反論

　寄付によって生じるものは厚生の移転だけであって社会の厚生の総量は変わらないという主張は社会の構成員各自の効用関数が貨幣量に関して準線形であることを前提とするものである。たしかに，これを前提とする限り，受益者のキャッシュ・インフローと株主のキャッシュ・アウトフローが絶対値において等しければ社会の厚生が増大しないのは当然である[231)]。しかしながら，効用関数の準線形性は所得効果が存在しないことを前提とするものであるところ，現実世界においては，効用の帰属主体が保有している資産総額の相違によって効用の値は変化するのではあるまいか[232)]。であるとすれば，会社が寄付を行うことは社会全体の厚生を増加させるはずである。

外在的反論に対する再反論

　外在的反論が述べている効用についての考え方には多くの人々の直感に合致する点があることは否めない。しかしながら，外在的反論の論旨を反映させた経営者の行為規範を積極的に定立することが果たして可能であろうか。最初に，株主利益最大化原則や厚生最大化原則がそうであるように，「数量的に把握可能な概念」を定め，それを最大化することを目的とする経営者の行為規範の定立可能性について考えてみよう。思うに，これを実現させるためには，次の二つの方法のうちのいずれかをとることが必要である。

①　貨幣量をニュメレール財として用いることを断念し，社会の構成員各自が享受している効用の総量を当該構成員の保有資産総額を変数に加えた計算式によって定量的に表す方法を考案し，そのようにして表された構成員各自の効用の総量を単純合算するか，あるいは他の何らかの方法を用いて集計した値をもって最大化の対象概念とする方法。

②　社会の構成員各自が享受している効用の総量を貨幣量を用いて表し（この点

　　大化原則という比較的明確な行為規範を定立する必要があったのである。しかるに，会社が行う寄付が社会の厚生にどれだけ寄与するかははなはだ不明確であり，この点において，寄付は，Ⅲ.1 からⅢ.5 までにおいて適切な行為であると結論づけた諸施策とは大きく異なっている。

　231)　ここでは，議論を簡単なものとするために，「寄付否定論に対する内在的反論」において論じたような寄付のもたらす厚生の増大機能の問題は捨象し，寄付が株主から受益者に対する純然たる貨幣量の移動であるという前提のもとで議論を進めている。

　232)　この点に関しては，Ⅱ章の注 108) を参照されたい。

までは厚生最大化原則と同じである），そのようにして表された各自の効用の総量
を単純合算するのではなく（単純合算すれば，その結果は厚生最大化原則そのものに
なってしまう），効用の総量が大きいほどより大きな割合をもって縮小されるよ
うなウエイト付けを行ったうえで全体を合算し，それによって得た値をもって
最大化の対象概念とする方法。

　上記の方法のうち，①に用い得る計算式の存在を本書筆者は知らない。もし
かすると，先端の経済学においてはそのような計算式が提唱されているのかも
しれないが，仮にそのような計算式が存在するとしても，それを会社の経営者
各自が使いこなすことは（以下に述べる②の方法による場合以上に）困難であろう。
　これに対して，②は厚生経済学や法と経済学においていうところの「社会的
厚生関数（social welfare function）」という考え方に合致するものであり[233]，その
主張自体は極めて明快である。たとえば，貨幣量によって表された社会の構成
員各自の効用の総量を単純合算するかわりに各自の値の平方根を合算すること
によって社会全体の厚生の大きさを計ることにすれば[234]，たしかに保有資産総額
が相対的に大きい者から保有資産総額が相対的に小さな者（本Ⅲ.6においての
み，以下，「社会的弱者」という）に金額を移転することによって社会全体の厚生
は増大するかもしれない。しかしながら，この方法を経営者の行為規範に組み
入れることは次の二つの理由から非現実的である。
　第1に，経営者はいかなるウエイト付けが適切であるかを判断する根拠を持
ち合わせていない。上記においては各自の効用の総量の平方根を合算するとい
う方法を例として示したが，これに代えて，各自の効用の総量の「対数」ある
いは「立方根」を合算するなどの方法を用いても「効用の総量が大きいほど，
より大きな割合をもって縮小される」という目的は達成される。しかしながら，
そのいずれの方法が適切であるかを会社の経営者が判断することは不可能であ

---

233)　社会的厚生関数には，基数を用いるもの（考案者の名前をとって，「Bergson-
　　Samuelson 型」とよばれる）と序数しか用いないもの（考案者の名前をとって「Arrow
　　型」とよばれる）の二つがあるが，ここで言及しているのは前者の型の社会的厚生関
　　数である。なお，社会的厚生関数一般に関しては，シャベル（2010）693 頁以下を，
　　また，Bergson-Samuelson 型の社会的厚生関数についての詳しい解説としては，
　　Hayashi（2017）26 頁以下を，それぞれ参照されたい。
234)　社会の構成員の数を n とし，i 番目の構成員の貨幣量によって表された効用の総
　　量を a_i とした場合，社会全体の厚生の大きさを，$\sum_{k=1}^{n} a_k$ とするのではなく，$\sum_{k=1}^{n} \sqrt{a_k}$ と
　　して計算するということである。

る。

第2に，仮に何らかのウエイト付けの方法を合理的に選択できたと仮定したとしても，これを実行に移すためには会社の経営者が会社とかかわる社会の構成員各自の保有資産総額がいくらであるかを知っていなければならない。しかしながら，この要請が実現不能なものであることは明らかであり，この点は，会社との取引によって生じる利得の増減だけをもって社会の厚生の変動を把握できる厚生最大化原則との決定的な違いである。

以上の分析によれば，外在的反論の論旨を経営者の行為規範に組み入れるためには数量的概念の最大化という行動原理自体を放棄せざるを得ない。したがって，あえて行為規範を明確にしようとすれば，結局のところ，「経営者は，会社の財務状況や経営実績，あるいは他の会社の行動などに照らして適切と思える額の寄付を行ってよい」というような経営者の裁量的判断を容認する命題とせざるを得ない。しかしながら，ここでわれわれはⅡ.4.(3)で述べた議論の原点に立ち戻るべきではなかろうか。すなわち，株主利益最大化原則を修正する行為規範は株主が経営者を監視・評価することの妨げとなるものであってはならないのである。経営者の裁量によって寄付を行うことを容認することがこの要請を充足しているとは到底いえないであろう。

さらに付言するに，外在的反論は，株主よりも寄付の受益者の方が一般的に社会的弱者であることを黙示の前提とする主張であるが，この前提の妥当性自体が極めて疑わしい。けだし，現代社会の会社の株主は多種多様であり，なかんずく，多くの上場会社の主要株主である各種の保険運営機関や年金基金の最終受益者は多くの社会的弱者を含んでおり，他方，寄付の用途は【表3-6-2】に示すとおり多様であり，その中には受益者が必ずしも社会的弱者であるとはいえないものも多いからである（たとえば，「教育・研究」や「文化・レクリエーション」の分野における寄付の受益者が社会的弱者であるとはいえないであろう）。

　総　　括

以上を要するに，寄付否定論に対する内在的反論も外在的反論も説得力を欠いた議論である。したがって，厚生最大化原則のもとにおいても会社が寄付を行うことは不適法であると考えることが少なくとも理論上は適切であり，寄付を行いたいと願う経営者は，より多くの利益を株主に分配するよう努めたうえで，たとえば，経営者が有用と考える寄付の用途を株主に告知し，株主各位が

自らの判断においてその用途に対する寄付を行うことを呼びかけるなどの行動をとるにとどめるべきである。

　しかしながら，【図3-6-1】が示すとおり，わが国においては会社の寄付の寄付総額に占める割合が極めて高いことは厳然たる事実であり，これを一挙に減少させれば社会に大きな混乱が生じることは必定である。のみならず，会社が寄付を行うことを適法・適切とする考え方はわが国の法体系の中に色濃く反映されている。この点につき，項を改めて論じることとしたい。

(2)　寄付に関する現実的考察

　最高裁判所大法廷は，有名な八幡製鉄政治献金事件判決において，以下のように判示した。[235]

> 「会社は，一定の営利事業を営むことを本来の目的とするものであるから，会社の活動の重点が，定款所定の目的を遂行するうえに直接必要な行為に存することはいうまでもないところである。しかし，会社は，他面において，自然人とひとしく，国家，地方公共団体，地域社会その他（以下社会等という。）の構成単位たる社会的実在なのであるから，それとしての社会的作用を負担せざるを得ないのであつて，ある行為が一見定款所定の目的とかかわりがないものであるとしても，会社に，社会通念上，期待ないし要請されるものであるかぎり，その期待ないし要請にこたえることは，会社の当然になしうるところであるといわなければならない。そしてまた，会社にとつても，一般に，かかる社会的作用に属する活動をすることは，無益無用のことではなく，企業体としての円滑な発展を図るうえに相当の価値と効果を認めることもできるのであるから，その意味において，これらの行為もまた，間接ではあつても，目的遂行のうえに必要なものであるとするを妨げない。災害救援資金の寄附，地域社会への財産上の奉仕，各種福祉事業への資金面での協力などはまさにその適例であろう。」

　この判決に従う限り，公益性が高いと考えられる活動のために会社が寄付を行うことが会社法上適法・適切な行為であることは明らかである。会社が多額の寄付を行うというわが国の慣行は，このような判例法を前提として築かれて

---

235)　最大判昭和45年6月24日民集24巻6号625頁。

きたものなのである。

　会社が寄付をすることは適法・適切であるという考え方は税法にも反映されている。すなわち，法人税法は，会社が，「特定公益増進法人」（公益社団法人，公益財団法人，社会福祉法人，一定の要件を満たす学校法人等をいう）または「認定特定非営利活動法人」（一定の要件を満たす NPO 法人をいう。特定公益増進法人と認定特定非営利活動法人をあわせて，以下，「特定法人」とよぶことにする）に対して支払った寄付金を，資本金等の額の 0.375% に相当する金額と対象事業年度の[236]課税所得の 6.25% に相当する金額の合計額の 2 分の 1 を上限として法人税法の計算上損金に算入することを認めており，さらに，特定法人以外の者に対して支払った寄付金を，資本金等の額の 0.25% に相当する金額と対象事業年度の課税所得の 2.5% に相当する金額の合計額の 4 分の 1 を上限として法人税法の計算上損金に算入することを認めている[237]。したがって，たとえば，資本金等の額が 1 兆円，課税所得額が 3000 億円の企業の場合，（1 兆円×0.375% ＋3000 億円×6.25%）÷2＝112 億 5000 万円を上限として特定法人に支払った寄付金と，（1 兆円×0.25% ＋3000 億円×2.5%）÷4＝25 億円を上限として特定法人以外のものに支払った寄付金をそれぞれ損金算入できる。この規定は，会社が寄付金を支出することの社会的相当性を税法自身が追認していることを示しているといえるであろう。

　上記の法人税法の規定は，歴史上，株主が自ら寄付を行うよりも会社に寄付をしてもらった方が効率的であるという帰結を生み出してきた。けだし，会社が損金算入限度額の範囲内において行う寄付金は会社の税引前所得から支払われるものであるのに対して，株主が行う寄付は会社に対する課税と配当所得に対する課税の双方がなされた後における株主の正味受取額から支払わなければならなかったからである。しかしながら，近年の相次ぐ法人税法等の改正により会社所得税の実効税率が低下したことと寄付金所得控除制度[238]（個人が行う特定

---

236)　資本金等の額は，資本金に資本剰余金を加えた金額と概ね一致する。詳しくは，法人税法 2 条 16 号，同法施行令 8 条参照。

237)　法人税法 37 条 1 項，4 項および同法施行令 73 条，77 条，77 条の 2，租税特別措置法 66 条の 11 の 2 第 1 項ならびに特定非営利活動促進法 2 条 3 項。なお，会社は本文記載の寄付に加えて，国または地方公共団体に対する寄付金全額と財務大臣の指定にかかる団体への寄付金全額を損金に算入することができる（法人税法 37 条 3 項）。

238)　現行の税制度における会社所得税の実効税率については前掲注 28) を参照されたい。

法人への寄付金額を当該個人が納めるべき所得税および住民税の計算上所得から控除することを認める制度）が確立されたことにより，現行法のもとにおいては，会社が株主に代わって寄付を行うことの税制上の優位性は概ね消滅するに至った（【計算3-6-1】参照）。[239)]

【計算3-6-1】

> 　上記に述べたことを前記の大手企業（資本金等の額が1兆円で課税所得額が3000億円である企業のこと。以下，「A社」という）の株式の10万分の1を保有する個人（以下，「B氏」という）を例にあげて説明する。A社は，上記上限に達するまでの寄付を行ったうえで税引後所得を全額株主に分配するものと仮定する。
>
> ①　A社が支払う寄付金の総額は，112億5000万円＋25億円＝137億5000万円である。したがって，A社株式の10万分の1を保有するB氏の立場から見れば，137億5000万円÷10万＝13万7500円の寄付をA社がB氏に代わって支払ったと考えることができる。
>
> ②　A社が支払う会社所得税の額は，（3000億円－137億5000万円）×30％＝858億7500万円であり，株主に分配する金額は，3000億円－137億5000万円－858億7500万円＝2003億7500万円であり，ここから2003億7500万円×20％＝400億7500万円の源泉所得税が差し引かれるので，結局のところ，B氏の手元に残る金額は，（2003億7500万円－400億7500万円）÷10万＝160万3000円となる。すなわち，B氏は彼に帰属していたと考えられるA社の税引前所得300万円（＝3000億円÷10万）のうち，合計で125万9500円（＝［858億7500万円＋400億7500万円］÷10万）の税金を負担し（税引前所得の約42％），13万7500円の寄付を行い（税引前所得の約4.6％），160万3000円の資金（税引前所得の約53.4％）を手元に残すことができたと考えることができる。
>
> ③　次に，A社が一切寄付を行わず，B氏自らが上記と同じ13万7500円（税引前所得の4.6％）の寄付を行った場合について考えてみよう。まず，所得税の源泉徴収後にA社がB氏に支払う金額は，3000億円×70％×80％÷10万＝168万円である。B氏はここから13万7500円の寄付を行うわけであるから，同氏の手元に残る金額は，一見，168万円－13万7500円＝154万2500円にすぎないように見える。しかしながら，B氏が寄付金所得控除制度を利用すれば，寄付金額13万7500円のうち特定法人に支払わ

---

239)　所得税法78条および租税特別措置法41条の18の2参照。ただし，控除額は寄付金の合計額から2000円を差し引いた値であり，かつ，所得から控除しうる金額は所得の40％を上限とする。

れた金額である 11 万 2500 円（＝112 億 5000 万円÷10 万）を所得額から控除
して所得税額の計算を行うことができるから、（B 氏には A 社の株式から得る
所得以外にも十分な所得があり、所得税〔住民税を含む〕の最大適用税率が 50% で
あると仮定する限り）²⁴¹⁾ B 氏は納めるべき所得税額を 11 万 2500 円×50%＝5
万 6250 円節約することができる。この結果、A 氏に帰属すると考えられ
る B 社の税引前所得 300 万円のうち、B 氏が実質的に負担した税額は 300
万円−168 万円−5 万 6250 円＝126 万 3750 円（税引前所得の約 42.1%）、B
氏の手元に残る正味金額は 154 万 2500 円＋5 万 6250 円＝159 万 8750 円
（税引前所得の約 53.3%）となり、特定法人に対する寄付以外の寄付について
は寄付金所得控除制度が利用できないにもかかわらず、B 氏の手元に残る
資金額は A 社が寄付を行った場合とほぼ同額となることが明らかとなっ
た。²⁴²⁾

　寄付金所得控除制度の最大の難点は所得税の実効税率が低い低中所得者が寄
付を行った場合の節税メリットが小さいことであった。しかしながら、この点
についても、2011（平成 23）年の税制改正により、寄付金所得控除制度の利用
に代えて税額控除制度を用いることが可能となった。²⁴³⁾この制度は、寄付者に適
用される所得税の最大税率がいくらであるかにかかわらず、特定法人への寄付
額の 40% を所得税額から、10% を住民税額から、それぞれ控除することを認
めるものであり、²⁴⁴⁾この制度を利用すれば、寄付者が低中所得者である場合にお
いても【計算 3-6-1】に記したものと同等の税効果を享受することができる。

　以上に述べた税制の変遷は、会社が多額の寄付をするというわが国の慣行が

---

240)　厳密にいえば、ここからさらに 2000 円を引いた値が控除額となる。前掲注 239)
　　参照。
241)　現行法上、50% という税率が適用されるのは所得のうちの 1800 万円を超える部
　　分についてである。
242)　特定法人に対する寄付しか控除の対象とならないにもかかわらず、この結果とな
　　るのは、特定法人への寄付に関する限り、株主が個人として寄付を行う方が会社に代
　　わりに寄付をしてもらうよりも当該株主にとって有利だからである。けだし、会社が
　　寄付を見合わせて株主への分配にあてることに決めた税引前所得に特定の株主の持ち
　　株比率を乗じた値を α とした場合、会社所得税と配当課税によって税務署に支払わ
　　れる金額は（0.3＋0.2×0.7）×α＝0.44α であるが、寄付金所得控除制度によって生じ
　　る節税額は 0.5α になるからである。
243)　租税特別措置法 41 条の 18 の 2、41 条の 18 の 3 および地方税法 37 条の 2、314
　　条の 7 各参照。
244)　ただし、住民税については、寄付を受けた特定法人が、該当する地方自治体の指
　　定を受けていることが条件となる。

その歴史的役割を終えつつあることを示唆しているかのようである。しかしながら，現行の税制度の内容が納税者にはたしてどれだけ認識されているのかは極めて疑わしい。[245] のみならず，個人が寄付金所得控除や税額控除を受けるためには各種の証明書を入手したうえで確定申告を行うという煩瑣な手続が必要であり，この点において，現行の税制度にはなお改善の余地が残されている。税制度がより簡素化され，同時に，その内容がより広く納税者に知られるようになれば，個人による寄付総額はさらに増大するのではないであろうか。

　資本主義社会は格差を生み出しやすい社会である。そして，この格差を軽減するためには，税制や社会保障制度の役割もさることながら，社会の構成員相互間において寄付が活発になされることが必要である。[246] しかるに，わが国においては，寄付の行為主体として会社が重要な役割を果たしてきたことは紛れもない事実であり，その活動水準を急速に減少させることは社会にとって望ましいことではないであろう。[247] しかしながら，会社が寄付を行うことが厚生最大化原則に反することはⅢ.6.(1) に記したとおりであり，そうである以上，経営者が過去の慣行を墨守して漫然と寄付を行い続けることはいかがなものであろうか。幸いなことに，個人による寄付の増加が近年顕著であることは【表3-6-1】が示すとおりであり，寄付金所得控除制度や税額控除制度を有効に活用する個人の寄付者が増加すればその総額はさらに増えることであろう。厚生の最大化をもって行為規範とせんとする経営者は，この増加の推移を見守りつつ，社会全体における寄付の総額が減少しないように配慮しながらも会社自らが行う寄付に関しては，その総額を暫時減らしていくよう努めるべきではないであろうか。

(3)　Ⅲ章全体の総括

Ⅲ.1 からⅢ.6 までの6項にわたり適法性問題の各論的分析を行ってきた。

---

245)　この点に関して，寄付白書 (2015) 118 頁によれば，税額控除制度に関して「知っており内容も理解している」と答えた人は 2012 年における調査対象者のうちわずか 4.9% であったとのことである（同書 118 頁）。

246)　税制と社会保障制度が格差是正のために機能し得ることについてはⅡ.2.(5) を参照されたい。

247)　法制度のあるべき姿は「経路依存的」(path-dependent) とならざるを得ないということである。

　これにより，厚生最大化原則が株主利益最大化原則の弱点を補う経営者の行為
規範として適切に機能することを示し得たのではないであろうか。
　しかしながら，会社の経営者が直面する問題の中には厚生最大化原則によって
も解決できないものも存在している。たとえば，わが国の会社の中には株主
利益の最大化という観点からいえば「過剰」と評さざるを得ない数の労働者を
常時抱えている会社も少なくない。このような会社の経営者は次のようにいう
かもしれない。

　「たしかにわが社の社員数は多く，しかもその大半は正規社員——法律的にいえ
　ば『期間の定めのない労働契約』に基づいて勤務している社員——である。しか
　しながら，私はこれがわが国の会社のあるべき姿であると確信しており，この点
　について株主も含め何人に対しても引け目を感じてはいない。なぜならば，従業
　員とその家族の生活を守ることは会社の果たすべき重要な役割の一つだからであ
　る。」

　思うに，上記の発言に示されている経営施策の中に社会の厚生の拡大に資す
る真理が含まれていることは何人も否定し得ないところであろう。しかしなが
ら，このような経営施策を厚生最大化原則によって正当化することは非常に困
難である。なぜならば，会社が労働者に与えている便益はIII.3やIII.4で論じ
た総余剰という概念には（会社が支出する費用の一部として）マイナスの要素と
してしか反映されていないからである。念のため付言すると，労働者が失われ
た余暇の効用を上回る賃金を受け取っている限り，当該労働者の厚生が増加し
ていることは疑いのない事実である。にもかかわらず，このことが会社が生み
出す総余剰のプラスの項目として現れないのは，総余剰概念のフレームワーク
を構成している部分均衡分析という経済モデルが完全雇用社会——すなわち，
失業者のいない社会——を前提とするものだからである。これを換言すれば，
会社から解雇された労働者は労働市場の需給関係によって定まる賃金水準のも
とでただちに他の会社に雇われることが部分均衡分析の前提であり，そうであ
るがゆえに，労働契約によって生み出されている労働者の厚生は企業が創出す
る厚生の全体量，すなわち総余剰には含まれていないのである。

　248）　期間の定めのない労働契約を終了させるには判例法上の（ならびに，それを立法
　　　化した労働契約法16条による）制約がある。

　しかしながら，現実の社会が完全雇用社会を実現し得ていないことは明らかであり，他の就業機会を確保することが困難な労働者の生活に配慮することが社会の厚生の最大化に資するものでないはずはない。であるとすれば，この問題に対処するためには，Ⅱ. 4. (3) で定義した厚生最大化原則そのものを修正し，上記のような問題に関しても経営者を適正に規律し得る行為規範を新たに定立しなければならない。そして，その行為規範は厚生最大化原則を支える知見であるところの伝統的ミクロ経済学とは異なる知の体系を活用したものでなければならず，それを作り出すためには，その知の体系の専門家と法律家とが共同して熟慮を重ねることが必要であろう。

　厚生最大化原則は株主利益最大化原則を克服することに成功した。すくなくとも本書筆者はそう信じている。しかしながら，厚生最大化原則もまた克服されるべきものであり，それが果たされることによって会社が作り出す社会はより豊かでより住みよいものとなるであろう。厚生最大化原則は，そのような会社法の発展の過程における一道標にすぎないものである。

Ⅳ　持続可能性問題の経済学的分析

は じ め に

　前章までの議論によって，非営利施策を実施することを会社法上適法と解す
べき場合があることを示し得たであろう。しかしながら，いくら適法な施策で
あるからといってそれを持続的に行い得るとは限らない。なぜならば，経営者
を選任するのは株主であるから，株主の支持を得られない施策を継続する経営[1]
者は更迭のリスクに晒されざるを得ないからである[2]。しからば，現行の会社制
度のもとにおいていかなる条件が満たされれば非営利的経営を行うことが可能
となるのか。これが持続可能性問題であり，この問いに対する答えを明らかに
することが本章とⅤ章の目的である。
　最初に検討するのは，「非営利的経営を継続する会社は倒産せざるを得ない」
という見解[3]（以下，この見解を非営利的経営不可能説とよぶことにする）の当否であ

---

　1)　この点につきⅠ章の注 20) 参照。
　2)　現実的にいえば，経営者の更迭は敵対的買収者が支配株主となることによって実現
　　　される場合が多い。この点についてはⅤ.1 で説明する。
　3)　たとえば，「コンテスタブルな市場」（その意味については後掲注 7) 参照）という
　　　概念の提唱者の 1 人である経済学者の William J. Baumol は，Baumol（1991）13 頁
　　　において，次のように主張している（以下は本書筆者による訳である）。「遠慮なくい
　　　わせてもらうならば，企業が公益のために費やす支出を市場はつねに資金の完全なる
　　　浪費と評価するであろう。〔中略〕完全な競争市場または完全にコンテスタブルな市
　　　場においては，企業が望みうる最善の事態は経済的利益を 0 に保つことであり，その
　　　望みすらも費用を最小化することによってはじめて達成可能なものである。ゆえに，
　　　このような市場にあって篤志家のごとく支出を継続することは企業を倒産に導く処方
　　　箋以外の何ものでもない。」この主張は，「完全な競争市場または完全にコンテスタブ
　　　ルな市場においては」という部分を読み落とさなければ正しい主張である（ただし，

る。非営利的経営不可能説によれば，会社が非営利的経営を継続することは原理上不可能ということになるが，本当にそうであろうか。Ⅳ. 1 ではこの問題を検討する。

　ところで，持続可能性問題を考えるにあたり最も重要な論点は，非営利的経営を続けることが会社の株価，すなわち，1株あたりの現実の市場価格にいかなる影響を及ぼすかであろう。けだし，株価こそは株主の最大の関心事項であり，これを別の角度からいえば，株価さえ下がらなければ，たとえ非営利的経営を継続したとしても，株主が別段異議を唱える理由はないとも考えられるからである。そこで，Ⅳ. 2 およびⅣ. 3 においては，非営利的経営を続けることが株価にいかなる影響を及ぼすのかを経済学的手法を用いて検討する。もっとも，常識的に考える限り，株主の経済的利益に反する経営は必ずや株価に悪影響を及ぼすと思えることであろう。たしかに，株式を純粋な「資産」（その意味については，Ⅱ. 3. (2) 参照）としてとらえる限り，この点を否定する理由は見いだしがたい。しかしながら，株主にとって株式が純粋な資産以上のものとしての意義を有するとすれば――換言すれば，株主が株主価値以外の要素を選好の基準として株式の売買を行うことがあるとすれば――その行動が株式の均衡価格に影響を及ぼし，結果として，非営利的経営を続けたとしても株価が下落しないという事態が生じるかもしれない。

　ここで留意すべきことは，非営利施策の多くは公共財の生産という機能を有[4]しているという点である。前章で述べた非営利施策のうち，正の外部性の提供は典型的な公共財の生産にあたるが，それ以外の非営利施策についても，それらの施策が多くの会社によって実施される状況を想定すれば，公共財の生産もしくはそれに類似の行為と評価できるであろう。[5]

　より正確にいえば，「完全な競争市場であり，同時に，完全にコンテスタブルな市場においては」というべきであろう）。しかしながら，ある種の啓蒙書である Baumol (1991) 全体を貫く論調の中でこの文を読んだ者の多くはこれをもって典型的な非営利的経営不可能説の主張としてとらえるのではなかろうか（たとえば，Besley-Ghatak (2007) 3 頁は Baumol (1991) を非営利的経営不可能説を主張した文献として引用している）。

4)　公共財（public goods）とは，消費の「排除不可能性（non-excludability）」（＝権利を持たない経済主体による消費を排除することが困難であること）と「非競合性（non-rivalness）」（＝複数の経済主体が同時に消費できること）という二つの性質を備えた財のことである。奥野編（2008）327 頁参照。

5)　前章で述べた非営利施策を多くの会社が実施した場合，それは以下のような機能を果たすという点において公共財の生産もしくはそれに類似の行為と評価できるであろ

そこで，Ⅳ. 2およびⅣ. 3においては，非営利的経営を行う会社は公共財を生産しているものと考え，そのことが株価にいかなる影響をもたらすのかを二つの手法を用いて検討する。すなわち，Ⅳ. 2においては，ミクロ経済学の伝統的な見解に則った社会モデルを使って分析を行い，Ⅳ. 3においては，消費者行動の選好要素として「公共財の私的効用」（その意味については追って説明する）の存在を仮定した社会モデルを使って分析を行う。

1　非営利的経営不可能説について

　結論からいうと，非営利的経営不可能説は，それが現実世界の正しい記述として主張されるとすれば，誤った見解であるといわざるを得ない。なぜそういえるのか。この点を明らかにするために，まずは，非営利的経営不可能説の論拠となる経済学的知見について説明する。【図 4-1-1】と【図 4-1-2】をご覧願いたい。

　【図 4-1-1】は標準的な経済学の教科書にしばしば登場する部分均衡分析のグラフである。すなわち，同図上の曲線 D はある財（以下，「本財」という）の需要曲線を表し，同図上の曲線 S_1 は現時点における本財の供給曲線を表しており，本財の需要と供給は市場価格 P_1 において均衡している。一方，【図 4-1-2】上の曲線 LMC は，本財を生産しているある企業の長期の限界費用曲線を表し，同図上の曲線 LAC はその企業の本財に関する長期の平均費用曲線を表している。ここで，長期の費用曲線とは，生産者である企業が最適な技術と最適な投下資本のもとで生産を行っていることを前提とした曲線のことであり，そうである以上，曲線 LMC と曲線 LAC は本財を生産しているすべての企業

う。
① 企業価値の最大化を配慮して行う債権者の保護→債権市場の安定化
② 税引前企業価値の最大化を配慮して行う税務施策→国による公共財生産の増加
③ 負の外部性の回避→「マイナスの公共財」（public bads）の生産の回避
④ 正の外部性の提供→典型的な公共財の生産
⑤ 独占的利益の自発的放棄→消費者余剰の増加
⑥ 契約の不完備性に処するための想定条項対応行動等→互いに信頼し合える契約環境の形成
　なお，Ⅲ. 6で論じた寄付は——会社はそれを実施すべきでないというのが本書筆者の見解ではあるが——Ⅲ. 6.（1）の「寄付否定論に対する内在的反論」で述べたような効果があることに鑑みれば，これもまた公共財の生産（もしくはそれに類似の行為）と見ることができるであろう。

に関して共通である。この結果，本財を生産している各企業はいずれも（曲線 LMC と横線 $P=P_1$ の交点の値である）Q_1 だけ本財を生産し，【図 4-1-2】上の網掛けを施した四辺形に相当する利益をあげている（この四辺形の底辺は縦線 $Q=Q_1$ と曲線 LAC の交点によって決定されていることに留意されたい）。

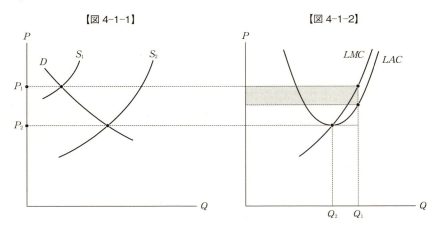

【図 4-1-1】　　　　　　　　　　　　【図 4-1-2】

　しかしながら，本財をめぐる市場の動向は上記の記述だけでは完結しない。なぜならば，上記においていうところの「費用」には「正常利潤」（＝長期において他の産業で得られる利潤）が機会費用として含まれているので，【図 4-1-2】上の網掛けを施した四辺形が表す利潤は正常利潤を上回る利潤であり（このような利潤を一般に，「超過利潤」という），そうである以上，現在は本財を生産していない企業も供給者として本財の市場に参入してくるであろう。そして，この参入が止まるのは本財の市場価格が（曲線 LMC と曲線 LAC の交点の価格である）P_2 まで下落し，各企業の本財生産量が【図 4-1-2】上の Q_2 まで減少したときである（【図 4-1-1】上の曲線 S_2 はこの時点における本財の供給曲線を表したものである）。しかしながら，この時点においては市場価格と平均費用が一致してしまうのでいずれの企業ももはや超過利潤を生み出すことはできない。[6]

　以上はミクロ経済学の理論として一般に承認されているものであり，それが理論上の話として語られる限りにおいては別段の問題はない。しかしながら，この理論を根拠として，「企業が利潤を生み出すことができない以上，その一

---

6)　以上の点につき奥野編（2008）の 142 頁以下および神取（2014）163 頁以下各参照。

部を非営利施策にあてれば企業は倒産するしかない」と結論づけるとすれば（それが，非営利的経営不可能説である），それは理論と現実世界との峻別を欠いた論理であるといわざるを得ない。なぜならば，現実世界においては，以下のような状況にある市場が多数存在しているところ，このような状況のいずれか一つでも成立する限り，新規参入の継続は起こらず，したがって，その市場で生産を行っている企業の超過利潤が0となることはないからである。

① 法令上の規制により，あるいは，規模に関する収穫逓増が働くことにより，市場が独占または寡占状態にあるとき。

② すでに生産を行っている企業が新規参入企業に対して技術上の優位性を保ち得るとき。

③ 新規参入が始まる前に新たな技術の開発や新しい製品の導入が予想されるとき。

④ 新規参入者に対して既存の生産者が価格競争を仕掛けてくることにより新規参入者は利益をあげることができないまま投下資本が埋没費用（sunk cost）となる危険を甘受しなければならないおそれがあるとき。[7]

のみならず，超過利潤が0になるということは企業が生み出す利潤が正常利潤にとどまるということであるから，キャッシュ・フローの正味額がマイナスとなることを意味するものではない。したがって，そのような企業が利益の一部を非営利施策にあてたとしても会社が倒産するわけではない。

以上を要するに，非営利的経営不可能説は，それが現実世界の正しい記述として主張される限りにおいては，誤った見解である。しかしながら，現実問題として，キャッシュ・フローの正味額が経常的にプラスとなる会社でなければ経営者に非営利的経営を行うことを期待することは困難であろう。したがって，非営利的経営を行い得る会社は資金的にある程度の余裕のある会社に限られるということは否定しがたい事実である。

---

7) 潜在的競争者が市場へただちに参入し，埋没費用を負担することなくただちに退出することが可能な市場を「コンテスタブルな市場」という。コンテスタブルな市場が成立するための外的条件については Mas-Colell-Whinston-Green（1995）411 頁を参照されたい。

2　公共財に関する伝統的理解を前提とした分析[8]

(1)　モデルの設定

　公共財は社会の構成員があまねく便益を享受できる財である。そこで，伝統的なミクロ経済学においては，（誰が生産したかにかかわらず）社会において生産される公共財の総量をもって消費者行動の選好要素ととらえる。この考え方に[9]依拠した場合，社会の構成員各自はそれぞれいかなる量の公共財を生産しようとするであろうか。Ⅳ. 2 では，下記の社会モデル（以下，【モデル 4-2】とよぶ）を使ってこの問題を分析し，それを手がかりとして非営利的経営を行う会社の株価がいかなるものとなるかを考える。あらかじめ結論を述べておくと，【モデル 4-2】からなる社会においては，自発的に公共財の生産を行う者は社会の最富裕層に属する者だけであり，そうである以上，会社が公共財の生産と評価し得る非営利施策を実施しても，その点を行動の選好要素として株式の売買を行う者は（最富裕層に属する者が対象会社の株式の売買に関与する例外的な状況を除いては）存在せず，したがって，非営利施策は株価に対して悪影響のみをもたらすものとなる。しかしながら，この結論自体が，背理法的論理によって伝統的なミクロ経済学の理解を超えた消費者行動の選好要素の存在を示すものとなる。この点については，Ⅳ. 2. (6) で改めて説明することとし，まずは，【モデル 4-2】に則った分析をできるだけ厳密に進めることとしたい。なお，【モデル 4-2】においては，消費者自らが公共財を生産することを当然のこととして記述しているが，現実社会において消費者が（会社の非営利施策に頼ることなく）公共財の生産に関与するためには，各種の慈善団体や NPO 法人を介してこれを行わざるを得ない。【モデル 4-2】は，分析を簡潔なものとするためにこのような現実世界のあり方を抽象化したものであるとお考え願いたい（この点についてはⅣ. 3 で用いる【モデル 4-3】も同様である）。

---

8)　Ⅳ. 2 の記述のうち，Ⅳ. 2. (2) と Ⅳ. 2. (3) は Bergstrom-Blume-Varian (1986) を，Ⅳ. 2. (4) と Ⅳ. 2. (5) は Andreoni (1988) を，それぞれ典拠とするものである（Ⅳ. 2. (1) に記したモデルはこの二つの文献の双方に共通するものである）。ただし，Ⅳ. 2. (5) で取り上げている構成員の効用関数が多様となる場合の分析に関して Andreoni (1988) は連続的な確率分布を用いているが，本書ではこれを離散的な確率分布を用いた分析に変更している。

9)　奥野編 (2008) 329 頁以下など参照。

【モデル 4-2】

> ① 社会は，一つの私的財と一つの公共財と n 人の構成員からなるものとする。ただし，初期には公共財は存在しておらず，各構成員は私的財のみを保有している。社会の i 番目の構成員（以下，単に「i」という）の私的財の初期保有量を w_i で表す。
>
> ② 各構成員は，1 単位の私的財を使って 1 単位の公共財を生産し得るものとし，この公共財を他の構成員が生産した公共財とあわせて消費する。i が生産する公共財の量を g_i とし，各構成員が生産する公共財の総量を G とする。すなわち，
>
> $$G = \sum_{i=1}^{n} g_i$$
>
> である。
>
> ③ 各構成員は，保有している私的財のうち公共財を生産するために使用するもの以外をすべて消費する。すなわち，i が消費する私的財の量を x_i とすれば，
>
> $$x_i + g_i = w_i$$
>
> である。

　上記のモデルからなる社会（以下，本Ⅳ.2においてのみ，単に「社会」という）において，i の効用を決定づける要素は x_i と G であるから，i の消費計画は，i の効用関数 $U_i(x_i, G)$ の最大化問題の解を求めることによって特定できる[10]。すなわち，下記の三つの式の解となる x_i と G の値が i の消費する各財の量である（(4.2.3) 式は，公共財の生産量はマイナスとはなり得ない，つまり，他人が生産した公共財を自己の私的財に転用することはできないことを示したものである[11]）。

$$\max \quad U_i(x_i, G) \tag{4.2.1}$$

$$\text{s.t.} \quad x_i + g_i = w_i \tag{4.2.2}$$

$$g_i \geq 0 \tag{4.2.3}$$

---

10) この効用関数は，連続・増加・狭義準凹な関数であるものとする。これらの性質の意味とこの効用関数によって表現される選好関係の特徴については奥野編（2008）31 頁以下等を参照されたい。なお，Ⅳ.2.(3) においてナッシュ均衡点の唯一性を証明するためには，これらの仮定に加えて (4.2.9) 式の仮定が必要である。

11) (4.2.3) 式は，後に G や g_i を導き出す関数を特定する際に重要となる（(4.2.7) 式および (4.2.8) 式参照）。

　(4.2.1)〜(4.2.3) 式に示した効用最大化問題は，i 以外の社会の構成員が公共財をいくら生産するかによって解が異なるものであり，この点が，通常の（すなわち，私的財のみからなる消費計画の）効用最大化問題との違いである。つまり，この問題は，社会の各構成員を「プレイヤー」，各人の公共財の生産量の決定を「戦略」とする「ゲーム」としてとらえ得るものであり，以下，これを公共財ゲームとよぶことにする。[12]

　社会的状況をゲームとしてとらえ得る場合において，そのゲームにナッシュ均衡点が存在し[13]，しかも，それが一つしか存在しないとすれば，そのナッシュ均衡点は現実のあり方を示している可能性が高い[14]。しかるに，本件公共財問題にはナッシュ均衡点が存在し，しかもそれはつねに一つだけである。以下，これを証明する。

(2)　ナッシュ均衡点の存在証明[15]

　最初に，公共財ゲームにナッシュ均衡点が存在することを証明する。まず，i 以外の者の公共財の生産量の合計額を G_{-i} とする。すなわち，

$$G_{-i}=g_1+\cdots+g_{i-1}+g_{i+1}+\cdots+g_n$$

である。そこで，(4.2.2) 式と (4.2.3) 式の両辺に G_{-i} を加えて各式を整理すれば，(4.2.1)〜(4.2.3) 式は次のように書き改めることができる。

---

12)　一般に，複数の行為主体が存在し，それぞれが一定の目的の実現を目指して相互に依存し合っている状況を「ゲーム的状況」といい，これを数理化したモデルを「ゲーム」，各行為主体を「プレイヤー」，各プレイヤーがとり得る行動の計画を「戦略」という。岡田 (2011) 2 頁以下参照。

13)　他のプレイヤーの行動を所与とした場合における各プレイヤーにとっての最善の行動をそのプレイヤーの「最適応答 (best response)」といい，各プレイヤーの行動を一つずつ組み合わせた集合が各プレイヤーの（その集合に含まれている他のプレイヤーの行動を所与とした場合における）最適応答の集合となっている場合，これをナッシュ均衡点 (Nash equilibrium point) という。

14)　なぜナッシュ均衡点が社会の現実のあり方を示していると考え得るかについては様々な説明があり得るが，公共財ゲームは繰り返し行い得る性質のものであるから，ナッシュ均衡点は「試行錯誤の行き着く先」と考えてよいのではないであろうか。神取 (2014) 327 頁以下参照。

15)　ナッシュ均衡点の存在証明および（Ⅳ.2.(3) で行う）ナッシュ均衡点の唯一性の証明については，本書で用いた証明方法（それは，Bergstrom-Blume-Varian (1986) を典拠とするものである）とは別に，Cornes-Hartley (2007) による代替関数 (replacement function) を用いた証明方法が知られている。

$$\max \quad U_i(x_i, G) \tag{4.2.4}$$

$$\text{s.t.} \quad x_i + G = w_i + G_{-i} \tag{4.2.5}$$

$$G \geq G_{-i} \tag{4.2.6}$$

ここで，（4.2.4）式と（4.2.5）式から導き出される G の需要関数[16]を $f_i(w_i + G_{-i})$ とすれば，G は以下のように表し得る（下記の式に独立の項として G_{-i} が加わっているのは，（4.2.6）式の制約があることによって G は G_{-i} より低い値を取り得ないことを計算に反映させるためである）。

$$G = \max\{f_i(w_i + G_{-i}), G_{-i}\} \tag{4.2.7}$$

さらに，（4.2.7）式の両辺から G_{-i} を控除すれば，下記の式となる。

$$g_i = \max\{f_i(w_i + G_{-i}) - G_{-i}, 0\} \tag{4.2.8}$$

ここで，社会の構成員各自の初期保有資産量を所与とすれば，（4.2.8）式は G_{-i} を構成する $n-1$ 個の変数から g_i を導き出す関数となるので，これを下記のように表す。

$$g_i = \phi_i(g_1, \cdots, g_{i-1}, g_{i+1}, \cdots, g_n)$$

そこで，n 個の関数 $\phi_1, ..., \phi_n$ を用いれば（以下，この n 個の関数をあわせて ϕ と表す），n 個の変数 $g_1, ..., g_n$ からなるベクトル $\boldsymbol{g}$ を n 個の変数 $g_1', ..., g_n'$ からなる新たなベクトル $\boldsymbol{g}'$ に変換させることができる。その際，$\boldsymbol{g}$ の i 番目の成分 g_i は 0 以上 w_i 以下の値をとる実数であり，$\boldsymbol{g}'$ の i 番目の成分 g_i' もまた 0 以上 w_i 以下の値の実数しかとり得ない。したがって，n 個の実数 $d_1, ..., d_n$ からなるベクトル $\boldsymbol{d}$ の集合 $\boldsymbol{D}$ を，

$$\boldsymbol{D} = \{\boldsymbol{d} \in R^n : 0 \leq d_i \leq w_i \text{ for } i = 1, \cdots, n\}$$

と表せば，ϕ の定義域は $\boldsymbol{D}$ であり，かつ，ϕ の像もまた $\boldsymbol{D}$ に含まれる。よって，ブラウワーの不動点定理[17]によって $\boldsymbol{g}$ と $\boldsymbol{g}'$ が同一となる場合が必ず存在す

---

16)　需要関数（エンゲル関数ともよばれる）とは，所得（本件の場合は $w_i + G_{-i}$ がこれにあたる）の変化に対する特定の財（本件の場合は G がこれにあたる）の変化を示した関数のことである。

17)　ブラウワーの不動点定理については，Ⅱ章の【証明 2-2-1】参照。本件の場合，$\boldsymbol{D}$ は R^n に含まれる非空なコンパクト凸集合であり，ϕ の構成要素である $\phi_1, ..., \phi_n$ はいずれも連続な関数であって，その像は定義域に含まれる。よって，ϕ には必ず不

るが，これは明らかに本件公共財問題のナッシュ均衡点である。[18]

（3）　ナッシュ均衡点の唯一性の証明

　次に，公共財ゲームのナッシュ均衡点は一つしか存在しないことを証明する（なお，誤解を招くおそれがない場合には，$f_i(w_i + G_{-i})$ の独立変数である $w_i + G_{-i}$ をあわせて一つの変数 w として表す）。

　まず，公共財も私的財も強い正常財（＝所得の増加に応じてつねに需要が増加する財）であり，同時に，f_i は微分可能であると仮定しても現実社会を分析するためのモデルとしての妥当性は失われないであろう。こう仮定することにより，

$$0 < f_i'(w) \leq a < 1 \tag{4.2.9}$$

が成立するので，[19] f_i は単調増加関数であることが保証され，したがって，その逆関数を定義できる。以下，この逆関数を，

$$w = h_i(G) \tag{4.2.10}$$

と表す。この場合，

$$h_i'(G) = \frac{1}{f_i'(w)} > 1 \tag{4.2.11}$$

であるから，$h_i(G)$ もまた単調増加関数である。

　次に，本件公共財問題のナッシュ均衡点の一つを改めて $g_1, ..., g_n$ と表し，[20] その合計値を G とし，$g_i > 0$ である（つまり，公共財を生産する）構成員の集合を C とすれば，C に含まれる構成員と C に含まれない構成員のそれぞれについて次の式が成立する。[21]

$$G = f_i(w_i + G_{-i}) \quad \text{for } i \in C \tag{4.2.12}$$

$$G \geq f_j(w_j + G_{-j}) \quad \text{for } j \notin C$$

ここで，$f_i(w)$ の逆関数 $h_i(G)$ を使って（4.2.12）式を書き改めると，

$$h_i(G) = w_i + G_{-1} \quad \text{for } i \in C \tag{4.2.13}$$

となるので，C の全構成員に関して（4.2.14）式を足しあわせて整理すると（C の構成員の数を $|C|$ と表す），

$$\sum_{i \in C} h_i(G) + (1 - |C|)G = \sum_{i \in C} w_i \tag{4.2.14}$$

となる[22]。

上式の左辺を G と C の関数ととらえて，これを $F(G, C)$ と表す。ここで，$h_i'(G)$ はつねに 1 を上回ることに留意しつつ（（4.2.11）式参照），$F(G, C)$ を G で偏微分した関数の値を計算すると，

$$\frac{\partial F(G, C)}{\partial G} = \sum_{i \in C} h_i'(G) + (1 - |C|) > |C| + (1 - |C|) = 1 > 0$$

となるので，$F(G, C)$ は G に対する単調増加関数である。

そこで，公共財ゲームに二つのナッシュ均衡点 $\boldsymbol{g} = \{g_1, ..., g_n\}$ と $\boldsymbol{g'} = \{g_1', ..., g_n'\}$ が存在すると仮定し，$\boldsymbol{g}$ の場合と同様に $\boldsymbol{g'}$ の合計値，構成員の集合および構成員の数をそれぞれ G'，C'，$|C'|$ とし，さらに，$G' - g_i' = G_{-i}'$ と表す。

ここで，$G' \leq G$ と仮定しても証明の一般性は失われないであろう。その場合，$F(G, C)$ は G に関する単調増加関数であるから，

$$F(G', C) \leq F(G, C) \tag{4.2.15}$$

である。

一方，（4.2.12）式と（4.2.13）式を，$\boldsymbol{g'}$ にあてはめると，

$$G' = f_k(w_k + G_{-k}') \text{ for } k \in C'$$

$$G' \geq f_\ell(w_\ell + G_{-\ell}') \text{ for } \ell \notin C'$$

　　においては，（4.2.3）式の制約がなければ，公共財の一部を自分用の私的財に転用しようとするであろう）。

22)　$\displaystyle\sum_{i \in C} G_{-1} = |C|G - \sum_{i \in C} g_i = (|C| - 1)G$ であることに留意されたい。

が成立し，この両式を逆関数 $h_k(G')$ と逆関数 $h_\ell(G')$ を使って表せば，

$$h_k(G') = w_k + G'_{-k} \quad \text{for } k \in C' \tag{4.2.16}$$

$$h_\ell(G') \geq w_\ell + G'_{-\ell} \quad \text{for } \ell \notin C' \tag{4.2.17}$$

となる。ということは，C と C' のいずれにも属する構成員については (4.2.16) 式が成立し，C には属するが C' には属さない構成員については (4.2.17) 式が成立するということになるから，C の構成員全員に関してこれらの式を足しあわせて整理すれば，

$$\sum_{i \in C} h_i(G') + (1 - |C|) G' \geq \sum_{i \in C} w_i$$

という式が成立する。この式の左辺は定義により $F(G', C)$ であり，一方，この式の右辺の値は $F(G, C)$ の定義と (4.2.14) 式により $F(G, C)$ の値に等しいので，

$$F(G', C) \geq F(G, C) \tag{4.2.18}$$

が成立する。したがって，(4.2.15) 式と (4.2.18) 式により，

$$F(G', C) = F(G, C)$$

となり，$F(G, C)$ は G に関する単調増加関数であるから，

$$G = G'$$

であることが証明された。

　さらに，(4.2.13) 式の両辺に G を加えて整理すれば，C に属する構成員各自について，

$$g_i = G - G_{-i} = w_i + G - h_i(G)$$

が成立する。一方，C に属さない構成員が生産する公共財の量はつねに 0 であるから，この点と上の式をあわせると，すべての構成員について，

$$g_i = \max\{w_i + G - h_i(G), 0\} \tag{4.2.19}$$

が成立し，G が決まれば $\boldsymbol{g}$ の各成分はすべて一義的に決定されることが明ら

かとなった。ゆえに，GとG'が一致すれば$\boldsymbol{g}$の各成分と$\boldsymbol{g}'$の各成分もすべて一致することになり，かくして，公共財ゲームのナッシュ均衡点は一つしか存在しないことが証明された。

（4）　社会の構成員の数が増加すれば公共財を生産する者は最富裕層に属する者だけとなることの証明その(1)
──構成員の効用関数が同一である場合

次に，社会の構成員の数が増加した場合に公共財を生産する構成員の内訳はどのように変化するのかを検討する。最初に，社会の構成員の効用関数はすべて同じであるという仮定のもとに検討を行い，その後にこの仮定をはずした検討を行う。

すべての構成員に関して効用関数が等しい以上，Gに対する需要関数f_iもその逆関数であるh_iもすべての構成員にとって同じとなる。そこで，以下，前者をf，後者をhで表すことにする。この場合，(4.2.19)式は次のように書き改めることができる。

$$g_i = \max\{w_i + G - h(G), 0\}$$

そこで，$h(G) - G$をGの関数$p(G)$として表し，その値をw^*とする。すなわち，

$$w^* = p(G) = h(G) - G \tag{4.2.20}$$

であり，w^*を使ってg_iを表現すれば，

$$g_i = \begin{cases} w_i - w^* & \text{if } w_i > w^* & (4.2.21) \\ 0 & \text{otherwise} & (4.2.22) \end{cases}$$

となる。すなわち，初期保有資産量がw^*を上回る者は超過分をすべて公共財の生産にあて，初期保有資産量がw^*以下の者は公共財の生産を一切行わないわけであり，w^*という値は構成員が公共財を生産するか否かを決定する分水嶺としての役割を果たしていることが明らかになった。

ここで，この後の分析に役立てるために，Gをw^*の関数として表す方法を示す。まず，社会の構成員各自に関して成立する（4.2.21）式または（4.2.22）式をすべて足しあわせると，

$$G = \sum_{i=1}^{n} g_i = \sum_{w_i > w^*} (w_i - w^*) \tag{4.2.23}$$

となる。[23]

また，(4.2.20) 式に留意して $p(G)$ の導関数 $p'(G)$ を求め，それに (4.2.11) 式をあてはめると，

$$p'(G) = h_i'(G) - 1 > 0$$

であるから，$p(G)$ は単調増加関数であり，逆関数が存在する。そこで，この逆関数を $q(w^*)$ とすれば，(4.2.20) 式により，

$$G = q(w^*) \tag{4.2.24}$$

となり，G を w^* の関数として表すことができた（ちなみに，$q'(w^*) = \dfrac{1}{p'}(G) > 0$ であるから，$q(w^*)$ も単調増加関数である）。

(4.2.23) 式と (4.2.24) 式を等号で結びつければ，w^* に関してつねに次の式が成立する。

$$q(w^*) = \sum_{w_i > w^*} (w_i - w^*) \tag{4.2.25}$$

したがって，(4.2.25) 式の両辺に $\dfrac{1}{n}$ を乗じ w^* を未知数 x に書き改めた下記の方程式を作れば，w^* はつねにこの方程式の解であり，$q(w^*)$ が単調増加関数であることを考えれば，w^* はこの方程式の唯一の解である。

$$\frac{q(x)}{n} = \frac{1}{n} \sum_{w_i > x} (w_i - x) \tag{4.2.26}$$

n を増加することによって (4.2.26) 式の解がどのように変化するかを見極めるために，社会の各構成員の初期保有資産量，すなわちベクトル $\boldsymbol{w} = \{w_1, \dots, w_n\}$ の各成分は，0 を下限，M を上限，$\phi(w)$ を確率密度関数とする連続的確率分布（以下，「本件確率分布」という）に従う互いに独立な確率変数 w であると考える。

ここで，$n \to \infty$ とすれば，(4.2.26) 式の左辺の分子には上界があるので (4.2.26) 式の左辺全体の値は 0 に収束する。[24] すなわち，

---

23)　より形式的に表せば，$G = \sum_{i=1}^{n} g_i = \sum_{w_i \leq w^*} (0) + \sum_{w > w^*} (w_i - w^*)$ となる。

24)　(4.2.26) 式の左辺の分子である $q(x)$ に上界があるといえる根拠は次のとおりで

$$\frac{q(x)}{n} \to 0 \quad (n \to \infty) \tag{4.2.27}$$

である。

　次に，$\boldsymbol{w}$ の各成分はいずれも本件確率分布に従う互いに独立な確率変数 w であるから，大数の法則により，$n \to \infty$ の場合，(4.2.26) 式の右辺の値はその期待値に収束する。すなわち，[25]

$$\frac{1}{n} \sum_{i:w_i > x} (w_i - x) \to \int_x^M (w-x)\phi(w)dw \quad (n \to \infty) \tag{4.2.28}$$

となる。

　(4.2.26), (4.2.27), (4.2.28) の 3 式により，$n \to \infty$ の場合には，

$$0 = \int_x^M (w-x)\phi(w)dw \tag{4.2.29}$$

ある。

①　$n \to \infty$ とした場合に，(4.2.26) 式上の x がどのように変化するかは，証明途上である現時点においてはまだ明らかとなっていないが，x が M を上回らないことは明らかである。けだし，x のつねにして唯一の解である w^* が M を上回るということは社会の構成員の何人も公共財を生産しないことを意味するが，これは明らかに公共財が強い正常財であるという仮定に反するからである。

②　(4.2.9) 式に示すとおり，$f'(w)$ には 1 を下回る上限 a があるので，

$$f'(w) \le a < 1 \to h'(G) \ge \frac{1}{a} > 1 \to p'(G) \ge \frac{1-a}{a} > 0 \to 0 < q'(x) \le \frac{a}{1-a}$$

となる。このうちの最終式が意味することは，$q(x)$ の上昇率にはつねに制約が課されているということであり，したがって，x に上界がある限り，$q(x)$ にも上界がある。

③　以上を要するに，M を上回る任意の値を N とすれば，N はつねに x の上界であり，$q(N)$ はつねに $q(x)$ の上界である。

25)　可積分で同一・独立な同時分布に従う確率変数列 $\{X_1, ..., X_n, ...\}$ については次の式が成立することが知られており，これを「大数の強法則」という（なお，下記の式の中の $E(X_n)$ は各確率変数に共通な期待値のことであり，式の右端にある「$a.s.$」は「almost surely」の略であり，1 の確率でこの収束が生じることを意味している）。

$$\frac{x_1 + \cdots + x_n}{n} \to E(X_n) \quad (n \to \infty) \quad a.s.$$

大数の強法則によって (4.2.28) 式が成立することを明らかにするためには，上記の式における確率変数 X_n を次のように定義すればよい。

$$X_n = \max\{w_i - x, 0\}$$

けだし，この場合には，

$$E(X_n) = \int_0^x (0)\phi(w)dw + \int_x^M (w-x)\phi(w)dw$$

となるからである。

となるが，(4.2.29) 式が成立するのは $x=M$ の場合だけである[26]。ということは，$n \to \infty$ とした場合，(4.2.26) 式の解は M に収束することになり，w^* はつねに (4.2.26) 式の解であるから，$n \to \infty$ によって w^* は M に収束する。これによって，社会の構成員の数が増加すれば公共財を生産する者は最富裕層に属する者だけとなることが明らかとなった[27]。

ちなみに，公共財を生産する者が社会の最富裕層に属する者だけとなることは社会全体における公共財の生産量 G の減少を意味するものではないことは留意に値する。けだし，$n \to \infty$ によって w^* が増加しつつ M に収束すれば，前述のとおり，$q(w^*)$ は単調増加関数であるので，G も増加しつつ $q(M)$ に収束するからである[28]。

---

26)　$x=M$ の場合に (4.2.29) 式が成立することは明らかである。一方，同式は x に関して単調減少関数である。したがって，同式が成立するのは $x=M$ の場合だけである。

27)　具体的に社会の構成員の数がどの程度大きくなれば公共財の生産者が最富裕層に限られることになるのであろうか。この点に関しては Andreoni（1988）が有益なシミュレーション分析を行っているので，以下，この分析の手法と結論の要点を箇条書きに記す。

　① 　シミュレーションにはコブ・ダグラス効用関数が使われている。すなわち，$U_i = x_i^{1-\alpha} \cdot G^\alpha$ であり，α は G の消費性向（すなわち，$w_i + G_{-i}$ に対する G の割合）を表している。

　② 　1984 年に米国で実施された所得構成に関する統計調査の結果をもとにして M と $\phi(w)$ の値が特定されている。

　③ 　①で特定した関数と②で特定した値を用いてシミュレーションを行った結果，$n = 200$ とした場合の総人口に占める公共財生産者の割合（以下，これを「R」で表す）は G の消費性向 α に応じて以下のとおりとなった。

【表1】

α	0.1	0.2	0.3	0.4	0.5	0.6	0.7	0.8	0.9
R（%）	0.3	0.7	1.5	2.1	2.9	3.7	6.0	9.0	15.3

この結果によれば，人口が 200 人程度の小規模な社会であっても G の消費性向が低下すれば公共財の生産者は社会の一部のものに限られてしまう。

　④ 　しかしながら，現実社会における G の消費性向は【表1】に記した値よりもさらに低いものであろう。そこで，Andreoni（1988）は先行研究に依拠したうえで現実社会における G の消費性向を 0.0342（すなわち，3.42%）と推定し，この値を使って人口数の変化に応じて定まる R の値も計算している。以下の表はこの結果の抜粋である。

【表2】

n	25	50	100	200
R（%）	1.0	0.5	0.3	0.2

この結果によれば，25 人からなる極めて小さな社会であっても公共財の生産者は全体のわずか 1%，すなわち，0.25 人でしかない。

28)　$q(w^*)$ が発散しない理由については，前掲注 24）の説明を参照されたい。

(5)　社会の構成員の数が増加すれば公共財を生産する者は最富裕層に属する者だけとなることの証明その(2)
——構成員の効用関数が多様である場合

次に，社会の構成員各自の効用関数が多様である場合について考える。あり得る効用関数は $U_1, ..., U_m$ の m 個とする。この結果，効用関数から導き出される G の需要関数も $f_1, ..., f_m$ の m 個であり，i の需要関数がこのうちの j 番目の効用関数，すなわち，f_j であれば，(4.2.19) 式により，g_i は以下のように表し得る（h_j は f_j の逆関数である）。

$$g_i = \max\{w_i + G - h_j(G), 0\} \tag{4.2.30}$$

そこで，$h_j(G) - G$ を G の関数 $p_j(G)$ として表し，その値を w_j^* とする。すなわち，

$$w_j^* = p_j(G) = h_j(G) - G \tag{4.2.31}$$

であり，w_j^* を使って g_i を表現すれば，

$$g_i = \begin{cases} w_i - w_j^* & \text{if } w_i > w_j^* & \text{(4.2.32)} \\ 0 & \text{otherwise} & \text{(4.2.33)} \end{cases}$$

となる。

ここで，構成員各自の番号を，効用関数を同じくする者同士の番号が連続するように配列し直し，効用関数が U_j である者の数を N_j とし，効用関数が U_j である者の番号を $1_{(j)}, ..., N_{j(j)}$ で表す。すなわち，

$$\sum_{j=1}^{m} N_j = n \tag{4.2.34}$$

である。[29)]

次に，効用関数を同じくする者のそれぞれに関して成立する (4.2.32) 式または (4.2.33) 式をすべて足しあわせ，しかるのちに，効用関数を異にするグループ同士におけるこれらの結果をさらに足しあわせれば以下の式を導き出すことができる。

---

29)　これによって，社会の構成員全員に対して，$1_{(1)}, ..., N_{1(1)}, ..., 1_{(j)}, ..., N_{j(j)}, ..., 1_{(m)}, ..., N_{m(m)}$ の合計 n 個の番号が付されたことになる。

$$G = \sum_{i=1}^{n} g_i = \sum_{j=1}^{m} \sum_{w_{i(j)} > w_j^*} (w_{i(j)} - w_j^*) \tag{4.2.35}$$

また，(4.2.31) 式に留意して $p_j(G)$ の導関数 $p_j'(G)$ を求め，それに (4.2.11) 式をあてはめると，

$$p_j'(G) = h_j'(G) - 1 > 0$$

であるから，$p_j(G)$ は単調増加関数であり，逆関数が存在する。そこで，この逆関数を $q_j(w_j^*)$ とすれば，(4.2.31) 式により，$j=1, ..., m$ の各 j について，

$$G = q_j(w_j^*) \tag{4.2.36}$$

が成立する（(4.2.24) 式について述べた理由により，$q_j(w_j^*)$ もまた単調増加関数である）。

(4.2.35) 式と (4.2.36) 式を等号で結びつければ，w_j^* に関してつねに次の式が成立する。

$$q_j(w_j^*) = \sum_{j=1}^{m} \sum_{w_{i(j)} > w_j^*} (w_{i(j)} - w_j^*) \tag{4.2.37}$$

そこで，$j=1, ..., m$ の各 j について (4.2.37) 式の両辺に $\dfrac{1}{n}$ を乗じ，w_j^* を未知数 x_j に書き改め，このようにして作られた m 個の方程式を等号で結び合わせると，$x_1, ..., x_m$ という m 個の未知数を含む下記の方程式ができあがる。この場合，ベクトル $\boldsymbol{w}^* = \{w_1^*, ..., w_m^*\}$ はつねにこの方程式の解であり，$q_j(w_j^*)$ はいずれも単調増加関数であるから，ベクトル $\boldsymbol{w}^* = \{w_1^*, ..., w_m^*\}$ はこの方程式の唯一の解である。

$$\frac{q_1(x_1)}{n} = \cdots = \frac{q_m(x_m)}{n} = \frac{1}{n} \sum_{j=1}^{m} \sum_{w_{i(j)} > x_j} (w_{i(j)} - x_j) \tag{4.2.38}$$

n を増加させた場合に (4.2.38) 式の解がどのように変化するかを見極めるために，社会の各構成員の効用関数は確率 α_j で U_j となり，効用関数が U_j であるものの初期保有資産量，すなわち，ベクトル $\boldsymbol{w}_j = \{w_{1(j)}, ..., w_{Nj(j)}\}$ の各成分は，0 を下限，M を上限，$\phi_j(w)$ を確率密度関数とする連続的確率分布（以下，これを「j グループの確率分布」という）に従う互いに独立な確率変数 w_j であると考える。[30]

---

30) 各グループの効用関数が従う確率分布の中には最大値が M を下回るものもあれば，最小値が 0 を上回るものもあるかもしれない（議論を簡単にするために，以下におい

ここで，$n \to \infty$ とすれば，（4.2.38）式の最右辺の式を除くすべての式の分子には上界があるから[31]，これらの式全体の値はいずれも 0 に収束する。すなわち，

$$\frac{q_j(x_j)}{n} \to 0 \ (n \to \infty) \quad \text{for } j = 1, \cdots, m \tag{4.2.39}$$

である。

次に，w_j の各成分はいずれも j グループの確率分布に従う互いに独立な確率変数 w_j であるから，（4.2.28）式に関して説明した大数の法則により，$n \to \infty$ に対して（4.2.38）式の最右辺の式の値はその期待値に収束する[32]。すなわち，

$$
\begin{aligned}
\frac{1}{n}\sum_{j=1}^{m} \sum_{w_{i(j)} > x_j}(w_{i(j)} - x_j) &= \sum_{j=1}^{m} \left[\frac{1}{n}\sum_{w_{i(j)} > x_j}(w_{i(j)} - x_j) \right] \\
&\to \sum_{j=1}^{m} \alpha_j \int_{x_j}^{M}(w_j - x_j)\phi_j(w_j)dw_j \quad (n \to \infty)
\end{aligned}
\tag{4.2.40}
$$

となる。したがって，（4.2.39）と（4.2.40）の両式により，

$$0 = \sum_{j=1}^{m} \alpha_j \int_{x_j}^{M}(w_j - x_j)\phi_j(w_j)dw_j \tag{4.2.41}$$

となるが，（4.2.41）式が成立するのは同式の解である $x_1, \ldots, x_m$ がすべて M と一致する場合だけである[33]。ということは，$n \to \infty$ とした場合に（4.2.38）式

ては，k グループの確率分布がこの二つの状況のいずれをも満たしているものとし，その最大値を L，最小値を m とする）。しかしながら，その場合には，k グループの確率分布のもとで $0 \leq w_k < m$ または $L < w_k \leq M$ となる確率はいずれも 0 であると考えればよいのであるから，本文のような扱いをしても一般性は失われていない（以上の点については，後掲注 33）も参照されたい）。なお，$\phi_j(w)$ は，α_j の確率で効用関数が U_j となることを条件とする条件付確率密度関数である。

31)　$n \to \infty$ としても，$q_j(x_j)$ は ∞ とはなり得ず，したがって，これに $\frac{1}{n}$ を乗じた値は 0 に収束することについては前掲注 24）参照。

32)　前掲注 30）の文末に記載のとおり，$\phi_j(w)$ は条件付確率密度関数であるから，これをもとに計算した期待値は条件付期待値である。したがって，この値に条件が成就する確率である α_j を乗ずれば正しい期待値を求めることができる。

33)　$x_1 = \cdots = x_m = M$ の場合に（4.2.41）式が成立することは明らかである。一方，（4.2.41）式の右辺の各項は x_j に関して単調減少関数であり，確率の定義により $\alpha_1, \ldots, \alpha_m$ はいずれも正の値であるから，（4.2.41）式が成立するのは $x_1 = \cdots = x_m = M$ の場合だけである。もっとも，ある効用関数（以下，これを U_k とする）を持つ構成員のグループの初期保有資産量の確率密度関数，すなわち，$\phi_k(w)$ が M を下回る値しかとり得ない場合（とり得る値の最大値を以下 L で表す）には，x_k の収束値が L 以上 M 以下のいかなる値であっても（4.2.41）式の成立は妨げられない。しかしながら，この場合であっても，他のグループの富裕層における公共財の生産が継続する限り G

の解 $x = \{x_1, ..., x_m\}$ の成分はすべて M に収束することになり，$w^* = \{w_1^*, ..., w_m^*\}$ はつねに（4.2.38）式の解であるから，$n \to \infty$ によって w^* の成分はすべて M に収束する。これによって，社会の構成員の効用関数が多様な場合であっても，構成員の数が増加すれば公共財を生産する者は最富裕層に属する者だけとなる（ただし，Ⅳ.2.(4) に記した理由により，公共財の生産量 G は減少しない）ことが明らかとなった。

（6）　総　　括

　以上の分析によれば，構成員の数が十分大きな社会においては，公共財を生産する者は社会の最富裕層に属する者だけである。これが事実だとすれば，会社がいくら公共財の生産と評価し得るような非営利施策を実施しても，その点を選好の基準として株式の売買を行う者は（最富裕層に属する者が株式売買に関与する例外的な状況を除いては）存在せず，したがって，非営利施策の実施は株価の下落のみをもたらすことになるであろう。

　しかしながら，公共財の生産に関する上記の結論は現実社会と矛盾している。このことに最初に注目したのは米国の経済学者たちであった。[34] 彼らの調査によれば，米国における公益事業の発達は著しく，その規模は，公共財の生産を行うのは最富裕層に属する者に限られるという主張の信憑性を覆すに十分なものであった。[35]

　この事実を説明するために考え出されたものが warm glow 理論である。warm glow を直訳すれば，「心にともる暖かい灯火」となるが，この理論の主張するところは，「公共財の総量をもって行動の選好要素とする伝統的な経済学の考え方は現実社会を説明するモデルとしては妥当でなく，消費者の多くは，

　　　の上昇は継続し，したがって，w_k^* も L を越えて上昇し続ける。これを要するに，最富裕層に属する者がとり得ない効用関数というものがあるとすれば，社会の構成員の数が増加した場合，この効用関数を有する構成員のグループにおいて公共財を生産する者は皆無となるということである。

34）　Ⅳ.2 の典拠の一つである Andreoni（1988）自体がこの問題提起の先駆となった論文にほかならない。なお，この論文の著者による warm glow 理論を主題とする後続の代表的論文に Andreoni（1989）と Andreoni（1990）がある。

35）　たとえば，Graff Zivin-Small（2005）によれば，2002 年の 1 年間に米国の市民が公益事業（ただし，宗教団体が行うものを除く）に拠出した寄付総額は約 1500 億米ドル（約 15 兆円）に達した。この金額は当時における米国 GDP の約 1.5% に相当する。

自ら公共財を生産するか，あるいは，他者が行う公共財の生産に対して経済的に貢献することに効用を見いだすと考えなければ現実社会を説明することはできない」というものである。このような効用のことを本書では，以下，公共財の私的効用とよぶことにする[37]。

　公共財の私的効用を仮定した社会モデルを使って分析を行えばいかなる結論が導き出されるのか。項を改めて検討を続ける。

3　公共財の私的効用を仮定した場合の分析[38]

（1）　モデルの設定

　公共財の私的効用を仮定したからといって株主が非営利施策を積極的に評価

---

36)　なお，Andreoni（1989）と Andreoni（1990）では，伝統的な経済学モデルが厚生関数の要素としてとらえてきた公共財の総量と消費者個人による公共財の生産量の双方を厚生関数の要素とするモデルを提唱しているが，本書では，記述を簡便なものとするために，後者のみを変数とするモデルを用いることとした。この点はⅣ.3の記述の典拠である Baron（2007）（後掲注38）参照）も同様である。

37)　人が自ら公共財を生産し，あるいは，他者の公共財の生産に経済的に貢献することに効用を見いだす理由には崇高なものから世俗的なものまで様々なものがあり得よう。しかしながら，その実態がいかなるものであるかを深く詮索してもあまり意味はない。重要なことは，（その内実がいかなるものにあるにせよ）公共財の私的効用の存在を仮定しない限り，現実社会における消費者の公共財をめぐる行動を説明できないということである。ちなみに，社会学の世界においては，公共財を生産しようとする心理的欲求を説明するための様々な理論が提案されている（たとえば，三谷（2016）40頁以下は，「誰が，なぜ，ボランティアになるのか」という問題に対する説明理論として，「資源理論」「共感理論」「宗教理論」および「社会化理論」という四つの理論を紹介したうえで，これらを統合する理論の構築を提案している）。これに対して，warm glow 理論は，人々の心の内面を説明しようとする探求を行うことに代えて（それは，そもそも経済学とは親和性の低いアプローチであろう），公共財の私的効用を効用関数の構成要素の一つとすることによって消費者の行動分析を行おうとするものである。

38)　Ⅳ.3の記述は Baron（2007）を典拠とするものである。ただし，本書では，これに以下のような修正を加えている。
　　①　社会に存在する会社を非営利的経営を営む会社1社とした（Baron（2007）では株主利益の最大化に徹する会社も並列的に存在するモデルを用いている）。
　　②　社会の消費者の数を N，会社の株式数を M としたうえで（Baron（2007）ではいずれの数も1とみなしている），これらの数と消費者1人あたりの初期保有資産額 w と1株あたりの利益 π を使って $k = \dfrac{\pi M}{wN}$ という概念（本文中ではこれを「非営利的経営を営む会社の割合」とよんでいる）を導入した。
　　③　消費者の効用関数の具体例としてコブ・ダグラス関数を用いた（Baron（2007）で使われている効用関数については後掲注49）参照）。

するとは限らない。なぜならば，多くの株主にとっては，自らの手で公共財を
生産する方が会社を介してこれを行うよりも大きな効用が得られると考えられ
るからである。もっとも，Ⅳ.2.(1)で述べたとおり，現実社会において株主
が行い得る公共財の生産とは，結局のところ，各種の慈善団体や NPO 法人を
介してのものであることを考えると，会社の非営利施策に頼って公共財の生産
を行う場合と比べて株主が享受する効用にそれほど大きな差はないのかもしれ
ない。一方，非営利施策を通じて会社が生産する公共財は，株主が自ら生産す
る公共財（各種の慈善団体や *NPO 法人*を介して生産される公共財を含む。以下，同
じ）に比べて生産効率性（後に厳密に定義する）が高く，したがって，この生産
効率性が十分大きな場合においては，株主が自ら生産する公共財よりも会社が
生産する公共財についての方が株主にとって投資額 1 円あたりの私的効用は大
きくなるかもしれない。さらに，均衡価格は財の需要と供給の均衡によっても
たらされることを考えると，（需要サイドの要素である）株主の公共財の私的効
用の大きさと（供給サイドの要素である）非営利的経営を行う企業の多さや各企
業が行う非営利的経営の大きさもまた株式の均衡価格の決定に影響を与えるこ
とになるであろう。【モデル 4-3】は，以上の諸要素を統一的に考慮するため
の社会モデルであり，以下，このモデルを使って非営利的経営を行う会社の株
価の定量的分析を試みる。

【モデル 4-3】

① 　社会には N 人の消費者と 1 人の起業家がいる。時点 0 において，起業家
は利益の一部を公共財の生産にあてる会社（以下，本Ⅳ.3 においてのみ，単に
「会社」という）を設立する。起業家がなぜ会社を設立するのかは興味深い問
題であるが，その点はⅣ.3.(8) およびⅤ.2 で論じることとし，ここでは，
時点 0 において会社が設立されることを既定の事実とする。
② 　時点 1 において，起業家は会社の全株式を消費者に売却する。各消費者は，
時点 1 においてそれぞれ w の資金を有しており，この資金を用いて (a) 貯
蓄（＝資金をそのまま保有し続けること）と，(b) 会社株式（以下，単に「株式」

---

④　以上の点を踏まえて，非営利的経営を営む会社の株式の均衡価格を一定の数の
外生変数から算定する公式を特定し（(4.3.24) 式参照），これを用いてシミュレー
ションを行った。
　なお，Ⅳ.3 の主題に関しては Baron（2007）の先行研究として Graff Zivin-Small
（2005）がある。

という）の取得のいずれかまたは双方を行う。消費者が取得する株式の数をmで表し（株式の総数はMとする），株式1株あたりの市場価格をpとする。なお，各消費者は，この社会の中に存在する金融機関から資金を借り入れることによってwを上回る資金を株式の購入にあてることもできるが，時点2において借り入れた資金を全額返済し得ることが借入れの条件となる。

③　時点2において，会社は，1株あたりπの利益を生み出し（すなわち，会社全体でπMの利益を生み出し），そのうちの$h\pi$を公共財の生産にあて，残りの$(1-h)\pi$を株主に分配する（利益は確定的なものであるとし，貨幣の時間的価値は0として記述を進める）。各消費者は，会社から$m(1-h)\pi$の資金を受け取り，借り入れた金額（もし，あれば）を返済し（貨幣の時間的価値は0であるから利息は発生しない），裁量によりgの資金を使って自ら公共財の生産を行い，残りの資金を全額私的財の消費にあてる。なお，会社の全株式の売却を終えた起業家は保有する資金を全額私的財の消費にあてる。[39]

④　消費者が私的財の消費によって得られる効用は消費に要した資金額cを基準として評価し得るものとし，消費者が公共財を生産したことによって得られる公共財の私的効用は公共財の生産に要した資金額sを基準として評価し得るものとし，この結果，消費者の効用関数は$u(c, s)$と表し得ることになる。ただし，消費者が株式保有を通じて間接的に公共財の生産に貢献することによって得られる公共財の私的効用を測るにあたっては，その貢献額＝$mh\pi$にθとμを乗じた値をもってsと評価する。ここで，θは会社が行う公共財の生産活動に対する消費者の親近感を表した数字であり，各消費者ごとに0以上1以下の範囲内において異なる値をとるものとする。すなわち，θが大きい消費者ほど会社を通じて行う公共財の生産に対して強い親近感を抱いており，$\theta = 1$の消費者は自ら行う公共財の生産と会社を通じて行う公共財の生産から同じ大きさの効用を得るものである（θを日常語を使っていい表す場合には，会社行動に対する親近感とよぶことにする）。一方，μは会社が公共財を生産する場合と消費者自らが公共財を生産する場合の生産効率性の違いを表した数字である（μを日常語でいい表す場合には，公共財生産効率性とよぶ）。μについては後に詳しく説明するが，当面は，議論を分かりやすくするために$\mu = 1$である（すなわち，消費者自らが生産しても会社が生産しても公共財の生産効率性に違いはない）という仮定のもとで議論を進める。

39）　起業家が自ら公共財の生産を行うことはないと仮定したのは，社会全体における公共財の生産量の計算を簡単にするためである（ちなみに，Ⅳ.3.(8)で論じるとおり，pがπを下回る限りその負担は原則としてすべて起業家に帰するのであるから，起業家が時点2においてさらなる公共財への投資を行わないという仮定は不自然なものではないであろう）。

⑤　以上のことを数式に表すと以下のとおりとなる（(4.3.1) 式は②で述べた借入金額の上限に関する制約式である）。

$$w - pm + (1 - h)\pi m \geq 0 \qquad (4.3.1)$$
$$c = w - pm + (1 - h)\pi m - g \qquad (4.3.2)$$
$$s = \theta mh\pi + g \qquad (4.3.3)$$

⑥　仮に会社が株主の利益を最大化することのみを目的としており，1 株あたりの利益 π を全額株主に分配するとすれば，1 株あたりの市場価格は明らかに π である[40]。この値には，今後繰り返し言及することになるので，「会社が株主の利益を最大化することのみを目的とする場合の 1 株あたりの市場価格」を q^* で表すことにする（右上に星印を付したのは，対象の変数が特定の値をとっていることを示すためである）。すなわち，

$$q^* = \pi \qquad (4.3.4)$$

である。なお，この社会モデルの最終目的は，p の市場均衡価格が q^* を下回らないための条件を定量的に示すことである（なお，予め結論の一部を述べておくと，$\mu = 1$ という仮定を維持する限り $p > q^*$ となることはない。$p > q^*$ となるのはこの仮定を外した後のことである）。

(2)　株式の購入を考えない消費者の行動

1 株あたりの市場価格 p がいくらとなるかを見極めるためには多くの手順を踏んで考えを進めていかなければならない。その手始めとして，消費者が株式の購入を考えないと仮定した場合においてとり得る最善の行動は何であるかについて考えてみよう。【図 4-3-1】をご覧願いたい。

【図 4-3-1】は消費に要した資金額 c の値を横軸に，公共財の生産に要した資金額 s の値を縦軸に表したものである（以下，これを c-s 平面とよぶことにする）。与えられた社会モデルのもとにおいては，株式を購入しない消費者の時点 2 における保有資金額は w である。したがって，これを全額私的財の消費にあてた消費者の c-s 平面上の位置は【図 4-3-1】の点 W_1 である。しかしな

---

40)　このことは裁定不能定理によって論証できる。すなわち，会社が利益を最大化することのみを目的としている場合において会社の 1 株あたりの市場価格 q が π を下回れば時点 1 において株式を購入する行為が裁定取引となり，q が π を上回れば時点 1 において株式を空売りする行為が裁定取引となる。

【図4-3-1】

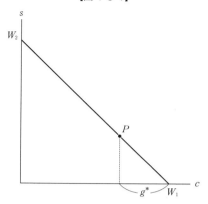

がら，この社会モデルに登場する消費者は公共財に対する私的効用を多少なり
とも有していると仮定しているので，消費者は保有資金額 w のうちいくらか
を g の支出にあてるであろう。そして，g の支出が増えるにつれて消費者の
c-s 平面上の位置は点 W_1 から線分 W_1-W_2 上を左上に向かって移動し，同線
分上のどこかにおいて効用が最大化される点（＝無差別曲線として表される効用
関数 u (c, s) が線分 W_1-W_2 に接する点）に到達するであろう。【図4-3-1】上の
点 P はこの点を表したものであり，この点 P に対応する g の値を以下 g^* で表
すことにする。すなわち，株式を購入しない消費者は g^* を支出して公共財を
自ら生産することによって効用の最大化を達成することができる。なお，この
社会モデルではすべての消費者の初期保有資金額は等しく，効用関数も同じで
あると仮定しているので，すべての消費者にとって点 P の位置ならびに g^* の
大きさは同じである。

（3）　株式の購入を考える消費者の行動その(1)
── $p=q^*=\pi$ である場合

では，株式の購入を考える消費者の c-s 平面上の位置はどこになるであろ
うか。最初に，$p=q^*=\pi$，かつ，$\theta=1$ であると仮定して考えてみよう。

消費者が時点1において資金 u を株式の購入にあてたとすれば，$m=\dfrac{u}{p}=$
$\dfrac{u}{\pi}$ となる。この場合，消費者が時点2において受け取る分配額は $\dfrac{u}{\pi}\times(1-h)$
$\pi=(1-h)u$ であるから，消費者の c は初期の保有資産額＝w と比べて $u-(1$
$-h)u=hu$ だけ減少する。他方，会社においては1株につき πh の資金が公共

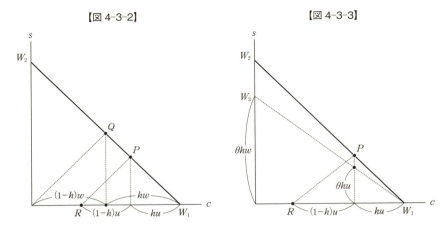

【図4-3-2】   【図4-3-3】

財の生産にあてられるので、u を支出して株式を $\dfrac{u}{\pi}$ だけ購入した $\theta=1$ の消費者の s は $\dfrac{u}{\pi}\times\theta h\pi=hu$ だけ上昇する。この結果、消費者が購入する株式の数量が増加するにつれて消費者の c–s 平面上の位置は点 W_1 から線分 W_1–W_2 に沿って左上に移動し、たとえば、消費者が保有資金額 w を全額会社株式の購入にあてた場合の c–s 平面上の位置は【図4-3-2】上の点 $Q=((1-h)w,\ hw)$ となる。しかしながら、線分 W_1–W_2 上において消費者の効用が最大化されるのは点 P であって点 Q ではない。したがって、消費者は株式の投入にあてる資金額 u が $\dfrac{u}{w}=\dfrac{g^*}{hw}$ を満たすように、すなわち、

$$u=\frac{g^*}{hw}\times w=\frac{g^*}{h} \tag{4.3.5}$$

とすることによって（【図4-3-2】の線分 R–W_1 がこの u の値を示している）、株式を購入せずに自ら公共財の生産を行った場合の最大効用と同じ大きさの効用を実現することができる。[41]

では、（$p=q^*=\pi$ という条件は不変としたうえで）$\theta<1$ の消費者はいかに行動するであろうか。

この場合、株式の購入に資金 u を支出すれば c が hu だけ減少する点は $\theta=1$ の消費者と同じである。しかしながら、資金 u の支出に伴う s の上昇は

41）　$g^*>hw$ の場合には、追加資金を金融機関から借り入れて株式を買い増すか、あるいは、株式の購入に用いる資金は w にとどめたうえで、時点2において (g^*-hw) を支出して自ら公共財を生産することによって効用の最大化を実現することができる。なお、$p=\pi$ の場合には、（4.3.1）式を変形すると $u\leq\dfrac{w}{h}$ となるので、g^* がどんなに大きくても（4.3.5）式を満たす資金額 u を調達することができる。

$\theta hu (< hu)$ にとどまる。したがって，株式購入のための支出額 u を増やすに
つれて消費者の c–s 平面上の位置は W_1 から左上に上昇してはいくもののその
軌跡は線分 W_1–W_2 よりも下を通る線分とならざるを得ない。【図4-3-3】に示
した線分 W_1–W_3 はその例であるが，図から明らかなように，株式購入のため
の支出額をいくらとしても点 P と同じ大きさの効用を実現することはできな
い。したがって，$p = q^* = \pi$ である限り，$\theta < 1$ の消費者は誰も株式を購入せず，
結局のところ，市場が均衡するためには，$p < q^* = \pi$ とならざるを得ない。

（4） 株式の購入を考える消費者の行動その(2)
——$p < q^* = \pi$ である場合

そこで，p が下落し，市場が均衡した状態における p を p^*，p^* の q^* に対す
る下落率を d で表すことにする。すなわち，

$$p^* = (1-d) q^* = (1-d) \pi \tag{4.3.6}$$

である。この場合，株式を購入する消費者の c–s 平面上の位置はどこになるで
あろうか。

まず，資金 u を使って購入できる株式数 m は，

$$m = \frac{u}{p^*} = \frac{u}{(1-d)\pi} \tag{4.3.7}$$

となる。したがって，(4.3.2) 式および (4.3.3) 式より，株式の購入を通じて
公共財の私的効用の充足を図る消費者の c および s の値はそれぞれ以下のとお
りとなる。

$$c = w - p^* m + (1-h)\pi m = w - u + (1-h) u \frac{1}{1-d} \tag{4.3.8}$$

$$s = \theta m h \pi = \theta h u \frac{1}{1-d} \tag{4.3.9}$$

(4.3.8) と (4.3.9) の両式から明らかなとおり，u を支出して株式を購入し
た消費者の c–s 平面上の位置は，$p = \pi$ であった場合の位置（【図4-3-4】から
【図4-3-6】の各図の点 Q がこれにあたる）を右上に延長した点（この三つの図に即
していえば，点 Q を半直線 RQ に沿って $\frac{1}{1-d}$ だけ延長した点 Q' がこれにあたる）と
なる（この三つの図において点 Q と点 Q' の位置が互いに異なっているのは消費者の θ
の大きさが異なるからである。この点については追って説明する）。問題は u を変化

【図 4-3-4】

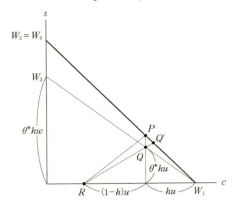

【図 4-3-5】　　　　　　　　　　　　　　　【図 4-3-6】

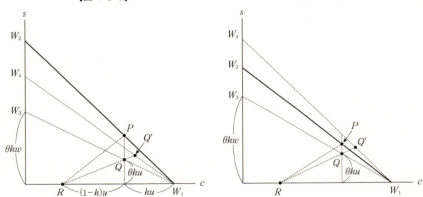

させた場合にこの位置がどのように変化するかであるが，その軌跡を示す式は，(4.3.8) 式と (4.3.9) 式から u を消去すれば導きだすことができる。その結果は，下記のとおりである。

$$s = -\frac{\theta h}{h - d}(c - w) \tag{4.3.10}$$

　(4.3.10) 式から明らかなとおり，u を変化させた場合における消費者の c–s 平面上の位置の軌跡（以下，「c–s 軌跡」という）は点 W_1 $(w, 0)$ を通る右下がりの線分となり[42]，$\theta h = h - d$ の場合の軌跡の傾きは -1 となるので c–s 軌跡と線

---

42)　(4.3.10) 式によれば，$d \geqq h$ の場合には c–s 軌跡の傾きは右下がりとはならないが，実際には $d \geqq h$ となることはない。なぜならば，株式は時点 2 において 1 株につき (1

分 W_1–W_2 とが一致する（【図 4-3-4】参照。なお，同図には「$W_2 = W_4$」という表記があるが，これは，【図 4-3-5】および【図 4-3-6】において c–s 軌跡を線分 W_1–W_4 として表していることと平仄をあわせるためのものである）。この場合の θ を，以下，θ^* と表すことにする。すなわち，

$$\theta^* = \frac{h-d}{h} \tag{4.3.11}$$

である。

　一方，$\theta < \theta^*$ の消費者の c–s 軌跡の傾きは -1 を下回るので，c–s 軌跡は線分 W_1–W_2 の下を通ることとなり消費者の効用はつねに P を下回る（【図 4-3-5】参照）。他方，$\theta > \theta^*$ の消費者の c–s 軌跡の傾きは 1 を上回るので，c–s 軌跡は線分 W_1–W_2 の上を通ることとなり P を上回る効用を達成することが可能となる（【図 4-3-6】参照）。

　以上の分析から次の結論を導き出すことができる。

① 　$\theta = \theta^*$ の消費者は，$p = q^* = \pi$ の場合における $\theta = 1$ の消費者と同様に，株式を購入することによって，同社株式を購入せずに自ら公共財の生産を行った場合と同様の効用を達成することが可能である[43]。

② 　$\theta < \theta^*$ の消費者は，$p = q^* = \pi$ の場合における $\theta < 1$ の消費者と同様に，株式を購入することはない。けだし，それによって達成できる効用はつねに，同社株式を購入せずに自ら公共財の生産を行った場合に達成できる効用を下回るからである。

③ 　$\theta > \theta^*$ の消費者は，必ず株式を購入し，自ら公共財の生産を行うことはない。けだし，株式を購入すれば，購入株式数を調整することにより，株式を購入せずに自ら公共財の生産を行った場合を上回る効用を達成できるからである。

$-h)\pi$ の分配をもたらすものであるから，① $d < h$ の場合には（すなわち，$p = (1-d)\pi < (1-h)\pi$ の場合には），時点 1 における株式の購入が裁定取引となってしまい，② $d = h$ の場合には（すなわち，$p = (1-d)\pi = (1-h)\pi$ の場合には），公共財の私的効用を無償で享受できることが可能となってしまうからである。

43) 　厳密にいうと，g^* が極端に大きな値である場合には前掲注 41）記載の不等式を満たす範囲内での金額を調達して株式を買い増しても効用の最大化を実現できない可能性がある。しかしながら，g^* がそのように大きな値となることは現実にはあり得ないであろう（この点は，③ の $\theta > \theta^*$ の場合についても同様である）。

(5)　p^* の一般式の導入と $\mu=1$ という仮定の排除

　(4.3.11) 式を d を表す式に変形させたうえでこれを (4.3.6) 式に代入して整理すると,

$$p^* = (1-h)\pi + \theta^* h\pi \tag{4.3.12}$$

となる。これによって, p^* を表す一般式を得たわけであるが, 次の手順に移る前に, これまで維持してきた $\mu=1$ という仮定を排除したい。具体的には, ①公共財の私的効用を測る指標としてこれまでは公共財の生産にあてられる支出額を用いてきたが, 今後は, これに代えて, 生産された公共財の数量をもって公共財の私的効用を測ることとし, ②公共財の生産に投入される資金額を分母, 生産される公共財の数量を分子とする分数をもって, 改めて公共財生産効率性 μ と定義し, ③消費者自らが公共財を生産する場合の μ を 1 とし, ④これまでは公共財の生産に支出される資金額をもって s とみなしてきたが, 今後は, この資金額に μ を乗じた値をもって s とみなすこととする。[44] この結果, 消費者自らが公共財を生産する場合の s はこれまで同様に評価すればよいが (すなわち, $s=1\times g=g$ である), 株式 1 株の購入を通じて消費者が得る s の値は $\theta\mu h\pi$ と評価することになる。よって, (4.3.9), (4.3.10), (4.3.11) および (4.3.12) の各式をそれぞれ以下のように改める。[45]

$$s = \theta\mu h\pi m \tag{4.3.13}$$

$$s = -\frac{\theta\mu h}{h-d}(c-w) \tag{4.3.14}$$

$$\theta^* = \frac{h-d}{\mu h} \tag{4.3.15}$$

$$p^* = (1-h)\pi + \theta^* \mu h\pi \tag{4.3.16}$$

公共財生産効率性という概念を導入したことにより, p^* が q^* を上回る事態

---

44)　消費者自らが公共財を生産する場合の公共財生産効率性を 1 としたことにより, s はこれまでと同様に金銭の単位をもって評価し得る概念である。

45)　(4.3.15) 式の θ^* は (4.3.14) 式の傾きを -1 とする場合の θ の値であり, (4.3.16) 式は (4.3.15) 式を d を表す式に変形したうえで (4.3.6) 式に代入した結果であることに留意されたい。

【図4-3-7】

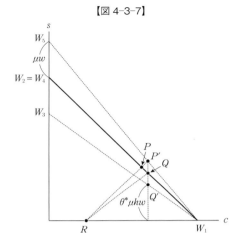

が起こり得る。すなわち，（4.3.16）式によれば，$\theta^* \mu > 1$ であれば $p^* > \pi = q^*$ である。

なお，μ の要素が加わっても c の公式である（4.3.8）式は変化しないが，今後の計算の必要上，同式の p^* に（4.3.16）式を代入して整理した次の式を新たな c の公式として用いることにする。

$$c = w - \theta^* \mu h \pi m \qquad (4.3.17)$$

最後に，μ を反映した c-s 平面を【図4-3-7】として掲げる。この図は，c-s 軌跡が線分 W_1-W_2 と一致する場合——すなわち，$\mu = 1$ の場合における【図4-3-4】に対応する場合——のものであり，同図における線分 W_1-W_5 は，$\theta = 1$ の消費者にとっての c-s 軌跡を表している。また，同図においては，半直線 RP と線分 W_1-W_5 との交点である点 P' を基準にして点 Q と点 Q' が定まっている点にも留意願いたい。

(6)　p^* を計算するためのアルゴリズムの作成

以上により p^* の計算に必要な基本式が，（市場の均衡条件に関する式を除いて）出そろった（市場の均衡条件に関する式はまもなく説明する）。ただし，p^* の具体的計算を行うためには効用関数を特定の関数としなければならないが，ここでは分析の利便性を確保するために，効用関数はコブ・ダグラス型であることを仮定し，あらかじめ対数変換を施した形式の関数を用いることにする。すなわ

ち,

$$u(c, s) = (1-\alpha)\log c + \alpha \log s \tag{4.3.18}$$

である。α は公共財の私的効用に対する消費者の性向を表した値であり，$0 < \alpha < 1$ であるとする。α を日常語でいい表す場合には公共財性向とよぶことにする[46]。

ここで，$\theta > \theta^*$ の消費者が効用の最大化を達成する株式の購入数を $m^*(\theta)$ で表すことにする（この値を θ の関数として表示したのは，θ の変化に応じてこの値が変化する可能性を現時点では否定できないからである）。この場合，効用最大化の1階条件により，$u(c, s)$ を m で微分した値は，$m = m^*(\theta)$ において0とならなければならない。したがって，$m = m^*(\theta)$ において，

$$\frac{du}{dm} = \frac{\partial u}{\partial c} \cdot \frac{dc}{dm} + \frac{\partial u}{\partial s} \cdot \frac{ds}{dm} = 0 \tag{4.3.19}$$

が成立する[47]。そこで，(4.3.18) 式，(4.3.17) 式および (4.3.13) 式を使って計算を行うと，

$$\frac{(1-\alpha)}{c}\theta^* = \frac{\alpha}{s}\theta \tag{4.3.20}$$

を得る。そこで，(4.3.20) 式の c と s に再度 (4.3.17) 式および (4.3.13) 式を代入して整理し，最後に，m を $m^*(\theta)$ に改めると，

$$m^*(\theta) = \frac{\alpha w}{\theta^* \mu h \pi} \tag{4.3.21}$$

という式を得る。ここで，(4.3.21) 式の右辺に θ がないことは注目に値しよう。すなわち，$\theta > \theta^*$ の消費者が効用を最大化するために購入すべき株式数は θ の値に依存しないことが明らかとなった[48]。これは，コブ・ダグラス型の効用関数を用いたことの必然的結果であり，これによってこの後に行う積分計算が

---

46) ちなみに，株式を購入しない消費者に関しては，$g = g^*$ において (4.3.18) 式を g で微分した値が0とならなければならない。そこで，同式に，株式を購入しない消費者の $c (= w - g)$ と $s (= g)$ を代入してこの計算を行うと，$\alpha = \frac{g^*}{w}$ となる。この式は消費性向 α が意味するものをよく表しているのではないであろうか。

47) (4.3.19) 式の前提となる合成関数の微分公式の証明については，岡田 (2001) 47 頁参照。

48) 購入する株式数が異ならない以上，各消費者が消費する c の値も変わらない。したがって，c–s 平面上の効用が最大化される点は，各消費者の θ の大きさに応じて位置は変わるもののすべては同一の垂直線上にあることになる。

容易となる[49]（この点を踏まえ，以下では $m^*(\theta)$ を単に m^* と表すことにする）。

　市場が均衡するための条件は $\theta > \theta^*$ である各消費者の m^* を合計した値が M と一致することである[50]。このことを数式によって表すためには消費者全体に θ がどのように分布しているかを明らかにしなければならない。そこで，この社会モデル上の消費者の θ は，0 を下限，1 を上限，$\phi(\theta)$ を確率密度関数とする連続確率分布から無作為に抽出される確率変数であると考えることにする。この場合，N が十分大きければ，大数の法則により $\theta^* < \theta$ の消費者が需要する m^* の合計値は，

$$N\int_{\theta^*}^{1} m^* \phi(\theta)d\theta$$

に近似すると考えてよいであろう[51]。したがって，この式の m^* に（4.3.21）式を代入し，株式の総数は M であることに鑑みると，求める市場均衡条件は次の式によって表し得る。

$$N\frac{\alpha w}{\theta^* \mu h \pi}\int_{\theta^*}^{1}\phi(\theta)d\theta = M \tag{4.3.22}$$

　ここで，

$$\frac{\pi M}{wN} = k \tag{4.3.23}$$

とおくと，k は消費者の保有する資金総額に占める公共財を生産する会社の株式時価総額の和の割合に近似した値であり[52]，現実社会に即していえば，「社会の投資総額に占める非営利的経営を行う会社の時価総額が占める割合」を表していると解釈することができる。そこで，以下この k を非営利的経営を営む会社の割合とよぶことにする。

　（4.3.23）式を（4.3.22）式に代入すると，

---

49)　したがって，効用関数を他の形式の関数にすれば θ は原則として消滅しない。たとえば，Baron（2007）では，$u(c, s) = \gamma c^\alpha + s^\alpha$ という効用関数を用いているので，本書の（4.3.21）式に対応する式の右辺に θ が残っている。

50)　$\theta = \theta^*$ の消費者を計算に加えても加えなくても積分計算の結果は同じとなるので，ここでは $\theta = \theta^*$ の消費者を考慮しないで記述を進めている。

51)　大数の法則については前掲注 25）を参照されたい。

52)　「近似した値」という表現を用いたのは，株式の 1 株あたりの時価が π を下回る限り同社株式の時価総額は πM よりも小さな値とならざるを得ないからである。

294   IV 持続可能性問題の経済学的分析

$$\frac{\alpha}{\theta^* \mu h k} \int_{\theta^*}^1 \phi(\theta) d\theta = 1 \tag{4.3.24}$$

という極めて簡潔な式となる。

　(4.3.24) 式の確率密度関数 $\phi(\theta)$ は，表計算ソフトによる積分計算が容易なベータ分布の確率密度関数であると仮定する。すなわち，

$$\phi(\theta) = \frac{\theta^{\beta-1}(1-\theta)^{\gamma-1}}{\int_0^1 \theta^{\beta-1}(1-\theta)^{\gamma-1} d\theta} \tag{4.3.25}$$

である（(4.3.25) 式の右辺の分母の値は $\phi(\theta)$ の累積確率密度を 1 とするために必要な定数である）。

　(4.3.25) 式に従う確率変数 θ の期待値 τ は $\frac{\beta}{\beta+\gamma}$，分散（＝標準偏差 σ の二乗）は $\frac{\beta\gamma}{(\beta+\gamma)^2(\beta+\gamma+1)}$ となることが知られている（したがって，たとえば，τ を 0.8，σ を 0.1 とするためには，$\beta=12$，$\gamma=3$ として (4.3.25) 式を用いればよい）。したがって，β と γ を定めることと τ と σ を定めることは同値であるから，今後は τ と σ をもって外生変数と考えることとする。

　以上により p^* を算出するためのアルゴリズムが完成した。その手順は以下のとおりである。

① 　(4.3.24) 式に含まれている外生変数，すなわち，μ（公共財生産効率性），α（公共財性向），τ および σ（θ の期待値と標準偏差），h（会社の利益を公共財の生産にあてる割合）ならびに k（非営利的経営を営む会社の割合）の数値を特定する。

② 　①で特定した数値を (4.3.24) 式に代入し（τ と σ については，β と γ に変換したうえで (4.3.25) 式に代入し），そのうえで (4.3.24) 式を θ^* を未知数とする方程式とみなして θ^* の値を求める。

③ 　②で求められた θ^* の値と①で特定した外生変数の値を (4.3.16) 式に代入して p^* の値を求める。

　あとは表計算ソフトを使ってこれを実行するだけであるが，①に記載した外生変数と p^* との間の定性的関係はどのようなものであるかをあらかじめ概観しておこう。最初に，定性的関係を見定める一般的な方法を明らかにし，しかる後に各外生変数と p^* との関係を示すことにする。なお，説明を簡潔なものとするために，(4.3.24) 式の中に含まれている定積分の値を θ^* の関数ととら

えて $\zeta(\theta^*)$ と表すことにする。すなわち,

$$\int_{\theta^*}^{1} \phi(\theta)d\theta = \zeta(\theta^*) \qquad (4.3.26)$$

とする。

定性的関係を見定める一般的な方法

① （4.3.24）式における唯一の内生変数である θ^* は同式の左辺に 2 回登場する。このうち左辺の分母の値に含まれている θ^* が減少すれば左辺の値は必ず増加する。一方，積分計算の下端の値として使われている θ^* についていえば，$\theta < \theta^*$ である消費者がいる限り，θ^* の減少は $\zeta(\theta^*)$ の増加をもたらし，$\theta < \theta^*$ である消費者がいない場合には θ^* が減少しても $\zeta(\theta^*)$ は不変なので，全体としていえば θ^* の減少は必ず（4.3.24）式の左辺の値の増加をもたらす（同様の分析により，θ^* の増加は必ず（4.3.24）式の左辺の値の減少をもたらす）。しかるに，（4.3.24）式が成立するためには，同式の左辺の値はつねに定数 = 1 でなければならないのであるから，（4.3.24）式に含まれている外生変数のいずれかの値が変化すれば，その結果として θ^* の値はどのように変化するかが判定できる。

② 上記の結果を（4.3.16）式にあてはめれば，p^* の値がどのように変化するかが判定できるので，これにより外生変数と p^* の間の定性的関係を明らかにすることができる。

α と p^* の間の定性的関係

α が増加すれば（4.3.24）式の左辺の値は増大する。したがって，同式の値が 1 のままであるためには θ^* の値は増加せざるを得ない。よって，（4.3.16）式により，p^* は上昇する。

k と p^* の間の定性的関係

k が増加すれば（4.3.24）式の左辺の値は減少する。したがって，同式の値が 1 のままであるためには θ^* の値は減少せざるを得ない。よって，（4.3.16）式により，p^* は下落する。

τ, σ と p^* の間の定性的関係

σ が一定である限り τ の上昇は $\zeta(\theta^*)$ の増加をもたらす。そして，$\zeta(\theta^*)$ が増加すれば，（4.3.24）式の左辺の値が 1 であるためには θ^* の値は増加しなく

てはならない。よって，(4.3.16) 式により，p^* は上昇する。ただし，τ が θ^* よりも十分大きな値であり，もはや $\theta<\theta^*$ の消費者が存在しない場合には τ が増大しても $\zeta(\theta^*)$ は変化しないので p^* も変化しない。

μ と p^* の間の定性的関係

μ が増加すれば (4.3.24) 式の左辺の値は減少する。したがって，同式の値が 1 のままであるためには θ^* の値は減少せざるを得ない。ただし，θ^* の値は (4.3.16) 式中においては変化の主体である μ との積である $\mu\theta^*$ という形で現れているので，重要なことは θ^* 自体ではなく $\mu\theta^*$ がどう変化するかである。そこで，状況を θ^* の減少により $\zeta(\theta^*)$ の値が変化する場合と変化しない場合に分けて説明する。まず，$\theta<\theta^*$ の消費者がいる限り θ^* の減少は $\zeta(\theta^*)$ の増加をもたらすので，(4.3.24) 式の左辺の値が 1 であり続けるためには，$\mu\theta^*$ は増加しなければならない（つまり，μ の増加率が θ^* の減少率を上回らなければならない）。したがって，(4.3.16) 式により p^* は上昇する。これに対して，$\theta<\theta^*$ の消費者がもはやいない場合には θ^* が減少しても $\zeta(\theta^*)$ は増加しない。したがって，(4.3.24) 式の左辺の値が一定であり続けるためには $\mu\theta^*$ は不変でなければならない（つまり，μ の上昇率と θ^* の減少率が絶対値において等しくなければならない）。したがって，(4.3.16) 式により，p^* も不変である。[53]

h と p^* の間の定性的関係

この関係については，微分の計算を使って説明する方が分かりやすいであろう。まず，h が増加すれば (4.3.24) 式の左辺の値は減少するので，同式の値が 1 のままであるためには θ^* は減少せざるを得ない。すなわち，$\dfrac{d\theta^*}{dh}<0$ である。この点を踏まえて，(4.3.16) 式を h で微分すると，

$$\frac{dp^*}{dh}=\left(-1+\frac{d\theta^*}{dh}\mu h+\theta^*\mu\right)\pi<(-1+\theta^*\mu)\pi \tag{4.3.27}$$

となる。[54] したがって，$\theta^*\mu<1$，すなわち，$p^*<q^*=\pi$ である限り（(4.3.16) 式参照），$\dfrac{dp^*}{dh}$ は負となる。よって，$p^*<q^*=\pi$ である限り，h の増加は p^* の下落をもたらす。[55]

---

53)　たとえば，すべての消費者の θ が 1 である場合には θ^* の値にかかわらず $\zeta(\theta^*)=$ 1 である。したがって，この場合には μ をいくら増加させても p^* は上昇しない。

54)　(4.3.27) 式の計算には合成関数の微分公式が使われている点に留意されたい。

（7）　計算の結果

Ⅳ.3.(6) に示したアルゴリズムを実行した結果は【表4-3-1】～【表4-3-12】に記したとおりである（各表に記した値は q^* の値を1とした場合の p^* の値であり，このうち網掛けを施している部分は p^* の値が q^* の値を下回る場合，網掛けを施していない部分は p^* の値が q^* の値を下回らない場合である）。これによれば，p^* の値が q^* の値を下回らない事態は，十分に現実的な条件のもとで成立するといえるのではないであろうか。

【表4-3-1】
$\alpha=0.05$, $\tau=0.5$,
$\sigma=0.1$, $\mu=1.25$ とした場合

k＼h	0.05	0.1	0.15	0.2	0.25	0.3
0.5	0.985	0.963	0.935	0.902	0.864	0.820
0.6	0.984	0.960	0.930	0.893	0.850	0.803
0.7	0.983	0.958	0.925	0.885	0.838	0.789
0.8	0.983	0.955	0.920	0.876	0.828	0.778
0.9	0.982	0.953	0.915	0.869	0.819	0.769
1.0	0.981	0.951	0.910	0.862	0.812	0.762

【表4-3-2】
$\alpha=0.1$, $\tau=0.5$,
$\sigma=0.1$, $\mu=1.25$ とした場合

k＼h	0.05	0.1	0.15	0.2	0.25	0.3
0.5	0.988	0.970	0.949	0.925	0.899	0.870
0.6	0.987	0.968	0.946	0.920	0.891	0.860
0.7	0.987	0.967	0.943	0.915	0.884	0.850
0.8	0.986	0.965	0.940	0.911	0.877	0.840
0.9	0.985	0.964	0.937	0.906	0.871	0.830
1.0	0.985	0.963	0.935	0.902	0.864	0.820

【表4-3-3】
$\alpha=0.05$, $\tau=0.5$,
$\sigma=0.1$, $\mu=1.50$ とした場合

k＼h	0.05	0.1	0.15	0.2	0.25	0.3
0.5	0.992	0.975	0.952	0.922	0.887	0.844
0.6	0.991	0.972	0.946	0.912	0.870	0.824
0.7	0.990	0.969	0.940	0.901	0.856	0.807
0.8	0.989	0.966	0.934	0.891	0.843	0.794
0.9	0.988	0.964	0.928	0.882	0.833	0.783
1.0	0.988	0.961	0.922	0.875	0.825	0.775

【表4-3-4】
$\alpha=0.1$, $\tau=0.5$,
$\sigma=0.1$, $\mu=1.50$ とした場合

k＼h	0.05	0.1	0.15	0.2	0.25	0.3
0.5	0.995	0.984	0.969	0.950	0.928	0.904
0.6	0.995	0.982	0.965	0.944	0.920	0.891
0.7	0.994	0.980	0.961	0.938	0.911	0.880
0.8	0.993	0.978	0.958	0.933	0.903	0.868
0.9	0.993	0.977	0.955	0.928	0.895	0.856
1.0	0.992	0.975	0.952	0.922	0.887	0.844

---

55)　$\theta^*\mu\geq1$，すなわち，$p^*\geq q^*$ の場合においては，稀に h の増加が p^* の上昇をもたらす状況が生じる（【表4-3-10】，【表4-3-11】および【表4-3-12】の中にそのような状況の実例を見いだすことができる）。しかしながら，$p^*\geq q^*$ であっても，h の増加が続く限りそのような状況を維持することは困難である。なぜならば，h が上昇すれば $\theta^*\mu$ 自体が減少するからである。

【表 4-3-5】

$\alpha=0.05$, $\tau=0.5$,
$\sigma=0.1$, $\mu=2$ とした場合

k \ h	0.05	0.1	0.15	0.2	0.25	0.3
0.5	1.006	1.000	0.986	0.963	0.932	0.893
0.6	1.005	0.996	0.978	0.949	0.911	0.865
0.7	1.003	0.992	0.970	0.935	0.891	0.842
0.8	1.002	0.989	0.962	0.922	0.874	0.825
0.9	1.001	0.985	0.954	0.910	0.861	0.811
1.0	1.000	0.982	0.946	0.900	0.850	0.800

【表 4-3-6】

$\alpha=0.1$, $\tau=0.5$,
$\sigma=0.1$, $\mu=2$ とした場合

k \ h	0.05	0.1	0.15	0.2	0.25	0.3
0.5	1.011	1.012	1.008	1.000	0.988	0.971
0.6	1.009	1.009	1.003	0.992	0.976	0.955
0.7	1.008	1.007	0.998	0.985	0.965	0.940
0.8	1.008	1.004	0.994	0.977	0.954	0.924
0.9	1.007	1.002	0.990	0.970	0.943	0.908
1.0	1.006	1.000	0.986	0.963	0.932	0.893

【表 4-3-7】

$\alpha=0.05$, $\tau=0.8$,
$\sigma=0.1$, $\mu=1.25$ とした場合

k \ h	0.05	0.1	0.15	0.2	0.25	0.3
0.5	1.002	0.993	0.967	0.924	0.875	0.825
0.6	1.001	0.987	0.952	0.904	0.854	0.804
0.7	1.000	0.982	0.939	0.889	0.839	0.789
0.8	0.999	0.975	0.928	0.878	0.828	0.778
0.9	0.998	0.968	0.919	0.869	0.819	0.769
1.0	0.996	0.962	0.912	0.862	0.812	0.762

【表 4-3-8】

$\alpha=0.1$, $\tau=0.8$,
$\sigma=0.1$, $\mu=1.25$ とした場合

k \ h	0.05	0.1	0.15	0.2	0.25	0.3
0.5	1.005	1.004	0.998	0.985	0.965	0.935
0.6	1.005	1.002	0.993	0.975	0.946	0.905
0.7	1.004	1.000	0.987	0.963	0.925	0.878
0.8	1.003	0.997	0.981	0.950	0.905	0.856
0.9	1.003	0.995	0.975	0.937	0.889	0.839
1.0	1.002	0.993	0.967	0.924	0.875	0.825

【表 4-3-9】

$\alpha=0.05$, $\tau=0.8$,
$\sigma=0.1$, $\mu=1.50$ とした場合

k \ h	0.05	0.1	0.15	0.2	0.25	0.3
0.5	1.013	1.011	0.991	0.949	0.900	0.844
0.6	1.011	1.005	0.973	0.925	0.875	0.824
0.7	1.010	0.998	0.957	0.907	0.857	0.807
0.8	1.008	0.990	0.944	0.894	0.844	0.794
0.9	1.007	0.982	0.933	0.883	0.833	0.783
1.0	1.006	0.975	0.925	0.875	0.825	0.775

【表 4-3-10】

$\alpha=0.1$, $\tau=0.8$,
$\sigma=0.1$, $\mu=1.50$ とした場合

k \ h	0.05	0.1	0.15	0.2	0.25	0.3
0.5	1.016	1.025	1.028	1.023	1.008	0.982
0.6	1.015	1.022	1.021	1.010	0.985	0.946
0.7	1.015	1.020	1.015	0.996	0.960	0.913
0.8	1.014	1.017	1.007	0.980	0.936	0.887
0.9	1.013	1.014	1.000	0.964	0.916	0.867
1.0	1.013	1.011	0.991	0.849	0.900	0.850

【表 4-3-11】

$\alpha=0.05$, $\tau=0.8$,
$\sigma=0.1$, $\mu=2$ とした場合

k \ h	0.05	0.1	0.15	0.2	0.25	0.3
0.5	1.033	1.048	1.038	0.999	0.950	0.900
0.6	1.032	1.040	1.014	0.966	0.917	0.867
0.7	1.030	1.030	0.992	0.943	0.893	0.843
0.8	1.028	1.020	0.975	0.925	0.875	0.825
0.9	1.026	1.009	0.961	0.911	0.861	0.811
1.0	1.024	0.999	0.950	0.900	0.850	0.800

【表 4-3-12】

$\alpha=0.1$, $\tau=0.8$,
$\sigma=0.1$, $\mu=2$ とした場合

k \ h	0.05	0.1	0.15	0.2	0.25	0.3
0.5	1.038	1.067	1.087	1.097	1.094	1.076
0.6	1.037	1.063	1.078	1.080	1.063	1.028
0.7	1.036	1.060	1.070	1.061	1.030	0.985
0.8	1.035	1.056	1.060	1.040	0.998	0.950
0.9	1.034	1.052	1.049	1.019	0.972	0.922
1.0	1.033	1.048	1.038	0.999	0.950	0.900

（8）総 括

以上の分析から導き出される知見をまとめてみよう。なお，このIV. 3. (8)においては，できる限り記号を使った表現を排除するべく，p^*を（非営利的経営を続ける会社の均衡市場における株価という意味で）**均衡株価**，q^*を（株主利益の最大化に徹した場合の株価という意味で）**潜在的株価**と表すことにする。以下，箇条書きにて記す。

① 公共財の私的効用を仮定する限り，均衡株価が潜在的株価を下回らないようにすることは可能である。【表4-3-5】～【表4-3-12】において網掛けを施していない部分はそれが起こり得る定量的条件を示したものである。

② 均衡株価が潜在的株価を下回らないために重要なことは会社が行う非営利施策の公共財生産効率性を高めることである。ちなみに，公共財生産効率性が1以下である限り——すなわち，公共財生産効率性が消費者自らが公共財を生産する場合の効率性と同等かまたはそれ以下である限り——均衡株価は不可避的に潜在的株価を下回る。

③ ただし，いくら公共財生産効率性を高くしても均衡株価が潜在的株価を下回らない状況を確保することは必ずしも容易なことではない。なぜならば，非営利的経営を営む会社の割合と会社の利益を公共財の生産にあてる割合のいずれかまたは双方が増大する限り会社が供給する公共財の総量が増加するので均衡株価は下落を免れないからである。ただし，非営利的経営を営む会社の割合は社会全体の趨勢によって定まる値であるのに対し，会社の利益を公共財の生産にあてる割合は会社がコントロールできる数値であるから，経営者は，前者を含む他の外生変数を勘案したうえで均衡株価が潜在的株価を下回らないように後者の値を定めるという方針をとることができる[56]。なお，公共財性向と会社行動に対する親近感（正確にいえば，その期待値と標準偏差）も社会全体の趨勢に依存する値ではあるが，これらの数値は会社の広報活動を通じてその改善を図ることが可能であろう。

④ 均衡株価が潜在的株価を下回らないという状況は決して仮想社会の話ではなく，現実社会においても十分達成可能である。

---

56) ただし，厚生の最大化に適う非営利政策は社会にとって望ましいと考える本書の立場からいえば，最終的には非営利的経営を営む会社の割合が1となる社会を目指すべきであり，その点からいえば，これが達成される場合において他の外生変数がいかなる値であれば現実の株価が潜在的株価を下回らないかという問題にはつねに注意が向けられるべきである。

⑤　均衡株価が潜在的株価を下回らないという条件が維持できない場合であって
　も，非営利的経営を行う会社の株式に対する需要が暴落する訳ではない。けだ
　し，株価が下落すれば会社が生み出す公共財の私的効用の取得コストは低下す
　るので，非営利的経営を営む会社の株式に対する需要が増大するからである。

⑥　しかしながら，均衡株価が潜在的株価を下回るということは対象会社が株主
　の利益の最大化に徹する方針をとらなかったことによって機会費用が発生する
　ことを意味するものであり，誰かがこの費用を負担しなければならない。【モ
　デル4-3】の中でこの費用を負担するのは起業家であるから，均衡株価が潜在
　的株価を下回る場合については，なぜ起業家はこの費用を負担してまで非営利
　的経営を営む会社を設立するのかが問われなければならない。考え得る答えは，
　おそらくのところ，「起業家は社会の最富裕者層に属するものであり，同時に，
　起業家は自らが起こした会社を通じて公共財を生産することに対して強い親近
　感を覚えるから」というものであろう。この点については，Ⅴ.2において詳
　しく論じる。

⑦　均衡株価が潜在的株価を下回る場合には，誰がその費用を負担するのかとい
　う問題に加えて，敵対的買収の発生という問題が生じる。この問題はⅤ.1に
　おいて詳しく論じる。

---

57)　1株あたりの設立コストが均衡株価を下回る限り起業家は非営利施策を行う会社
　を設立しても金銭的収益をあげることはできる。しかしながら，均衡株価が潜在的株
　価を下回る限り，設立する会社を株主利益の最大化に徹する会社にしていればより多
　くの収益を得ることができるのであるから機会費用の発生は免れない。

58)　現実社会においては，それまで株主利益の最大化のみを目的として行動してきた
　会社が突如非営利的経営を開始し，それによって株価が下落するという事態も起こり
　得るかもしれない。この場合，損失を負担するのは施策の変更が明らかとなった時点
　において対象会社の株式を保有していた株主である。このことが社会の厚生に及ぼす
　問題についてはⅢ.4.(3)の議論とⅢ章の注167)を参照願いたい。

V　非営利的経営の成立条件

は じ め に

　非営利的経営が可能となるための条件は何か。これまでの分析を踏まえて考えるに，それは，対象会社について次の三つの条件のうちのいずれかが満たされることである（なお，成立条件Ⅰでいうところの敵対的買収とは「対象会社の経営者の同意を得ずに対象会社の株式を買い集めてその会社の経営の支配権を取得しようとする営み」のことである。成立条件Ⅲでいうところの「均衡株価」と「潜在的株価」の意味についてはⅣ.3.(8) を参照願いたい）。

　　成立条件Ⅰ：支配株主がおらず，かつ，敵対的買収の実行が困難であること。
　　成立条件Ⅱ：非営利的経営を容認する支配株主がいること。
　　成立条件Ⅲ：多数の株主が非営利的経営の価値を認めており，その結果として，
　　　　　　　対象会社の均衡株価が同社の潜在的株価を下回っていないこと。[1]

　本章では，上記の条件が具体的にいかなる状況下において成立するのか，また，そのような状況を創出ないしは維持することは厚生の最大化という理念に照らしていかに評価されるべきであるか等を成立条件ごとに論じる。
　議論を始めるに先立ち，上記の各成立条件のもとで展開される非営利的経営

　1）　ここでは，「多数の株主」という表現を用いたが，Ⅳ.3の分析によれば非営利的経営を行っている会社の株式を購入する者は原則として非営利的経営の価値を認めている投資家だけであり，これにまったく価値を認めない投資家は，非営利的経営を行わず，しかも，経営効率性の高い会社の株式のみを保有しようとするであろう。

について名称をつけておきたい。まず，成立条件Ⅰのもとにおいては，もっぱら経営者の意欲のみによって非営利的経営が実践されることになるので，以下，この非営利的経営を経営者が支える非営利的経営とよぶ。次に，成立条件Ⅱのもとで非営利的経営を容認する支配株主は後に述べる理由により原則として対象会社の創業者であるから，以下，この非営利的経営を創業者が支える非営利的経営とよぶ。最後に，成立条件Ⅲのもとにおいて非営利的経営が可能となるのは，これに賛同する多数の株主が存在するからである。よって，以下，この非営利的経営を投資家が支える非営利的経営とよぶ。なお，読みやすさを考慮して，以上に記した非営利的経営の名称を用いる際には，原則としてかぎ括弧を付することとする。

　なお，いずれの非営利的経営に関しても，上記に記した個別の成立条件に付加されるべき共通の成立条件として，①対象会社のキャッシュ・フローの正味額が経常的にプラスであること（Ⅳ.1参照）と，②対象会社の経営者自身に非営利的経営を行う意欲があることの二つが必要である。また，成立条件Ⅰから成立条件Ⅲのうちの複数の条件が同時に満たされることも論理的にはあり得るが，議論を簡潔なものとするために，各条件に関する議論を行うにあたっては，別段の記載をしない限り他の条件は充足されていないものとする。

　最後に，本章およびⅥ章において，「非営利的経営」とは厚生最大化原則に適う非営利施策のみを行う非営利的経営を意味するものとし，この要件に合致しない非営利的経営（すなわち，株主利益最大化原則に適わず，それでいて，厚生最大化原則によって正当化することのできない経営）は非効率的経営とよび，「経営の効率性（または非効率性）」という言葉はもっぱら非効率的経営の程度を表す概念として用いるものとする。

1　経営者が支える非営利的経営

（1）　成立条件Ⅰが必要とされる理由

　成立条件Ⅰの前段部分（支配株主がいないこと）が必要であることは自明であろう。けだし，支配株主がいる限り経営者はその意向に従った経営をしなければならず，そうである以上，支配株主自身が非営利的経営を容認する場合であれば格別——その場合は成立条件Ⅱが成立する——そうでない限り，支配株主がいないことは非営利的経営を可能とするために必要な条件である。

　「支配株主がいなくても非営利的経営に不満な株主が多数いれば経営者は更
迭されてしまうのではないか」。そう考える方もおられるかもしれない。しか
しながら，対象会社が上場会社である限り（それがⅣ章および本章の前提である）
その可能性は小さい。その理由は以下のとおりである。

①　分散投資理論（Ⅱ.3.(4) 参照）によれば，投資家は多数の株式を投資対象に
　組み入れることによって個々の株式の固有リスクから解放される。したがって，
　個々の株主が保有している対象会社株式の持ち株比率は通常極めて小さい[2]。
②　一方，非営利的経営が行われている以上，多くの株主が非営利的経営に価値
　を見いだしている場合は格別――その場合は成立条件Ⅲが成立し得る――そう
　でない限り，対象会社の均衡株価は潜在的株価を下回らざるを得ない。この状
　況を改善するためには，経営者を更迭しなければならず，経営者を更迭するた
　めには，株主総会において委任状勧誘などの行動をとることが必要であり，そ
　のためには経営者を更迭しようとする株主自らが少なからぬ費用を負担しなけ
　ればならない。しかしながら，仮に経営者の更迭に成功したとしても，それに
　よって得られる利益は他の株主と持ち株比率に応じて共有しなければならない
　のであるから[3]，経営者の更迭に尽力した株主にとっては費用倒れとなる公算が
　大きい。
③　一方，株主には対象会社の株式を売却して投資の対象をもっと収益性の高い
　資産に切り替えるという選択肢がつねに存在しており，この道を選択する方が
　費用倒れとなる可能性の高い②の行動をとるよりも合理的である。

　以上に記した株主の行動原理（それを一言でいえば，「株主がとる行動は経営者を
支持するか株式を売却するかのいずれかである」といえよう）は，一般に，ウォー
ル・ストリート・ルールとよばれている[4]。要するに，ウォール・ストリート・

---

　2)　支配株主は対象会社の株式を大量に保有することによって同社の固有リスクに強く
　　晒されており，その点において，支配株主の投資行動は分散投資理論に反している。
　　にもかかわらず，支配株主が対象会社の株式を手放そうとしないのは，会社の支配権
　　を保持することによって得られる利益（これを，一般に，コントロール・プレミアム
　　という）が会社の固有リスクに晒されることによって生じる不利益を上回るからであ
　　ろう。コントロール・プレミアムについては，草野（2016）306 頁の脚注 88 など参照。
　3)　換言すれば，他の株主は経営者の更迭に尽力した株主が生み出した成果に「ただ乗
　　り」できるということである。
　4)　ウォール・ストリート・ルールという言葉について，詳しくは Coffee（1991）の
　　1288 頁の脚注 29 ないしは Edmans（2014）24 頁などを参照されたい。

ルールが成立するがゆえに，支配株主がいない会社の経営者が非営利的経営を
行っても更迭される可能性は小さいのである。

　しかしながら，対象会社株式の均衡株価が長期にわたり潜在的株価を下回
る事態となれば，そのことに気がついた投資家は対象会社に対して敵対的買
収を仕掛けることにビジネス・チャンスを見いだすであろう。けだし，均衡株
価を上回る価格で対象会社の株式の過半数（できれば，「すべて」）を買い集め
て支配株主となり，対象会社の経営者を更迭して株主利益の最大化に徹底した
経営を推し進めれば，対象会社の株価は潜在的株価に近づく可能性が高く，し
かも，当該買収を実施した投資家は，これによって生じる対象会社の株主価値
の増加分の過半（すべての株式を買い集めれば，「すべて」）を自らの利得とする
ことができるからである。[5] これを要するに，敵対的買収の実行が可能である限
り，非営利的経営を行おうとする経営者はつねに更迭のリスクに晒される。
成立条件Ⅰの後段が敵対的買収の実行困難性に言及しているのはこのためであ
る。

　しからば，いかにして，敵対的買収の実行可能性をなくすことができるのか。
思うに，わが国の現状において「経営者が支える非営利的経営」を営む会社が
積極的に取り得る手段は，①安定株主工作と，②買収防衛策の導入のいずれか
または双方である。そこで，Ｖ.1.(2) とＶ.1.(3) の両項においては，これ
ら二つの手法の意義とその有効性ならびにそれを実施することに対する評価に
ついて個別に検討する。さらに，Ｖ.1.(4) においては，必ずしも会社の施策
として実現できることではないものの敵対的買収の実行を困難にする諸事情を
概観し，Ｖ.1.(5) において「経営者が支える非営利的経営」についての総括
的見解を述べる。

(2)　安定株主工作

(a)　安定株主工作の実情

　「安定株主」ないし「安定株主工作」という言葉について確立された定義は
存在しないが，本書においては，「敵対的買収者が十分なプレミアムのついた
買付け価格で対象会社の株式を買い集めようとしてもこれに応じず，対象会社
の経営者を支援し続ける株主」を称して安定株主とよび，[6]「安定株主をできる

---

　　5)　つまり，敵対的買収を実行するものは，前掲注3) に記した他の株主の「ただ乗
　　り」をかなりの程度排除できるということである。

だけ多く確保しようとする営み」を称して安定株主工作とよび，安定株主の持
ち株比率が 50% を超える事態となることをもって「安定株主工作が成功した」
と表現することにする。

　安定株主工作が成功すれば，定義により，敵対的買収の実行は不可能となる。
しかしながら，安定株主となることは例外的な誘因がない限り投資家の行動と
して不合理であり，この点に鑑みるならば，安定株主工作を成功させることは
極めて難しいと思えるのではないであろうか。ところが，わが国の敵対的買収
の歴史を紐とくと，買収の対象会社が安定株主工作に成功していたとしか思え
ない事例を見いだすことが少なくない。たとえば，2007 年に世間の耳目を集
めたスティール・パートナーズによるブルドックソースに対する敵対的買収事
件を例にとって考えてみよう。以下，重要事実を箇条書きにて記す。

①　この事件においてスティール・パートナーズはブルドックソースの株式を対
　　象とする公開買付けを実施した。その際の買付価格は当初 1584 円であったが，
　　その後増額されて 1700 円となった。これらの価格は，公開買付開始日の前々
　　日にあたる 2007 年 5 月 16 日のブルドックソースの株価（終値）をそれぞれ約
　　18.56% および約 27.25% 上回っていたが，それにもかかわらず，この公開買
　　付けに応じた株主が提供した株式は全株式の約 1.89% にすぎなかった。

②　ブルドックソースは，買収防衛策発動の可否を同社の定時株主総会に諮った。
　　この買収防衛策が発動されることはブルドックソースの買収というスティー
　　ル・パートナーズの公開買付けの目的の達成を困難とするものであり，これが

---

6)　「安定株主」という言葉は，一般には，もう少し広く，かつ，漠然とした意味で使
　　われることが多い。たとえば，田中（2012）は，「現経営陣に友好的な株主権の行使
　　をする」株主をもって「いわゆる安定株主」とよんでいる（同書 8 頁参照）。

7)　その後，スティール・パートナーズは買付価格を再度変更し，最終的には買付価格
　　を 425 円としたが，これは，ブルドックソースが買収防衛策として，ブルドックソー
　　スの各株主が保有株式数の 3 倍に相当する株式を事実上無償で取得できる新株予約権
　　を発行した（しかも，後掲注 8）で述べる理由により，スティール・パートナーズだ
　　けは，公開買付けにより取得した株式に関してはこの新株予約権を取得できない立場
　　におかれた）ことに対抗するための措置として買付価格を 1700 円の 4 分の 1 にあた
　　る価格としたためであり，実質的にいえば，1700 円の買付価格が維持されている。

8)　ブルドックソースの提案にかかる買収防衛策においては，前掲注 7）記載の新株予
　　約権は，スティール・パートナーズの公開買付期間が終了し，公開買付けの決済およ
　　び株主名簿の名義書換が完了するであろう日よりも後の日を割当基準日と定めていた。
　　したがって，スティール・パートナーズは，公開買付前から保有していたブルドック
　　ソースの株式についてはもちろんのこと，公開買付けによって取得した同社の株式に

発動されることが公開買付期間中に確実となればスティール・パートナーズは公開買付け自体を撤回する可能性が高かった[9]。そして，公開買付けが撤回されればすべての株主は上記に記した高い買付価格によって株式を売却する機会を失う。にもかかわらず，定時株主総会において会社提案にかかる買収防衛策の発動に賛成した株主の保有する議決権総数は出席した株主が保有する総議決権数の約 88.7%，会社議決権総数の約 83.4% に達した。この時点におけるスティール・パートナーズ（その関連法人を含む）の株式保有割合が約 10.25% であったことを考えると[10]，スティール・パートナーズ以外の株主のほとんどすべてが会社提案に賛成したことになる。

　以上の事実に照らすならば，ブルドックソース事件においては安定株主工作が成功していた可能性が高いといえるであろう[11][12]。

　しかしながら，安定株主工作がわが国においては買収防衛策として有効に機能してきたという事実と，経営者がこれを実施することが会社法上適法・適切といえるかということは別の問題である。そこで，項を改めて，後者の問題を検討する。

　ついても新株取得権を取得することができたが，Ⅴ. 1.（3）.（b）で述べる理由によりスティール・パートナーズはこれらの新株予約権を（現金化はできるものの）新株に転換することはできない立場におかれていたために，結果として買収防衛策が発動されればスティール・パートナーズのブルドックソースに対する株式保有割合は希釈化を免れない状況にあった。したがって，定時株主総会が開始された時点の見込みとしてもブルドックソース社の提案にかかる買収防衛策が発動されればスティール・パートナーズの買収の目的が阻害される可能性は高かったわけであるが，この定時株主総会（2007 年 6 月 24 日）開催前の同年 6 月 15 日にスティール・パートナーズが公開買付価格を 1700 円に引き上げ，かつ公開買付期間の末日を 8 月 10 日に延長したため，実際には，新株予約権の発行は公開買付期間中になされることとなり，一方，当該新株予約権の行使期間は同年 9 月 1 日以降とされていたためにブルドックソースの株主は当該新株予約権の行使によって得られる株式を公開買付けにおいて応募することができないことから，スティール・パートナーズが公開買付けによってブルドックソースの株式をどれだけ取得したとしてもブルドックソースの支配権を取得することは不可能となった。なお，ブルドックソース事件の法的検討一般については，田中（2012）の 221 頁以下を参照されたい。

9）　スティール・パートナーズが本件公開買付けを撤回することが可能であった法令上の根拠としては金融商品取引法 27 条の 11，同法施行令 14 条 1 項 1 号を参照されたい。

10）　ただし，この約 10.25% という株式保有割合は 2007 年 5 月 18 日時点のものであるから，定時株主総会の基準日である 2007 年 3 月 31 日時点における株式保有割合は若干異なっていた可能性がある。

11）　ブルドックソース事件における安定株主工作の分析については，胥＝田中（2009）を参照されたい（この文献は田中（2012）の第 8 章にも収録されている）。

(b)　安定株主工作の評価

　安定株主を次の3種類に区分し，それぞれに関して個別に論じることとする。

---

12)　ブルドックソース事件以外で，安定株主工作が成功していたと思われる敵対的買
　　収案件には，たとえば，次のものがある。
　　　①　［エム・エイ・シーによる昭栄買収案件］2000年，村上世彰氏が代表取締役を務
　　　　めるエム・エイ・シーが，不動産の売買等の業務を営んでいた昭栄（現在のヒュー
　　　　リック）の全株式を対象とする公開買付けを実施した。公開買付価格（1000円）
　　　　は，公開買付開始前営業日の株価（880円）を約13%強上回っていたが，エ
　　　　ム・エイ・シーの公開買付けに応じた株主が提供した昭栄の株式は同社株式総数
　　　　の約6.52%でしかなかった。
　　　②　［楽天によるTBSに対する統合提案案件］2005年，ネット販売業界最大手の
　　　　楽天は，テレビ放送会社であるTBS（当時における会社の正式名称は「株式会
　　　　社東京放送」）の株式15.46%を取得したことを公表したうえで，TBSに対して
　　　　「放送と通信の融合」を進めるべく両社の合併を提案した。その後両社は約1年
　　　　間にわたり交渉を行うも何らの進捗もなかったことから，楽天は市場において
　　　　TBS株式の追加的買付を開始したが，2007年4月までに買い集めることができ
　　　　た株式は従来から保有している株式を含めてTBSの全株式の約20%にとどまっ
　　　　た。楽天は，この状況を打開すべく，2007年6月のTBS定時株主総会において
　　　　楽天の経営者である三木谷浩史氏を含む2名の取締役選任議案を提案したが，同
　　　　議案は否決され，他方で，同総会の会社提案の一つである買収提案への対応方針
　　　　改定に関する議案に賛成した株主の議決権総数は同総会において行使された議決
　　　　権総数の77.1%であった。なお，本案件において，楽天はTBSの株式に対する
　　　　公開買付けを実施していないが，TBSが作成した有価証券報告書によれば，楽
　　　　天がTBS株式15.46%の取得を発表した日を含むTBSの事業年度の前年度
　　　　（2005年3月31日を末日とする1年間）におけるTBS株式の最高値および最低
　　　　値がそれぞれ2450円および1552円であったのに対し，楽天がTBS株式の市場
　　　　における買付けを再開した時期を含むTBSの事業年度（2007年3月31日を末
　　　　日とする1年間）におけるTBS株式の最高値および最低値はそれぞれ5300円お
　　　　よび2295円であり，この点に鑑みれば，TBSの株主が当時おかれていた状況は，
　　　　プレミアム付の公開買付けがなされていた場合と同視できるのではないであろう
　　　　か。さらに，同じくTBSの作成した有価証券報告書によれば，同社の連結貸借
　　　　対照表上の「投資有価証券」の簿価合計額は，2005年3月31日現在においては
　　　　1316億4400万円であったが，2007年3月31日現在においては，2年前の金額
　　　　を1000億円強上回る2338億円であった。これは当時TBSが強力に安定株主工
　　　　作を進めたことを窺わせるものであり（短期間に安定株主工作を進めるための技
　　　　法については，V.1.(3).(c)の解説を参照されたい。なお，V.1.(2).(c)で
　　　　言及する「投資有価証券」に関する金融証券取引法上の開示要求が適用されるよ
　　　　うになったのは2010年以降であるから，当時のTBSはこの要求を免れていたこ
　　　　とも留意に値しよう），この点もあわせて考えるならば，本案件においてTBSが
　　　　安定株主工作に成功していた可能性は高いといえるのではないであろうか。
　　　③　［王子製紙による北越製紙に対する公開買付案件］2006年，わが国最大の製紙
　　　　会社である王子製紙（現在の王子ホールディングス）は準大手の製紙会社である
　　　　北越製紙（現在の北越紀州製紙）の全株式を対象とする公開買付けを実施した。

① 株式を保有することの見返りとして会社から経済的利益を与えられている安定株主。
② 株式持ち合いをしている安定株主。
③ それ以外の安定株主。

経済的利益を与えられている安定株主

この区分に属する安定株主をつくるための安定株主工作は会社法上不適法である。けだし，会社法 120 条 1 項は，「株式会社は，何人に対しても，株主の権利に関し，当該会社またはその子会社の計算において，財産上の利益を供与してはならない」と規定しており，判例に照らせば，株式を第三者に売却せずに当該株式にかかる権利を行使して対象会社の経営者を支援し続けることの見返りとして利益供与を受ける場合も，上記の規定においていうところの「株主の権利に関し」という要件に該当すると解されるからである[13]。以下においては，

公開買付価格（800 円）は，王子製紙による北越製紙に対する公開買付けの可能性が公表された「北越製紙株式会社に対する経営統合提案に関するお知らせ」と題するプレスリリースが公表された 2006 年 7 月 23 日の前営業日の北越製紙の株価の終値（635 円）を約 26% 上回っていたが，王子製紙の公開買付けに応じた株主が提供した北越製紙の株式は同社株式総数の約 5.33% でしかなかった。

④ ［スティール・パートナーズによる天龍製鋸に対する公開買付案件］2007 年，天龍製鋸の総議決権の約 9.04% を所有していたスティール・パートナーズが，天龍製鋸の全株式の取得を目指して公開買付けを実施した。公開買付価格（4945 円）は，スティール・パートナーズが公開買付けの意向を天龍製鋸に伝えた時点の直近である 2007 年 5 月 18 日における同社の普通株式のジャスダック証券取引所終値（4300 円）を 15.00% 上回る価格であったが，スティール・パートナーズの公開買付けに応じた株主が提供した天龍製鋸の株式は同社議決権総数の約 2.69% 分でしかなかった。

13) 最判平成 18 年 4 月 10 日民集 60 巻 4 号 1273 頁では，「株式の譲渡は株主たる地位の移転であり，それ自体は『株主ノ権利ノ行使』とはいえない……〔が〕会社から見て好ましくないと判断される株主が議決権等の株主の権利を行使することを回避する目的で，当該株主から株式を譲り受けるための対価を何人かに供与する行為」が株主の権利の行使に関する利益供与に該当する旨判示されている。当該判示に照らせば，会社から見て好ましくない者に株式が譲渡され議決権を行使されることを回避する目的で，株式を譲渡しないよう株主に経済的利益を供与する行為は，株主に対する違法な利益供与であると判断される可能性が高い。また，議決権を行使した株主に対してクオカード（500 円相当）を贈呈すると表明して葉書などで会社提案賛成の議決権行使を勧誘した事例において，東京地裁は，会社提案への賛成の議決権獲得をも目的としたものであるとして，会社法 120 条 1 項違反を免れないと判示している（東京地判

この区分に属する安定株主は存在しないという前提で議論を進めることとする。

株式持ち合いをしている安定株主

株式持ち合いとは二つの会社が，直接または子会社等を通じて，互いの会社の株式を持ち合うことである。株式持ち合いをしている会社の経営者が互いに相手の会社の経営者を支援することを明示的または黙示的に合意すれば，両社は相互に相手の会社の安定株主となることができる。そして，一方の会社の他方の会社に対する株式保有割合が 50% を超えない限り（あるいは，それ以外の理由により一方の会社が他方の会社の「親会社」に該当する場合でない限り）株式持ち合いは会社法上禁止されておらず（同法 135 条 1 項参照），また，一方の会社の他方の会社に対する株式保有割合が 25% 以上でない限り，持ち合っている株式のいずれについても議決権は失われない（25% 以上である場合には，25% 以上の株式を持たれている会社は相手方の会社の株式について議決権を行使することができない）（会社法 308 条 1 項本文括弧書参照）。したがって，形式的にいえば，株式持ち合いは会社法上適法かつ有効な安定株主の創設手段である。

しかしながら，株主利益最大化原則をもって経営の行為規範と考える限り，株式持ち合いが不適法な行為であることは明らかではないであろうか。以下，そう考えるべき理由を箇条書きにて記す。

① 株式持ち合いに関しては，会社間の信頼関係が高まるなどの効果があると喧伝されることがある。たしかに，そのような効果が期待される場合もないわけではないであろうから，ここでは，株式持ち合いによって株主価値が高まる可能性が絶無ではないと仮定して考えてみよう。[14]

② 株価が会社の株主価値を適正に反映していると仮定する限り，ある会社の株式を時価で購入する施策の税引前 NPV はゼロである（Ⅱ. 3. (6) 項参照）。[15]

平成 19 年 12 月 6 日判例タイムズ 1258 号 69 頁）ことからすれば，安定株主が，その保有する株式にかかる権利を行使して対象会社の経営者を支援し続けることを事実上約束し，その見返りとして経済的利益を与えられることは会社法 120 条 1 項違反を免れないと考えられる。

[14] 株主利益最大化原則のもとにおいては非営利的施策を実施すること自体が不適法なのであるから，これを持続的に行うことを可能とすることを株式持ち合いの正当化事由とすることはできない点に留意されたい。

[15] 株式持ち合いをしている会社の相手会社に対する株式保有割合は本文に掲げた理由により 25% 未満でなければならず，現実にはもっとはるかに小さい割合であることが常態である。したがって，相手会社の経営を支配したり，その経営に実質的影響

③　しかるに，会社が保有する他のわが国の会社の株式に関しては，譲渡益全額が会社所得税の対象となり，配当金についても（株式保有割合が5％以下である限り）その80％が益金として会社所得税の対象となる（以上の点につきⅢ.2.(4)参照）。したがって，株式持ち合いを実行するために行う相手方の会社の株式取得という投資行為の税引後 NPV はつねにマイナスである。

④　してみれば，仮に，株式持ち合いになにがしかの効果があるとしても，それが上記の経済的不利益を補って余り有るという例外的状況でない限り，株式持合はつねに株主価値を減少させるものである。そして，そのような例外的状況が存在することは何人も示し得ないのではないか。

以上は株主利益最大化原則に則っての立論である。これに対して，厚生最大化原則をもって経営の行為規範とする場合には上記とは異なる評価が可能である。思うに，この原則のもとで株式持ち合いを正当化する最善の議論は以下のものであろう。

①　非営利施策を実施することは社会の厚生を拡大させる。しかしながら，これを持続的に行うためには（成立条件Ⅱまたは成立条件Ⅲが満たされている場合は格別，そうでない限り）敵対的買収の実行が困難である状態を維持しなければならない。したがって，株式持ち合いがこれを維持するために不可欠である限り，株式持ち合いを行うことは目的において正当である。

②　株式持ち合いのためになされる投資行為の税引後 NPV がマイナスとなることは否定しがたい事実である。しかしながら，厚生最大化原則のもとにおいて重要なものは税引前企業価値の最大化であり，これを決定づける要素である税引前 NPV は，論者も認める通り原則としてゼロである。

③　これを要するに，株式持ち合いは厚生の最大化に貢献するものであり，他方，株主価値と税収価値を一体としてみれば，これを行うことのコストは原則としてゼロである。したがって，株式持ち合いを実施することは厚生最大化原則に適っている。

厚生最大化原則という理念は，（少なくとも経営者の行為規範という文脈において

を与えることによって得られる追加的な経済的利益はないと考えてよいであろう。

は）これまであまり論じられたことがなく，したがって，おそらくのところ，上記のような論理によって株式持ち合いを正当化しようとする立論がなされたことはこれまでなかったかもしれない。しかしながら，上記の論理には少なからぬ説得力があり，これまで多くの識者によって株式持ち合いの弊害が主張されてきたにもかかわらず，わが国の上場会社の多くがある程度の株式持ち合いを現在でも実施しているのは，これらの会社の経営者の意識の中に，漠然としてではあれ上記の立論に近い考え方が潜んでいるからではないであろうか。

　しかしながら，上記の立論を踏まえてもなお，株式持ち合いは，（不適法とはいわないまでも）不適切な施策であるといわざるを得ない。以下，そう考える理由を記す。

①　会社の経営が効率的になされるか否かは経営者の能力や適性に負うところが大きい。したがって，経営者の能力や適性に疑問があることが判明した場合には，すみやかにその者を経営者の地位から排除し得るメカニズムが備わっていなければ経営の効率性は担保されない。しかるに，経営者を更迭し得る者は株主だけであるから，株主がこの権限を実効的に行使する機会が確保されていない限り効率的な経営が継続されることは保障されない。ところが，ウォール・ストリート・ルールの存在を考えると，支配株主のいない会社において経営者が更迭されるのは事実上敵対的買収が成立する場合だけである。これを要するに，敵対的買収には会社の経営の効率性を高める効果があり（この効果を，以下，規律効果〔disciplinary effect〕とよぶ）[16]，そうである以上，敵対的買収の可能性を保持することは，経営の効率性を担保するうえにおいて不可欠である。

②　上記の見解は非営利的経営を行っている会社にもあてはまる。けだし，非営利的経営を行っている会社の経営者の能力や適性に問題がないという保証はどこにもなく，むしろ，一般論としていえば，「非営利的経営をなし得るだけの資金的余裕がある会社であれば非効率的経営を行いがちではないか」という憶測すら成立し得るからである[17]。したがって，経営者が，主観的にはいかに高邁

---

16)　規律効果は，①実際に敵対的買収の対象とされた会社の経営の効率性が（その買収が成功することにより）改善される効果と，②敵対的買収の脅威に晒されている会社が，敵対的買収を回避するためにあらかじめ経営の効率性を維持・強化する効果の二つにわけて考えることができる。草野（2011）では，後者のみを「規律効果」とよび，前者のことは「経営改善効果」とよんだが，本書では，両者をあわせて「規律効果」とよぶことにする。

17)　過剰な余剰資金を保有することで企業価値を高める経営努力を怠る可能性があることを指摘するものとして，新田（2007）参照。

な理想のもとに非営利的経営を行っていようとも，それを理由として敵対的買収の実行可能性を排除することは適切でなく，そうである以上，その結果をもたらす株式持ち合いを実施することは会社法上不適切であるといわざるを得ない。

③　のみならず，「株式持ち合いの税引前 NPV は原則としてゼロである」という前提の正しさ自体が極めて疑わしい。なぜならば，株式取得の目的が株式持ち合いにある以上，取得される株式の対象は最初から特定の会社の株式に限られざるを得ないが，投資家が多数の株式を対象として分散投資を行ってもその税引前 NPV がゼロにしかならないのであれば，はじめから投資対象が限られている株式持ち合いの税引き前 NPV はマイナスとなる公算が大きいからである。

その他の安定株主

「その他の安定株主」となるものは，次のようなものであろう。[18]

①　経営者自身またはその家族。
②　経営者の友人。
③　経営者の経営手法や人格を高く評価している個人投資家。
④　会社の従業員またはその家族。
⑤　会社と長年取引関係にある（または，過去において取引関係にあった）金融機関や事業会社であって，株式を保有することに別段の経済的メリットがないことはすでに察知しているものの，諸般の理由により，保有株式を手放せないでいるもの。

　上記のうち，⑤の範疇に属する株主は，外部から見れば「経済的利益を与えられている株主」との区別が曖昧である場合が多いが，法令に則った経営を行おうとする意欲を持った経営者の視点から見れば両者を区分することは必ずしも困難ではない。要するに，経営者が自らを省みて，「その株主には株式を保有することの見返りとしていかなる経済的利益も与えていない」との確信を持てるのであれば，その株主は「その他の安定株主」と考えてよいであろう。[19]

---

18)　ここでは，「その他の安定株主」が未公開のインサイダー情報を利用して経済的利益をあげることはないことを当然の前提としている（そのような事実があれば，その者は，「経済的利益を与えられている安定株主」の範疇に属する者となる）。
19)　人は「自己欺瞞」という心理を抱き得る生き物であるということを前提とすれば，この立論はいかにもナイーブなものに聞こえるかもしれない。しかしながら，ここで

「その他の安定株主」が上記のようなものである以上，彼らの内心の動機がいかなるものであれ，彼らを株主として維持すること自体が経営者の行為として不適法ないし不適切であると考えるべき理由はない。しかしながら，この結論に対しては以下の二つの留保をつけなければならない。

①　第1に，「その他の安定株主」が会社である場合には，その会社の経営者に対して行為規範の違反が問題とされなければならない。けだし，上記のとおり，他社株投資の NPV は税引後であればほぼ確実にマイナスであり，税引前であってもゼロまたはマイナスであるのだから，漫然とそのような投資を継続する行為は会社法上不適法または不適切といわざるを得ないからである。

②　第2に，「その他の安定株主」だけでは株式保有割合の合計が 50% 超とならない場合において安定株主工作を成功させるためには，株式持ち合いを実行せざるを得ない。しかるに，株式持ち合いの実施は，前述のとおり，会社法上不適切な行為であるから，結局のところ，「その他の安定株主」を維持すること自体は会社法上不適切な行為とはいえないとしても，それを安定株主工作の一環として行う限り，経営者の施策は全体として不適切なものとならざるを得ない。

(c)　これまでの分析の総括と安定株主工作のゆくえ

わが国においては，敵対的買収の実行可能性を排除する手段として安定株主工作が有効に機能してきたことは争いがたい事実であり，厚生の最大化という理念に照らして考えるならば，安定株主工作は非営利的経営を行うために有用な施策であるという肯定的評価を下すことも不可能ではない。しかしながら，たとえ目的にある程度の正当性が認められるにしても安定株主工作を行うことは会社法上やはり不適切であるとの評価を免れない。なぜならば，敵対的買収の実行可能性を保持することは会社の経営の効率性を担保するうえで不可欠なものであるところ，安定株主工作はこの可能性を完全に排除してしまうものだからである。なお，この結論は厚生最大化原則に依拠したうえでの安定株主工作に対する評価であり，株主利益最大化原則のもとにおける評価は，もっと厳しいものとなるであろう。

は，「経営者は自らが正しいと信じる行為規範に従って自律的に行動する」ということを前提にして議論を進めているのであるから，事実認定に関しても，当該経営者の主観的認識を尊重せざるを得ないであろう。

　株主安定工作に対する批判的ないし懐疑的な見解は，金融商品取引法や金融商品取引所の規則にも反映されている。すなわち，第1に，金融商品取引法は上場会社が定期的に提出する有価証券報告書の中に，純投資以外の目的で保有する投資有価証券（その多くは当該会社が他社の安定株主として保有する株式であろう）について一定の開示を義務づけており（同法 24 条 1 項，企業内容等の開示に関する内閣府令 第三号様式 記載上の注意 (37)，第二号様式 記載上の注意 (57) a (e) 参照），第2に，各金融商品取引所が策定したコーポレート・ガバナンス・コードは，当該取引所に上場している会社に対して，当該会社が保有している他の上場会社の株式であって子会社株式または関係会社株式ではなく，純投資目的以外のもの（以下，このような株式を「政策保有株式」とよぶ。政策保有株式の多くは，当該会社が他の上場会社の安定株主として保有している株式であろう）を保有する場合には，それに関する方針を開示し，保有のねらい・合理性について具体的に説明を行うとともに，政策保有株式にかかる議決権の行使について適切な対応を確保するための基準を策定・開示することを求めている（コーポレート・ガバナンス・コード原則 1-4）。

　以上のような状況下において，上場会社の株式時価総額に占める政策保有株式の時価総額の占める割合（以下，「政策保有株比率」という）は減少の傾向にあるとの報告が出されている[20]。すなわち，西山 (2017) によれば，2016 年度における政策保有株比率（保険会社が保有する上場会社の株式を除いたもの。以下，「狭義政策保有株比率」という）は前年度より 0.4% 低下して 9.9% となり，保険会社が保有する上場会社の株式を含めて計算した政策保有株比率（以下，「広義政策保有株比率」という）は前年度より 0.5% 低下して 14.8% となっており，いずれの値も過去の最小値を更新している[21]。さらに，同じく西山 (2017) によれば，1990 年度においては狭義政策保有株比率と広義政策保有株比率は，それぞれ約 35% および 50% という高い値であったが，その後の四半世紀を通じてこれら二つの比率の値はいずれも減少を続けて上記の数値に至っている（より正確にいうと，二つの比率の値は 2006 年前後においていったん上昇に転じているが，その

【図 5-1-1】

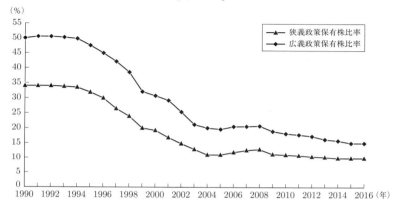

後再び下降に転じて今日に至っている）（【図 5-1-1】参照）[22]。

　以上の諸点を踏まえていえば，安定株主工作はそれ自体が不適切な行為であるのみならず，それを実施すること自体が次第に難しくなりつつあるのではないであろうか[23]。

（3）　買収防衛策の導入

　「買収防衛策」には理論上様々なものがあるが[24]，本書においては，わが国における多くの数の会社が導入しているところの新株予約権を使った買収防衛策（以下，これを日本版ライツ・プランという）[25]のみを議論の主題として取り上げ，それ以外の買収防衛策のうちの主たるものはV. 1. (3). (c) でまとめて論じるこ

---

22)　【図 5-1-1】を西山（2017）より転載することに対しては野村證券株式会社の了承を得ている。

23)　ただし，これはあくまでも一般論であり，政策保有株比率がかなり低下した後に発生した敵対的買収案件においても安定株主工作が成功している案件は少なくない（この点については，上記ブルドックソース事件や前掲注 12）に記載した他の事例がその好例である）ことを考えると，今後においても，安定株主工作が敵対的企業買収の実行可能性を奪う手段として使われる可能性は侮りがたいであろう。以上の点につき田中（2014）参照。

24)　買収防衛策全般について，その種類とそれぞれの特質ならびに問題点を述べた文献として太田＝中山編（2005）128 頁以下参照。

25)　V. 1. (3) で中心的に論じている買収防衛策は，ブルドックソース事件において同社が導入したものである。ただし，ブルドックソース事件の買収防衛策は公開買付けの開始後に急遽採用されかつ発動されたものであるところ，多くの上場会社が現在採用している買収防衛策は，具体的な買収者の出現に先だって導入されているものであり，対象会社の定めたルールに従わない買収が試みられたときには，差別的な新株

ととする。

　日本版ライツ・プランは，米国デラウェア州の判例法の発展とともにその意義と限界が明らかとなった同州会社法のもとにおける買収防衛策（以下，これを米国版ライツ・プランという）を典拠としつつこれに若干の修正を加えたものである。そこで，以下においては，最初に米国版ライツ・プランを用いることによって敵対的買収の実行をどの程度困難にさせることができるのかを論じ，しかる後に，日本版ライツ・プランについて検討し，最後に日本版ライツ・プランの実施が非営利的経営を維持するうえで果たし得る役割について述べる。

(a)　米国版ライツ・プラン

　米国版ライツ・プランは，あらかじめ全株主に特定の「ライツ」（具体的には，一定の条件のもとで議決権株式を取得し得る潜在的権利）を付与したうえで，経営者が不適切と認める買収者が買収を断行した場合には，買収者以外の株主に対して一斉に，市場価格よりも有利な条件で，多数の議決権付株式を交付するというものである（ただし，取締役会の判断で，「ライツ」はいつでも消却できる）。これが実際に発動された場合，買収者の対象会社に対する株式保有割合は大幅に減少し，くわえて，買収者は経済的にも多大の損害を被る。したがって，この買収防衛策が有効である限り，いかなる者も敵対的買収を断行することはできない。これが，米国版ライツ・プランが想定しているシナリオである。

　米国デラウェア州の判例法上，買収防衛策の実施が許されるためには，それが次の二つの基準を満たしていなければならない。[26]

①　買収が対象企業の「経営政策ないしは有効性」(corporate policy and effectiveness) に対する脅威となっていること（以下，この基準を「脅威テスト」という）。
②　防衛措置が上記の脅威を取り除くために必要十分な範囲を超えるものではな

　　　　予約権を発行しまたは無償で割当てる旨を事前に警告する手法を用いている（田中
　　　　(2012) 211 頁以下）。本書における「日本版ライツ・プラン」という用語は，このような手法を用いるものも射程に入れた——その点において，外延がやや曖昧な——概念であることに留意願いたい。
　26)　デラウェア州最高裁判所がこの二つの基準を示したのは有名なUnocal 事件(Unocal
　　　　Corp. v. Mesa Petroleum Co., 493 A. 2nd 946 [Del. 1985]) においてであり，事件
　　　　名にちなんで，一般に「Unocal 基準」とよばれている。ただし，Unocal 事件において Unocal 社が用いた買収防衛策自体は本文に記した米国版ライツ・プランの内容とは異なるものであった。

いこと（以下，この基準を「相当性テスト」という）。

　上記の基準はいずれもかなり曖昧なものであるが，その後の判例法の発展により，その意味するところは次第に明確にされた。これを要するに，①取締役会の構成員の過半数が独立取締役であり，かつ，そのような取締役会自体が「脅威」の存在を認めれば，原則として脅威テストは満たされていると認められ[27]，同時に，②買収者が対象会社の株主総会に際して委任状勧誘活動（proxy fight）を行うことによりすみやかに対象会社の全部または一部の取締役を更迭し新取締役会をしてライツ・プランを撤回させる道が残されている限り，原則として相当性テストも満たされていると認められるようになったのである[28]。

　以上の説明をはじめて耳にした人は，「米国版ライツ・プランは経営者にとってなんと都合のよいものであるか」との印象を抱くのではあるまいか。しかしながら，米国版ライツ・プランは見かけほど敵対的買収者に対して不都合なものではない。以下，その理由を記す。

①　脅威テストが満たされるためには取締役の過半数が独立取締役でなければならない。したがって，株主価値を高める可能性の高い敵対的買収に関しては，経営者の意向にかかわらず，取締役会がライツ・プランの発動を拒否し，またはライツ・プラン自体を撤回する可能性がある。
②　相当性テストが満たされるためには，買収者が委任状勧誘活動を通してすみやかに取締役会の構成を刷新し，ライツ・プランを撤回させる道が残されていなければならない[29]。したがって，買収によって対象会社の株主価値が向上することを対象会社の株主にアピールし，彼らの過半数の賛同が得られれば買収が

27）　この見解を確立した判決はParamount Communications, Inc. v. Time Inc., 571 A. 2nd.1140（Del. 1989）である。
28）　この見解を確立するに至った主要な判決は，Unitrin, Inc. v. American General Corp., 651 A. 2nd. 1361（Del. 1995），Blasius Industries v. Atlas Corp., 564 A. 2nd. 651（Del. Ch. 1988），Carmody v. Toll Brothers Inc., 723 A. 2nd. 1180（Del. Ch. 1998）およびQuickturn Design System, Inc v. Mentor Graphics, 721 A. 2nd. 128（Del. 1999）である。
29）　したがって，たとえば，ライツ・プランの撤回を制約する条項（これを「スロー・ハンド条項」という）や，ライツ・プランの撤回を認める権限をライツ・プランが採択された時点における取締役やその指名を受けた取締役に限定する条項（これを「デッド・ハンド条項」という）が付されたライツ・プランはデラウェア州法上有効ではない。

　実行可能となる。

　以上のことを「経営者が支える非営利的経営」がなされている会社にあては
めて考えてみると，米国版ライツ・プランは敵対的買収を防止するには極めて
脆弱な防衛策であることが看取できるであろう。けだし，成立条件Ⅰのもとに
おいては均衡株価が潜在的株価を下回っているのであるから，買収者が，①潜
在的株価の実現を真摯に追求するものであり，かつ，②均衡株価と潜在的株価
の間の値を買付価格とする公開買付を実施しようとしている限り，大多数の株
主は（彼らもまた対象会社の株式から得る経済的利益の最大化を目的として行動してい
る限り）買収者の委任状勧誘に応じる可能性が高いからである。[30]

(b)　日本版ライツ・プラン

　わが国では，2001（平成13）年の商法改正により，それまでは取締役または
使用人に対するストック・オプションとして付与する場合か，あるいは，社債
の発行とともに付与する場合にしか発行が認められていなかった新株予約権を
いつでも誰にでも発行することが可能となった。[31]この結果，わが国においても
米国版ライツ・プランに類似した買収防衛策の導入が可能になったのではない
かということが会社法を専門とする法律家たちの間でにわかに注目されるよう
になった。[32]その後，若干の試行錯誤期間を経て，最終的に日本の裁判所がはじ
めて適法性を認めた買収防衛策は，Ⅴ.1.(2)で言及したブルドックソース事
件において同社が導入したものである。[33]
　日本版ライツ・プランは，対象会社の株主に対して大量の新株予約権を無償[34]

---

30)　米国版ライツ・プランが有効な防衛策として機能するのは，買収者が「強圧的な」
　　（coercive）買収者である場合である。強圧的買収の意味およびこれに対して米国版ラ
　　イツ・プランが有効に機能する理由に関しては田中（2012）39頁以下を参照された
　　い。

31)　現行の規定としては，会社法236条以下参照。

32)　この試行錯誤期間において試みられた買収防衛策としては，ニレコ事件（東京高
　　裁決定平成17年6月15日判タ1186号254頁）においてニレコ社が導入しようとし，
　　裁判所によってその有効性が否定された買収防衛策が著名である。

33)　裁判所が示した見解については後掲注37)の各決定を参照されたい。

34)　会社法上，発行可能な株式総数は定款の必要的記載事項であり（同法37条，113
　　条），その数は発行済み株式総数の4倍を超えることができない（同法37条3項，
　　113条3項）。したがって，新株予約権を行使することによって発行される新株式の
　　総数は最大でも発行済み株式総数の3倍を超えることはできない。

で割り当てるものである。そして，予約権の行使要件の中に，行使者が「会社が定めた買収適格者要件を満たさないと会社の取締役会が認定した買収者」（以下，「濫用的買収者」という）でないことという要件が組み込まれていることから，対象会社の取締役会が敵対的買収者を「濫用的買収者」と認定すれば，敵対的買収者は予約権を行使することができない。この点において，日本版ライツ・プランは，買収者自身がライツを行使できない米国版ライツ・プランと同じ結果を生み出すものである。ただし，日本版ライツ・プランにおいては，米国版ライツ・プランとは異なり，濫用的買収者に重大な経済的不利益が発生しないよう配慮する規定を設けることがあり[35]，ブルドックソース事件においてブルドックソース社が導入した日本版ライツ・プランについていえば，同社が濫用的買収者と認定したスティール・パートナーズに対して割り当てた新株予約権をブルドックソース社はスティール・パートナーズが実施した公開買付における当初の買付価格相当の対価をもって買い戻している[36]。

　ブルドックソース事件における法律上の争点とこれに対する裁判所の判断を詳述することは本書の目的にそぐわないので省略するが[37]，同事件において裁判

---

35)　ブルドックソース事件における地裁および最高裁の決定においては，買収防衛策の導入・発動につき株主総会の承認を得ていることに加えて，濫用的買収者と認定された者に重大な経済的不利益が生じないよう配慮されている点が重視された（ブルドックソース事件に関する評価については，田中（2012）229頁以下，太田ほか編（2015）693頁等参照）。そこで，ブルドックソース事件における最高裁の決定があった平成19年8月以降，買収防衛策において買収提案者に対して経済的対価を交付する旨を記載する企業が急増した（平成19年6月までは，導入企業のうち9.8%にすぎなかったのに対し，平成19年7月から20年3月末までにおいては，当該記載をする企業が49.4%にのぼった）。もっとも，対抗措置発動の対象となる不適切な買収提案者への金銭交付に対して否定的見解を述べた企業価値研究会の平成20年6月30日付報告書「近時の諸環境の変化を踏まえた買収防衛策の在り方」を受けて，平成20年4月から平成22年6月末までの間において，経済的対価の交付を行わない旨を記載し，または，経済的対価の交付にかかる記載を削除した企業は，あわせて79.9%に達した（以上の点につき，三菱UFJ信託銀行証券代行部編『買収防衛策の導入傾向と事例分析——平成22年6月総会会社の実態』別冊商事法務357号〔2011〕10頁以下参照）。

36)　ブルドックソースは株式1株につき新株予約権を3個割り当てたので（予約権1個につき1株を取得できる），新株予約権の買い戻し価格は当初買付価格の4分の1であった。

37)　東京地決平成19年6月28日別冊商事法務311号243頁，東京高決平成19年7月9日別冊商事法務311号345頁および最決平成19年8月7日別冊商事法務311号438頁参照。なお，ブルドックソース事件の詳しい解説については，田中（2012）221頁以下を参照されたい。

所が日本版ライツ・プランの適法性を認めた最大の要因は，新株予約権の発行
直前において，ブルドックソース社が株主総会を開催し，日本版ライツ・プラン
の導入・実行につき株主総会の承認を得たことであろう。しかりとすれば，買[38]
収者が当該株主総会に関して委任状勧誘活動を行って多数の株主の支持を取り
付ければ買収の実行を阻むことはできない点においては米国版ライツ・プラン
と同じである。そして，対象会社が非営利的経営を行っている会社である場合
には，買収の目的が潜在的価格の実現にあり，かつ，買付価格が潜在的価格と
現実の価格との間の値である限り，多数の株主は（安定株主であれば格別，そう
でない限り）買収者に賛同する可能性が高い。したがって，日本版ライツ・プ
ランは米国版ライツ・プランと同程度に（あるいは，それ以上に）脆弱であり，[39]
「経営者が支える非営利的経営」を行っている会社が，日本版ライツ・プラン
を導入することだけで敵対的買収の実行を回避することはできない。

(c) 対抗期間の確保と対抗期間に取り得る措置

以上の次第により，日本版ライツ・プランを導入しても，それだけでは敵対
的買収の実行を排除することはできない。しかしながら，買収防衛策の導入に

---

38) Ⅱ.はじめにで取り上げたニッポン放送事件における東京地裁および東京高裁の決
定（Ⅱ章の注7）参照）の要旨によれば，一定の場合には株主総会の同意を得ること
なく取締役会の決定のみをもって日本版ライツ・プランを導入することが適法と認め
られる可能性も残されている。しかしながら，仮にそのような方法による日本版ライ
ツ・プランの導入が可能だとしても，それによってもたらされる帰結は米国版ライ
ツ・プランの場合と同じである（すなわち，株主総会における委任状勧誘活動を通じ
て取締役会の構成員の過半数を更迭すれば，日本版ライツ・プランそのものを償却さ
せることができる）。

39) 取締役会の構成員の過半数が独立取締役である会社はわが国では稀であるので，
買収者が取締役会を説得して買収防衛策の発動を見合わせ得る可能性はわが国では非
常に小さく，この点においては米国版ライツ・プランの方が日本版ライツ・プランよ
りも買収防衛策としては脆弱である。一方，株主総会における委任状勧誘合戦に勝利
すれば敵対的買収を実行できるという点においては日米いずれのライツ・プランも同
様であるが，ブルドックソース事件においては買収防衛策を導入するために定款変更
の決議を行ったため，出席株主が有する議決権総数の3分の2以上の賛成という厳し
い決議要件を満たすことが必要であった（会社法466条，309条2項11号参照）。こ
の決議要件が今後の事案においても必要とされるか否かは定かではないが（ただし，
前掲注37）に引用した東京地裁の決定に記されている論理による限り，この決議要
件を満たすことは不可決な要請であるように思われる），もしこの点が必要とされる
のであれば，対象会社が株主総会の支持を取り付けることは（安定株主工作が十分な
成功をおさめている場合は格別，そうでない限り）極めて困難であり，この意味にお
いて，日本版ライツ・プランは米国版ライツ・プランよりもさらに脆弱である。

は「時間を稼ぐ」という効果があり，これを有効に活用すれば，結果として，敵対的買収の実行を回避できる場合がある。最初に，なぜ買収防衛策の導入によって敵対的買収の実行を遅らせ得るのかを説明し，しかるのちに，これによって作り出された時間を利用して敵対的買収を回避するために取り得る手段とその評価を述べる。

敵対的買収の実行を遅らせ得る理由

　金融商品取引法上，対象会社の取締役会の同意なしに行われる公開買付の期間は，最短でこれを 30 営業日とすることができる[40]。したがって，敵対的買収者ができるだけ短期間のうちに買収を完了しようとすれば，公開買付の実施を発表した後概ね 1 月半程度の期間のうちにこれを成し遂げることが可能である（「営業日」には土曜，日曜および休日が含まれないことに留意されたい[41]）。しかしながら，典型的な日本版ライツ・プランは，買収者が保有している対象会社の株式数が一定の数（たとえば，対象会社の株式総数の 20％）に達した場合には[42]，買収者は，対象会社に対して，対象会社の取締役会が求める情報を開示し，この情報をもとにして対象会社の取締役会は（直接，または，取締役会が設置した第三者委員会を介して）買収者が濫用的買収者にあたるか否かを審査するものとしている。そして，上記の情報開示請求から濫用的買収者と認定するか否かの審査が終了するまでの期間（通常，数ヶ月はかかるであろう）に買収者が対象会社の株式を市場の内外において買い増したり，あるいは，公開買付けを開始した場合には，そのこと自体をもって当該買収者を濫用的買収者とみなし，株主総会

---

40)　金融商品取引法 27 条の 2 第 2 項，金融商品取引法施行令 8 条 1 項，金融商品取引法 27 条の 10 第 2 項 2 号，金融商品取引法施行令 9 条の 3 第 6 項参照（ちなみに，対象会社の取締役会の同意が得られる場合の最短期間は 20 営業日である）。

41)　公開買付けを実施せずに，市場における買付のみによって買収を行うことも論理的には可能であるが，①その場合市場価格が急騰するおそれがあることと，②買収の目的が達成できなかった場合に対象会社の株式を大量に抱えてしまうこと（公開買付けの場合は応募された株式の総数が所定の数に達しない場合にはすべての買付を撤回することが認められている〔金融商品取引法 27 条の 13 第 4 項 1 号参照〕）を考えると，現実的には，この方法がとられることは少ないのではなかろうか。

42)　上場会社の株主がその会社の発行済み株式総数の 5％ 以上を実質的に保有するに至った場合には，5 営業日以内にその旨を対象会社に開示することが義務づけられているので（金融商品取引法 27 条の 23 第 1 項参照），濫用的買収者であるか否かの審査を開始するための基準となる株式数が 5％ 以上である限り，この要件を満たす株主が発生したことを対象会社の経営者が見落とす可能性は低い。

の同意を得ることなく買収防衛策を発動するものとしている[43]。そして、この審査の結果買収者が濫用的買収者であると認定された場合、対象会社は株主総会を招集し、買収防衛策の発動について株主総会の同意を求めることになるが、これを実施するためにはさらに最短でも1ヶ月半程度の期間が必要となる[44]（この期間についても、買収者は株式の買い増し等を禁止されていることは上記の審査期間の場合と同様である）。したがって、買収者に対する情報開示請求から公開買付けの終了までの期間を考えるならば、全体で、最短でも半年程度の期間を作り出すことが可能であり、対象会社の経営者は、この期間（以下、これを「対抗期間」とよぶ）を活用して敵対的買収に対する対抗措置を講じることができる。

敵対的買収を回避するためにとり得る措置とその評価

　対抗期間に対象会社の経営者がとり得る対抗措置とその評価を、以下箇条書きにて記す。

① ［安定株主工作の急速な実施］　これまでのわが国の実務に照らしていえば、対抗期間にとり得る最も有効な措置は、Ｖ.1.(2)で論じた安定株主工作を短期間のうちに完了させることである。具体的には、次の二つの手法のうちのいずれかまたは双方を実施することが最も有効な施策となり得よう。
　(a)　安定株主となることに同意してくれた会社に対して募集株式を発行する[45]。
　(b)　安定株主となることに同意してくれた会社の募集株式を引き受け、その対価として払い込んだ金額を使って当該会社に対象会社の株式を市場で買

---

[43]　もちろん、このような手続きをとること自体が不適法であると裁判所が判断する可能性は残されている。しかしながら、日本版ライツ・プランの中で、①審査に要する時間の最長期間が数ヶ月程度にとどまることと②濫用的買収者と認定した場合においても、実際に買収防衛策を発動するためには株主総会の同意を必要とすることが明示されている限り、裁判所は上記のような手続きをとることを適法と認める可能性が高いのではないであろうか。

[44]　会社法上、株主総会を招集するためには、2週間前に公告をしたうえで議決権を行使し得る株主を特定するための基準日の設定を行うことが必要であり（会社法124条1項、3項参照）、設定された基準日現在の株主を特定するのに数日から1週間程度の期間が必要であり、さらに、株主総会を開催するにあたっては基準日現在の株主に対して2週間前に招集通知を発送することが必要となる（会社法299条1項参照）。

[45]　ここでは、記述を簡潔なものとするために、「募集株式」はすべて新規に発行される株式である（すなわち、自己株式を募集株式とすることはない）ものとし、したがって、すべての募集株式に関して、「発行」ないしは「引き受け」という用語を使うこととする。

い集めさせる（当該会社に資金的余裕がある場合には，募集株式の引き受けをを省略する場合もある）。

　上記のうち，(a) の手段に対しては買収者がすでに対象会社の株主となっている限り，発行差し止めの仮処分を求めて訴えを提起することが可能であるが[46]，対象会社において一応の合理性が認められる資金調達目的を主張した場合には当該訴えが認められる確証はなく[47]，(b) の手段に至っては，そもそも買収者の側においてこれを差し止めることができない[48]。したがって，これらの手段が現行法上敵対的買収を阻止するための措置として有効であることは争いがたい事実である。ただし，安定株主工作を行うことはそれ自体が会社法上不適切な措置であると評価せざるを得ないことはV.1.(2) で述べたとおりである。

② ［非効率性の改善］　非営利的経営を行っていることにくわえて何らかの理由により非効率的経営が行われており，そのこともあいまって対象会社の株価が低迷している場合には，その非効率性を改めることによって株価の上昇をはかることができる[49]。もとより，非営利的経営を継続する以上均衡株価と潜在的

---

46)　募集株式を発行する場合においては，既存の株主は，その発行が「著しく不公正な方法により行われる場合」であって，かつ，当該株主が「不利益を受けるおそれがあるとき」には当該発行をやめさせることを裁判所に請求することができる（会社法210条）。

47)　前掲注 46) の差止請求がなされた場合に関して，多くの判例は，募集株式の発行が現経営陣の経営支配権の維持・確保を主要な目的として行われる場合には原則として「著しく不公正な発行」にあたるとしているが（この原則を「主要目的ルール」という。東京地決平成 16 年 7 月 30 日判時 1874 号 143 頁，東京高決平成 24 年 7 月 12 日金判 1400 号 52 頁等），対象会社が一応の合理性を備えた資金調達目的を主張した場合には，それが募集株式発行の主たる目的である可能性は否定できないとの論理のもとに差し止め請求が却下されることが少なくない（例として，〔上記平成 16 年 7 月 30 日の東京地裁決定に対する控訴審の決定である〕東京高決平成 16 年 8 月 4 日金判 1201 号 4 頁参照）。なお，前掲注 12) の③の案件においては，対象会社が募集株式を発行することによる安定株主工作を実施したが，買収者がこれを差し止めるための法的措置を見送ったために，当該安定株主工作は成功裏に実施された。

48)　買収者は，原則として，株式持ち合いに応じた相手方の会社の株主ではないから，その会社が募集株式を発行することに対して異議を述べることはできない。一方，対象会社が株式持ち合いを進めるために他の会社の募集株式を引き受ける行為は会社に損害をもたらす可能性があるが，会社法上，それが「回復することができない損害が生ずるおそれがある場合」にあたらない限り，株主は差止請求権を有しておらず（同法 360 条 1 項，3 項），しかも，対象会社がいつ，いかなる会社の株式を引き受けるかについて買収者がタイムリーに情報を入手する手段は現行法上存在していないのであるから，買収者が (b) の手法による安定株主工作を阻止することは困難である。

49)　非営利的経営を行うことにくわえて非効率な経営が行われている場合において，もっとも手っ取り早い株価の回復方法は，非効率な経営の原因となっている資産（その典型は会社が抱えている不要の遊休資産や金融資産であろう）を整理・処分して配当金額を大幅に増やすことを発表することであろう。たとえば，2003 年 12 月にスティー

株価との乖離を完全に解消することはできないが，V.1.(4) で述べる「経営
者喪失コスト」と「社会的制裁コスト」と「狭義の取引コスト」の総和が両者
の乖離を埋めることによって買収者が得る利益を上回る限り，買収者は敵対的
買収の企てを断念することになるであろう。上記の行動は厚生最大化原則に適
った措置である。

③　[ホワイトナイトの招聘]　　敵対的買収を仕掛けられた企業の経営者が敵対
的買収者に対抗し得る買収者を別に見つけ出してくる場合，その新しい買収者
のことを一般に「ホワイトナイト」という。厚生最大化原則に則った経営を行
っているホワイトナイトを見つけ出すことができれば，そのようなホワイトナ
イトを招聘することは厚生最大化原則に適った措置である。

④　[投資家に対する説得]　　非営利的経営を行っていることの意義を強調し，
買収に応じないように株主に働きかけることで買収を阻止できる可能性もない
わけではない。この対抗措置が目指すものは，成立条件Ⅰから成立条件Ⅲへの
移行である。ただし，成立条件Ⅲが成就するには至らなくとも，対象会社が非
営利的経営を行っていることを評価する株主の数が増えれば均衡株価は上昇す
るので（そのメカニズムについてはⅣ.3の記述を参照されたい），潜在的株価と上昇
した均衡株価の乖離によって生み出される利益が，V.1.(4) で述べる「経営
者喪失コスト」と「社会的制裁コスト」と「狭義の取引コスト」の総和を下回
る事態となれば買収者は敵対的買収の企てを断念することになるであろう。上
記の行動は，厚生最大化原則に適った措置である。

ル・パートナーズは金属加工油剤等の製造メーカーであるユシロ化学の株式総数の
12% を市場で取得したことを公表したうえで同社の残りの全株式を対象とする公開
買付を 1 株 1150 円の買付価格で開始した。しかるに，ユシロ化学が，これに対する
対抗措置として，翌年 3 月に予定されている株主配当の支払額を従来の予定額である
1 株 19 円から一挙に 1 株 200 円に引き上げることを発表したところ，ユシロ化学の
株式はスティール・パートナーズの買付価格を大幅に上回るものとなり，この結果，
スティール・パートナーズの公開買付は失敗に終わった。なお，2003 年には，染色
加工業者であるソトーに対してもスティール・パートナーズは敵対的買収を企ててお
り，この事件もユシロ化学事件と似た顛末をたどった。

50)　このような条件を満たすホワイトナイトの候補企業としては，「創業者が支える非
営利的経営」を行っている新興企業や（後掲注 51）に記す仮説が正しいとすれば）
規模が巨大であるがゆえに敵対的買収をおそれることなく「経営者が支える非営利的
経営」を行っている企業が考えられる。また，（前述した問題はあるものの）安定株
主工作に成功している企業もまた非営利的経営を存続させるためのホワイトナイトと
なり得るであろう。

（4）　敵対的買収の実行を困難とする諸事情

敵対的買収の実行を困難にする諸事情としては以下の諸点があげられる。[51]

経営者喪失コスト[52]

非営利的経営を行っている点を除いては能力・適性ともに優れている経営者を失うことは対象会社の株主価値の低下を招くに違いない。したがって，そのような経営者が，「非営利的経営を否定する敵対的買収が成立した場合には（単独または有力な幹部社員等とともに）会社を退任する」旨を宣言している場合には，それによって失われる株主価値（本書においては，これを経営者喪失コストとよ[53]ぶ）が非営利的経営をやめることによって生じる株主価値の増加分を上回る限り買収者は買収の実行を断念せざるを得ない。

社会的制裁コストと狭義の取引コスト

わが国では伝統的に敵対的買収という行為に対する社会的評価が低く，そのために，敵対的買収を実行する者は，これによって生じる有形・無形の社会的制裁を甘受しなければならない[54]（これによって生じるコストを，以下，社会的制裁コ

---

51)　本文に記した諸点にくわえて，「対象会社の規模が巨大であること」も敵対的買収の実行を困難とする事情となり得るかもしれない。けだし，企業の規模が大きくなるにつれて，敵対的買収を仕掛けるだけの資金能力を備えた投資家の数が減少するとすれば，巨大な規模の会社に対して敵対的買収を仕掛ける者は稀有であると考えられるからである（たとえば，株式時価総額が20兆円を超えるトヨタ自動車〔2017年末現在〕に対して敵対的買収を仕掛け得る者がいるとは考えがたいのではなかろうか）。ただし，これは実証的に論ずべき問題であるので，ここでは，一つの仮説として脚注で指摘するにとどめることとした。

52)　経営者の退任は経営者自らの意思で行うことであるから，安定株主工作や買収防衛策の導入と並列的に扱う考え方もあり得るが，それは，「会社の行為」ではないので，ここでは，外在的な「諸事情」として取り上げた次第である。

53)　わが国の経営者にはいわゆる「生え抜きの経営者」が多く，生え抜きの経営者は積年の勤務を通じて企業の実情を熟知している（「企業特殊的投資を積んでいる」といってもよいであろう）。したがって，生え抜きの経営者が退任することによって生じる経営者喪失コストはそうでない経営者の場合よりも高くなる傾向がある。なお，このことは，経営者自身にとっても退任することのコストが高く付くことを意味しているが（生え抜きの経営者が有している知識の多くは他の会社では使い道がないからである），退任することを公にしている限り，退任を回避させることができると考える敵対的買収者は少ないであろう（ゲーム理論の用語を使っていえば，退任の意思を公にしている経営者は「セルフ・コミットメント」という戦略的行動をとっていることになる）。

ストとよぶ）。くわえて，敵対的買収を行うにあたっては，資金提供者，財務顧問，法律顧問，公開買付代理人，PR会社など多くの専門家を起用しなければならず，これによって発生する取引コストも多額となる（このコストを，以下，狭義の取引コストとよぶ）。したがって，社会的制裁コストと狭義の取引コストの和が対象会社の非営利的経営をやめさせることによって買収者が得る利益を上回る限り買収者は買収の実行を断念せざるを得ない。[55]

54) 敵対的買収に対する評価がわが国においては伝統的に低い理由は様々であるが，その主たる要因としては，消費者に奉仕し，地域社会に貢献し，そして何よりも「社員」すなわち従業員に対して生活の基盤と生きがいを与えるという役割を果たす企業を理想視するわが国の伝統的企業観をあげることができるであろう（このような企業観を論じた文献は数多いが，ここでは草野（2011）の45頁以下だけを摘示するにとどめる）。これにくわえて，1980年代の終わりから1990年代にかけて，いわゆる「仕手筋」が企てた一連のグリーン・メール事件（対象会社の経営者に一定の圧力を加えることにより株式を高値で買い取らせようとする施策を一般に「グリーン・メール」という）の影響も侮りがたい。けだし，これらの事件において，仕手筋は「敵対的買収」という外形を装いながらグリーン・メールを実現しようとしたので，これにより敵対的買収という行為に対する社会的イメージはさらに悪化したと考えられるからである。このことにつき，草野（2011）169頁以下（とくに，174頁の脚注12）参照。

55) 社会的制裁コストが対象会社が非営利的経営を行っている場合ほど増加するとすれば，社会的制裁コストは「経営者が支える非営利的経営」を可能ならしめる重大な要素であるといえるであろう。この点を立証することは必ずしも容易でないが，これを示唆する事実として，2006年に当時ライブドアの社長であった堀江貴文氏が証券取引法（現・金融商品取引法）違反（有価証券報告書の虚偽記載）の容疑で逮捕され，その後懲役刑を科されたことと，同じく2006年に当時村上ファンドの代表者であった村上世彰氏が同じく金融商品取引法違反（インサイダー取引）の容疑で逮捕され，その後執行猶予付きの懲役刑を科されたことは注目に値する。この事実が上記の点を示唆していると考える理由は次のとおりである。
① 堀江氏は逮捕された年の前年にライブドアの社長としてニッポン放送の買収（Ⅱ. はじめに参照）を行った人物であった。一方，村上氏は，このニッポン放送の買収を堀江氏に示唆した人物であり，同時に，逮捕当時，村上ファンドの代表者として阪神電鉄の買収を進めていた人物であった。
② （ニッポン放送が当時有力な株主であった〔Ⅱ章の注5〕参照）フジテレビと阪神電鉄は，それぞれのビジネスモデル上の理由により，いずれも大きな正の外部性を生み出す非営利的経営を行っている企業であった（以上の点については，Ⅲ.3.(4) およびⅢ.3.(5) 参照）。
③ 一般論としていえば，有価証券報告書の虚偽記載という嫌疑だけで上場企業の代表者をただちに逮捕し，さらに実刑判決まで科すことは異例なことであり（第一審判決を掲載した判例タイムズの匿名解説においては，「証券取引法違反被告事件としては，異例の実刑判決」である旨記載されている〔判タ1287号271頁〕），また，村上氏についていえば，純粋な法律論として，彼の行った行為が本当にインサイダー取引となるか否かは見解の分かれるところであった（第一審判決に対する批判について，太田（2008）および同論文の脚注18ないし23に掲げ

法令上の制限

　支配株主の出現が法令上禁止されている場合には必然的に「経営者が支える非営利的経営」を継続することが可能となる。そのような法令として特筆すべきは，放送法上の放送持株会社制度である[56]。この制度は，2007（平成19）年に公布され，翌年に施行された放送法の改正により創設された制度であり，これにより，放送持株会社となる道を選択したテレビ放送会社に関しては，何人も株式総数の3分の1以上の議決権を保有することができなくなった[57]。この結果，たとえ誰かが放送持株会社の株式を買い集めたとしても会社の経営を支配することは困難となり，したがって，放送持株会社にあってはつねに「経営者が支える非営利的経営」を行うことが可能となった[58]。そして，この放送法の改正が施行された後ただちに当時楽天による敵対的買収の脅威にさらされていたTBSは放送持株会社への組織再編を行い，その3年前にライブドアによる敵対的買収の脅威にさらされたフジテレビがこれに続き，最終的には，東京に本拠をおく地上波テレビ放送会社はすべて放送持株会社となった。

（5）　総　　括

　以上の分析を踏まえていえば，わが国において「経営者が支える非営利的経

　　　られている文献を参照）。

56)　放送持株会社制度を除いては支配株主の出現自体を不可能とした法令は本書筆者の知る限り存在していない。ただし，外資による支配権の取得を禁止する効果のある法令として日本電信電話株式会社等に関する法律6条，電波法5条1項，航空法4条などがある。また，外国為替及び外国貿易法は，国の安全等にかかる対内直接投資等について，事前の届出を義務づけ，審査の結果により内容の変更・中止を求めることができるとしている（同法27条，対内直接投資等に関する政令3条）。

57)　現放送法164条，放送法施行規則207条1項参照。なお，本文に記した放送法の改正の内容と経緯については，総務省情報通信政策局放送政策課ほか「放送法等の一部を改正する法律について」ジュリスト1353号〔2008〕58頁を参照されたい。

58)　放送持株会社制度が設立されることによりテレビ放送会社に対する敵対的買収が不可能となり，結果として，テレビ放送会社に関しては規律効果が生み出す経営改善機能が半永久的に失われることは放送法の改正案が公表された当時から（少なくとも識者の間においては）十分理解されていたはずである。にもかかわらず，この制度の設立に反対する見解を述べる者は，放送法の改正に対するパブリックコメントの中においても，メディアにおいても，会社法の専門家たちの中においても，ほとんどおらず，国会においては，原法案が行使し得る議決権の上限を50%としていたものを33%に引き下げるという議員修正案が提出され，与党がこれを受け入れた結果，敵対的買収の実行が原法案よりも困難とされるかたちで，全会一致により放送持株会社制度が承認された。以上の事実は，会社が非営利的経営を行うことに対するわが国社会の肯定的評価を示唆しているのではないであろうか。

営」を行い得る会社は，原則として，次の二つのいずれかの要件を満たす会社
だけである。

①　対象会社が放送持株会社であるか，あるいは，安定株主工作に成功している
　　会社である場合。[59]
②　対象会社において，次の不等式が成立している場合。なお，次の不等式にお
　　いて下記の各記号は次の意味を有するものである。p^*＝均衡株価，q^*＝潜在
　　的株価，N＝対象会社の発行済株式総数，C＝経営者喪失コスト，S＝社会的
　　制裁コスト，T＝狭義の取引コスト

$$p^* \times N \geq q^* \times N-(C+S+T)$$ [60]

上記①の場合には，行い得る非営利的経営の規模に上限はない（ただし，会
社が利益を生み出し続け得ることを前提としている）。しかしながら，この場合にお
いては敵対的買収の実行が不可能であることによって生じる規律効果の喪失と
いう代償が支払われており，この代償を発生させることなく非営利的経営を継
続する手段が見つかれば，その手段を選択する方が厚生の最大化という理念に
照らして望ましい。

上記②の場合には，規律効果が失われていない。けだし，非効率的経営を行
えばそれだけp^*が低下し，結果として上記の不等式が成立する余地が減少す
るからである。したがって，対象会社の経営者に非営利的経営をできる限り積
極的に行いたいという意欲が存在するかぎり，当該経営者は非効率的経営を行
うことを慎もうとするであろう。ただし，②の場合においては，上記の不等式
が成立する限度においてしか非営利的経営を行うことができないことは否定し
難い事実であり，この規模を超えた非営利的経営を行うためには他の手段を模

---

59)　前掲注51）の仮説が正しいとすれば，この①に「対象会社が巨大な規模の会社で
　　ある場合」を加えることができる。
60)　この式は，買付者が対象会社の全株式をp^*を買付価格として取得できることを前
　　提として計算したものである。したがって，買付価格がp^*を上回る場合や取得でき
　　る株式数が全株でない場合には不等式を調整することが必要となる。たとえば，買付
　　価格はp^*であるが，取得できる株式のNに対する比率がαである場合の不等式は下
　　記のものとなる（下記の不等式において，T_1は買収者に帰属する狭義の取引コスト
　　であり，T_2は対象会社に帰属する狭義の取引コストである）。

$$\alpha \times p^* \times N \geq \alpha \times (q^* \times N-C-T_2)-S-T_1$$

索しなければならない。

2　創業者が支える非営利的経営

（1）　成立条件Ⅱの支配株主となり得る者

　成立条件Ⅱについて論じるにあたり，以下の２点を仮定しておきたい。これら二つの仮定は議論を簡素化するためのものであり，このような仮定を設けることによって分析の一般性が失われることはないであろう。

　①　株主の中で非営利的経営に価値を認めるものは支配株主だけである。
　②　支配株主には対象会社の株式を株式市場で売り買いする意思はない。[61]

　上記の仮定を伴う成立条件Ⅱのもとにおいては，均衡株価が潜在的株価を下回る事態を回避することができない。けだし，株式市場で株式の売り買いを行う者の中には誰１人として非営利的経営に価値を見いだしている者はいないからである。

　しかしながら，非営利的経営を容認する支配株主が存在している以上，何人も会社を買収して非営利的経営をやめさせることはできない。しかしながら，成立条件Ⅱのもとにおける支配株主は，均衡株価と潜在的株価の差額に保有株式数を乗じた金額に相当する機会費用を負担しなければならない。[62]　そして，これだけの機会費用を負担する能力と意欲をあわせ持つものは，対象会社を創業し，その上場を果たした起業家（以下，そのような起業家を創業者とよぶことにする）しかあり得ないであろう。そう考える理由は以下のとおりである。

---

61)　②の仮定は，前掲注2）で述べたコントロール・プレミアムの存在を考えると納得がいくであろう。けだし，支配株主が対象会社の株式を大量に保有しているのは分散投資ができないことのデメリットを上回るコントロール・プレミアムを享受しているからであり，そうである以上，支配株主は会社の経営の支配権を維持するために必要最小限の持株比率を維持し，これを引き上げることも引き下げることも望まないはずだからである。なお，新株発行がなされる場合の問題についてはⅤ.2.(3) で論じる。

62)　この命題は，支配株主が保有している株式以外はすべて均衡株価を発行価格として支配株主以外の者に対して新規に発行されたものであるということを前提としている。これに対して，当初は支配株主がすべての株式を所有し，その一部を放出して会社の上場を果たしたという状況を想定した場合には，支配株主が負担する機会費用は潜在的株価と均衡株価の差額に会社の株式総数を乗じた値となるであろう。

① 伝統的なミクロ経済学のモデルを使って考える限り，公共財の生産を行う者は社会の最富裕層に属する者だけであるが，彼らは，社会が拡大しても社会全体における公共財の総量が減少しないだけの量の公共財を生産し続ける（以上の点についてはⅣ.2 の議論を参照されたい）。しかるに，創業者は会社の上場を果たすことにより巨大な富を得ることが多いので，多くの創業者は，上記においていうところの「社会の最富裕層に属する者」という条件を満たしている。

② 社会の最富裕層に属する者が巨大な機会費用を負担して公共財の生産を行うにあたっては，その行為がⅣ.3 において定義したところの「公共財の私的効用」を十分享受し得るものであることを望むであろう。そうであるとすれば，創業者が自らの起こした会社を通じて公共財を生み出す——すなわち，当該会社に非営利的経営を行わせる——ことは極めて合理的である。なぜならば，創業者にとって起業した会社はいわば自己の「分身」（alter ego）であるから，創業者は当該会社に対して非常に高い「会社行為に対する親近感」（Ⅳ.3 参照）を抱いているはずであり，そうである以上，「公共財生産効率性」（Ⅳ.3 参照）が一定以上の値であれば，個人として公共財を生産するよりも当該会社を通じてこれを行う方がより大きな効用を得ることができるからである。

③ 以上の議論は会社の創業者にしかあてはまらない。したがって，会社を通じて公共財を生産するために巨額の機会費用を負担する能力と意欲を持ち合わせている者は原則として当該会社の創業者しか考えられない（ただし，〔現行の相続法制と相続税制の下においては必ずしも容易に実現できることではないが〕創業者の子孫が支配株主の地位を保持したまま非営利的経営を継続的に支えているという状況もあり得る）。

以上の理由により，本書では，成立条件Ⅱのもとにおける非営利的経営を「創業者が支える非営利的経営」とよぶことにしたことは前述のとおりである。

（2）　創業者が支える非営利的経営の評価

成立条件Ⅱは会社にとっては外在的に定まる条件であるから，成立条件Ⅰの場合のように条件成就を目指す経営者の行動の適否を厚生最大化原則という経営者の行為規範のもとで論じることは適切でない[63]。しかしながら，厚生の最大

---

[63]　創業者が経営者を兼ねている場合には，成立条件Ⅱの維持または放棄に関してもその者の意思決定が影響を及ぼす。しかしながら，これは支配株主としての意思決定であって経営者としての意思決定ではないので，厚生最大化原則という行為規範のもとでその適否を論じることは適切ではないであろう。

化という理念に照らして「創業者が支える非営利的経営」の適否を論じること
は可能であり，その評価は成立条件Ⅱの成立や維持に影響を及ぼす法制度のあ
り方を論じるうえにおいて有益であろう。
　この問題を考えるうえで参考となるのは，米国において長年進められてきた，
支配株主がいる会社と支配株主がいない会社の間における経営効率性の比較に
関する研究である。これらの研究は定性的な研究と定量的な研究の二つに大別
できるが，そのうちの定性的研究は，支配株主がいる会社の経営効率性に関す
る長所と短所を支配株主のいない会社との比較において論じるものである。以
下，これらの議論の概要を要約して記す。[64]

支配株主がいる会社の短所

①　［規律効果の喪失］　　その主張は，「支配株主がいる会社においては，支配株
　主自身またはその指名する者のみが経営者となることが常態であるがゆえに，
　経営者の能力や適性の欠如が敵対的買収の実行または脅威によって改善される
　──すなわち，規律効果が働く──ことが期待できない」というものである。
　ただし，この主張に対しては，「規律効果が働かないことは事実であるが，支
　配株主は会社の過半数の株式を所有する者として株主価値を最大化することに
　強いインセンティブを持っており，このインセンティブの存在によって規律効
　果の喪失は補われている」という反論が可能である。

②　［利益相反］　　その主張は，「支配株主は少数株主の犠牲のもとに私的利益
　を追求する傾向を免れない」というものである。ただし，この主張に対しては，
　「一般論としてはそのとおりであるかもしれないが，少数株主の利益を保護す
　るための法制度（わが国でいえば，会社法や金融商品取引法あるいは金融商品取引所
　の諸規則がこれにあたる）が充実していれば，その弊害を抑制し得る」との反論
　が可能である。

支配株主がいる会社の長所

①　［創業者のカリスマ性］　　その主張は，「支配株主の多くは会社の創業者であり，
　創業者は会社の業務を洞察する能力と会社の組織を統率する能力において卓越
　している場合が多い」というものである。ただし，この主張に対しては，「支配株
　主がつねに会社の創業者であるとは限らず，また，創業者といえども，そのカリ

---

64)　本文に掲げた要約は，主として，Anderson-Reeb（2003）と Bebchuk-Kastiel
　（2017）の記述を典拠として作成したものである。

スマ性は時間の経過とともに劣化ないしは消滅する」との反論が可能である。

② ［長期投資へのコミット］   その主張は，「支配株主は短期的利益を追求しがちな投資家の動向に影響されることなく株主価値の最大化に専念できる」というものである。ただし，この主張に対しては，「この長所は支配株主が卓越した経営能力を有している場合にのみあてはまるものである」との反論が可能である。

③ ［幹部社員の監視能力］   その主張は，「支配株主が直接経営を行う場合には，経営の専門家が介在することによって生じるエージェンシーコストを節約できる」というものである。ただし，この主張に対しても，「この長所は支配株主が卓越した経営能力を有している場合にのみあてはまるものである」との反論が可能である。

　以上の各主張ならびにそれに対してなし得る反論を勘案すると，第1に，少数株主の利益を保護する法令が確立されていれば[65]，支配株主のいる会社の経営効率性がそうでない会社に比べて劣る可能性は一般的には低く[66]，第2に，少数株主の利益を保護する法令が確立されており，かつ，支配株主が会社の創業者である場合——すなわち，成立条件Ⅱを充足している会社の場合——には，そうでない会社よりも経営効率性において優れている可能性が一般的には高いといえるのではないであろうか[67]。

　次に，定量的研究としては「株式の所有構造が集中的であることと経営の効率性との間に正または負の相関関係が認められるか」というフレームワークのもとでデータを分析したものが多い。このような研究の中には両者の間に有意

---

65)　わが国の会社法制度が少数株主の保護という点において他の先進諸国に比べて優れているか劣っているかについては意見の分かれるところであろう。ちなみに，Shleifer-Vishny（1997）は，少数株主の利益を適正に保護しつつ支配株主による経営の自由度を認めている会社法制度を備えた国として米国およびドイツと並んで日本をあげている（同書 769 頁および 774 頁参照）。これに対して Fassio-Lang-Young（2001）は，日本を含む東アジア諸国においては少数株主の保護が不十分であると主張し，その主たる原因として開示される情報量の少なさと株式持ち合いの存在を指摘している。

66)　このように要約した理由は，支配株主がいる会社の短所として掲げた理由の，①（規律効果の喪失）と，②（利害相反）のいずれに関しても，そこにおいて記した反論に少なからぬ説得力があると考えたためである。

67)　このように要約した理由は，支配株主がいる会社の長所として掲げた理由のうち，①は支配株主が創業者である場合にしか妥当せず，②および③は支配株主が創業者である場合には妥当する可能性が高いからである。

な正の相関関係を認めたものもあれば，反対に有意な負の相関関係を認めたも
のもある[69]。そして，それらの研究結果を総合していえば，「実証研究による限り
両者の間に一義的な関係を認定することはできない」との結論になりそうである[70]。

　以上が，支配株主がいる会社といない会社の経営効率性に関する比較を分析
した米国の研究の概要であるが，ここで注意すべきことは，以上の分析は，株
主利益の最大化をもって会社法が目指すべき理念であると考えたうえでのもの
であるということである。これに対して，厚生の最大化をもって会社法が目指
すべき理念であると考える場合には，会社が成立条件Ⅱを充足している状態に
対してより高い評価を与え得る。けだし，非営利的経営を可能とする他の二つ
の成立条件のうちの一つである成立条件Ⅰは，前述のとおり，（安定株主工作に
成功しない限り）敵対的買収の脅威によって非営利的経営の拡大に対する制約
を課されており，もう一つの成立条件である成立条件Ⅲは，Ⅳ.3の分析が示
唆するとおり，（少なくともわが国の現状においては）必ずしも容易に実現できる
ものではないことを考えると，当面のわが国社会において，非営利的経営を行
い得る会社として成立条件Ⅱを満たす会社の存在は貴重だからである。

(3)　成立条件Ⅱの継続可能性

　わが国の金融商品取引所の中には支配株主が存在すること自体をもって上場
の不適格事由としているものはない[71]。したがって，創業者が支配株主である会

---

68)　正の相関関係を認めた代表的な研究例としては Anderson-Reeb（2003）がある。
　　これによれば，（ニューヨーク証券取引所に上場している代表的な 500 銘柄である）
　　S&P 500 の 35％ 超の会社には創業家が有力な株主として存在しているが，これらの
　　会社の経営効率性は平均して他の会社よりも優れており，その傾向は創業家の者が経
　　営者を務めている会社において顕著とのことである。

69)　負の相関関係を認めた代表的な研究例としては Morck-Shleifer-Vishny（1988）が
　　ある。これによれば，株式所有構造の集中度がある程度のレベルにとどまる限りにお
　　いては集中度と経営効率性の間に正の相関関係が認められるが，そのレベルを超えて
　　集中度が高まる場合には負の相関関係が発生するとのことである。

70)　Margaritis-Psillaki（2010）622 頁は，この結論が学界の「emerging consensus」で
　　あると述べている。

71)　ただし，東京証券取引所の有価証券上場規程においては，流通株式の比率が 5％
　　未満となることが本則市場の上場廃止基準とされている（同 601 条（2）C）。ちなみ
　　に，過去の東京証券取引所有価証券上場規程は，少数特定者持株数（大株主上位 10
　　名および役員が所有する株式の総数に上場会社が所有する自己株式数を加えた数）の
　　合計が上場株式数の 75％ を上回る期間が 1 年間継続することまたは 90％ を上回るこ
　　とをもって上場廃止事由としていたが（トーマツ（2006）92 頁），現在は上記のとお
　　り，流通株式数のみに着目した上場廃止基準となっている。

社（以下，「創業者支配会社」という）が上場を果たすことは可能であり，そのような会社を通じて「創業者が支える非営利的経営」を行うことは，上場後少なくとも当面の間は可能である。ここで，「少なくとも当面の間」という限定を加えたのは，創業者支配会社が長期にわたり成立条件Ⅱを維持することは必ずしも容易なことではないからである。というのも，上場後間もない会社においては会社の成長をもたらす多くの投資機会が存在することが常態であるが，倒産リスクを生み出すことなくそれらの投資を実現していくためには新株発行を繰り返す必要があるからである。新株発行を繰り返すことがなぜ「創業者が支える非営利的経営」を困難とするのか，以下，その理由を説明する。

① 新規に株主資本を調達するためには，株主の立場からみて当該投資の NPV がプラスでなければならない。したがって，非営利的経営を継続してもなお会社の新規事業の内部収益率がその期待収益率を上回らなければ，新株引き受けに応じる株主はいない。したがって，新興企業が実現し得る投資機会の内部収益率は時間の経過とともに減少し，最終的には期待収益率と一致すると仮定する限り，創業者は，ある時点において，会社の成長を断念するか，あるいは，新規事業に関しては非営利的経営を行うことをあきらめるかのいずれかを選択しなければならない。

② 創業者が会社の支配権を維持するためには持ち株比率を減少させてはならない。しかしながら，そのためには新株発行が繰り返されるごとに創業者はその一部の株式を引き受けて新たな対価を支払わなければならない。これは明らかに分散投資理論に反する投資行為であり，創業者がこの要請に応じたくないのであれば，会社の成長を断念するか，あるいは，会社の支配権を放棄するかのいずれかを選択しなければならない。

上記のうち，①の問題は会社の経済的実力に関する問題であるから法技術を使ってこれに対処することは困難であるが，②の問題は法技術によって対処可能な問題である。すなわち，新規に発行される株式を「無議決権株式」とするか，あるいは，創業者が保有する株式をあらかじめ「複数議決権株式」としておけば，創業者が新規に発行される株式を引き受けなくとも支配権を失うことはない。以下，この二つの方法について説明する。

まず，無議決権株式とは「株主総会のすべての決議事項について議決権のない株式」のことであり，わが国の会社法上，定款に必要事項を記載をすればこ

れを発行することが認められている（同法 108 条 1 項 3 号）。そこで，新規に発行する株式をすべて無議決権株式とすれば，創業者は新株の一部を引き受けなくても支配権を失うことはない。[72]

　しかしながら，会社は無議決権株式の株式数が発行済株式総数の 50％ を上回る事態を放置することを禁止されているので（会社法 115 条），[73] 現行法を所与とする限り，無議決権株式という手段を用いることだけで創業者が支配権を確保し続けることはできない。[74]

　一方，**複数議決権株式**とは「1 株につき複数の議決権を与えられている株式」のことである。わが国の会社法は複数議決権株式の発行を認めていないが（欧米ではこれを認めている国が多い），わが国の会社法が採用している単元株制度（＝定款に規定した一定数の株式を 1 単元とし，1 単元の株式に対して 1 個の議決権を与える制度。同法 188 条参照）を利用すれば，事実上の複数議決権株式を発行することが可能となる。けだし，会社が（配当その他の点に関してごくわずかな違いがあるだけの）2 種類の株式を発行することを定款に規定し，そのうちの一つの種類の株式（以下，これを「A 株式」とよぶ）の 1 単元を 1 株とし，もう一つの種類の株式（以下，これを「B 株式」とよぶ）の 1 単元をたとえば 10 株とし，創業者が保有する株式はすべて A 株式とし，創業者以外の者が取得する株式はすべて B 株式とすれば，会社が発行する株式総数が創業者が保有する株式数の 10 倍に達しない限り創業者が支配権を失うことはないからである（なお，こ[75]

----

72)　なお，同様の目的を達成するためには，無議決権株式に代えて，取締役の選任決議についてのみ議決権のない株式（そのような株式は「議決権制限株式」とよばれる）を発行してもよい。

73)　この制限が適用されるという点においては前掲注 72) で述べた議決権制限株式も同様である。

74)　のみならず，無議決権株式は投資家にとって魅力の乏しい証券であることから，通常はそのような証券を投資家に購入してもらうための見返りとして，配当その他の事項に関して普通の株式よりも有利な条件を付加する場合が多い（そのような株式は「無議決権優先株式」とよばれる）。しかしながら，そのような条件を付加するとすれば，その分だけ創業者が保有する株式の資産価値は減少を免れない。なお，わが国の上場会社が無議決権優先株式を上場させて不特定多数の投資家からの資金調達を行った例としては 2007 年における伊藤園のケースがあるだけである（太田＝松尾編（2017）137 頁参照）。

75)　わが国の会社法は 1 単元となし得る株式数の上限を 1000 株としていることから（同法 188 条 2 項，会社法施行規則 34 条），理論的には，B 株式の 1 単元を 1000 株とすることによって創業者の支配権が事実上永久に存続するようにすることができる。しかしながら，米国において用いられている複数議決権株式の大半は創業者が保有する株式に与えられる議決権を 10 個とするものであり，わが国において上場会社が複

の方法を用いて事実上の複数議決権株式を作り出すことをわが国においては「複数議決権方式」とよぶことがあるが[76]，本書では，この方法によって作り出される事実上の複数議決権株式も，単に，「複数議決権株式」とよぶことにする）。

　複数議決権株式がかくのごときものである以上，会社の創業者が会社を上場するにあたり複数議決権株式の利用を望んでも不思議ではない。そして，会社創業者たちのそのような要望を踏まえて，米国のニューヨーク証券取引所（以下，「New York Stock Exchange」の頭文字をとって「NYSE」と表す）は，1980年代の後半に，それまでの伝統を破って新規上場会社による複数議決権株式の使用を容認するに至った。その後，NYSE における複数議決権株式を使った上場件数は増加の一途を辿り，とくに，2004年に Google（現 Alphabet）が複数議決権株式を使って上場を果たしてからは，これに倣うハイテク企業（tech firm）が相次ぎ[77]，2012年から2016年までの間に新規に上場を果たした米国のハイテク企業の19%が複数議決権株式を使っていた[78]。さらに，自国の証券取引所では複数議決権株式の利用が認められていないがゆえに NYSE に上場する企業も多く，ロンドン証券取引所での上場を断念して2012年に NYSE で上場を果たした英国の名門サッカーチーム Manchester United や香港証券取引所での上場を断念して2014年に NYSE で上場を果たした中国の巨大電子商取引会社である Alibaba の例などが有名である[79]。

　わが国においては，東京証券取引所が複数議決権株式を発行している会社の上場を一定の要件のもとに認めており[80]，2014年には，医療・介護福祉・災害復旧などの用に供するロボットスーツの製造・販売およびこれに関連する技術

数議決権株式を発行した唯一の例であるサイバーダイン社の場合も同様であった（すなわち，創業者が保有する種類の株式の1単元の株式数は他の者が保有する種類の株式の1単元の株式数の10分の1であった）。

76)　この点については，太田＝松尾編（2017）179頁参照。
77)　その例としては，Facebook, Groupon, LinkedIn, Snap, Trip Advisor, Zynga などの企業があげられる（これらの企業が複数議決権株式を利用したことは一般に公開されている米国のデータベースである Compustat を使って確認できる）。
78)　Farrell（2017）参照。
79)　ロンドン証券取引所と香港証券取引所が複数議決権株式制度を容認せずに今日に至っている経緯については，Bebchuk-Kastiel（2017）599頁以下および同書で引用されている諸文献を参照されたい。
80)　東京証券取引所は，2014年7月7日付で「上場審査等に関するガイドライン」を一部改正し，同月9日付で「新規上場ガイドブック」も一部改訂することで，複数議決権株式を用いた会社の上場審査に関する指針を示したが，その内容とこれに関する分析については，太田＝松尾編（2017）の179頁以下参照。

の研究開発を行っているサイバーダイン社の上場が認められたことはいまだ記憶に新しい。

　しかしながら，上場会社が複数議決権株式を創業者に与えることに反対する意見も根強く，とくに，世界的に有力な機関投資家の多くはその採用に異を唱えている。[81]

　多くの機関投資家が複数議決権株式制度に対して批判的であることは驚きに値しない。けだし，複数議決権株式制度のもとでは，以下の理由により，支配株主がいる会社の長所が失われ，同時に，支配株主がいる会社の短所が顕著となる可能性が高いからである。

① 支配株主がいる会社の短所の一つである「規律効果の喪失」が深刻な問題とならないとすれば，それはひとえに支配株主が株主価値の最大化を達成することに強いインセンティブを抱いているからである（V.2.(2)の議論参照）。しかるに，複数議決権株式制度のもとにおいては支配株主の持ち株比率は減少の一途を辿るであろうから（そうなっても支配株主の支配権は失われないからである），これによって上記のインセンティブが減少すれば，上記の短所が顕在化する公算が大きい。
② 支配株主のいる会社の長所はつまるところ，支配株主がカリスマ性を備えた創業者であることによるものである（V.2.(2)の議論参照）。しかるに，複数議決権株式の効力が永続するとすれば，カリスマ性を備えた創業者以外の者が支配株主となる事態を回避できない。

---

81)　たとえば，米国の巨大年金基金である the California State Teachers' Retirement System, the California Public Employees' Retirement System および the Florida State Board of Administration の3団体はいずれも複数議決権株式制度の採用に反対する旨を公式に発表している。CA Pub. Emps.' Ret. Sys., Statement of Investment Policy for Global Governance 12 (Mar. 16, 2015), CA State Teachers' Ret. Sys., Corporate Government Principles 15 (July 14, 2016), FL State Bd. of Admin., Corporate Governance Principles: Proxy Voting Guidelines 37–38 (2016) 参照。さらに，世界的な議決権行使助言会社である Institutional Shareholder Services Inc. が機関投資家たちを対象に行った調査によれば，回答に応じた120の機関投資家の中で複数議決権株式制度に反対の意見を述べたものは全体の57% に上った。Marc Goldstein, 2016–2017 Annual Benchmark Voting Policy Survey, Harv. L. Sch. F. on Corp. Governance & Fin. Reg. (Oct. 5. 2016)。なお，この問題については，太田＝松尾編 (2017) の193頁以下においても詳しい解説がなされている。

複数議決権株式制度には以上のような問題があることから[82]，これを認めている証券取引所は，いずれも，上記の弊害を抑制する措置がとられていることをもって複数議決権株式を発行している企業の上場を容認することの条件としている[83]。しかしながら，そのような条件が充足されていれば上記の弊害をつねに回避できるとは限らず[84]，もっと強力な措置（たとえば，「10 年ないし 15 年という期間が経過すれば，その時点における支配株主以外の株主の承諾がない限り，無条件で複数議決権株式の効力が失われる」という措置[85]）などの適用を真摯に考える必要があるであろう。

　しかしながら，ここで再び注意すべきことは，複数議決権株式制度に対する上記の議論はすべて株主利益の最大化という理念に照らしてなされているということである。これに対して，厚生の最大化という理念に照らして考えるならば，複数議決権株式制度にはもっと高い評価が与えられてしかるべきである。けだし，上記のとおり，成立条件Ⅱを充足する会社は，現代のわが国社会にお

---

82)　この問題の深刻さは，米国の巨大メディア企業である Viacom 社が導入した複数議決権株式制度の顛末がよく示しているのではないであろうか。すなわち，Viacom 社は 1990 年に同社の経営者である Summer Redstone 氏に支配権を与えるべく複数議決権株式制度を導入したが，それから四半世紀が経過した 2016 年時点において，Redstone 氏はすでに 93 歳であり，同社の前 CEO が提起した訴訟におけるその前 CEO の主張によれば，すでに「立つことも，動くことも，読書をすることも，書くことも，秩序だった会話をすることも」できなくなっていたにもかかわらず，依然 Viacom 社の支配権を保持し続けていた。この事件につき，詳しくは，Bebchuk-Kastiel（2017）587 頁以下参照。

83)　そのような措置を定めた条項として一般に用いられているものは「ブレークスルー条項」と「サンセット条項」である。ここで，ブレークスルー条項とは，極めて小さい出資割合で会社を支配する状況が生じた場合に複数議決権株式の効力が解消される仕組みを定めた条項のことであり，サンセット条項とは，複数議決権株式制度を導入することの必要事由が消滅した場合において複数議決権株式の効力が解消される仕組みを定めた条項のことである。標準的なサンセット条項においては，「必要不可欠な属人的能力を有する創業者が会社の経営に関与し続けること」が「複数議決権株式制度を導入することの必要事由」とされ，「そのような創業者が会社の取締役を退任し，経営に関与しなくなること」が「必要事由が消滅した場合」とされる（東京証券取引所が公表している「2017 新規上場ガイドブック（市場第一部・第二部編）」〔http://www.jpx.co.jp/equities/listing-on-tse/new/guide/〕91〜92 頁参照）。

84)　たとえば，前掲注 82)で引用した Viacom 社の複数議決権株式制度にはサンセット条項すらもなかったようであるが，仮に標準的なサンセット条項（前掲注 83)参照）があったとしても，Redstone 氏が同社の取締役の地位にある限り，前掲注 82)に記載した事態は回避できなかったであろう。

85)　ここに記載した措置の具体例は Bebchuk-Kastiel（2017）が提案しているものである。

いて積極的に非営利的経営を行うことのできる会社として貴重であり，複数議決権株式制度は成立条件Ⅱが継続することを可能とするうえで極めて有用な制度だからである。

　この点に関連して注目すべきことは，複数議決権株式制度を利用してNYSEに上場したハイテク企業の多くがインターネット関連の企業であるということである。Ⅲ章で論じたとおり，インターネット関連事業は名誉毀損やプライバシーの侵害という負の外部性を生み出しやすい事業であり，同時に，インターネット利用者に対する無償の情報提供という正の外部性を生み出している事業である。したがって，上記の各企業の経営者が，このような外部性に対処するべく厚生最大化原則に則った非営利的経営を行っているとすれば，その意義は大きく，そのような経営の継続を可能とするために複数議決権株式制度が利用されているとすれば，その価値は高いといえるであろう[86]。

　以上の点に鑑みるならば，金融商品取引所が複数議決権制度を利用した企業の上場の可否を審査するうえにおいても，当該制度の利用を認めることが当該企業の株主価値の最大化に資するか否かという観点のみからこれを行うのではなく[87]，当該企業が非営利的経営を行うことの社会的重要性がどの程度あり，また，そのような経営の継続を確実なものとするために当該企業がどのような措置をとっているかなどを検討することが重要なのではあるまいか。

3　投資家が支える非営利的経営

　成立条件Ⅲが成立し得ることの理論的根拠ならびにそれを成立させるために必要な諸条件はⅣ.3で明らかにした。ここでは，経営者の視点に立って，こ

---

86) この点は，複数議決権株式制度を利用して上場を果たしたわが国唯一の例であるサイバーダイン社についてもいえることである。けだし，同社が東京証券取引所に提出した2014年2月19日付の有価証券届出書によれば，同社が開発しているロボットスーツの技術は，「平和目的に利用」されれば「今後到来する超高齢化社会のニーズと合致」するもの，「人の殺傷や兵器利用を目的とした軍事産業への転用など，平和的な目的以外の目的で利用される可能性が」あるからである。

87) 東京証券取引所の上場審査ガイドラインにおいては，複数議決権株式制度を用いることの目的として正当化し得ることは「株主共同の利益」の確保だけである（前掲注80）で引用した「上場審査等に関するガイドライン」Ⅱ6.(4)a参照）。したがって，前掲注86）で記したサイバーダイン社の有価証券届出書においても，技術の転用の危険性の問題は，もっぱら「株主共同の利益」の確保という視点のみから論じられており，非営利的経営の有用性ということは語られていない。

れらの諸条件を充足させるために具体的にいかなる行動をとるべきであるのか
を考え，しかる後に，総括的見解を記すことにする。

（1）　経営者がとり得る行動

採用する非営利施策の効率性を重視し，効率的な非営利施策を優先的に行うこと

ここでいう「効率的」とは，株主が自ら非営利施策を行った場合との比較に
おける生産効率性のことである。Ⅳ.3においては，これを「公共財生産効率
性 μ」として表現したが，この μ が大きいほど均衡株価は上昇し，他方，μ が
1を下回る場合には確実に均衡株価が潜在的株価を下回るというのがⅣ.3に
おける結論であった。したがって，「投資家が支える非営利的経営」を行う会
社がいかなる非営利施策を実施するかを考えるにあたっては，効率性に配慮し，
効率性の高い施策を優先的に実施するよう心がけるべきである。

ここで想起願いたいのは，Ⅲ.6.（1）において，「会社の寄付は，株主自ら
がこれを行う場合と比較して効率性において優れていると考え得る理由は見い
だしがたい」と結論づけたことである。同項においては，そのことを，会社が
非営利施策として寄付を行うことは適法性に疑義があるという主張の根拠とし
て援用したのであるが，実のところ，上記の結論は，会社が寄付を行うことは
──仮にそれが適法な非営利施策であるとしても──非営利的経営の持続可能
性を妨げるものであるという主張の論拠ともなるということである。

これに対してⅢ.1からⅢ.5で適法であると判断した非営利施策を会社以外
のものが実施することは多大なコストを要する。したがって，これらの非営利
施策はいずれも効率的であり，とくに，Ⅲ.3で取り上げた負の外部性の回避
行為や正の外部性の創出行為の効率性は高いといえるであろう。

会社が実施する非営利施策に対して株主が親近感を覚えるようにすること

ここでいう「親近感」とは，「会社が実施する非営利施策に対して，株主が
自分もそれに貢献していると感じられること」であり，Ⅳ.3においては「会
社行動に対する親近感 θ」として表現したものである。この親近感を高めるた
めには，会社自らが広報宣伝活動を通じて「いかなる非営利施策を行っている
か」「それがいかに社会に貢献しているか」，そして，「それを持続するために
はいかに株主の理解が必要であるか」を積極的かつ反復的にアピールしていく
ことが必要である（なお，そのようなアピールは，公共財性向 α の向上にも役立ち得

るであろう)。

　ただし，会社が上記のような広報宣伝活動を行うことを可能とするためには非営利的経営の適法性が広く社会に認知されなければならない。けだし，この点が認知されない限り，会社は非営利的経営を隠微に行わざるを得ず，したがって，その実施を積極的にアピールすることは困難だからである。これを要するに，Ⅲ章においてくだした適法性問題に関する規範的判断を会社経営者が持続的に実践していくためには持続可能性問題を解決することが必要であると同時に，当該規範的判断の正当性が社会的に認知されること自体が持続可能性問題の解決を促進する関係に立つということである。

消費者および生産要素提供者にコストの一部を負担してもらうこと

　Ⅲ.3.(5)で論じたとおり，企業は，負の外部性を回避するためのコストや正の外部性を提供するためのコストの一部を消費者や生産要素の提供者(とくに，従業員)に転嫁することができる。同項において挙げた例を引用すれば，環境に配慮した自動車が，他社の自動車よりも販売価格が割高であるにもかかわらず同等の競争力を維持しているとすれば，それは，負の外部性を回避するためのコストの一部を消費者に負担してもらっていることを意味しており，同様に，良質な学術図書を発行している出版社が，その給与水準が大手企業に比べて低くても人気の就職先であり得ているとすれば，それは，正の外部性を創出するためのコストの一部を生産要素の提供者に負担してもらっていることを意味している。このような施策を講ずれば，非営利施策を行うことによって失われる株主価値の総量(Ⅳ.3においていうところの「会社の利益を公共財の生産にあてる割合 h」)が減少することになるので，その分だけ，「投資家が支える非営利的経営」の実施は容易となる。

機関投資家の賛同を取り付けること

　会社の非営利的経営を評価し，その株式を長期にわたり保有してくれる機関投資家が見つかれば，「投資家が支える非営利的経営」の実現可能性は格段に高まるに違いない。この点に関連して注目すべきことは，2006 年に国際連合が責任投資原則(Principles for Responsible Investment。以下，頭文字を取って「PRI」とよぶ)を策定・発表し，世界各国の機関投資家に対して，これに署名することを呼びかけたことである。PRI は次の文章で始まる宣言文であり，これに

署名した機関投資家は，PRI に記されている投資原則を尊重することを対外的に宣言したことになる。[88]

> 「私たち機関投資家には，受益者のために長期的視点に立ち最大限の利益を最大限追求する義務がある。この受託者としての役割を果たすうえで，（ある程度の会社間，業種間，地域間，資産クラス間，そして時代ごとの違いはあるものの）環境上の問題，社会の問題および企業統治の問題が運用ポートフォリオのパフォーマンスに影響を及ぼすことが可能であることと考える。さらに，これらの原則を適用することにより，投資家たちが，より広範な社会の目的を達成できるであろうことも認識している。したがって，受託者責任に反しない範囲で，私たちは以下の事項へのコミットメントを宣言する。」

PRI は，上記の文章に続けて，機関投資家が「環境上の問題，社会の問題および企業統治の問題」（この三つの問題は，「Environment」「Social」および「Governance」の頭文字をとって，一般に「ESG」と略称されている）を重視し，投資先の選定をするにあたっても，対象企業が，ESG に配慮した経営を行っているか否かを判断基準の一つとすることなどを謳っている。ESG のうち，環境上の問題と社会の問題に配慮することは明らかに厚生の最大化という理念に合致するものであり，この点において，PRI は，機関投資家が非営利的経営を行う企業を優遇することを示唆しているといえるであろう。

PRI に署名した機関投資家は 2017 年 10 月時点で 1830 団体であり，その運用資産合計額は 70 兆米ドルを超えている。わが国においても，世界最大の年金基金である「年金積立金管理運用独立行政法人」（以下，同法人の英文名称である「Government Pension Investment Fund」の頭文字をとって「GPIF」という）を含めて 2017 年 10 月時点で合計 59 の団体がこれに署名している。

ところで，大手機関投資家が PRI に記されているような投資行動をとることを説明するためにしばしば使われる概念に，ユニバーサル・オーナーというものがある。たとえば，英国における年金問題の専門家の一人は，この言葉を

---

88) PRI に関する本文の記述は，主として，国連環境計画・金融イニシアチブが開設しているウェブサイト（https://www.unglobalcompact.org），株式会社ニューラルが運営しているオンライン・メディア Sustainable Japan のウェブサイト（https://sustainablejapan.jp/2015/08/18/unpri/18140）およびサステナブル投資白書（2016）に依拠している。

「ポートフォリオを通じて経済および市場の一部分を所有していると自覚しているアセット・オーナー」と定義したうえで，次のように述べている。[89]

> 「ユニバーサル・オーナーは……経済全体および市場の見通しを改善するように自らの行動を適合させる。（中略）ユニバーサル・オーナーは，環境，社会，ガバナンスを総合的に考慮し……て行動する。資源の劣化や枯渇などの外部性……はユニバーサル・オーナーの手法をますます重要なものとしている。（中略）ユニバーサル・オーナーの行動は，その他の投資家（フリーライダー効果の恩恵を受ける）やより広範な社会に対して……ネットで見るとプラスの恩恵を与える。ただし，ユニバーサル・オーナーはこうした付随的な恩恵は自らの経済的な目的に対して副次的なものと考える。」

たしかに，投資先ポートフォリオが市場全体をカバーできるほどに多様かつ巨大である機関投資家にとっては，たとえば，特定の企業が生み出す負の外部性（環境汚染など）によって他の投資先企業の経営環境が悪化すれば，当該負の外部性はポートフォリオ全体のリターンを引き下げることになるのであるから，当該機関投資家には，そのような結果を回避するための非営利施策を実施している会社を支援する動機があるに違いない。

「投資家が支える非営利的経営」を行う会社を機関投資家がどれだけ評価するようになるかについては今後の推移を見守る必要があるが，これを肯定的に評価する機関投資家の数が増加しつつあることだけは間違いないであろう。

（2）　総　　　括

「投資家が支える非営利的経営」を行う会社においては，（「経営者が支える非営利的経営」を行う会社とは異なり）規律効果が失われることはなく，しかも，（「創業者が支える非営利的経営」を行う会社とは異なり）特定の個人が会社の支配株主であり続けることを要件とするものでもない。してみれば，「投資家が支える非営利的経営」こそは，これからの会社が目指すべき経営のあり方ではな

89）　Urwin（2011）。なお，GPIF も，2017 年 1 月 2 日付で発表した「平成 28 年スチュワードシップ活動報告」において，自らのことを「ユニバーサル・オーナー（広範な資産を持つ資金規模の大きい投資家）であり，かつ，超長期投資家（100 年後を視野に入れた年金財政の一翼を担う）である」と宣言している。GPIF が開設しているウェブサイト（http://www.gpif.go.jp/）参照。

いであろうか。

　ちなみに，米国においては，非営利的経営を行うことを標榜する会社を
「Benefit Corporation」という名のもとに設立することを認める法律が 2010 年
以降各州において相次いで制定されている。[90] そこで，わが国においても同様の
制度を導入することの適否が論じられるようになるやもしれぬが，本書筆者は
そのような制度を設けることに対して懐疑的な見解を抱いている。以下，その
理由を箇条書きにて記す。

① 　Benefit Corporation という制度は，通常の会社の経営者が株主利益最大化
　原則に則って行動することを前提としたうえで，経営者がそれとは異なる行為
　規範に則った行動をとる会社を社会的に容認するために作られるものである。
② 　したがって，もしわが国においてこれに類似の制度を構築するとすれば，既
　存の会社については，株主利益最大化原則を貫徹する経営が――少なくとも，
　厚生最大化原則に適う非営利施策の多くを断念することが――求められるよう
　になる可能性が高い（そうでないのであれば，そもそも新しい制度を設ける必要はな
　いであろう）。
③ 　しかしながら，わが国の会社の多くは「経営者が支える非営利的経営」を現
　に実践している。したがって，もし，既存の会社に対して，上記②に記した要
　請が課されるとすれば，現に非営利的経営を行っているすべての会社は，非営
　利的経営の対象事業をそれ以外の事業と分離し，分離された事業を新たに設立
　される「日本版 Benefit Corporation」に承継させなければならない（それをし
　ないのであれば，社会全体の厚生は低下を免れない）。しかしながら，この作業は，
　社会的に耐えがたいコストを生み出すものとなるであろう。
④ 　しかも，「日本版 Benefit Corporation」に承継させ得るものは積極的非営利
　施策だけである。したがって，既存の会社が消極的非営利施策の断念を余儀な
　くされることによって生じる厚生の減少を回避する手立ては存在していない。

　上記の立論においては，「わが国の会社の多くは『経営者が支える非営利的
経営』を現に実践している」という命題が重要な役割を果たしている。[91] この命

　90）　Benefit Corporation に関する先行研究としては，Cummings（2012），Westaway-
　　Sampselle（2013），Murray（2014）などがある。
　91）　したがって，この命題が米国においては妥当しないとすれば，同国において Ben-
　　efit Corporation 制度を推進することは厚生の最大化に適う帰結を生み出すかもしれ
　　ない。Ⅲ章の注 247）において法制度の経路依存性に言及したが，この点は Benefit

題は，本来実証的に証明すべきものであるが，それは本書の目的を逸脱するものなので，ここでは「仮説」として主張するにとどめる。しかしながら，わが国の寄付総額に占める会社寄付額の大きさ（Ⅲ.6.（1）参照）や安定株主工作がわが国において果たしてきた役割（Ⅴ.1.（2）参照）に鑑みれば，上記の命題には十分な信憑性があるのではなかろうか。[92]

　そして，この仮説を前提としていえば，現に行われている非営利的経営をいかに存続させるかということはわが国の企業社会が直面している重要な課題の一つである。この点については，本書の結論の一部として章を改めて述べることにする。

　Corporation 制度導入の適否を考えるうえにおいても重要であろう。

[92]　前掲注55）や58）記載の事実は，会社が非営利的経営を行うことに対してわが国においてはある程度のコンセンサスが形成されていることを示唆するものである。

VI 結　　論

1　適法性問題について

　適法性問題に関する支配的見解は株主利益最大化原則である。

　株主利益最大化原則は，残余権論，厚生経済学の基本定理および資産価格理論という三つの理論によってその正当性を示し得る。すなわち，第 1 に，残余権論によれば，株主の事実上の代理人である経営者が株主以外の者との間において互いに利得の最大化を目指して交渉を行えば，株主と株主以外の者の双方にとって個人合理的でパレート効率的な帰結がもたらされる。第 2 に，残余権論の弱点（効用ではなく利得が当事者の目的であると仮定していること，初期配分の偏在の問題に対する解決策を提示し得ていないことなど）は，厚生経済学の基本定理を援用することによって解決できる。けだし，同定理によれば，会社が株主に分配する利益の最大化を目的として行動すれば，結果として，効用の最大化を目指すすべての社会の構成員に対して個人合理的でパレート効率的な帰結がもたらされ，しかも，初期配分の偏在が生み出す問題は，株主利益最大化原則を修正しなくても，税制度と社会保障制度を通じて解決できるからである。第 3 に，時間や不確実性に関する株主間の選好の違いの問題は資産価格理論によって解決できる。けだし，この理論によれば，経営者は収益の割引現在価値，すなわち，株主価値を最大化の目的とすることによって，時間や不確実性に関して選好の異なるすべての株主の利益を最大化できるからである。

　しかしながら，株主利益最大化原則は適法性問題に対する最善の解ではない。けだし，会社の経営者がこの原則を貫徹した場合には，外部性，独占，契約の

不完備性，情報の非対称性などの不都合が発生するからである。経営者が法令を遵守すればこれらの問題の一部は解決されるが，解決されない問題も多く，さらに，経営者が，株主有限責任制度や会社所得税制度を遵守しつつ株主利益最大化原則を貫徹すれば，そのこと自体によって新たな問題が生み出される。

　上記の諸問題を解決するためには，株主利益最大化原則に一定の修正を加えた行為規範を経営者に課すことが必要である。厚生最大化原則はそのための行為規範であり，経営者がこれを実践することによって，上記に記した問題の多くを解決することができる。その各論的分析はⅢ章に記したとおりであるが，重要な点をまとめると以下のとおりとなる。

① 　現行の株主有限責任制度のもとで経営者が株主利益最大化原則を貫徹すると，株主価値の増加を上回る債権者価値の減少が生じてしまう。経営者が厚生最大化原則に則って行動すればこの事態を回避できるが，その際，経営者は，営業・投資キャッシュ・フローの割引現在価値，すなわち企業価値を最大化の目的とすることによって何が厚生最大化原則に適う行動であるかを判別できる。

② 　現行の会社所得税制度のもとで経営者が株主利益最大化原則を貫徹すると株主価値の増加を上回る税収価値の減少が生じてしまう。経営者が厚生最大化原則に則って行動すればこの事態を回避できるが，その際，経営者は，税引前キャッシュ・フローの割引現在価値，すなわち，税引前企業価値を最大化の目的とすることによって何が厚生最大化原則に適う行動であるかを判別できる。

③ 　現行の損害賠償制度のもとで経営者が株主利益最大化原則を貫徹すると負の外部性の発生を回避できない。主たる原因は以下のとおりであるが，いずれの場合も，経営者が厚生最大化原則に則って行動すれば，負の外部性を回避または減少させることができる。

　　(a) 加害者と被害者との間に市場取引が介在している場合には損害の全部または一部が賠償の対象となり得ない。

　　(b) 過失責任原則のもとでは，負の外部性を生み出す行為が過剰となる。

　　(c) 精神的損害に対して認定される賠償額が著しく低い。

　　(d) 侵害される利益が保護法益とは認められない場合がある。

　　(e) 保護法益の侵害と因果関係がある行為であっても違法とはされない場合が

ある。

④　現行法には，正の外部性を生み出す行為を促進するための諸制度が存在するが（著作権制度，補助金制度など），これらの制度のもとで生み出される正の外部性には限界があり，これを増加させるためには経営者が厚生最大化原則に則って行動することが必要である。ただし，企業が取り得る正の外部性を生み出す施策は，対象となる事業部門のキャッシュ・フローの正味額の期待値がマイナスとならない限度にとどめるべきである。

⑤　独占禁止法は，他社を支配または排除するなどの手段を用いない限り会社が独占利益を享受することを禁止していない。厚生最大化原則は，独占利益を放棄して厚生損失を減少させる施策を是認するものであるが，(a) 独占利益を維持しないと損益が黒字とならない場合と，(b) 独占利益を放棄することが投資家の行動に悪影響を及ぼす場合には独占利益を放棄すべきではなく，また，(c) 独占利益を保持したままで効率的価格差別を実施することは状況に応じて次善または最善の施策となる。

⑥　非金銭債務に関する契約が不完備である場合には，問題の解決を当事者の再交渉に委ねても厚生の最大化の妨げとならない場合が多いが，金銭債務に関する契約が不完備である場合には，当事者の再交渉によって厚生の最大化を図ることは困難である。この場合には，一方当事者が「契約締結時において十分な交渉がなされていれば締結されていたであろう契約条項」を想定し，それに従って行動することが厚生最大化原則に適っている。

⑦　契約の非対称性に関して厚生最大化原則が果たせる役割は小さい。売買契約に関していえば，厚生最大化原則を認めることによって行動を修正すべきものは原則として社会的に価値のある情報を有している売り主だけであり，その余の状況に関しては法令を整備することによって問題の解決を図るほかはない。

⑧　寄付が生み出すものは原則として社会の構成員間における厚生の移転だけであるから，会社は寄付の実施を株主に委ねるべきであり，会社自らが寄付を行うことは厚生最大化原則に適っていない。ただし，わが国では会社が寄付を行うことが判例法上広く認められており，社会全体の寄付額に占める会社の寄付の割合も大きいことから，現行法の解釈としては，会社が行う寄付を一概に不適法ということはできない。

2　持続可能性問題について

　厚生最大化原則に則った経営，すなわち，非営利的経営を行うことは必ずし
も容易なことではない。現行の会社法制度を前提とする限り，会社がこれを行
い得るのは次の三つの条件のうちのいずれかが成立している場合だけである。

成立条件Ⅰ：支配株主がおらず，かつ，敵対的買収の実行が困難であること。
成立条件Ⅱ：非営利的経営を容認する支配株主がいること。
成立条件Ⅲ：多数の株主が非営利的経営の価値を認めており，その結果として，
　　　　　　対象会社の均衡株価が同社の潜在的株価を下回っていないこと。

　上記のうち，これまでのわが国において主として行われてきた非営利的経営
は，成立条件Ⅰに基づくところの「経営者が支える非営利的経営」であり，そ
のような経営を行う会社は，わが国社会の豊かさや住み心地のよさを支える
礎（いしずえ）の一端を担ってきたのではないであろうか。

　しかしながら，「経営者が支える非営利的経営」は，安定株主工作がもたら
す規律効果の喪失という代償を伴うものであり，かといって，安定株主工作を
やめれば，実施し得る非営利的施策の総量に制限を加えなくてはならない。

　この問題状況を打開するための一つの方策は，成立条件Ⅱに基づくところの
「創業者が支える非営利的経営」を行う会社の設立を促進することであり，具
体策としては，複数議決権株式を発行している会社の上場要件を緩和すること
が考えられる。ただし，複数議決権株式の長期にわたる存続は，経営の効率性
を悪化させる危険をはらんでおり，この点に鑑みるならば，「創業者が支える
非営利的経営」は持続可能性問題に対する最終的解決策とはなり得ない。

　持続可能性問題に対する最終的解決策は，成立条件Ⅲに基づくところの「投
資家が支える非営利的経営」を可能ならしめることであろう。それは，企業社
会のこれまでの常識からいえば，いささか非現実的に聞こえるかもしれないが，
十分成立可能なものであり，現実社会においても，そのような経営を支援しよ
うとする動きが現れてきている。

　わが国の社会をさらに豊かで住みよいものとするためには，これまで以上に
多くの会社が非営利的経営を行っていかなければならない。会社経営に携わる

実務家とこれを支える法律家は，いかにすればこれが可能となるのかを一致協
力して考究し続けるべきである。

参考文献一覧

本書を執筆するにあたり参考とした文献は次のとおりである。

浅野＝中村（2009）
　　浅野皙＝中村二朗『計量経済学〔第2版〕』（有斐閣・2009年）
石田（2014）
　　石田穣『民法大系(1)民法総則』（信山社・2014年）
磯村（1985）
　　磯村保「法律行為の解釈方法」加藤一郎＝米倉明編『民法の争点Ⅰ』（ジュリスト増刊・1985年）30頁以下
岩村（2013）
　　岩村充『コーポレート・ファイナンス CFO を志す人のために』（中央経済社・2013年）
内田（1988）
　　内田貴「民事訴訟における行為規範と評価規範」新堂幸司編著『特別講義民事訴訟法』（有斐閣・1988年）3頁以下
内田（2005）
　　内田貴『民法Ⅲ債権総論・担保物権〔第3版〕』（東京大学出版会・2005年）
内田（2008）
　　内田貴『民法Ⅰ総則・物権総論〔第4版〕』（東京大学出版会・2008年）
内田（2011）
　　内田貴『民法Ⅱ債権各論〔第3版〕』（東京大学出版会・2011年）
江頭（2017）
　　江頭憲治郎『株式会社法〔第7版〕』（有斐閣・2017年）
大垣＝田中（2014）
　　大垣昌夫＝田中沙織『行動経済学』（有斐閣・2014年）
大杉（2013）
　　大杉謙一「役員の責任」江頭憲治郎編『株式会社法大系』（有斐閣・2013年）307頁以下
太田（2008）
　　太田洋「村上ファンド事件東京地裁判決の意義と実務への影響」商事法務1830号（2008年）23頁以下
太田＝伊藤（2015）
　　太田洋＝伊藤剛志『企業取引と税務否認の実務――税務否認を巡る重要裁判例の分析』（大蔵財務協会・2015年）
太田＝中山編（2005）
　　太田洋＝中山龍太郎編『敵対的 M&A 対応の最先端――その理論と実務』（商事法務・2005年）

太田＝松尾編（2017）
　　　太田洋＝松尾拓也編『種類株式ハンドブック』（商事法務・2017 年）
太田ほか編（2015）
　　　太田洋＝山本憲光＝柴田寛子編『新株予約権ハンドブック〔第 3 版〕』（商事法務・2015
　　　年）
岡田（2001）
　　　岡田章『経済学・経営学のための数学』（東洋経済新報社・2001 年）
岡田（2011）
　　　岡田章『ゲーム理論〔新版〕』（有斐閣・2011 年）
奥田編 I（2003）
　　　奥田昌道編『新版 注釈民法(10) I 債権(1)債権の目的・効力(1)』（有斐閣・2003 年）
奥田編 II（2011）
　　　奥田昌道編『新版 注釈民法(10) II 債権(1)債権の目的・効力(2)』（有斐閣・2011 年）
奥野編（2008）
　　　奥野正寛編著『ミクロ経済学』（東京大学出版会・2008 年）
奥野＝鈴村 I（1985）
　　　奥野正寛＝鈴村興太郎『ミクロ経済学 I』（岩波書店・1985 年）
奥野＝鈴村 II（1988）
　　　奥野正寛＝鈴村興太郎『ミクロ経済学 II』（岩波書店・1988 年）
落合（1998）
　　　落合誠一「企業法の目的──株主利益最大化原則の検討」『岩波講座現代の法 7・企業
　　　と法』（1998 年・岩波書店）3 頁以下
落合（2016）
　　　落合誠一『会社法要説〔第 2 版〕』（有斐閣・2016 年）
貝塚（2003）
　　　貝塚啓明『財政学〔第 3 版〕』（東京大学出版会・2003 年）
賀集ほか編（2012）
　　　賀集唱＝松本博之＝加藤新太郎編『基本法コンメンタール民事訴訟法 1〔第 3 版追補
　　　版〕』（2012 年・日本評論社）
鹿取ほか編（2015）
　　　鹿取廣人＝杉本敏夫＝鳥居修晃『心理学第 5 版』（東京大学出版会・2015 年）
金子（2016）
　　　金子宏『租税法〔第 21 版〕』（弘文堂・2016 年）
ガバナンス白書（2017）
　　　『東証上場会社コーポレート・ガバナンス白書 2017』（東京証券取引所・2017 年）
川島（1965）
　　　川島武宜『法律学全集 17 民法総則』（有斐閣・1965 年）
川濱昇（1983）
　　　川濱昇「米国における経営判断原則の検討」法学論叢 114 巻 2 号 79 頁以下（1983 年）・

5 号 36 頁以下（1984 年）

神作（2005a）
　　神作裕之「会社法総則・擬似外国会社」ジュリスト 1295 号（2005 年）134 頁以下

神作（2005b）
　　神作裕之「企業の社会的責任：そのソフト・ロー化？　EU の現状」ソフトロー研究第
　　2 号（2005 年）91 頁以下

神田（2017）
　　神田秀樹『会社法〔第 19 版〕』（弘文堂・2017 年）

神取（2014）
　　神取道宏『ミクロ経済学の力』（日本評論社・2014 年）

企業価値研究会（2008）
　　企業価値研究会「近時の諸環境の変化を踏まえた買収防衛策の在り方」（平成 20 年 6 月
　　30 日）（経済産業省のウェブサイトから入手可能・2008 年）

北沢（2001）
　　北沢正啓『会社法〔第 6 版〕』（青林書院・2001 年）

北沢ほか（1975）
　　北沢正啓＝清水湛＝竹内昭夫＝星野孝＝矢沢惇「会社法の根本的改正の問題点」ジュリ
　　スト 593 号（1975 年）14 頁以下

寄付白書（2015）
　　日本ファンドレイジング協会編『寄付白書 2015』（日本ファンドレイジング協会・2015 年）

寄付白書（2017）
　　日本ファンドレイジング協会編『寄付白書 2017』（日本ファンドレイジング協会・2017 年）

日下部（2005）
　　日下部聡「企業社会における公正なルール形成を目指して――企業価値報告書と指針策
　　定の問題意識」商事法務 1734 号（2005 年）10 頁以下

草野（2010）
　　草野耕一『金融課税法講義補訂版』（商事法務・2010 年）

草野（2011）
　　草野耕一『会社法の正義』（商事法務・2011 年）

草野（2016）
　　草野耕一『数理法務のすすめ』（有斐閣・2016 年）

久保＝内ヶ﨑（2017）
　　久保克行＝内ヶ﨑茂「経営者報酬と企業の社会貢献」商事法務 2125 号（2017 年）27 頁
黒沼（2000）
　　黒沼悦郎「取締役の債権者に対する責任」法曹時報 52 巻 10 号（2000 年）2901 頁以下
減価償却実務（2016）
　　舩冨康次編『平成 28 年 11 月改訂減価償却実務問答集』（清文社・2016 年）
コンメンタール 1（2008）
　　江頭憲治郎編『会社法コンメンタール 1――総則・設立(1)』（商事法務・2008 年）

コンメンタール 8（2009）
　　　　落合誠一編『会社法コンメンタール 8——機関(2)』（商事法務・2009 年）
財務会計論応用（2014）
　　　　佐藤信彦＝河照行＝齋藤真哉＝柴健次＝高須教夫＝松本敏史編著『スタンダードテキスト財務会計論Ⅱ応用論点編〔第 8 版〕』（中央経済社・2014 年）
サステナブル投資白書（2016）
　　　　NPO 法人社会的責任投資フォーラム編『日本サステナブル投資白書 2015』（社会的責任投資フォーラム・2016 年）
潮見（2017a）
　　　　潮見佳男『新債権総論Ⅰ』（信山社・2017 年）
潮見（2017b）
　　　　潮見佳男『民法（債権関係）改正法の概要』（きんざい・2017 年）
宍戸＝常木（2004）
　　　　宍戸善一＝常木淳『法と経済学：企業関連法のミクロ経済学的考察』（有斐閣・2004 年）
ジャクソンほか（2014）
　　　　ハウェル・ジャクソン＝ルイ・キャプロー＝スティーブン・シャベル＝キップ・ビスクシィ＝デビッド・コープ（神田秀樹＝草野耕一訳）『数理法務概論』（有斐閣・2014 年）
シャベル（2010）
　　　　スティーブン・シャベル（田中亘＝飯田高訳）『法と経済学』（日本経済新聞出版社・2010 年）
胥＝田中（2009）
　　　　胥鵬＝田中亘「買収防衛策イン・ザ・シャドー・オブ株式持合い——事例研究」旬刊商事法務 1885 号（2009 年）4 頁以下
白石（2014）
　　　　白石忠志『独禁法講義〔第 7 版〕』（有斐閣・2014 年）
白石（2016）
　　　　白石忠志『独占禁止法〔第 3 版〕』（有斐閣・2016 年）
新堂（2011）
　　　　新堂幸司『新民事訴訟法〔第 5 版〕』（弘文堂・2011 年）
園（2014）
　　　　園信太郎『確率概念の近傍——ベイズ統計学の基礎をなす確率概念』（内田老鶴圃・2014 年）
高橋（2015）
　　　　高橋陽一「取締役の対第三者責任に関する判例法理は今後も維持されるべきか？——両損害包含説の問題性と直接損害限定説の再評価（2・完）」法学論叢 178 巻 2 号（2015 年）1 頁以下
瀧川ほか（2014）
　　　　瀧川裕英＝宇佐美誠＝大屋雄裕『法哲学』（有斐閣・2014 年）

竹内 (1984)
　　竹内昭夫『会社法の理論 I 総論・株式』(有斐閣・1984 年)
田中 (2006)
　　田中亘「利益相反取引と取締役の責任（下）──任務懈怠と帰責事由の解釈を巡って」旬刊商事法務 1764 号 (2006 年) 4 頁以下
田中 (2007)
　　田中亘「ステークホルダーとコーポレート・ガバナンス：会社法の課題」神田秀樹ほか編『企業統治の多様化と展望』(金融財政事情研究会・2007 年) 1 頁以下
田中 (2011)
　　田中亘「東電処理に関する一考察」経済セミナー増刊『復興と希望の経済学』(2011 年) 158 頁以下
田中 (2012)
　　田中亘『企業買収と防衛策』(商事法務・2012 年)
田中 (2014)
　　田中亘「会社法制と企業統治──企業所有の比較法制度分析」中林真幸＝石黒真吾編『企業の経済学──構造と成長』(有斐閣・2014 年) 67 頁以下
田中 (2016)
　　田中亘『会社法』(東京大学出版会・2016 年)
田中編 (2013)
　　田中亘編著『数字でわかる会社法』(有斐閣・2013 年)
谷口＝五十嵐編 (2006)
　　谷口知平＝五十嵐清編『新版注釈民法(13)債権(4)契約総則〔補訂版〕』(有斐閣・2006 年)
佃 (2008)
　　佃克彦『名誉毀損の法律実務〔第 3 版〕』(弘文堂・2017 年)
常木 (2008)
　　常木淳『法理学と経済学：規範的「法と経済学」の再定位』(勁草書房・2008 年)
トーマツ (2006)
　　監査法人トーマツ IPO 支援室編『株式上場ハンドブック第 3 版』(中央経済社・2006 年)
得津 (2013)
　　得津晶「2 つの残余権概念の相克」(岩原紳作ほか編『会社・金融・法（上）』商事法務 (2013 年) 111 頁以下
中里 (2002)
　　中里実『タックスシェルター』(有斐閣・2002 年)
中山 (2014)
　　中山信弘『著作権法第 2 版』(有斐閣・2014 年)
西口ほか編 (2015)
　　西口元＝小賀野晶一＝眞田範行編著『名誉毀損の慰謝料算定──名誉・信用・プライバ

　　　　シー・肖像・パブリシティ侵害の慰謝料算定実務』（学陽書房・2015 年）

西山（2017）

　　　　西山賢吾「日本の『株式持ち合い比率（16 年度確定値）』」野村證券サステナブル投資
　　　　リサーチ（2017 年 8 月 29 日）

日弁連（2009）

　　　　日本弁護士連合会「企業の社会的責任（CSR）ガイドライン 2009 年度版」（日本弁護
　　　　士連合会のウェブサイト〔https://www.nichibenren.or.jp/library/ja/opinion/report/data/
　　　　csr_guideline2009.pdf〕から入手可能）

新田（2007）

　　　　新田敬祐「企業による余剰資金の保有(2)」ニッセイ基礎研究所年金ストラテジー 134
　　　　号（2007 年）6 頁以下

能見＝加藤編（2013）

　　　　能見善久＝加藤新太郎編『論点体系判例民法 4 債権総論〔第 2 版〕』（第一法規・2013
　　　　年）

野口＝藤井（2000）

　　　　野口悠紀雄＝藤井眞理子『金融工学――ポートフォリオ選択と派生資産の経済分析』
　　　　（ダイヤモンド社・2000 年）

野口＝藤井（2005）

　　　　野口悠紀雄＝藤井眞理子『現代ファイナンス理論』（東洋経済新報社・2005 年）

野田（2013）

　　　　野田博「CSR と会社法」江頭憲治郎編『株式会社法大系』（有斐閣・2013 年）27 頁以下

林（2013）

　　　　林貴志『ミクロ経済学増補版』（ミネルヴァ書房・2013 年）

福井（2007）

　　　　福井秀夫『ケースからはじめよう　法と経済学』（日本評論社・2007 年）

藤田（2002）

　　　　藤田友敬「Law & Economics 会社法第 4 回 株主の有限責任と債権者保護(1)」法学教室
　　　　262 号（2002 年）81 頁以下

藤田（2005）

　　　　藤田友敬「『法と経済学』の観点から見た情報開示（総論）」判例タイムズ 1178 号
　　　　（2005 年）32 頁以下

藤田（2008）

　　　　藤田友敬「契約法の経済学：契約関係への最適投資のためのインセンティブ・メカニズ
　　　　ム」ソフトロー研究第 11 号（2008 年）141 頁以下

フリードマン（2008）

　　　　ミルトン・フリードマン著（村井章子訳）『資本主義と自由』（日経 BP 社・2008 年）

別冊 NBL113 号

　　　　『別冊 NBL113 号　会社法務部〔第 9 次〕実態調査の分析報告』（商事法務・2006 年）

別冊 NBL135 号

　　『別冊 NBL135 号　会社法務部［第 10 次］実態調査の分析報告』（商事法務・2011 年）

別冊 NBL160 号

　　『別冊 NBL160 号　会社法務部［第 11 次］実態調査の分析報告』（商事法務・2016 年）

松尾（2016）

　　松尾剛行『最新判例にみるインターネット上の名誉毀損の理論と実務』（勁草書房・
　　2016 年）

マッキンゼー（2012）

　　マッキンゼー・アンド・カンパニー＝ティム・コラー＝マーク・フーカート＝デイビッ
　　ド・ウェッセルズ（本田桂子監訳）『企業価値評価第 5 版〔上〕──バリュエーション
　　の理論と実践』（ダイヤモンド社・2012 年）

松下＝渡邉編（2012）

　　松下満雄＝渡邉泰秀編『アメリカ独占禁止法第 2 版』（東京大学出版会・2012 年）

松原（1997）

　　松原望『計量社会科学』（東京大学出版会・1997 年）

丸山（2002）

　　丸山徹『経済数学』（知泉書館・2002 年）

マンキュー（2013）

　　グレゴリー・エヌ・マンキュー（足立英之＝石川城太＝小川英治＝地主敏樹＝中馬宏
　　之＝柳川隆訳）『マンキュー経済学 I ミクロ編〔第 3 版〕』（東洋経済新報社・2013 年）

三浦（1997）

　　三浦治『会社法における行為規範・評価規範の区別の意義』Artes Liberales; Bulletin of
　　the Faculty of Humanities and Social Sciences, Iwate University 61 号（1997）217 頁

水野（2015）

　　水野忠恒『大系租税法』（中央経済社・2015 年）

三谷（2016）

　　三谷はるよ『ボランティアを生み出すもの』（有斐閣・2016 年）

宮島編（2011）

　　宮島英昭編著『日本の企業統治──その再設計と競争力の回復に向けて』（東洋経済新
　　報社・2011 年）

ミルグロム＝ロバーツ（1997）

　　ポール・ミルグロム＝ジョン・ロバーツ（奥野正寛ほか訳）『組織の経済学』（NTT 出
　　版・1997 年）

三輪ほか編（1998）

　　三輪芳朗＝神田秀樹＝柳川範之『会社法の経済学』（東京大学出版会・1998 年）

森田（1978）

　　森田章『現代企業の社会的責任』（商事法務・1978 年）

森田（2014）

　　森田果『実証分析入門──データから「因果関係」を読み解く作法』（日本評論社・

2014 年）

弥永（2015）

　　　弥永真生『リーガルマインド会社法〔第 14 版〕』（有斐閣・2015 年）

柳川（2006）

　　　柳川範之『法と企業行動の経済分析』（日本経済新聞出版社・2006 年）

山本（1995）

　　　山本拓『計量経済学』（新世社・1995 年）

油布ほか（2015）

　　　油布志行ほか「『コーポレートガバナンス・コード原案』の解説（Ⅰ～Ⅳ）」商事法務
　　　2062 号 47 頁以下、商事法務 2063 号 51 頁以下、商事法務 2064 号 35 頁以下および商事
　　　法務 2065 号（2015 年）46 頁以下

吉原（1985）

　　　吉原和志「会社の責任財産の維持と債権者の利益保護――より実効的な規制への展望
　　　（3・完）」法学協会雑誌 102 巻 8 号（1985 年）1431 頁以下

我妻（1965）

　　　我妻栄『新訂 民法総則（民法講義Ⅰ）』（岩波書店・1965 年）

涌井（2009）

　　　涌井良幸『道具としてのベイズ統計』（日本実業出版社・2009 年）

渡部（1999）

　　　渡部洋『ベイズ統計学入門』（福村出版・1999 年）

Urwin（2011）

　　　Urwin, Roger「ユニバーサル・オーナーとしての年金基金：好機の到来とリーダーシッ
　　　プの必要性」NRI 国際年金研究シリーズ vol. 6（野村総合研究所・2011 年）20 頁以下

Anderson-Reeb（2003）

　　　Anderson, Ronald C. and Reeb, David M., *Founding-Family Ownership and Firm Per-*
　　　formance: Evidence from the S&P 500（The Journal of Finance vol. 58, issue. 3, pp.
　　　1301–1328, 2003）

Andreoni（1988）

　　　Andreoni, James, *Privately Provided Public Goods in a Large Economy: The Limits of*
　　　Altruism（Journal of Public Economics 35, pp. 57–73, 1988）

Andreoni（1989）

　　　Andreoni, James, *Giving with Impure Altruism: Applications to Charity and Ricardian*
　　　Equivalence（Journal of Political Economy, vol. 97, no. 6, pp. 1447–1458, 1989）

Andreoni（1990）

　　　Andreoni, James, *Impure Altruism and Donations to Public Goods: A Theory of Warm-*
　　　Glow Giving（The Economic Journal, vol. 100, no. 401, pp. 464–477, 1990）

Angrist-Pischke（2008）

　　　Angrist, Joshua D. and Jörn-Steffen Pischke, *Mostly Harmless Econometrics, An Empir-*

icist's Companion (Princeton University Press, 2008)

Baron (2007)

Baron, David P., *Corporate Social Responsibility and Social Entrepreneurship* (Journal of Economics and Management Strategy, vol. 16, no. 3, pp. 683–717, 2007)

Baumol (1991)

Baumol, William J. with Sue Anne Batey Blackman, *Perfect Markets and Easy Virtue Business Ethics and the Invisible Hand* (B. Blackwell, 1991)

Bebchuk-Kastiel (2017)

Bebchuk, Lucian A. and Kastiel, Kobi, *The Untenable Case for Perpetual Dual-Class Stock* (Virginia Law Review vol. 103, no. 4, pp. 585–631, 2017)

Bergstrom-Blume-Varian (1986)

Bergstrom, Theodore C., Blume, Lawrence and Varian, Hal, *On the Private Provision of Public Goods* (Journal of Public Economics 29, issue 1, pp. 25–49, 1986)

Besley-Ghatak (2007)

Besley, Timothy and Ghatak, Maitreesh, *Retailing Public Goods: The Economics of Corporate Social Responsibility* (Journal of public Economics vol. 91, issue 9, pp. 1645–1663, 2007)

Blair-Stout (1999)

Blair, Margaret M. and Stout, Lynn A. *A Team Production Theory of Corporate Law* (Virginia Law Review, vol. 85, no. 2, pp. 248–328, 1999)

Brealey-Myers-Allen (2014)

Brealey, Richard A., Myers, Stewart C. and Allen, Franklin, *Principles of Corporate Finance, Eleventh Global Edition* (McGraw-Hill, 2014)

Clark (1986)

Clark, Robert, *Corporate Law* (Aspen Pub, 1986)

Clark (2006)

Clark, Robert, *Moral Systems in the Regulations of Nonprofits: How Value Commitments Matter*, Working Paper No. 33.6 (The Hauser Center. for Nonprofit Organizations, Harvard University, 2006)

Coffee (1991)

Coffee, John C., Jr., *Liquidity versus Control: The Institutional Investor as Corporate Monitor* (Columbia Law Review, vol. 91, no. 6, pp. 1277–1368, 1991)

Cooter-Ulen (2014)

Cooter, Robert B. Jr. and Ulen, Thomas, *Law and Economics Sixth Edition* (Pearson Education Limited, 2014)

Cornes-Hartley (2007)

Cornes, Richard and Hartley, Roger, *Aggregative Public Good Games* (Journal of Public Economic Theory, vol. 9, issue. 2, pp. 201–219, Blackwell, 2007)

Cummings (2012)

Cummings, Briana *Benefit Corporations: How to Enforce a Mandate to Promote the Public Interest* (Columbia Law Review, vol. 112, no. 3, pp. 578–627, 2012)

Dixit-Barry (2010)

Dixit, Avinash K. and Barry Nalebuff J., *The Art of Strategy: A Game Theorist's Guide to Success in Business and Life* (New York Norton, 2010)

Edmans (2014)

Edmans, Alex, *Blockholders and Corporate Governance* (The Annual Review of Financial Economics, vol. 6, pp. 23–50, 2014)

Eisenberg (1983)

Eisenberg, Melvin Aron, *Corporate Legitimacy, Conduct, and Governance - Two Models of the Corporation* (Creighton Law Review, vol. 17, no. 1, 1983)

Eisenberg (1993)

Eisenberg, Melvin Aron, *The Divergence of Standards of Conduct and Standards of Review in Corporate Law* (Fordham Law Review, vol. 62, issue 3, pp. 437–468, 1993)

Faccio-Lang-Young (2001)

Faccio, Mara, Lang, Larry P. H. and Young, Leslie, *Dividends and Expropriation* (American Economic Review vol. 91, no. 1 pp. 54–78, 2001)

Farrell (2017)

Farrell, Maureen, *In Snap IPO, New Investors to Get Zero Votes, While Founders Keep Control* (Wall Street Journal, Jan 16, 2017)

Finkelstein (2009)

Finkelstein, Michael O., *Basic Concepts of Probability and Statistics in the Law* (Springer, 2009)

Finkelstein-Levin (2001)

Finkelstein, Michael O. and Levin, Bruce, *Statistics for Lawyers, Second Edition* (Springer, 2001)

Friedman (1962)

Friedman, Milton, *Capitalism and Freedom* (University of Chicago Press, 1962)

Friedman (1970)

Friedman, Milton, *The Social Responsibility of Business is to Increase its Profits* (The New York Times Magazine, 1970)

Gillies (2000)

Gillies, Donald, *Philosophical Theories of Probability* (Routledge, 2000)

Gilson-Black (1995)

Gilson, Ronald J. and Black, Bernard S., *The Law and Finance of Corporate Acquisitions, Second Edition* (Foundation Press, 1995)

Graff Zivin-Small (2005)

Graff Zivin, J. and Small, A., *A Modigliani-Miller Theory of Altruistic Corporate Social*

Responsibility (Topics in the B. E. Journal of Economic Analysis & Policy, vol. 5, issue 1, article 10, 2005)

Graham-Harvey (2001)

Graham, J. R. and Harvey, C. R., *The Theory and Practice of Corporate Finance: Evidence from the Field* (Journal of Financial Economics vol. 60, issue 2–3, pp. 187–243, 2001)

Grossman (1981)

Grossman, Sanford J., *The Informational Role of Warranties and Private Disclosure about Product Quality* (The Journal of Law and Economics vol. 24, issue. 3, pp. 461–483, 1981)

Hansmann-Kraakman (2001)

Hansmann, Henry and Kraakman, Reinier, *The End of History for Corporate Law* (Georgetown Law Journal, Vol. 89, No. 2, pp. 439–468, 2001)

Hayashi (2000)

Hayashi, Fumio, *Econometrics* (Princeton University, Press, 2000)

Hayashi (2017)

Hayashi, Takashi, *General Equilibrium Foundation of Partial Equilibrium Analysis* (Palgrave Macmillan, 2017)

Hermalin-Weisbach (1988)

Hermalin, Benjamin E. and Weisbach, Michael S., *The Determinants of Board Composition* (RAND Journal of Economics vol. 19, no. 4 pp. 589–606, 1988)

Hooker (2000)

Hooker, Brad, *Ideal Code, Real World* (Oxford University Press, 2000)

Jackson (2010)

Jackson, Howell E. et al., *Analytical Methods for Lawyers, Second Edition* (West Academic Publishing, 2010)

Kaplow-Shavell (2002)

Kaplow, Louis and Shavell, Steven, *Fairness versus Welfare* (Harvard University Press, 2002)

Kitzmueller-Shimshack (2012)

Kitzmueller, Markus and Shimshack, Jay, *Economic Perspectives on Corporate Social Responsibility* (Journal of Economic Literature vol. 50, no. 1, pp. 51–84, 2012)

Kronman (1978)

Kronman, Anthony T., *Mistake, Disclosure, Information, and the Law of Contracts* (Journal of Legal Studies vol. 7, no. 1, pp. 1–34, 1978)

Lindenbergh-van Kippersluis (2009)

Lindenbergh, Siewert D. and van Kippersluis, Peter P. M., *Non Pecuniary Losses*, in Michael Faure ed. Tort Law and Economics (Edward Elgar, pp. 215–227, 2009)

Luenberger（2014）

 Luenberger, David G., *Investment Science Second Edition*（Oxford University Press, 2013）

Margaritis-Psillaki（2010）

 Margaritis, Dimitris and Psillaki, Maria, *Capital Structure, Equity Ownership and Firm Performance*（Journal of Banking & Finance vol. 34, issue 3, pp. 621–632, 2010）

Mas-Colell-Whinston-Green（1995）

 Mas-Colell, Andreu, Whinston, Michael D. and Green, Jerry R., *Microeconomic Theory*（Oxford University Press, 1995）

Milgrom（1981）

 Milgrom, Paul R., *Good News and Bad News: Representation Theorems and Applications*（Bell Journal of Economics vol. 12, no. 2 pp. 380–391, 1981）

Morck-Shleifer-Vishny（1988）

 Morck, Randall, Shleifer, Andrei and Vishny, Robert, *Management Ownership and Market Valuation: An Empirical Analysis*（Journal of Financial Economics vol. 20, pp. 293–315, 1988）

Murray（2014）

 Murray, Haskell J., *Social Enterprise Innovation: Delaware's Public Benefit Corporation Law*（Harvard Business Law Review vol. 4, pp. 345–371, 2014）

Ross-Westerfield-Jaffe（2013）

 Ross, Stephen A., Westerfield, Randolph W. and Jaffe, Jeffrey, *Corporate Finance, Tenth Edition*（McGraw-Hill Irvin, 2013）

Shleifer-Vishny（1997）

 Shleifer, Andrei and Vishny, Robert W, *A Survey of Corporate Governance*（The Journal of Finance vol. 52, no. 2, pp. 737–783, 1997）

Stock-Watson（2014）

 Stock, James H. and Mark Watson W., *Introduction to Econometrics, Third Edition*（Addison-Wesley, 2014）

Taleb（2010）

 Taleb, Nassim Nicholas, *The Black Swan: The Impact of the Highly Improbable, Second Edition*（Random House Trade Paperbacks, 2010）

Westaway-Sampselle（2013）

 Westaway, Kyle and Sampselle, Dirk, *The Benefit Corporation: An Economic Analysis with Recommendations to Courts, Boards, and Legislatures*（Emory Law Journal vol. 62, issue 4, pp. 999–1085, 2013）

索　引

著者紹介

草 野 耕 一（くさの・こういち）

西村あさひ法律事務所代表パートナー・慶應義塾大学大学院法務
研究科教授。
東京大学法学部卒業・ハーバード大学修士（LL.M.），2007 年～
2010 年東京大学客員教授，2014 年ハーバード大学客員教授。
主著に，『説得の論理——3 つの技法』（日経ビジネス人文庫・
2003 年），『会社法の正義』（商事法務・2011 年），『未央の夢——
ある国際弁護士の青春』（商事法務・2012 年），『数理法務のすす
め』（有斐閣・2016 年）などがある。

株主の利益に反する経営の適法性と持続可能性
——会社が築く豊かで住みよい社会
The Justifiability and Sustainability of the Corporate Management
Inconsistent with the Interests of the Shareholders:
The Corporation as a Vehicle to Make an Affluent and Livable Society

2018 年 4 月 25 日　初版第 1 刷発行

著　者	草 野 耕 一	
発 行 者	江 草 貞 治	
発 行 所	株式会社 有 斐 閣	

郵便番号 101-0051
東京都千代田区神田神保町 2-17
電話　（03）3264-1314〔編集〕
　　　（03）3265-6811〔営業〕
http://www.yuhikaku.co.jp/

印刷・株式会社理想社／製本・牧製本印刷株式会社